当代中国 法治评估系列

当代中国法治指数报告
（2020—2023）

田　禾　王小梅　等著

图书在版编目（CIP）数据

当代中国法治指数报告 . 2020—2023 / 田禾等著 . -- 北京：当代中国出版社，2024.9. -- ISBN 978 – 7 – 5154 – 1410 – 2

Ⅰ . D920.4

中国国家版本馆 CIP 数据核字第 20240DD236 号

出 版 人	王　茵
责任编辑	乔镜蛮　刘　照
责任校对	贾云华　康　莹
印刷监制	刘艳平
封面设计	鲁　娟
出版发行	当代中国出版社
地　　址	北京市地安门西大街旌勇里 8 号
网　　址	http：//www.ddzg.net
邮政编码	100009
编 辑 部	（010）66572148
市 场 部	（010）66572281　66572157
印　　刷	中国电影出版社印刷厂
开　　本	710 毫米 ×1000 毫米　1/16
印　　张	21.75 印张　1 插页　343 千字
版　　次	2024 年 9 月第 1 版
印　　次	2024 年 9 月第 1 次印刷
定　　价	109.00 元

版权所有，翻版必究；如有印装质量问题，请拨打（010）66572159 联系出版部调换。

目录

前　言 ………………………………………………………………（ 1 ）

第一章　立法透明度指数 …………………………………………（ 1 ）
　　一、立法透明度指数概述 ……………………………………（ 1 ）
　　二、2020 年中国地方立法透明度指数 ………………………（ 4 ）
　　三、2021 年中国立法透明度指数 ……………………………（ 14 ）
　　四、2022 年中国立法透明度指数 ……………………………（ 24 ）

第二章　政府透明度指数 …………………………………………（ 34 ）
　　一、中国政府透明度指数概述 ………………………………（ 34 ）
　　二、2020 年中国政府透明度指数 ……………………………（ 37 ）
　　三、2021 年中国政府透明度指数 ……………………………（ 53 ）
　　四、2022 年中国政府透明度指数 ……………………………（ 69 ）

第三章　司法透明度指数 …………………………………………（ 85 ）
　　一、司法透明度指数概述 ……………………………………（ 85 ）
　　二、2020 年中国司法透明度指数 ……………………………（ 91 ）
　　三、2021 年中国司法透明度指数 ……………………………（121）

四、2022 年中国司法透明度指数 …………………………………（140）

第四章　检务透明度指数 …………………………………………（155）
一、检务透明度指数概述 …………………………………………（155）
二、2020 年中国检务透明度指数 …………………………………（157）
三、2021 年中国检务透明度指数 …………………………………（168）
四、2022 年中国检务透明度指数 …………………………………（181）

第五章　警务透明度（公安法治）指数 …………………………（197）
一、警务透明度（公安法治）指数概述 …………………………（197）
二、2020 年中国警务透明度指数 …………………………………（201）
三、2021 年中国警务透明度指数 …………………………………（210）
四、2022 年中国公安法治指数 ……………………………………（224）

第六章　狱务透明度指数 …………………………………………（236）
一、狱务透明度指数概述 …………………………………………（236）
二、2020 年中国狱务透明度指数 …………………………………（239）
三、2021 年中国狱务透明度指数 …………………………………（251）
四、2022 年中国狱务透明度指数 …………………………………（262）

第七章　自贸区法治指数 …………………………………………（276）
一、自贸区法治指数概述 …………………………………………（276）
二、前海法治指数（2020—2021 年）……………………………（282）
三、前海法治指数（2021—2022 年）……………………………（301）
四、前海法治指数（2022—2023 年）……………………………（322）

前　言
国家法治指数的理念与意义

"中国国家法治指数研究"是 2021 年立项的中国社会科学院法学研究所创新工程项目，致力于用科学的指标体系和客观的数据对中国法治发展进行量化评估，属于法学实证研究的范畴。

指数作为自然科学和社会科学研究的重要工具，是用模型和指标体系评测制度运行状态的数据结果，用于测定多个项目在不同场合下综合变动的一种特殊相对数。指数研究为我们看待世界提供了一种全新方法，通过对数据的全面感知、收集、分析、共享，对人们的行为和决策产生深远影响，从而改变过去那种凭借经验和直觉做出决策的模式，也必将带来更深层次的社会变革。作为概念范畴，法治有着极其丰富的思想渊源和理论传承，作为一种社会实践，法治又是各种社会关系相互作用的产物。指数是统计学上的概念，其通过数理统计方法反映某一时期某一社会现象变动情况的相对指标，并被广泛应用在量化研究中。法治指数是指用模型和指标体系对法治发展状态进行量化评测的一种数据结果，其通过对相关数据的再造和重新解释，不仅能总结法治发展取得的成就，还能直观发现所存在的深层次问题。

与聚焦基本概念的学理研究不同，法治指数研究具备以下几个方面的特点：第一，通过数据较为准确地描述社会正义和秩序的现实状况，为定性判断提供支撑，服务于立法与决策；第二，重视对法律制度运行状况的评判，而不是对条文进行规范性、字斟句酌的释义；第三，严格依据法律确立评价体系和标准，法律是唯一的依据，若超越法律来制定标准，法治指数将产生歧义，难以展现法治建设的真实性；第四，大数据是法治指数的基础，它使人们可以用科学的方法化解数据于社会科学的内生矛盾；第五，注重数据的筛选和赋值的专业性。法治指数只采用与法治相符合或相关联的数据，而不是以其他数据来定义和说明法治发展状况。此外，指标的赋值也特别重要，要充分分析和研究法律中由根本性原则确定的内容，以及较为次要的内容，同时还要考虑到指标评估的时效性、阶段性，使权重能够科学地反映现状。权重的确定不仅是专家的事，也是具体实施部门的事，还是人民大众的事，各方应通过充分的讨论、争议和博弈，最终确定指标的比重。

法治指数对法学研究有着非常重要的意义。评估作为现代社会的发明，具有检视过往、解释现在以及瞻瞩未来的制度功能。作为法治理论的一场革命，法治指数一改法治理论抽象、思辨的传统形态，使法学理论与客观事实紧密结合起来，变得可测量、可感知。法治指数提升了法学研究的广度和深度，研究领域跨学科、跨领域、具有高度开放性，涵盖中国法治的方方面面；法治指数完善了法学研究的理论和方法体系，使原本单调、晦涩的法学研究变得丰富多彩和易懂易见。

法治指数研究能够推动法治社会和人权保障机制的完善。法治指数以客观统计数据为基础，以民意测验为辅助，构建了一套易于理解、能够客观展示法治全景的国家与区域指数和指标体系；以全面反映中国法治发展的结果，总结发展的成效，指出存在的问题，为国家的法治决策提供客观、简明、精确的参考依据。由此，法治指数也可成为检验各级政府及司法机关法治绩效的重要标准，使对公权力机构治理能力的评价更加多元化。

法治指数搭建了一个与国际对话的基础和平台，打破意识形态间的藩篱，使国际社会更容易理解和认知中国法治发展。域外的指数研究多以民意抽样调查的方式进行，结果具有主观性和可操纵性。民意调查不可避免地具有主观性强的特点。尽管民意不可违，但民意具有可操纵性，在互联网时代尤其如此。法治指数不限于测量本国的法治发展状况，还可以将视野投向世界，评价和比较各国法治发展状况，有助于打破境外对法治评级授信的垄断地位，使国家在国内外掌握法治话语权上更加主动。

构建法治指数评估指标体系须遵循三个基本原则。第一，依法设定原则。依法设定指标体系中的各项指标，法律有要求的才是需要评估的内容。例如，评估政务绩效应当坚持依法原则，不可随意设置标准。政务活动的一个基本原则是"法有明文授权方可为"，这也是党政机关开展活动的基础和指引，对其开展评价所依据的指标体系均应有法律法规的依据来源，评估的重点是政务部门对现行法律制度和相关政策的落实情况，并对制度本身是否科学且符合国情做出判断。依法设定指标是目前最为有效的做法，但也存在不足，因为法律往往具有滞后性，对一些创新性需要鼓励的内容则难以通过指标体现出来。一些法条也可能存在不符合立法价值、偏向部门利益以及不符合实际的情况，依此评估反而会巩固部门利益、违背人民利益，甚至有的规定几乎所有的部门都难以实现，这说明不是实施出了问题，而是规定本身出了问题。指数评估可以准确发现这些问题并提出相应改进建议。尽管依法评估存在此类问题，但并不影响依法设定指标是评估体系必须遵循原则的基础性和重要性。

第二，客观评判原则。评估指标的设定多采用客观观察方法，专家应当在评价指标设计上发挥应有的专业判断，即评估指标只考察法律要求的各项责任和义务是否已经履行，判断的标准是"是"或"否"。评估应将"好"与"坏"这样主观性、随意性极强的判断标准转化为客观且具备操作性的指标。如在评价政务公开、司法公开工作时，应对相关机关是否依法、准确、及时地以方便公众获取的方式公开了相关信息进行评价，做到了即是"好"，反之就是"不好"。对做到与否的原因也要做具体分析，究竟是客观原因还是主观原因所致，发现问题的症结所在。指标经过"好与坏"向"有没有"的转换后，极大地压缩了评估人员的自由裁量空间，增强了评估指标的可重复性和可预测性。评估体系中指标设置要摒除主观性强、随意性大、涵义模糊的内容。如指标不能用"便捷性""及时性""廉洁性"等评价语言，因为这些指标难以界定，易造成评估的模糊性和不确定性。

第三，循序渐进原则。法治包罗万象，即便是信息公开这一个领域也存在无数选项，不可能一蹴而就。设计指标体系时，应优先纳入事关民生的重点内容，并考察公权力机构的法律履行义务，随着年度性推进，可以逐渐扩大评估的范围和领域，最终尽可能覆盖法律所要求的全部领域。

法治指数主要以网站为评估数据的来源。法治指数的评估主体往往是第三方机构，其既不持有权力一方的立场，又处于权力相对一方的立场之外，具有显而易见的中立性。第三方评估机构既考察公权力机构的公开和服务情况，也考察权利相对人的办事便利度。由于第三方游离在上述双方之外，数据的获取便成为制约第三方研究的最大桎梏。如十年前，为了评估司法公开中的开庭公告，一些大学研究人员只能直接到各法院门口统计开庭公告的公开情况，费事费时且难以全覆盖。此类问题在很长时间内都难以得到解决，直到信息技术的普及，公权力机构官方网站纷纷建立，网站成为信息公开和政民互动的重要平台，这个问题才不再成为学术研究的难题。不过，也存在公权力机构由于各种因素，如一些工作人员不习惯新的工作方式，不适应信息化时代的要求，没有将应该公开的信息在政府官网上公开，导致第三方评估机构不能全面的掌握其工作情况，而在评估中给予负面的评价的情况。这并不是第三方评估机构的问题，而是反映了公权力机构还需要进一步适应社会要求，改变工作方式、提高工作效率。第三方评估机构不可能全面知晓评估对象的工作情况，毕竟让社会知晓公权力机构运行现状、接受社会的评价是公权力机构的义务，而非第三方评估机构的责任。第三方评估还有一种方式是接受相关部门的委托，内外合作，即除了在网站上获取客观数据外，还通过委托部门的内部系统获取数据。这种方式的优势在于，评估数据来源的深度和广度都不是外部网站观察所能比拟的，评估的精细化程度大大提高，评估结果的准确性也相应提升。

"中国国家法治指数研究"是一项大型的系统工程，受数据来源的限制，在全国层面进行国家法治指数的评估尚存在困难，也不太现实。因此，项目组采取逐项突破的方式，从透明度指数，逐步扩展到智慧司法评估、营商环境司法保障指数评估和自贸区法治评估。

"透明"是现代法治的一个重要维度，也是监督公权力规范、廉洁运行的内在要求。我国的信息公开工作虽然起步较晚，但是由于甫一就处于信息技术高度发达和互联网应用普及的时代，因而具有后发优势，信息公开的广度、信息获取的便捷度以及信息供需双方的交互性借助互联网平台得以指数级放大。

随着2008年《政府信息公开条例》的实施，尤其是互联网信息技术的发展和国家大数据战略的确立，与信息技术高度融合的政务公开工作，从广度和深度上都迈上了新台阶，完成了从单向公开到双向互动、由电子政务向智慧政务的飞跃。2019年10月31日，党的十九届四中全会通过了《中共中央关于坚持和完善中国特色社会主义制度 推进国家治理体系和治理能力现代化若干重大问题的决定》，提出要"坚持权责透明，推动用权公开，完善党务、政务、司法和各领域办事公开制度，建立权力运行可查询、可追溯的反馈机制"。

项目组研发指标体系过程中，分别对人大、政府、法院、检察院、公安机关、监狱等重要的党政机关的公开情况进行年度评估，并且逐步实现从形式透明到实质法治的转变，如中国警务透明度指数已经实现了向中国公安法治指数的转型。2021年至今，透明度法治指数每年都会在年度第一季度进行调研，第二季度优化指标体系，第三季度进行评估，第四季度完成报告撰写。透明度指数评估未接受相关部门的委托，属于项目组独立自主研发的项目。自贸区法治指数系年度评估，以前海法治评估为依托，连续三年对国内自贸区法治进行横向比较分析。概而言之，中国国家法治指数是由一系列的子指数构成，涉及人大、法院、检察院、公安机关的重要工作，既有对司法机关专项业务开展的评估，也有营商环境评估，还有对自贸区范围内的综合法治进行评估。

本书各章主要执笔人如下。第一章"立法透明度指数"的主要执笔人是刘雁鹏；第二章"政府透明度指数"的主要执笔人是吕艳滨、田禾；第三章"司法透明度指数"的主要执笔人是王祎茗、吕艳滨、田禾；第四章"检务透明度指数"的主要执笔人是栗燕杰、吕艳滨、田禾；第五章"警务透明度（公安法治）指数"的主要执笔人是王小梅、张喆姝（2020）、王亚慧（2021）；第六章"狱务透明度指数"的主要执笔人是田禾等；第七章"自贸区法治指数"的主要执笔人是刘雁鹏、王祎茗、栗燕杰、田禾、吕艳滨。

第一章
立法透明度指数

一、立法透明度指数概述

中国正在经历百年未有之大变局，国内外形势风云变幻，既有全球大流行的公共卫生事件影响国内经济，又有单边主义盛行影响对外贸易。在此情况下，地方经济社会发展面临着极大的风险、挑战和机遇。因此，地方立法更应当主动作为，一方面应当发挥好地方立法的引领和推动作用，另一方面应当善于将各种改革举措和经验通过地方立法的方式纳入法治框架。立法应充分考察民情民意，想人民之所想、急人民之所急、行人民之所嘱。立法公开是贯彻落实全过程人民民主的前提条件，是科学立法的内在要求，推动民主立法的应有之义，是依法立法的必然选择。立法透明度高的地方立法质量不一定高，但透明度低的地方立法质量一定受限。立法质量的高低取决于法规文本的结构、语言以及体例能否做到科学合理、凝练清晰；取决于制定出的法律法规能在多大程度上解决实际问题，能否在定分止争的同时提高生活生产效率，能否在明确权利义务的同时宣扬社会主义核心价值；取决于在多大程度上听取、回应和吸纳公众的诉求和建议。故提高立法质量不仅要求充分考虑立法工作的专业性和权威性，还要考虑立法工作的民主性和广泛性。通过立法公开能够有效地结合权威意见和民意基础，是提高立法质量的不二法门。立法公开是人民群众参与立法的重要方式，是立法察民意、知民情、解民忧的重要手段，是提高立法质量的有效途径。立法透明度的提升，有助于贯彻落实全过程人民民主，有利于提高社会公众法治文化水平，有益于推动社会主义法治体系完善。一方面，立法越公开，社会公众参与立法的成本就越低，立法全过程人民民主贯彻得就越彻底，社会公众在推动法治建设过程中发挥的作用就越明显。另一方面，立法越透明，公众就越能了解法治的各种细节，在生产生活过程中更能够做到崇法、尊法、守法。

为了进一步分析地方立法的实际情况，掌握好地方人大常委会在推动科学立法、民主立法和依法立法方面的经验、亮点、成绩，并及时发现存在的问题、障碍和面临的困境，进而持续推动地方立法不断完善，加强地方人大常委会在立法方面的建设，中国社会科学院法学研究所法治指数创新工程项目组研发地方立法透明度指数，依据人大常委会门户网站，对31个省、自治区以及直辖市人大常委会立法情况进行评估。从2021年开始，地方立法透明度指数进一步迭代升级为立法透明度指数，将全国人大常委会纳入评估对象。

立法透明度评估对象是全国人大常委会及31家省级人大常委会立法公开情况，指标体系依据的是《宪法》《立法法》《地方各级人民代表大会和地方各级人民政府组织法》以及其他相关法律法规。评估过程中不涉及价值判断，不会将"好""坏"等价值判断带入评价体系，仅以网站为依托就"有""无"进行评价。尽管立法水平的高低无法通过网站建设的好坏进行全方位的体现，但是若网站中公开的信息数量较少，公开的信息质量不佳，那么立法质量也就缺乏保障。

立法透明度评估指标体系设置立法工作信息公开（权重20%）、科学立法信息公开（权重30%）、民主立法信息公开（权重30%）、立法优化信息公开（权重20%）4个一级指标（见表1-1）。为了保障评估的连续性，3年的评估指标体系大致保持一致，但在评估内容上，2022年增加了对立法全过程人民民主、网站无障碍模式、立法解读的考察。在评估方法上，采用客观评价方法，从客观事实出发，切实反映人大立法透明度的真实情况。

表1-1 地方立法透明度指数评估指标体系

一级指标及权重	二级指标及权重	三级指标及权重
立法工作信息公开（20%）	领导信息（10%）	领导名单（50%）
		领导简历（50%）
	常委会信息（30%）	机构列表（20%）
		机构职能（20%）
		机构名单（20%）
		负责人信息（20%）
		联系方式（20%）
	立法工作总结（30%）	上一年度立法工作总结（40%）
		上一年度立法数据信息（30%）
		上一年度立法重点领域信息（20%）
		上一年度立法过程信息（10%）
	法规数据库（30%）	法规文本（60%）
		法规检索（40%）
科学立法信息公开（30%）	立法计划（60%）	及时性（40%）
		完成度（20%）
		完整性（40%）
	立法规划（20%）	立法规划公开（100%）
	立法论证（20%）	专家论证（50%）
		学者论证（50%）
民主立法信息公开（30%）	立法草案公开（40%）	专门栏目（20%）
		草案说明（40%）
		草案审议结果（40%）
	立法征求意见（40%）	征求意见时间（50%）
		征求意见渠道（50%）
	征求意见反馈（20%）	反馈结果公开（30%）
		反馈数量公开（30%）
		是否反馈意见（40%）

续表

一级指标及权重	二级指标及权重	三级指标及权重
立法优化信息公开（20%）	立法评估（40%）	立法评估制度（30%）
		立法评估实践（30%）
		立法评估报告（40%）
	执法检查（40%）	执法检查实践（50%）
		执法检查报告（50%）
	法规备案（10%）	备案情况实践（50%）
		备案情况报告（50%）
	规范性文件（10%）	规范性文件审查制度（50%）
		规范性文件审查报告（50%）

二、2020年中国地方立法透明度指数

为了准确评价地方人大立法透明度工作，推进地方科学立法、民主立法以及依法立法，促进地方立法体制机制不断完善，项目组对31个省、自治区以及直辖市人大常委会门户网站2019年1月至2020年9月公开相关信息的情况进行了评估。评估发现，地方人大在法规数据库建设、法规解读、立法评估、立法计划完成度等方面进步明显，但在法规公开、民主立法、立法总结等方面依然存在问题。建议地方人大常委会进一步提高公开认识、转变公开理念，进一步加强学习借鉴、提高公开水平，进一步开展公开检查、统一公开标准。

（一）评估结果

项目组依据指标体系对全国31个省级人大常委会门户网站及其他媒体渠道公开的信息进行评估。根据4个板块的测评结果和权重分配，项目组核算并形成了31家省级人大常委会的总体测评结果。

根据2020年最终测评结果，江苏省人大常委会、上海市人大常委会、北京市人大常委会、广西壮族自治区人大常委会、甘肃省人大常委会、湖北省人大常委会、贵州省人大常委会、内蒙古自治区人大常委会、安徽省人大常委会、四川省人大常委会、浙江省人大常委会、广东省人大常委会、云南省人大常委

会、重庆市人大常委会整体公开情况较好。

2020年立法透明度评估分数略有降低,一方面是因为2020年评估指标体系难度有所提升,在部分打分细节上更加严格,例如,在地方性法规公开及时性上,凡是发现已经通过的地方性法规未能10日内在人大常委会网站中公开都算超时。另一方面部分地方人大未能在关键领域继续加大公开力度,部分领域没有能够持续更新,例如,吉林省人大常委会2019年公开了2018年立法工作总结,但是2020年却没有公开2019年的立法工作报告。上述公开工作没有形成常态化机制,相关领域的负责人重视,则及时公开了相关内容;相关领域的负责人疏忽,则未能公开部分内容,导致一些省份成绩下滑。

(二) 评估中发现的亮点

1. 公开地方性法规库

地方性法规数据库的建立一方面有利于整理汇总地方性法规,及时发现应当修改、废止的地方性法规;另一方面则方便公众查询翻阅地方立法,了解地方现行有效的地方性法规、修改的地方性法规以及已经失效的地方性法规。由于地方立法数量巨大,现行有效的地方性法规平均数量都维持在100—200部。若缺少切实有效的地方性法规数据库,在上百部地方性法规中寻找关键信息实属不易。在31家评估对象中,有30家建立了地方法规数据库,约占所有评估对象的96.77%;有26家评估对象的地方性法规数据库可用,约占所有评估对象的83.87%。[①]

2. 普遍开展立法论证

立法论证对提升立法工作水平、保障立法质量意义重大:一方面,通过立法论证,能够充分研究地方立法的必要性、可行性、紧迫性等重要内容,保障立法项目不会因为缺乏论证而难产;另一方面,开展立法论证能够明晰立法中的难点,梳理各方观点,解决可能面临的痛点,节约立法时间成本,提高立法文本通过率。评估发现,31家评估对象均建立了立法咨询专家库,占比100%。在推动地方立法过程中,地方人大常委会充分运用专家库的力量,开展立法论证,提高立法质量。例如,2019年9月,重庆市人大常委会邀请来自高校、科

---

① 包括广东省人大常委会、湖南省人大常委会、西藏自治区人大常委会、陕西省人大常委会在内的4家网站虽然建立了法规数据库,但由于系统维护、升级等原因,无法正常使用。

研院所的专家就《重庆市促进科技成果转化条例（修订草案）》进行论证，保障条例能够切实有效促进科技成果转化。

3. 部分公开法规解读

地方性法规中很多条款与企业、个人、组织息息相关，但对于大多数人而言，如何理解法规内容，如何解读法规的规定成为一个不小的难题。为了加强对地方性法规的理解，提高立法质效，包括江苏省人大常委会、江西省人大常委会、天津市人大常委会在内的多个地方人大常委会公开了对地方性法规的解读，例如，2019年江苏省人大常委会公开了《江苏省市辖区、不设区的市人民代表大会常务委员会街道工作委员会工作条例》《江苏省职业教育校企合作促进条例》《江苏省不动产登记条例》等地方性法规的解读，方便公众更好地理解地方性法规的立法背景、适用范围、权责配置等问题。

4. 关联内容集中公开

立法透明度不是信息的堆砌，也不是把所有法律、法规规定应当公开的内容上传到网络平台就算完成了公开任务。地方人大立法公开要站在公众的角度，不仅要求应该公开的内容尽公开，还要以方便公众的视角公开。评估发现，部分地方人大常委会能够对信息进行整理分类，极大减少了公众找寻信息的时间成本。例如，广东省人大常委会从群众视角出发，而非从人大职能部门视角出发，将人大常委会报告、地方立法计划、法规草案意见征集等内容打包公开。

5. 公开受众群体范围逐步扩大

即便是通过门户网站公开，依然会有大量的群体被排挤在公开范围之外。例如，视力障碍人群或老年群体在浏览网页时可能存在障碍，在了解最新的地方性法规、参与地方立法意见征求活动过程中易存在障碍。评估过程中发现，部分地方人大常委会开通了无障碍浏览模式，极大地扩大了公开的受众群体，例如，上海市人大常委会网站设有无障碍浏览模式，可为视力障碍群体朗读法规。

6. 普遍建立评估制度

立法评估能够不断提高地方立法的科学化、民主化、法治化水平。一方面，立法评估为专家、学者、公众参与立法活动开辟了另一条路径，是进一步提高民主立法的重要手段；另一方面，立法评估在一定程度上能够发现法规的漏洞，填补法规空白和缺陷，同时也为进一步修改地方立法提供了方向和指引，是不断提高立法科学性的重要方法。评估发现，31个省、自治区、直辖市都建立起了立法评估制度，例如，《北京市制定地方性法规条例》第55条规定："市人民代表大会有关专门委员会、常务委员会有关工作机构可以组织对有关地方性法规或者法规中有关规定进行立法后评估，对改进立法工作提出意见、建议；需要修改法规的，适时启动修改程序……"①

7. 计划完成度有所提高

立法计划完成度是衡量立法计划制定是否科学合理的重要依据之一，若年初公开的立法计划在年底大部分都没有完成，则在制定立法计划之初，可能高估了立法能力，低估了立法本身存在的难度。若年初立法计划完成度较为良好，说明立法计划制定符合客观现实，切合地方立法实践，立法资源利用较为合理，充分的完成了立法任务。此次评估，依然没有将立法计划完成度纳入最终的成绩核算中。通过评估发现以下亮点值得关注：其一，立法计划完成度整体有所提高。评估发现共有12家评估对象立法计划完成度较2018年有所提高，约占所有评估对象的35.48%。其二，满分数量有所增加。有7家评估对象立法计划完成度为100%，比前一年增加了5个，提高了250%（见表1-2）。

表1-2 立法计划完成情况表

评估对象	2018年立法计划完成率/%	2019年立法计划完成率/%
上海	77.78	50
贵州	10	90
广东	57.14	100
吉林	40	—
浙江	33.30	50
江苏	33.30	100
新疆	—	—
重庆	50	100
陕西	—	—

---

① 该条例后于2023年修改。

续表

评估对象	2018年立法计划完成率/%	2019年立法计划完成率/%
四川	71.42	100
河北	—	—
内蒙古	53.85	78.57
辽宁	100	69.23
江西	—	—
山东	80	55.56
湖南	—	—
安徽	67.86	100
天津	—	—
湖北	77.78	63.64
西藏	—	0
广西	66.67	100
青海	60	—
宁夏	66.67	90
甘肃	30.43	72.2
黑龙江	—	—
河南	—	—
山西	—	—
北京	80	66.7
福建	—	—
云南	100	100
海南	—	72.2

（三）评估发现的问题

1. 法规公开仍存在缺陷

地方性法规颁行后，应当尽快在门户网站中公开权威版本，让所属辖区的政府、公民、企业、组织充分了解各自的权力、责任、权利、义务。评估发现，地方性法规公开存在以下两方面问题：一方面，部分人大常委会法规未能公开。广东省人大常委会、陕西省人大常委会、湖南省人大常委会、西藏自治区人大常委会、福建省人大常委会虽然有法规数据库，但无法正常使用，导致法规未能有效公开。① 另一方面，法规公开不及时。若地方性法规公开不及时，则易出现公众对已生效法规不了解而导致"被迫违法"的现象产生。评估发现，8家评估对象地方性法规公开不及时，占25.81%（见表1-3）。

表1-3 地方立法延期公开一览

对象	法规	实施日期	公开日期	间隔/天
贵州	贵州省林地管理条例	2019年3月30日	2019年4月24日	25
吉林	吉林省地方志工作条例	2019年5月30日	2019年6月12日	13
内蒙古	内蒙古自治区预算审查监督条例	2018年12月6日	2019年1月8日	34
新疆	新疆维吾尔自治区人民代表大会议事规则	2018年11月30日	2019年5月9日	160
辽宁	辽宁省职工劳动权益保障条例	2019年9月27日	2019年10月14日	18
青海	青海省鼠疫交通检疫条例	2019年7月31日	2019年9月10日	42
宁夏	宁夏回族自治区乡镇政府工作条例	2019年3月26日	2019年5月9日	45
黑龙江	黑龙江省河道管理条例	2018年6月28日	2019年3月15日	261

2. 检索应用有待加强

立法内容纷繁复杂，不仅包括法规文本本身，还包括立法前的准备、立法过程中的论证、立法后的评估以及执法检查等多方面信息。如此复杂多样的信息势必造成寻找困难，故应当进一步压缩信息检索时间，降低检索成本。评估发现，新疆维吾尔自治区人大常委会、江西省人大常委会、宁夏回族自治区人大常委会没有设置检索专栏。评估发现，虽然部分人大常委会设置了检索专栏，但是无法检索到网站内的地方性法规以及站内其他信息，例如，广东省人大常委会、西藏自治区人大常委会无法通过搜索栏目检索到关键立法信息；山东省人大常委会、陕西省人大常委会、青海省人大常委会等评估对象搜索得到的内

---

① 值得注意的是，河南省人大常委会既没有法规数据库，也没有对法规进行集中公开，已经生效的地方性法规无法通过门户网站获得。

容与关键词并不相关。

3. 立法总结有待普及

善用地方立法，能够极大推动地方治理体系现代化和法治化进程，有效发挥地方立法引领和推动作用。立法权作为地方人大的重要职权之一，其应用情况、取得成效、存在问题及改进情况都需要专门总结，而不能仅将信息汇总在年度人大常委会报告中。由此可见，立法总结有待进一步完善。坚持发布年度立法总结，不仅能够回顾一年的立法工作，对立法计划中涉及的任务进行梳理，还能充分展示立法取得的成绩和经验，强化立法宣传。评估发现，仅有包括湖北省人大常委会、甘肃省人大常委会等在内的4个省份省级人大常委会单独公开了2019年的立法总结，未单独公开立法总结的约占评估对象的87.1%。

4. 计划公开依然不足

评估发现，2019年评估的31家人大常委会立法计划公开工作具有如下特点：首先，公开立法计划的对象数量保持一致（见表1-4）。2018年、2019年都有19家公开了年度立法计划，约占61.29%。其次，立法计划公开时间有所提前。2018年在第一季度公开立法计划的有6家；2019年在第一季度公开立法计划的有13家，相比上一年度提高了116.67%。最后，立法计划缺少连贯性。吉林省人大常委会、青海省人大常委会公开了2018年立法计划，却没有公开2019年的立法计划；海南省人大常委会、西藏自治区人大常委会公开了2019年立法计划，却没有2018年立法计划。尽管2019年立法计划乏善可陈，但需要指出的是，立法计划公开时间依然比较靠后，尤其是部分人大常委会在5月份，甚至8月份才公开年度立法计划，可见立法计划公开依然值得地方人大常委会进一步关注。

表1-4 立法计划通过日期以及发布日期统计

评估对象	通过日期（2018年）	发布日期（2018年）	间隔（2018年）/天	通过日期（2019年）	发布日期（2019年）	间隔（2019年）/天
上海	4月23日	4月23日	0	3月18日	3月18日	0
贵州	3月30日	4月20日	21	1月17日	2月13日	27
广东	9月13日	9月13日	0	2月23日	5月18日	84
吉林	5月16日	5月16日	0	—	—	—

续表

评估对象	通过日期（2018年）	发布日期（2018年）	间隔（2018年）/天	通过日期（2019年）	发布日期（2019年）	间隔（2019年）/天
浙江	3月10日	3月10日	0	—	—	—
江苏	4月2日	4月2日	0	3月19日	3月25日	6
新疆	—	—	—	—	—	—
重庆	2月5日	2月5日	0	2月12日	2月27日	15
陕西	—	—	—	—	—	—
四川	2月26日	2月26日	0	1月19日	3月5日	45
河北	—	—	—	—	—	—
内蒙古	4月19日	4月19日	0	4月10日	4月10日	—
辽宁	4月23日	4月23日	0	2月27日	2月27日	—
江西	—	—	—	—	—	—
山东	5月10日	5月10日	0	2月12日	2月12日	—
湖南	—	—	—	—	—	—
安徽	2月12日	7月9日	147	3月21日	5月31日	71
天津	—	—	—	—	—	—
湖北	5月11日	5月11日	0	12月21日	2月20日	61
西藏	—	—	—	2月15日	6月5日	110
广西	3月30日	3月30日	0	2月21日	3月1日	8
青海	3月12日	3月12日	0	—	—	—
宁夏	5月18日	5月18日	0	2月20日	5月18日	87
甘肃	4月13日	4月13日	0	2月15日	2月15日	0
黑龙江	—	—	—	—	—	—
河南	—	—	—	—	—	—
山西	—	—	—	—	—	—
北京	2月26日	2月28日	2	2月19日	3月4日	13
福建	—	—	—	—	—	—
云南	3月22日	5月31日	70	2月19日	3月6日	15

续表

评估对象	通过日期 (2018年)	发布日期 (2018年)	间隔 (2018年)/天	通过日期 (2019年)	发布日期 (2019年)	间隔 (2019年)/天
海南	—	—	—	2018年12月20日通过；2019年7月19日修改	2019年8月15日	27

5. 民主立法亟须强化

民主立法是提高立法质量、体现民主价值、实现民主权利的重要方式。民主立法的本质是将不同利益群体的意见通过现有框架反馈到立法中，这就要求地方立法机关不断拓宽立法参与渠道、打通立法参与通道、丰富立法参与形式，收集更多意见建议。评估发现，民主立法板块平均分较低，成为地方立法评估的洼地。① 民主立法的问题主要集中在以下几个方面：首先，草案说明依然没有普及。民众参与立法不但受到渠道限制，而且法规的枯燥和复杂，让部分参与者望而却步。评估发现，有16家评估对象在公开征求意见的同时未发布相关草案说明，占比约51.61%，但就草案公开而言，很难吸引更多的群众参与到立法意见征求活动当中。其次，征求意见的时间依然过短。意见征求时间由地方立法条例或制定法规条例所规定，一般不得少于30天②，也有部分地方性法规规定不得少于15天③，但在评估中发现，有19家评估对象存在征求意见过短的现象，约占61.29%。更有甚者征求意见的时间仅4天。例如，《重庆市湿地保护条例》2019年8月12日公开征求意见，截止日期为2019年8月16日，时间略显仓促。最后，缺失征求意见反馈。地方立法条例或制定法规条例一般都会

---

① 立法工作信息平均分是65.45，科学立法的平均分是57.68，民主立法的平均分是45.10，立法优化信息平均分是50.13。

② 例如，《山东省地方立法条例》第46条规定，列入常务委员会会议议程的地方性法规案，应当在常务委员会会议第一次审议后将地方性法规草案及其说明等向社会公布，征求意见，但是经主任会议决定不公布的除外。向社会公布征求意见的时间一般不少于30日。征求意见的情况应当向社会通报。

③ 例如，《辽宁省人民代表大会及其常务委员会立法条例》第41条规定，列入常务委员会会议议程的地方性法规案，应当在常务委员会会议后将法规草案及其起草、修改的说明等向社会公布，征求意见，但是经主任会议决定不公布的除外。向社会公布征求意见的时间一般不少于15日。征求意见的采纳情况以适当形式向社会反馈。

规定应当以适当的方式向社会公开征求意见情况或采纳情况，但评估发现，征求意见反馈的公开情况依然不够乐观，评估的 31 个省份省级人大常委会均未公开意见反馈情况。征求意见反馈的缺失不仅削弱了地方性法规的民主性和合规性，还容易降低公众参与立法活动的热情。

6. 执法检查报告公开不理想

执法检查是地方人大的重要监督手段，公开执法检查报告则是各级人大常委会应当履行的责任。《各级人民代表大会常务委员会监督法》第 27 条第 2 款规定："常务委员会的执法检查报告及审议意见，人民政府、人民法院或者人民检察院对其研究处理情况的报告，向本级人民代表大会代表通报并向社会公布。"部分地方人大常委会通过地方立法的形式对公开执法检查报告再次予以确认。例如，《天津市人民代表大会常务委员会执法检查办法》第 36 条规定：执法检查报告由市人大常委会办公厅向市人大代表通报，并向社会公布。评估发现，评估的 31 个省份省级人大常委会均开展了执法检查活动，不少人大常委会门户网站公开了大量执法检查的图片新闻和宣传材料，但上述新闻和材料未披露执法检查的基本情况、法律法规实施情况的总体评价、执法检查发现的主要问题和原因分析、改进工作的建议等内容，不能认定其公开了执法检查报告。2019 年仅有 5 个省份省级人大常委会公开了执法检查报告，约占 16.13%，而 2018 年有 11 家公开了执法检查报告。公开执法检查报告数量的下降，说明地方人大常委会对待此项工作的细致程度有待提升、应当进一步区分执法检查报告和新闻报道。不能认为只要公开了新闻报道，就算完成了报告公开，只要公开了宣传材料，就算履行了法定职责。

（四）完善建议

当下中国面临新形势、新任务、新常态，这无疑对地方人大立法工作提出了更高的要求。地方人大及其常委会要深入推进科学立法、民主立法和依法立法，以立法透明度为抓手，结合地方的实际做好立法工作，切实提高立法质量。

首先，提高公开认识，转变公开理念。对于地方人大常委会网站而言，平台存在的目的不仅仅是宣传，还应当作为地方人大及其常委会公开的数据库。若仅仅是宣传平台，那么公开的方式就会有一些宣传法规通过的新闻，但是没有法规本身；有少许立法专业知识的普及，但没有立法成果展示；有部分执法检查的报道，没有执法检查的报告。若将地方人大常委会网站作为数据集散中心，以建设立法大数据平台的心态处理立法公开，网站则会规划好每一个板块，充实好每一处内容，减少延迟公开、遗漏数据、板块不合理、内容混乱等许多问题的出现。事实上，一旦地方人大常委会门户网站汇聚足够多数据，便会吸引一批法学专家开展相关研究，以实践为基础弥补理论的不足，从而反馈地方立法实践，形成良性互动。

其次，开展公开检查，统一公开标准。地方人大常委会门户网站是公众获取立法相关信息的重要平台，定期开展公开检查，能够及时发现人大立法公开工作中存在的漏洞和缺陷。有时人大常委会网站中的信息一应俱全，但由于逻辑混乱、内容庞杂、信息整理归类不当导致无法短时间内有效查询到关键信息。故在检查地方人大立法公开过程中，不仅要考察关键信息是否公开，还要站在普通公众的视角切实审视公开效果。此外，由于地方人大立法公开的内容、标准、时间节点等关键信息全国尚不统一，因此有必要加强立法公开的理论研究，由全国人大常委会公布年度公开要点，统一全国立法公开标准，推动立法公开走向常态化、标准化、法治化道路。

最后，加强学习借鉴，提高公开水平。同样是公开工作信息，如今政府信息公开、司法公开、检务公开已经远远走在人大立法公开之前。政府信息公开已经不存在大规模遗漏信息、延迟公开信息、大范围公开无效信息等问题；司法公开则走向专业化、集约化道路，设置审判流程公开平台、执行信息公开平台、裁判文书公开平台提供不同的司法信息；检务公开则全国层面统一规范统一推进，平台集约化一步到位，数据公开稳步展开。作为国家权力机关，其公开水平不应落后于行政机关、司法机关和检察机关，应当充分学习并借鉴相关经验，建立人大立法公开反馈机制，分享人大立法公开经验，提高人大立法公开水平。

三、2021年中国立法透明度指数

为了全面评价和推动人大立法公开工作，2021年中国社会科学院法学研究所法治指数创新工程项目组对全国人大常委会和31个省级人大常委会门户网站

2020年9月至2021年12月立法透明度情况进行了评估。① 评估发现，部分地方人大越发重视人大立法透明度工作，推动立法过程应公开尽公开。同时，往年评估过程中发现的诸如公开不及时、公开不到位等部分问题依然存在。建议各级人大进一步提高对立法公开的认识，将公开作为常态化工作融入立法活动当中，切实通过公开不断提高立法质量，为实现全过程人民民主提供保障。

（一）2021年立法透明度评估总体情况

根据4个板块的测评结果和权重分配，项目组核算并形成了全国人大常委会及31个省份省级人大常委会的总体测评结果。

本次评估共有7家评估对象总分超70分，有15家评估对象得分在60分以上。本次评估无论是超过70分的评估对象，还是超过60分的评估对象，数量均与前一年持平。本次评估结果有如下特点值得关注。

首先，全国人大常委会立法透明度表现亮眼。本次将全国人大常委会纳入评估之中，从结果来看，全国人大常委会总体成绩超地方人大常委会位列第一。全国人大常委会在公开科学立法信息、民主立法信息和立法优化信息几个方面，都能够严格依照《立法法》的规定，基本做到应公开尽公开，尤其是在征求法律草案意见方面，不仅公开法律草案意见说明、反馈渠道、截止日期等必要信息，还在草案征求意见结束后，对参与人数、意见数量等关键信息予以公开，为地方人大常委会立法透明度树立了可参照的样板。

其次，各评估对象对4个板块重视程度各有不同。其中立法工作信息版块普遍优于其他版块，无论是2021年还是上一年评估，立法工作信息平均成绩均是第一。此外，相比上一年，2021年评估对象普遍重视立法工作信息公开和科学立法信息公开，忽视民主立法信息公开以及立法优化信息公开（见表1-5）。这说明，无论是中央还是地方，都在极力推动立法基本信息公开，逐步重视科学立法工作，但是在推进民主立法和立法优化方面仍有较大提升空间。

---

① 评估仅涉及地方人大常委会在网站中公开的情况，其他工作内容不涉及，所体现的成绩及反映的问题也仅是公开方面的内容，特此说明。

表1-5 2021年与2020年各板块评估结果对比

板块	2021年平均分	2020年平均分	对比
立法工作信息	68.06	60.50	上升
科学立法信息	65.46	60.16	上升
民主立法信息	48.03	53.57	下降
立法优化信息	57.16	59.42	下降

最后,部分地方立法公开与地方经济发展不匹配。立法工作需要投入大量人力、物力、财力,需要消耗立法者时间和精力。故从理论上说,地方经济发展水平越高,则在立法工作中的投入可能会越多,立法公开越好;反之地方经济发展水平较差,则投入可能会略显不足。评估发现,部分地方超越地方经济发展不足的现状,立法透明度逆势而上,排名高于其GDP排名,高于人均GDP排名。

(二) 评估发现的亮点

全国立法公开工作亮点纷呈,在法规解读、立法计划完成度、法规数据库等部分领域相比2020年评估数据有所加强。同时,全国人大常委会及省级地方人大常委会普遍重视数字化建设,逐步将公开平台打造成沟通立法者与民众的数字桥梁,为贯彻落实全过程人民民主奠定基础,为推动数字中国建设贡献人大样本。

1. 法规解读有所增加

法律法规文本与人民群众生产生活关系重大,然而严谨、晦涩的法言法语影响了人民群众对法律法规的理解和把握,因此法律法规解读的发布就显得尤为重要。及时发布法规解读能够帮助社会公众更好地了解法规内容,知晓其中涉及的重点难点,以便更好地接受并学习新出台的法规。评估发现,包括广西壮族自治区人大常委会、河北省人大常委会、海南省人大常委会在内的9家评估对象会在地方性法规发布之后及时公开法规解读。其数量比2020年的5家增加了4家。

2. 公开征求意见反馈

法律法规意见反馈的公开有助于方便公众参与立法活动,有利于告知公众立法宗旨和主要制度设计,有益于增强公众对法律法规的认同感。同时,还能增加立法工作者同群众的互动,增强立法民主性,是贯彻落实全过程人民民主的重要形式和路径。评估过程中发现,包括全国人大常委会、江苏省人大常委会、北京市人大常委会在内的多家人大常委会对征求意见情况进行了反馈,有的公开了收到意见的数量,有的选择了公开部分意见。

3. 公开废止法律法规

很多历史遗留问题与当时立法息息相关,公开已经废止的法律法规,有助于梳理特殊历史背景下的遗留问题,将矛盾化解纳入法治渠道。同时,已经废止的地方性法规虽然失去了效力,但依然有学术研究价值,对于构建立法发展历史脉络,研究立法发展历程极其重要。评估发现,青海省人大常委会、广东省人大常委会、上海市人大常委会将已经废止的地方性法规予以公开,建立起完整的地方性法规数据库。

4. 针对法规进行分类

截至 2021 年 1 月底,我国现行法律共 274 件,省级地方性法规平均也有百余件。评估发现,包括全国人大常委会、重庆市人大常委会、青海省人大常委会等在内的 9 家评估对象设置了较为合理的分类标准,约占全部评估对象的 28.13%。其中国家法规数据库依据法律部门对现行有效的法律分为宪法相关法、民商法、行政法等。地方人大常委会依据立法权限、范围和地方特色,对地方法规数据库进行了分类。例如,重庆市人大常委会依据财政经济、社会事务管理、城乡建设等进行分类。数量庞大的法规数据库需要科学合理的分类,才能有效降低查询耗费的成本。

5. 计划完成度进一步提高

立法计划完成度高低是反映立法计划科学性的重要标志。较高的完成度要求立法机关科学、合理地考量一年的立法工作量,认真、细致的审视已有的立法资源。评估发现,有 13 家评估对象立法计划完成度超过上一年或与之持平,约占评估对象总数的 40.63%。另外,2021 年度评估中,2020 年立法计划完成率 100% 为 10 家,较上一年度 7 家增加了 3 家。无论从整体提升还是满分数量增加,立法计划完成度都进一步提高(详见表 1-6)。

表 1-6 立法计划完成率对比表

省 （自治区/直辖市）	2018 年立法计划完成率/%	2019 年立法计划完成率/%	2020 年立法计划完成率/%
上海市	77.78	50	100
贵州省	10	90	100
广东省	57.14	100	75
吉林省	40	—	—
浙江省	33.30	50	—
江苏省	33.30	100	100
新疆维吾尔自治区	—	—	—
重庆市	50	100	100
陕西省	—	—	—
四川省	71.42	100	66.7
河北省	—	—	—
内蒙古自治区	53.85	78.57	100
辽宁省	100	69.23	—
江西省	—	—	100
山东省	80	55.56	100
湖南省	—	—	75
安徽省	67.86	100	100
天津市	—	—	—
湖北省	77.78	63.64	57.1
西藏自治区	—	0	—
广西壮族自治区	66.67	100	100
青海省	60	—	—
宁夏回族自治区	66.67	90	88.89
甘肃省	30.43	72.2	70.59
黑龙江省	—	—	90.91
河南省	—	—	—

续表

省 (自治区/直辖市)	2018年立法计划 完成率/%	2019年立法计划 完成率/%	2020年立法计划 完成率/%
山西省	—	—	—
北京市	80	66.7	80
福建省	—	—	62.5
云南省	100	100	75
海南省	—	72.2	100

（三）评估发现的问题

立法透明度工作的推进并非一蹴而就，既需要全国人大常委会以身示范、做好榜样、定好标准，又需要地方人大常委会互相学习、借鉴、参照，还需要直面立法透明度建设过程中遇到的各种问题。评估过程中发现人大立法公开存在以下问题值得关注。

1. 公开平台建设有待加强

首先，部分评估对象同时存在两个公开平台。门户网站是展示机关工作信息的重要平台，多个网站平台同时存在会令公众在查找信息过程中无所适从，影响公开效果。而且，多个门户网站还会增加信息披露成本，容易造成信息遗漏或重复。此外，从外部视角来看，信息遗漏或不一致极容易给公众造成工作不专业、不积极甚至不公开的印象。评估过程中发现，部分评估对象同时存在两个门户网站，例如，广东省人大常委会在评估期间内同时存在两个生效的网站，其中一个网站披露了广东省2020年及以前的立法计划，另一个网站仅有2021年的立法计划，这就造成了立法计划公开的割裂。相同的还有江西省人大常委会门户网站，既有江西人大新闻网，又有江西人大常委会门户网，两个网站均发布了部分人大立法的内容，但都不全面且有部分内容重复。其次，平台友好性不足。评估发现，部分人大常委会网站搜索栏目无法正常使用，部分甚至没有搜索和查询功能，增加了公众查询难度。最后，第一平台的理念未曾确立。包括上海市人大常委会、浙江省人大常委会等未将门户网站作为公开的第一平台，很多信息优先在微信公众号中发布，而忽视在门户网站中展示。

2. 法规征求意见有待完善

首先，法规征求意见时间依然不足。立法广泛征求意见有利于提高立法的科学性、民主性，更是宣传立法的绝佳手段和重要途径。社会公众在了解地方立法的同时，有针对性地提出建设性意见，能够有效地融入立法活动当中，极大提高立法活动的公众参与度。从这个角度来说，征求意见时间过短可能导致公众无法及时了解草案内容，提出针对性建议。故对于法律而言，《立法法》直接规定征求意见的时间不得少于30日。部分地方立法亦有类似规定，有的规定征求意见不少于30日，有的则规定不少于15日。例如，《上海市制定地方性法规条例》第38条规定：向社会公布征求意见的时间一般不少于15日。但即便对征求意见的时间有所要求，在立法实践中依然有部分地方性法规不遵守相关规定，征求意见时间较短，例如《上海市慈善条例（草案）》征求意见时间是从2021年9月2日至9月15日，明显少于规定的15日。征求意见时间较短并非个别现象，其他省市也有类似情况。例如，《安徽省公安机关警务辅助人员管理条例（草案）》公开征求意见时间是2020年11月17日，公开征求意见截止日期是2020年11月25日，征求意见时间不足8天。其次，征集法规草案意见时缺少草案说明。草案说明的存在是让公众了解法规草案制定必要性、可行性以及法规的重点、难点问题，能够帮助公众全方位了解法规制定的目的及主要制度设计，以便公众更好提出意见建议。若仅仅公开法规草案却没有草案说明，则可能导致意见反馈情况不佳。评估发现，四川省人大常委会、重庆市人大常委会、广东省人大常委会、湖南省人大常委会等16家评估对象的部分征求意见草案缺少说明，占全部评估对象的50%。最后，未能利用门户网站征求意见。部分人大常委会利用广播、电视、报纸、新媒体等方式向本地群众征求意见。这种方式无可厚非，但上述渠道传播范围有限，会限制相当一部分公众了解相关立法草案信息。评估发现，诸如天津市人大常委会、青海省人大常委会等多家评估对象2020年未利用门户网站征求意见。法规草案征求意见存在的问题直接导致参与立法活动的人数有限。例如，江苏省人大常委会制定的《江苏省铁路安全管理条例（草案）》征求意见仅收到1条意见；《贵州省林业有害生物防治条例》征求意见期间仅有4人参与，共提供17条意见。

3. 法规数据建设有待巩固

首先，部分法规数据库无法正常使用。评估发现，部分人大常委会法规数据库无法正常打开使用。例如，广西壮族自治区人大常委会门户网站中的法规数据库无法正常打开。其次，部分法规数据库没有对法规进行分类。大部分人大常委会门户网站建立了自己的法规数据库，但很少有对数据库中法规进行有效分类的。例如，贵州省人大常委会门户网站中公开了百余部贵州省立法，但其数据库中并没有对贵州省立法进行有效分类，这无疑增加了查找数据库中法规的困难程度。若数据库中的法规能够按照一定的逻辑，如生效时间、法规类型、涉及领域等进行分类，那么对于查找法规的公众而言将会极为方便。这方面，部分省人大常委会，例如，河北省人大常委会就将河北省地方立法设置诸如交通运输、饮食服务等关键词和标签，方便公众查询。最后，国家法律法规数据库中的数据部分内容不够准确。福建省人大常委会、云南省人大常委会、陕西省人大常委会等部分省、市、自治区没有建立自己的法规数据库，给出链接直接关联国家法律法规数据库。有的地方在国家法律法规数据库中公开的法规存在遗漏或者公开不及时的现象，例如，《云南省中小企业促进条例》已经于2021年被废止，但在国家法律法规数据库中，该条例依然是生效状态。

4. 部分法规公开存在延迟

地方性法规事关企业、组织、个人的权利义务，应当在生效前公开。否则，社会公众对于能够深刻影响自身生产生活的法规就会处于陌生状态，极有可能在毫不知情的情况下违法，在毫无防备下受到处罚。评估发现，有13个评估对象存在地方性法规公开延迟的现象，约占总数的40.63%。例如，《江苏省绿色建筑发展条例》第二次修正通过日期是2021年5月27日，2021年6月29日在其门户网站公开；《山西省促进中小企业发展条例》通过日期是2020年7月31日，其门户网站公开日期是2020年12月17日；《贵州殡葬管理条例》通过日期是2021年3月26日，其门户网站公开日期是2021年4月1日。

5. 宣传有余而报告不足

人大常委会门户网站一方面是宣传人大工作的重要平台，另一方面则需担负起搜集立法建议，承担与社会公众对接和交流的职责。若只有宣传功能缺少公开公示功能，则平台无法起到承载人大立法公开的功能。部分人大常委会门户网站宣传效果积极到位，却无法通过门户网站获取诸如立法评估报告、执法检查报告、规范性文件审查备案报告等有益信息。评估发现，仅 7 家评估对象公开了规范性文件审查备案报告，约占 21.88%；32 家评估对象均开展了执法检查活动，却仅有 7 家评估对象公开了执法检查报告。

6. 规划计划公开仍然薄弱

立法计划和立法规划公开情况依然较为薄弱。评估发现，18 家评估对象完整地公开了近五年的立法计划，约占 56.25%，8 家评估对象部分公开了近五年的立法计划，约占 25%，18 家评估对象没有公开立法规划，约占 56.25%。有的评估对象有大量关于立法计划的宣传、报道，却找不到立法计划。例如，浙江省人大常委会做了 2020 年立法计划的宣传，却没有公开立法计划。有的门户网站仅公开了立法规划，却没有公开立法计划。例如，山西未能有效公开立法计划，从 2017 年开始，山西没有公开过 2018—2021 年的立法计划，只有 2018—2022 年的立法规划。立法计划和立法规划不能相互取代，立法规划和五年发展规划纲要高度绑定，而立法计划和本省一年的发展重点相互契合。不能因为有了五年发展规划纲要就废弃年度发展重点，不能因为拥有了五年立法规划就不公开立法计划。

（四）提升人大立法透明度的建议

在"两个一百年"历史交汇之际，立法承担了更重要的责任，重大创新举措需要于法有据，重要改革成果需要立法确认，重点领域需要立法保驾护航。人大及其常委会更应当响应好、贯彻好、落实好全过程人民民主，用最透明的方式、最广泛的渠道、最便捷的途径邀请更多的人民群众参与到立法活动当中。故立法透明度建设在此基础上应当进一步打造好公开平台，进一步明确人大立法公开目的，进一步确立立法公开考核标准，推进门户网站内外分离，提升门户网站用户思维。

1. 确立立法公开第一平台

人大立法公开工作应当首先确定好公开的第一平台，地方立法活动不仅仅是地方事务，地方性法规的制定、修改、废止、解释影响的不仅仅是一方水土和一方百姓，更有可能影响法律体系的和谐统一、中央权威的贯彻落实，故地方立法在制定、修改、解释过程中始终存在不得与上位法相抵触的红线。为了保障该红线不被跨越，地方立法应当最大程度地吸收全国各地的意见和建议。这就要求在推动立法公开过程中应当选择最具有广泛性的传播方式。在宣传地方立法草案过程中，可以通过座谈会、论证会、电视、报纸、广播、微信、微博等多种渠道征求意见。相比于电视、报纸、广播，门户网站传播不受地域局限、不受时间限制，即便身在异国他乡都可以通过网上系统就地方立法草案提出意见建议。相比于微博、微信，门户网站能够最大程度克服其内容碎片化问题，容易通过网站形成立法数据库。故在推进人大立法透明度过程中，应当以门户网站为第一平台，即使部分地方已经通过当地报纸、广播、电视、地方平台征求过多轮立法意见，公开过地方立法文本，也不能替代人大常委会门户网站公开的效果。

2. 明确人大立法公开目的

立法公开是手段而非目的，立法公开最终要实现的目的不仅仅是宣传立法成就，更是更好地加强立法机构与社会公众的沟通和交流，强化科学立法、夯实民主立法、践行科学立法。强化科学立法，就要求通过网站尽可能多地听取社会公众的意见建议，提高立法质效。夯实民主立法，就应当最大限度拓宽公开范围，尽可能增加平台友好性和阅读性，在条件允许的情况下增加无障碍模式，让视力欠缺的人也能够通过门户网站参与到立法活动当中。践行依法立法，就需要公开草案征求期限不得低于法定最低限度，法规权威文本公开时间不得晚于生效日期。明确立法公开的目的后，人大常委会在开展立法公开工作时，需从立法组织者和主导者视角转变为立法参与者视角，完善平台内容结构，提高公开频次和节奏。

3. 确立立法公开考核标准

人大立法透明度的发展既离不开人大常委会的自觉，同时也有赖于全国人大常委会的推广。为了提高人大立法公开水平，建议全国人大常委会在全国范围内开展立法公开考核，重点考察地方人大常委会网站公开不及时、不完整、不全面等方面的问题，通报批评长期不更新内容的门户网站，整合存在两个及以上的门户网站，并积极组织研究人大立法公开标准，制定全国范围内的人大立法公开细则和操作手册，提高全国范围内的立法公开水平，让全国立法工作在阳光下运行。

4. 门户网站内容内外分离

人大常委会门户网站要处理好对内公开和对外公开的关系。公众并不会反对领导开会、调研、指示，但是门户网站若仅仅作为展示领导开会、调研、指示的平台，而忽视公开相关立法资料和内容，则公众对于人大立法的印象就会存在偏差。故建议人大常委会门户网站实施内外分离，对外公开强调界面整洁、功能性强，通过科学合理设置栏目版块，降低信息获取难度；对内则强调工作考核、业务衔接，将门户网站打造成内部协调统一的工作平台。

5. 提升网站平台用户思维

网站平台要从产品思维向用户思维转变，产品思维下的网站建设只是简单的信息集成和堆砌。用户思维下的平台是在充分研究公众需求的前提下，不断提高网站平台的友好性，提升公众对平台的接受度和满意度。故网站平台的优化、完善都要以提升网站平台用户思维为导向，让普通人民群众能够通过浏览网站切实了解年度立法计划、五年立法规划、法律法规征求草案，参与到立法活动当中。

四、2022年中国立法透明度指数

中国社会科学院法学研究所法治指数创新工程项目组继续针对2022年人大立法透明度的工作进行评估。2022年8月初至2022年10月底，项目组对全国人大常委会和31个省、自治区、直辖市人大常委会门户网站进行了评估。评估发现，部分地方人大越发重视人大立法透明度工作，立法过程信息应公开尽公开。同时，往年评估过程中发现的诸如公开不及时、不到位、不完整等问题依然存在。未来，各级人大常委会应当坚持以人民为中心，推动立法透明度建设，将公开作为常态化工作融入立法活动当中，切实提高公众参与立法的积极性，为不断提高立法质量，为全面建设社会主义现代化国家贡献力量。

（一）2022年立法透明度评估总体情况

根据4个板块的测评结果和权重分配，项目组核算并形成了全国人大常委会及31个省份省级人大常委会的总体测评结果。

总体而言，本次立法透明度评估具有如下特点。

首先，立法透明度整体成绩有所提升。从均分来看，提升幅度较高；从及格数量来看，2022年比2021年增加了4个；从最高分以及最低分来看，最高分比2021年提高了5.73分，最低分比2021年有较大提升。立法透明度的整体成绩提升离不开全国各级人大常委会对于立法公开的重视。全国人大常委会通过健全多层次、多领域的新闻发布会制度，发展全过程人民民主，增强人大立法透明度；地方人大常委会通过拓展线上线下多种渠道，增强立法透明度质效，提高公众立法参与频次和比例。

其次，部分地方透明度成绩与经济水平不匹配。人均GDP是反映地方经济发展水平的重要指标之一。一般而言，地区人均GDP越高，其居民收入和消费水平也越高，地方就可能有更多的时间、精力、金钱投入立法透明度建设中。评估发现，部分地区人大立法透明度排名与人均GDP水平保持一致，而部分地区人大立法透明度排名远超其人均GDP排名。

最后，在立法公开中践行全过程人民民主蔚然成风。党的二十大报告将发展全过程人民民主和坚持全面依法治国作为中国式现代化的重要组成和有力保障，对立法工作提出了更高要求，同时强调要深入开展法治宣传教育，增强全民法治观念，努力使遵法、学法、守法、用法在全社会蔚然成风。评估发现，部分评估对象将全过程人民民主作为立法公开的重点，有的省市设立全过程人民民主专栏，以基层立法联系点为媒介，公开了践行全过程人民民主的案例。例如，上海某证券公司就《上海市浦东新区绿色金融发展若干规定（草案）》提出了富有针对性和建设性的意见建议70条，市人大采纳20条。有的省市则设置全过程人民民主版块，以代表之家、代表联络站为依托，公开立法全过程人民民主的经验。例如，北京市拓展应用了"万名代表下基层"工作机制，通过代表之家、代表站，广泛听取了人民群众对于地方立法的意见建议，为地方人大发展全过程人民民主提供了有益借鉴。

（二）评估发现的亮点

1. 法规规章文件集中公开

人大常委会除立法权能外，还负责对规范性文件进行备案审查。政府规章、政府规范性文件、法院检察院规范性文件都应当纳入备案审查的范围，故在公开人大立法的同时，也应当对部分备案审查文件进行公开。评估发现，部分人大常委会门户网站不仅能够及时有效公开自身的地方性法规，还能整合设区的市的地方性法规、地方政府规章、法院检察院出台的各类规范性文件，将人大常委会法规数据库打造成全面、系统、完整的地区法规、规章、规范性文件数据库。从此只要浏览该人大常委会门户网站，就能够有效搜索所有相关文件，达到便民利民的效果。例如，重庆建设的法规数据库将地方性法规、地方政府规章、市高院文件、市检察院文件、市政府规范性文件、区人大及其常委会规范性文件、区县政府规范性文件、乡镇规范性文件都纳入了该库。再如，浙江建设的法规数据库将省级地方立法、政府规章、行政规范性文件、纪委监委规范性文件、法院检察院规范性文件以及文件解读都放在了一起。

2. 公开立法调研评估报告

立法评估是保障立法质量的有效途径，是总结立法经验的有效手段，是检验立法技术的有益方式。公开立法评估报告可以在一定程度上帮助普通人民群众了解立法的重点、难点、焦点，让普通人民群众更容易参与到立法活动当中，为社会公众参与立法创造机会，提升社会公众参与立法的有效性。评估发现，青海、四川等部分评估对象公开了立法调研评估报告，详述了评估的背景、评估发现的问题以及对策建议。例如，青海在立法前及立法后都做了大量的立法调研工作，形成了诸如《青海省野生动物保护条例》立法调研情况的报告、关于社会信用立法调研情况的报告、关于《青海省野生动物保护条例》立法调研情况的报告等评估报告。通过公开立法评估报告，青海省人大常委会提高了立法透明度，为普通群众揭开了立法活动的"无知之幕"。

3. 精确公开年度立法计划

立法计划是地方人大对立法工作通盘考虑后的安排，是衡量和考核地方人大对立法效率、立法质量、立法能力的重要指标。公开年度立法计划能够有效推动立法工作科学化、民主化、法治化。评估发现，上海市人大常委会、北京市人大常委会等多家评估对象不仅在门户网站中公开了年度立法计划，还将所有的立法项目精确到每个月，即当年每一月应当完成哪一项立法任务都予以公开。精确公开年度立法计划，一方面科学划定了每个月的工作重点，另一方面则打开了公众监督人大立法工作的窗口，督促人大提升立法效率，完成既定的立法任务。

4. 公开征求意见参与情况

公开征求立法意见可以打通科学立法和民主立法的桥梁，弥补立法机关的不足，夯实立法的民意基础。公开征求意见参与情况则能够有效激发人民群众参与立法的热情，强化公众参与立法的获得感。评估发现，北京、贵州、青海等人大常委会公开了立法征求意见参与情况。其中，青海省人大常委会、贵州省人大常委会等公开了地方性法规草案浏览情况、提交意见数量等内容；北京市人大常委会除了公开上述内容之外，还选取了部分意见内容进行了公开。

5. 公开解读说明等关联信息

法律法规不仅要公开其最终版本，在制定或修改过程中的各类信息也应当一并公开。评估发现，部分评估对象能够有效公开各类解读、说明、审议意见等关联信息。在中央层面，全国人大就每一部法律的制定、重大修改都设有专栏，将相关信息和内容集中统一公开。例如，《体育法》修订、《黑土地保护法》制定、《立法法》修正等都将立法、修法过程中的草案说明、法律解读、审议意见、审议报告等信息集中公开。在地方层面，17家评估对象在公开地方性法规草案的同时会一并附上草案说明，帮助公众理解地方性法规的内容，以便让群众更好地参与到立法活动当中。在地方性法规通过后，部分人大常委会一并附上条例解读，降低了地方性法规的理解难度，客观上加强了地方性法规的普及宣传，让更多的群众更容易了解和接受法规内容。例如，《安徽省实施〈中华人民共和国农民专业合作社法〉办法》通过的同时，发布了上述条例的解读，让更多的农民群体能够了解法规的相关规定。

（三）评估发现的问题

1. 门户网站并非第一平台

不同媒体的传播特点各不相同，报纸、电视、广播等媒体存在较强的地域属性，一旦超出地域范围，其影响力就会减弱。微博、微信、抖音、快手等新媒体，其信息传播速度极快，信息传播范围也不受地域限制，但内容过于碎片化，很难做到信息的归集和存储，不方便信息的查询。故政府、法院、检察院在推动公开工作时，始终将门户网站作为第一公开平台。因此，人大在推动立法透明度建设过程中不应舍本逐末，只关注短平快的新媒体，而忽视了门户网站公开工作。评估发现，部分门户网站依然未被作为第一公开平台，例如，福建省2021年立法工作总结及2022年立法计划，均不是在福建省人大常委会门户网站中公开，而是在《福建日报》中公开，其辐射范围狭小，只有订阅或关注了《福建日报》的部分群体才能第一时间看到上述立法信息。此外，部分常委会工作报告和立法总结报告存在公开延迟的情况，未能及时在门户网站上第一时间发布相关报告，例如，2022年辽宁省人大常委会工作报告1月份已经做出，但直至2022年8月才在其门户网站上公开。

2. 参与立法热情依然不高

各级人大常委会在开展立法活动时，往往会以座谈会、研讨会、论证会等形式邀请实务部门的专家以及相关领域的学者，研究法律法规的立、改、废、释等问题。作为立法专业化的补充，立法大众化往往依赖于人民群众的普遍参与。评估发现，群众在网上提交意见的人数普遍不多。以贵州为例，尽管贵州省人大常委会能够公开网上参与立法的人数和提交的意见条数实属难能可贵。但从已经公开的信息来看，通过线上参与贵州省立法征求意见的人数和意见条数均为个位数，如《贵州省老年教育条例（草案）》参与人数为1人，《贵州省农作物种子条例修正案（草案）》参与人数为3人（详见表1-7）。各地群众参与立法的热情不高，其原因在于，一方面立法修法专业性较强，普通群众缺少专业的知识背景，很难参与到立法活动当中；另一方面，地方对于法规草案宣传力度不足，很多群众既不知道当地即将出台某项条例，也不知道该条例可能对其生产生活造成何种影响。

表1-7 贵州省人大常委会立法征求意见反馈情况

法规草案名称	征求意见时间	参与人数/人	意见条数/条	访问量/次
贵州省农作物种子条例（修订草案）	2022.7.29至2022.8.29	0	0	199
贵州省乌江保护条例（草案）	2022.7.29至2022.8.29	0	0	187
贵州省信息基础设施条例（修订草案）	2022.7.29至2022.8.29	0	0	168

续表

法规草案名称	征求意见时间	参与人数/人	意见条数/条	访问量/次
贵州省土地管理条例（修订草案）	2022.7.29 至 2022.8.29	0	0	178
贵州省赤水河流域酱香型白酒生产环境保护条例（草案）	2022.7.29 至 2022.8.29	0	0	182
贵州省法律援助条例（修订草案）	2022.7.29 至 2022.8.31	0	0	149
贵州省老年教育条例（草案）	2022.7.29 至 2022.8.29	1	1	113
贵州省农作物种子条例修正案（草案）	2022.6.15 至 2022.7.15	3	3	185
贵州省中小企业促进条例（修订草案）	2022.5.26 至 2022.6.26	0	0	101

3. 数据库功能定位存在偏差

法规数据库不仅汇聚了地方所有的法规文本，还是地方法治发展的亲历者、见证者。通过地方法规数据的内容，可以一窥地方法治发展进程，了解法治发展的历史概况。从这个角度来看，法规数据库建设的定位和目的除了宣传展示功能之外，还应当辅之以资料汇聚功能。从这两个功能出发，地方法规数据库建设除了应当完整、准确之外，还应当更加标准化、规范化、精细化。部分地方人大常委会对于法规数据建设的定位存在偏差，认为只要公开了地方性法规就可以称之为法规数据库。在此功能定位指导下，法规数据库要么是简单的堆砌，法规内容缺少分类和标注，查询比较困难；要么是其公开的内容不完整、不准确，甚至出现无法打开的情况。评估发现，有 8 家评估对象的数据库存在内容不完整的情况，占 25%；有 17 家评估对象的数据库未对法规的有效性进行标注，占 53.13%；有 20 家评估对象的数据库未对法规进行分类，占 62.50%。

4. 地方性法规公开存在延迟

地方法规通过之后，应当及时在人大常委会门户网站中公开，以便社会公众合理安排自己的生产生活,避免因不了解、不清楚、不知道新出台的地方性法规而违法。评估发现,部分人大常委会未能及时公开地方性法规,例如,《江苏省交通建设工程质量和安全生产监督管理条例》的通过日期是2022年9月29日,其公开日期是2022年10月9日。

5. 法规征求意见时间不足

为立法征求意见留下足够时间,是保障公众有效参与立法的前提,包括《立法法》在内的法律以及多个地方立法条例中均将征求意见的时间设置为一般不少于30日,而安徽等部分地方立法条例,则规定征求意见不少于15日。但评估发现,部分地方人大常委会设置的征求意见时间过短,有的甚至少于10个工作日(详见表1-8)。

表 1–8　部分地方性法规征求意见期限

条例	征求意见时间/天
《吉林省铁路安全管理条例(草案)》	14
《吉林省危险废物污染环境防治条例(修订草案)》	13
《吉林省地方金融监督管理条例(草案修改稿)》	7
《吉林省社会信用条例(草案修改稿)》	8
《陕西省物业服务管理条例(修订草案)》	11
《陕西省秦腔艺术传承发展条例(草案修改稿)》	21
《陕西省律师条例(草案修改稿)》	14
《湖南省洞庭湖保护条例(草案·征求意见稿)》	13
《湖南省实施〈中华人民共和国土地管理法〉办法(草案·一审修改稿)》	17
《广西壮族自治区规章设定罚款限额规定(修订草案)》	16
《广西壮族自治区人民代表大会常务委员会关于加强国有资产情况管理监督的决定(草案)》	14
《河南省绿色建筑条例(草案)》	11

6. 部分立法计划公开略迟

制定并公开立法计划是立法有序推进的重要手段,是衡量立法科学性的重要标准。一般而言,年初应当制定好全年的立法计划,方便立法机关整合立法资源，安排各项工作。评估发现，部分评估单位立法计划公开略迟（详见表1-9）。有22家评估对象能在第一季度之前公开年度立法计划，占68.75%；有7家评估对象在第二季度公开年度立法计划，约占21.88%，有3家评估对象没有在门户网站中公开立法计划，约占9.38%。此外，云南省人大常委会尽管在2022年2月25日已经通过了年度立法计划，却延迟至5月16日方才将其公开。

表1-9 立法计划公开时间

评估对象	公开时间
上海市人大常委会	2022年2月18日
贵州省人大常委会	2022年4月07日
广东省人大常委会	2022年3月29日
吉林省人大常委会	—
浙江省人大常委会	2022年2月15日
江苏省人大常委会	2021年12月30日
重庆市人大常委会	2022年3月21日
陕西省人大常委会	2022年3月30日
四川省人大常委会	2022年3月17日
河北省人大常委会	2022年2月10日
内蒙古自治区人大常委会	2022年2月21日
辽宁省人大常委会	2022年4月5日
山东省人大常委会	2022年1月13日
江西省人大常委会	2022年2月14日
湖南省人大常委会	2022年3月14日
安徽省人大常委会	2022年5月18日
天津市人大常委会	2022年4月18日
湖北省人大常委会	2022年4月12日
西藏自治区人大常委会	—
广西壮族自治区人大常委会	2022年5月10日
青海省人大常委会	2022年3月16日
宁夏回族自治区人大常委会	2022年5月7日

续表

评估对象	公开时间
甘肃省人大常委会	2022年2月23日
黑龙江省人大常委会	—
河南省人大常委会	2022年1月8日
山西省人大常委会	2022年1月26日
北京市人大常委会	2022年2月10日
全国人大常委会	2021年12月23日
福建省人大常委会	2022年1月23日
云南省人大常委会	2022年5月16日
海南省人大常委会	2022年3月16日
新疆维吾尔自治区人大常委会	2022年3月2日

(四) 提高人大立法透明度的建议

《法治中国建设规划（2020—2025年）》要求："健全立法征求意见机制，扩大公众参与的覆盖面和代表性，增强立法透明度。"未来，各级人大常委会应当坚持以人民为中心，推动立法透明度建设，加快无障碍模式的推广应用，切实提高公众参与立法的积极性。

1. 以人民为中心推动立法透明度建设

在立法工作中贯彻全过程人民民主，要始终将人民放在第一位，应当把人民满不满意、同不同意、高不高兴作为评价人大立法工作的重要标准。故人大立法透明度建设应当坚持以人民为中心，坚持将人民所思所想作为工作重点。在公开内容上，不仅要公开各类执法检查、立法调研、立法评估的新闻，更重要的是公开相关的报告，让人民群众通过公开内容了解立法工作，认同立法工作。在公开形式上，不但要公开，而且要以人民群众看得懂的方式公开，通过人民群众喜闻乐见的形式发布各类法律法规、立法计划、执法检查的解读，将立法工作拉近到人民群众身边。在公开思想上，要始终秉持用户思维模式，不断提高公开质效，降低人民群众信息找寻成本，提高立法参与意愿。

2. 加快门户网站无障碍模式的推广应用

根据第七次人口普查数据，我国大约有8500万残疾人，其中视力残疾人约为 1700 万人。对于视力障碍群体而言，通过一般网站了解法律法规发布、法律法规征求意见、立法调研评估等相关情况无异于水中捞月。从全国范围来看，仅有北京市人大常委会、上海市人大常委会等少数网站设有无障碍浏览模式。对于有视力障碍的人而言，无论法律法规文本再怎么公开，无论起草说明撰写得再怎么清晰透彻，他们都无法从正常渠道知晓法律法规草案的基本原则和主要内容，更不能通过方便便捷的渠道提供意见或建议。故建议从上至下，由全国人大常委会强力推动，在全国范围内加快门户网站无障碍模式的推广与应用，进一步扫清有视力障碍的人以及其他不便阅读的人士了解立法动态、获取立法信息的障碍。

3. **不断提高社会公众参与立法的积极性**

扩大公众参与，是科学立法、民主立法、依法立法的必然要求，是贯彻落实全过程人民民主的重要体现。当前，部分立法机关在征求意见时依然缺少法规草案说明，增加了普通公众参与立法活动的难度。一些立法机关在征求意见时未写明提交意见的渠道，阻断了公众参与立法的热情；一些立法机关没有开辟民族语言，导致该区域少数民族无法有效参与到立法活动当中。对此，各级人大常委会应当加大草案说明的普及力度，将其作为征求意见的标配，同时设置多元的反馈渠道，注重线上与线下相结合，对于邮寄的纸质意见和发送的电子意见均应当公开意见数量，激发社会公众参与立法活动的热情。此外，对于少数民族语言地区，门户网站应当设置双语栏目，法规内容增加少数民族语言版本，让该区域内的少数民族群体能够有效地参与到立法活动中。

第二章
政府透明度指数

一、中国政府透明度指数概述

信息公开是一个国家文明的重要标志，是中国特色社会主义法治理论的必然要求，也是全面依法治国的主要路径之一。全面依法治国方略中的重要内容是规范权力，公开则可以使权力在阳光下运行，回归权力属于人民的本性。中国政府透明度指数系项目组最早研发的指数，并随着法律法规的修改和完善不断迭代升级。

于 2007 年制定、2008 年实施的《政府信息公开条例》首次将政府信息公开制度纳入法治化轨道，规定了行政机关主动公开和依申请公开的制度，并将行政诉讼引入了政府信息公开制度。2019 年 4 月，由于 2008 年《政府信息公开条例》已不能充分满足社会经济发展需要，国务院对该条例进行了修订，并于 2019 年 5 月 15 日起施行。新条例从原来的 38 条增加到 56 条，明确了政府信息公开范围、各级政府信息公开的职责和标准，并加大了对滥用申请的规制。

党的十八届四中全会通过的《中共中央关于全面推进依法治国若干重大问题的决定》对权力公开运行提出更为详细的要求。一是要求各级政府及其工作部门应制定权力清单，并依据清单向社会全面公开政府职能、法律依据、实施主体、职责权限、管理流程、监督方式等事项；二是要求重点推进财政预算、公共资源配置、重大建设项目批准和实施、社会公益事业建设等领域的政府信息公开；三是凡涉及公民、法人或其他组织权利和义务的规范性文件，均应按照政府信息公开要求和程序予以公布；四是要求各级政府推进政务公开信息化，加强互联网政务信息数据服务平台和便民服务平台建设。

《法治社会建设实施纲要（2020—2025年）》要求，推进政府信息公开，涉及公民、法人或其他组织权利和义务的行政规范性文件、行政许可决定、行政处罚决定、行政强制决定、行政征收决定等，依法予以公开。《法治政府建设实施纲要（2015—2020年）》还规定，县级以上地方各级政府每年第一季度要向同级党委、人大常委会和上一级政府报告上一年度法治政府建设情况，政府部门每年第一季度要向本级政府和上一级政府有关部门报告上一年度法治政府建设情况，报告要通过报刊、政府网站等向社会公开。

2020年、2021年评估指标体系基本相同，一级指标[①]包括决策公开、管理服务公开、执行和结果公开、政务公开平台建设、依申请公开。2021年按照国务院办公厅《2021年政务公开工作要点》要求，在省、较大的市、县（市、区）政府三级被评估对象的决策公开和管理服务公开指标中，分别增加了对各类规划公开和疫情防控信息公开情况的考察。2022年，项目组参照党和国家近年来对政务公开的新要求和新定位，结合当前政务公开在经济社会发展和政府管理中的功能与作用，对评估指标体系进行了优化整合。首先，依照党和国家贯彻全过程人民民主和推进治理体系与治理能力现代化的要求，突出依法、民主、科学决策及保障公众获知决策信息的重要性，尤其是在国务院部门的评估中，加大了决策公开的权重。其次，结合地方政府近年来工作重点，将优化营商环境、规范政府管理、加强民生保障作为其主要评估指标。调整后，国务院部门的一级指标包括民主科学决策、管理服务公开、公开平台建设、公开机制建设，权重依次为40%、20%、20%、20%（见表2-1）。地方政府的一级指标包括民主科学决策、优化营商环境、规范政府管理、民生保障信息公开、平

[①] 关于评估指标的描述，可参见中国社会科学院法学研究所法治指数创新工程项目组：《中国政府透明度指数报告（2019）——以政府网站信息公开为视角》，载陈甦、田禾：《中国法治发展报告No.18（2020）》，社会科学文献出版社2020年版，第175—176页。

台与机制建设，权重依次为 20%、20%、25%、20%、15%（见表 2-2）。其中，民主科学决策包括决策预公开、行政规范性文件公开、政策解读、建议提案办理结果公开；优化营商环境包括政务服务信息公开、反垄断与反不正当竞争执法信息公开；规范政府管理包括权力清单、规划公开、行政执法信息公开、财政信息公开、审计信息公开、政府债务、法治政府建设年度报告；民生保障信息公开包括义务教育信息公开、公共企事业单位信息公开、疫情防控信息公开；平台与机制建设包括网站平台、新媒体运维、政府公报（仅适用于省政府）、依申请公开、政府信息公开工作年度报告等。

评估采取观察各级政府网站公开平台公开情况和对依申请公开进行验证的方法。依申请公开验证通过在线申请或信函渠道提出，在线申请优先采用政府门户网站依申请公开平台，无平台的选择政府信息公开指南中公布的电子邮箱发送申请。

表 2-1 政府透明度指数指标体系（国务院部门）

一级指标	二级指标
民主科学决策（40%）	决策预公开（30%）
	行政规范性文件公开（25%）
	政策解读（25%）
	建议提案办理结果公开（20%）
管理服务公开（20%）①	权力清单（35%）
	政务服务信息公开（25%）
	行政执法信息公开（25%）
	法治政府建设年度报告（15%）
公开平台建设（20%）	网站平台建设（60%）
	新媒体运维（40%）
公开机制建设（20%）②	依申请公开（40%）
	政府信息公开工作年度报告（30%）
	基层政务公开工作规范化标准化指引（30%）

① 无政务服务、行政执法职权、无需发布法治政府建议年度报告的国务院部门，相应内容的权重调至其他指标。

② 无基层政务公开规范化标准化指引编制任务的国务院部门，依申请公开权重为 60%，政府信息公开工作年度报告权重为 40%。

表 2-2 政府透明度指数指标体系（地方政府）

一级指标	二级指标
民主科学决策（20%）	决策预公开（30%）
	行政规范性文件公开（25%）
	政策解读（25%）
	建议提案办理结果公开（20%）
优化营商环境（20%）	政务服务信息公开（70%）
	反垄断与反不正当竞争执法信息公开（30%）
规范政府管理（25%）	权力清单（15%）
	规划公开（15%）
	行政执法信息公开（15%）
	财政信息公开（15%）
	审计信息公开（15%）
	政府债务（15%）
	法治政府建设年度报告（10%）
民生保障信息公开（20%）①	义务教育信息公开（40%）
	公共企事业单位信息公开（30%）
	疫情防控信息公开（30%）
平台与机制建设（15%）	网站平台（30%，省级政府20%）
	新媒体运维（20%，省级政府10%）
	政府公报（20%，仅适用于省级政府）
	依申请公开（30%）
	政府信息公开工作年度报告（20%）

二、2020 年中国政府透明度指数

中国社会科学院法学研究所法治指数创新工程项目组围绕决策公开、管理

---

① 省级政府本年度仅评估疫情防控信息公开；较大的市本年度仅评估公共企事业单位信息公开、疫情防控信息公开，权重分别为50%。

服务公开、执行和结果公开、政务公开平台建设、依申请公开等方面，继续对49家国务院部门、31家省级政府、49家较大的市政府、120家县（市、区）政府2020年度开展政务公开工作的情况进行了第三方评估。评估显示，2020年政务公开标准化规范化的探索推进正在加快，决策公开稳步推进，政务服务、行政执法、管理结果公开均有明显进步，未来还需要进一步提升公开意识、找准公众需求，将公开融入政务活动全流程，提升信息化保障水平。

2020年的评估对象包括49家对外有行政管理权限的国务院部门、31家省级政府（不包括港澳台地区）、49家较大的市政府、120家县（市、区）政府。项目组在上一年度评估的125家县（市、区）政府中剔除了排名靠后的25家，分别从上一年度百强县、百强区①中按照排名由高到低依次选取了部分县、区，并追加了上海市金山区和长沙市天心区两家主动要求评估的区政府。评估日期截至2020年12月31日。其中，依申请公开仅对县（市、区）政府进行了验证，时间为2020年6月6日至10月23日，申请内容为要求公开"2019年本县（市、区）危房改造项目实际投入金额"。申请通过在线申请或信函渠道提出，在线申请优先采用政府门户网站依申请公开平台，无平台的则选择政府信息公开指南中公布的电子邮箱发送申请。上述方式无效的，则以挂号信方式提出申请。

（一）评估结果总体情况

2020年评估中，国务院部门排在前列的有：国家市场监督管理总局、交通运输部、国家发展和改革委员会、民政部、财政部、海关总署、商务部、自然资源部、司法部、工业和信息化部。省级政府排在前列的有：上海市、北京市、广东省、四川省、贵州省、湖南省、江苏省、山东省、安徽省、湖北省。较大的市排在前列的有：广州市、深圳市、青岛市、宁波市、成都市、银川市、合肥市、济南市、淄博市、厦门市。县（市、区）政府排在前列的有：宁波市江北区、北京市西城区、上海市普陀区、浙江省慈溪市、上海市金山区、山东省荣成市、上海市虹口区、广州市越秀区、温州市瓯海区、深圳市罗湖区。

评估结果显示，各单位政务公开仍存在不小差距。基层政府的政务公开相

---

① 百强县、百强区数据来源于《2019年中国中小城市高质量发展指数研究成果发布》，载《人民日报》2019年10月8日，第8版。

对薄弱、水平仍待提升，政务公开的均衡发展仍是未来的重要工作。其他几类评估对象同样存在类似问题，此外，在各类行政机关中不断提升规范化标准化水平刻不容缓。

同时，政务公开的地域性聚集效应值得关注。排名在前15名的较大的市政府中，广东省、山东省各有3家，安徽省有2家，而上述3地在省级政府中排名也较好。排在前20名的县（市、区）政府中，浙江省有6家，上海市、广东省各有5家，北京市和山东省各有2家，其中有4家省级政府自身排名也较好。下级政府的政府透明度排名情况虽不能直接代表上级政府政务公开水平，但至少可以反映当地总体的政务公开工作成效。无论下级政府与上级政府排名的匹配度如何，此类现象都值得从当地政务公开工作推进机制、管理水平角度予以关注。

此外，政府透明度水平越高，越有助于规范政府管理、提升政府治理能力，才能有效优化当地营商环境，进而促进当地经济持续发展。而将三个层级的地方政府的政府透明度指数排名与其2019年GDP排名进行对比可以发现，部分地区政务公开水平与当地经济发展程度不太匹配。省级政府中，有6家政府透明度排名低于GDP排名，且排名差[①]超过5名。较大的市政府中，有18家政府透明度排名低于GDP排名，且排名差超过5名。县（市、区）政府中，除去未能查询到2019年GDP的2家县（市、区）政府，共有59家县（市、区）政府的政府透明度排名低于GDP排名，且排名差超过5名。这表明，为确保当地经济社会持续稳定发展，其至少应在政府管理尤其是政务公开方面付出更多努力。

（二）评估发现的亮点

2020年，政务公开有序推进，政府决策、政务服务、政府管理、政策执行、管理结果等领域的公开工作稳步推进，在加强社会治理、优化营商环境、推进法治政府建设、应对突发事件中的重要作用日益凸显。

1. 基层政务公开"两化"建设加快

2020年1月8日发布的《国务院办公厅关于全面推进基层政务公开标准化规范化工作的指导意见》提出，到2023年基本建成全国统一的基层政务公开标

---

① 排名差为其GDP排名与政府透明度指数排名之间的差值。

准体系，覆盖基层政府行政权力运行全过程和政务服务全流程。各地围绕标准化规范化工作，积极梳理主动公开事项清单，制订公开工作标准，强化公开平台建设，完善公开制度、流程，加强解读、回应，探索政务公开专区、示范区、示范点等线上、线下结合的方式，形成了全面推进标准化、规范化的良好局面。

2. 决策信息公开继续稳步推进

2019年9月1日《重大行政决策程序暂行条例》实施以来，各地在重大行政决策预公开方面呈现了诸多亮点。一是更多单位制定并对外公布本年度重大决策事项目录。2020年，有18家较大的市政府公开了重大决策事项目录，比2019年增长了50%。二是多数单位重大行政决策预公开栏目设置情况较好。有35家国务院部门、20省级政府、40家较大的市政府和56家县（市、区）政府门户网站设置了意见征集专门栏目，其中部分评估对象栏目设置非常便民，集中发布意见征集草案、反馈意见等预公开信息。三是意见征集渠道多样，多数评估对象开通了电子邮件、信函、在线平台、传真等多种渠道收集意见，便于群众参与。四是多数单位公开了意见征集信息，部分单位还随同草案发布了草案解读或说明，方便群众深入了解相关情况。有34家国务院部门、17家省级政府、41家较大的市政府、49家县（市、区）政府门户网站公开了2020年度重大决策草案，随草案同时发布重大决策草案解读或说明的分别有23家、6家、19家和8家。

规范性文件信息公开更加规范。一是集中统一发布情况较好，有30家省级政府、所有较大的市政府及评估的县（市、区）政府网站进行了集中统一公开。二是更多的单位注重标注文件有效性。有18家国务院部门、19家省级政府、38家较大的市政府、61家县（市、区）政府门户网站标注了规范性文件有效性，比2019年分别新增了6家、5家、12家和11家。三是注重规范性文件清理信息的公开。有31家国务院部门、28家省级政府、45家较大的市政府和92家县（市、区）政府分别发布了本单位近3年的规范性文件清理信息，其中，发布2020年度清理信息的分别有21家、16家、40家和47家。

政策解读形式多样，解读内容质量更高。有超过98%的评估对象开通了政策解读类专门栏目，多数单位栏目定位比较准确，集中发布政策解读类信息。在发布的政策解读内容中，阐释了文件制定背景及核心内容的国务院部门、省级政府、较大的市政府和县（市、区）政府分别有42家、30家、46家和64家。部分地方还列明了解读人姓名等信息，如浙江省杭州市、河南省郑州市以及浙江省余姚市。而且解读形式更加多样化，不少评估对象以图解、视频解读以及H5解读等多种方式发布解读内容。评估发现，除文字解读外，使用其他方式解读文件的国务院部门、省级政府、较大的市政府和县（市、区）政府分别有36家、29家、39家和87家。

3. 调整权力配置，信息公开及时

多数地方政府机构改革后，有关单位能够及时公开调整后的权力清单。2020年评估抽查了各地医疗保障、退役军人事务管理、卫生健康、应急管理、生态环境等部分涉及机构改革的部门。评估的地方政府中，有111家被抽查的部门调整了权力清单，72家地方政府调整了部分被抽查部门的权力清单，机构改革单位权力清单调整情况较2019年有较大改进。国务院部门监管规则和标准公布情况较好。有37家国务院部门单位在事项清单中列出了明确的文件依据，其中有10个单位还单独公布了相关的监管文件，如国家粮食和物资储备局公布了《中央储备粮代储资格管理办法》，国家林业和草原局公布了《草原征占用审核审批管理规范》，国家能源局公布了《国家能源局关于印发对取消和下放行政审批事项加强后续监管的指导意见（2020年版）的通知》。

4. 行政执法信息公开较为规范

规范开通行政执法信息统一公开平台的评估对象较2019年大幅增加。2020年开通统一的行政执法信息公开平台的地方政府比例近半，且多数单位栏目开设比较规范，有11家省级政府、34家较大的市政府、66家县（市、区）政府设置了行政执法信息统一公开专栏，多数单位专栏设置较合理，栏目划分细致，定位准确，信息发布规范。例如，上海市执法公示平台涵盖了市政府工作部门、区政府、街道乡镇、管委会及其他市级行政执法单位的各类执法信息，依据"执法主体、权限、随机抽查事项清单、执法人员（上海证件）、执法人员（国家证件）、程序流程、权力事项和办事指南、权责清单、举报投诉、救济渠道、双公示、其他行政执法决定、裁量基准、执法数据公开"此14种信息分类设置专门子栏目，单独公开各类信息。

"双随机、一公开"覆盖面扩大，规范化程度有所提升。在栏目设置上，有138家单位设置了"双随机"专栏,比2019年增加了42家。在随机抽查事项清单集中发布上,19家省级政府、37家较大的市政府、81家县(市、区)政府集中公开了本级部门随机抽查事项清单。部分地方"双随机"抽查清单的部门覆盖率较高,如青海省、上海市、广州市等地发布的随机抽查事项清单分别覆盖了31家、23家、39家监管部门。

行政处罚结果信息公开情况较好。一是市场监督管理部门行政处罚信息公开率较高。有30家省级政府、46家较大的市政府、112家县(市、区)政府的市场监督管理部门公开了2020年度行政处罚信息,公开率分别达到96.77%、93.88%和93.33%。二是部分单位"双公示"栏目设置比较规范。上海市"双公示"栏目按法人、自然人、部门分类集中公开,便于管理,也便于群众查询。

5. 政务服务信息公开便利查询

政务服务事项目录的公开率进一步提升。国务院部门的公开率在2019年提升3.76个百分点的基础上,再次提升3.54个百分点,达到91.30%,省、市、县三级政府继续保持100%的公开率。

省级政务服务指南公开较规范。抽查各省级政府企业印制发票审批的办事指南发现,有30家省级政府公开了该事项的办事指南,其中办理依据、申报条件、办理期限、办理流程、收费标准、联系方式或咨询渠道等要素的公开率均为100%;28家省份公开了申报材料,且未发现"其他材料"等兜底性表述;提供了空白表格、样表的分别有20家和17家;办理地点明确具体的有26家。

市场主体和个人"全生命周期"的办事服务事项集成式、一站式公开情况较好。有30家省级政府、48家较大的市政府、107家县(市、区)政府集成展示市场主体(企业)"全生命周期"办事服务事项,分别占96.77%、97.96%、89.17%;有24家省级政府、42家较大的市政府、96家县(市、区)政府集成展示个人"全生命周期"办事服务事项,分别占77.42%、85.71%、80.00%。宁波市江北区等地推行"一件事"政务服务模式,实现了对政务服务办理模式和信息公开方式的迭代。部分单位对"全生命周期"办事服务事项的归类科学、清晰,便于查询,如河南省的个人"全生命周期"事项,按人生事件,分升学、工作、购房、结婚、生育、失业、创业、迁居、退休、后事、其他事项等11类事项集中展示。青海省的法人"全生命周期"办事服务事项,从融资信贷到应对气候变化细分了 34 类事项，分类细致。

确需保留的证明事项公开率明显提升。2020 年，国务院部门、省级政府、较大的市政府、县（市、区）政府等四类主体，公开"确需保留的证明事项清单"的比例分别为 50.00%、61.29%、69.39%、31.67%，比 2019 年分别提升了 10.87、29.03、30.61、14.87 个百分点。

6. 信息公开助推法治政府建设

2020 年是《法治政府建设实施纲要（2015—2020 年）》的收官之年，编制并公开法治政府建设年度报告是监督和评价法治政府建设情况的重要手段。首先，发布报告情况逐年向好。所有省级政府连续两年实现全部发布上一年度的法治政府建设年度报告；34 家应对外发布年度报告的国务院部门中，有 33 家发布；49 家较大的市政府中，有 47 家发布，均比 2019 年有所增加。其次，多数单位按时发布年度报告。有 17 家国务院部门、25 家省级政府、37 家较大的市政府和 73 家县（市、区）政府于 2020 年 4 月 1 日前发布了本机关上一年度的年度报告，比 2019 年分别增加了 12 家、21 家、9 家和 37 家。最后，年度报告中部分要素规范化程度较高。例如，在国务院部门发布的报告中，披露了政府规章立改废数据、披露参与普法宣传情况的分别占 97.06%、91.18%；在省级政府中，披露了深化行政审批制度改革情况、加强执法体制改革情况、地方立法立改废数据、化解矛盾纠纷情况、完善执法程序情况、完善重大行政决策机制情况的分别达到 100%、100%、96.77%、96.77%、93.55%、90.32%；在较大的市政府中，披露了地方立法立改废数据、深化行政审批制度改革情况、加强执法体制改革情况、完善执法程序情况、化解矛盾纠纷情况、完善重大行政决策机制情况的分别达到 95.92%、95.92%、95.92%、95.92%、95.92%、91.84%。另外，部分地方年度报告质量较高，如北京市上年度法治政府建设年度报告中，所有评估指标内容全部覆盖，报告内容要素达标率达 100%。

7. 各地审计结果公开逐步深化

省级政府审计信息公开情况较好。有 27 家省级政府公开了 2020 年度审计计划；27 家省级政府公开了 2019 年度本级预算执行情况和其他财政收支审计结果报告；26 家省级政府公开了 2019 年重大政策措施落实情况跟踪审计结果，其中辽宁等多个省份按季度公开。部分单位对专业的审计报告做了图解，形式新颖丰富，便于群众阅读。天津市制作的《2019年市级预算执行和其他财政收支审计工作报告》图解，综合运用了思维导图、数据统计表、卡通形象，使报告内容形象生动、简明易懂。

8. 政府债务透明度稳步提升

首先，地方政府债务限额和债务余额决算信息公开情况较好。公开了2019年度本地区、本级和所属地区债务限额决算数的单位①分别有116家、49家和42家，占58.00%、61.25%和52.50%；公开了2019年度本地区、本级和所属地区债务余额决算数的单位分别有128家、57家和44家，占64.00%、71.25%和55.00%。此外，有11家省级政府将所属地区地方政府债务限额决算数公开到省内所有县区，方便集中查阅。其次，随同决算公开上年末本地区、本级地方政府债务还本决算数和付息决算数的情况较好。公开2019年本地区地方政府债务还本、付息决算数的单位数量均为133家，占66.50%；公开了2019年本级地方政府债务还本决算数、付息决算数的单位分别有67家和69家，占83.75%和86.25%。

9. 义务教育信息公开显著改进

义务教育领域多个事项公开率明显提高。120家县（市、区）政府评估对象中，有93家公开了本地2020年义务教育阶段入学工作文件（如招生工作实施方案），占77.50%，比上一年提升了4.7个百分点；有81家公开了本地义务教育阶段入学政策咨询电话，占67.50%，比上一年提升了9.1个百分点；有96家公开了小学招生范围，占80.00%，比上一年提升了24.8个百分点；有101家公开了初中招生范围，占84.17%，比上一年提升了32.17个百分点；公开了普通学生入学条件和随迁子女入学条件的均有98家，占81.67%，比2019年分别提升了9.67个和11.27个百分点。部分城市集中展示所辖各县区义务教育招生信息及学校情况。北京、上海、广州、贵阳、合肥等多个市义务教育平台集中公布了各区招生政策、各小学初中学校介绍等信息，并提供了各区报名入口。部分对象设置随迁子女的就学报名专门渠道。宁波市江北区设置了随迁

---

① 项目组在考察过程中不再对县级政府作本级和所属地区的区分，因此，对本地区的相关统计数据公开，项目组考察了省、市、县三级主体，对本级和所属地区的相关统计数据公开，项目组仅考察了31家省级政府和49家较大的市政府。

子女的就学报名平台，方便随迁子女义务教育就学。北京市设置了非本市户籍适龄儿童接受义务教育证明证件材料审核入口。

10. 平台建设强化公开效果

网站栏目建设方面，49家国务院部门、31家省级政府、47家较大的市政府和113家县（市、区）政府网站栏目设置科学合理，按照《政府网站发展指引》要求，设置机构职能、负责人信息、政策文件、解读回应、工作动态、互动交流等栏目，且栏目信息发布规范，没有发现栏目重叠情况，分别占100%、100%、95.92%、94.17%。

网站搜索功能方面，除了辽宁省瓦房店市外，所有参评单位的政府门户网站均设有检索功能。其中48家国务院部门、27家省级政府、49家较大的市政府和115家县（市、区）政府网站搜索功能可用，分别占97.96%、87.10%、100.00%、95.83%。

政府公报建设方面，31家省级政府和49家较大的市政府全部发布了政府公报，其中30家省级政府、46家较大的市政府近5年内每年均会发布，分别占96.77%、93.88%。同时，66家县（市、区）政府发布了本级政府公报，占55.00%。部分政府网站在新媒体平台专门设置了政府公报栏目。例如，云南省人民政府在其官方微信公众号菜单栏"云知政"中设置了"省政府公报"子栏目。

互动平台建设方面，除2家国务院部门外，其余247家单位门户网站全部开设了互动平台。验证发现，183家评估对象网站互动功能可正常使用，公众能够通过咨询投诉、在线访谈、意见征集、网上调查等多样化的互动渠道和方式开展互动交流活动，占73.49%。浙江省的"政民互动"栏目，除开通领导信箱、调查征集等比较常见的互动交流功能外，还开设了智能问答、在线直播等相对新颖的互动方式。

政务新媒体建设方面，44家国务院部门、31家省级政府、49家较大的市政府和120个县（市、区）政府开设了政务新媒体，分别占89.80%、100%、100%、100%。其中45家国务院部门、31家省级政府、44家较大的市政府和120家县（市、区）政府的政务新媒体每周更新不少于1次，分别占91.84%、100%、89.80%、100%。39家国务院部门、25家省级政府、38家较大的市政府和 84 家县（市、区）政府的政务新媒体信息与政府网站同步发布，分别占 79.59%、80.65%、77.55%、70%。

11. 申请渠道普遍畅通、答复规范

参与评估的所有县（市、区）政府申请渠道全部畅通。120 家评估对象中，有 94 家支持电子方式提交申请，占 78.33%。其余 26 家通过挂号邮件寄出，物流显示全部正常签收。多家评估对象设置了短信提醒功能。有 22 家给申请人发送短信，告知办理进度以及办理结果，如佛山市禅城区、广州市越秀区、深圳市罗湖区、海口市秀英区、长沙市岳麓区、杭州市江干区、昆明市五华区、济南市历下区、上海市徐汇区等。

(三) 评估发现的问题

1. 决策公开仍有较大提升空间

重大决策预公开水平仍待提升。发布了 2020 年度重大行政决策事项目录的评估对象中，分别有 1 家、16 家和 31 家政府发布的目录要素不全。部分评估对象未明确意见征集期限或意见征集期限较短。有 2 家县（市、区）政府没有告知意见征集期限。18 家国务院部门、10 家省级政府、23 家较大的市政府和 35 个县（市、区）政府意见征集的期限少于 30 日且未说明理由。

规范性文件清理备案信息公开仍需加强。有 18 家国务院部门、3 家省级政府部门、4 家较大的市政府、28 家县（市、区）政府未公开近 3 年规范性文件清理结果。有 29 家国务院部门、12 家省级政府、11 家较大的市政府、31 家县（市、区）政府未标注规范性文件有效性。有 17 家省级政府、29 家较大的市政府、106 家县（市、区）政府未发布 2020 年规范性文件备案审查信息。

政策解读质量有待提升。有 10 家国务院部门、4 家较大的市政府和 18 家县（市、区）政府存在解读内容未与政策原文关联的情况，部分单位链接不完整。例如，山东省济南市部分政策有解读内容链接，但是在解读页面却无链接回到原政策页面。有的评估对象政策解读未与政策文件同步发布。有 26 家国务院部门、22 家省级政府、28 家较大的市政府和 53 家县（市、区）政府的政策解读未在政策原文发布后的 3 个工作日内同步发布。另外，主要负责人参与解读情况较差。有 7 家国务院部门、25 家省级政府、43 家较大的市政府以及 107 家县（市、区）政府未发布主要负责人解读信息。

2. 权力清单信息更新不够及时

抽查评估发现，部分地方权力清单未做到及时调整。有43家国务院部门近两年未发布权力清单，部分单位仅发布了行政许可事项清单。同时，对各级政府"群体性预防接种"权力事项抽查后发现，仅有江西省、湖北省和辽宁省鞍山市依据新颁布的《疫苗管理法》作出相应调整，有62家单位发布的权力清单中未包含"群体性预防接种"相关权力事项，124家单位权力清单中对应事项的法律依据仍为已废止的《疫苗流通和预防接种管理条例》。抽查县（市、区）政府人力资源和社会保障部门"先行垫付农民工工资及追偿权"情况发现，参与评估的县（市、区）政府均未按照2020年5月1日实施的《保障农民工工资支付条例》作出调整。

3. 政务服务事项公开仍存死角

各地政务服务水平仍有较大提升空间，受理条件、跑动次数、承诺时间、办理材料等方面仍有压缩空间。

在省级层面，对"企业印制发票审批"服务事项抽查后发现，有3家到现场次数为"2次"，还有6家单位未公开到现场次数。在受理条件上，4家设定为"申请材料齐全，符合法定形式"，条件设置不清晰。在办理材料上，甘肃省、辽宁省未公开申请材料，贵州省等22家要求8件办理材料，而山西省需4件，新疆维吾尔自治区仅需3件。当然，实际办理时所需材料的情况有待验证。

较大的市、县（市、区）层面，抽查"离退休老人投靠子女进入本地非农业户口"事项发现，有33家较大的市政府、43家县（市、区）政府未公开相应的办事指南。已公开办事指南的评估对象中，海南省海口市等13家单位未公开受理条件，有7家未公开到现场次数，广东省汕头市、广西壮族自治区桂平市、海南省乐东黎族自治县3家单位到现场次数为"2次"，未能做到"最多跑一次"。在办理时间上，成都市、汕头市2家未公开承诺办结时限，41家承诺1—9个工作日，15家承诺10—15个工作日，24家承诺超过20个工作日，办结时间较长。

确需保留的证明事项清单公开质量不高。公开了证明事项清单的23家国务院部门全部仅发布了征求意见稿，未见最终定稿版本。5家省级政府、11家较大的市政府和19家县（市、区）政府发布的清单中，设定依据、索要单位、开具单位等要素公开不全。部分地方清单未及时更新，如西藏自治区、吉林省、石家庄市、包头市、洛阳市、石狮市等仅公开了2018年甚至2017年版证明事项清单。部分地方仅公开了个别部门的证明事项清单，如广州市、珠海市、北京市东城区、成都市武侯区、广西壮族自治区博白县、湖南省衡阳县等。

4. 执法信息公开仍待规范加强

行政执法统一公示平台仍需完善。一是平台设置比例较低。有89家地方政府未设置行政执法信息公开平台，占比44.5%。二是栏目设置有待规范。部分单位虽然设置了行政执法专栏，但存在栏目设置不规范、不细化等问题。三是部分单位栏目内信息发布较单一，未全面公开文件要求的行政执法信息。例如，兰州市、海口市美兰区在"行政执法"栏目内仅发布了执法工作动态信息。

"双随机、一公开"仍有提升空间。一是随机抽查事项清单的内容要素不完整。完整的随机抽查事项清单应当包含抽查依据、抽查主体、抽查内容、抽查方式等要素，但在公开了本部门随机抽查事项清单的21家国务院部门中，有10家要素不全，占47.62%；在公开了生态环境部门随机抽查事项清单的126个地方政府中，有54家要素不全，占42.86%。二是随机抽查结果和查处情况公开不佳。在本指标考察的34家国务院部门、31家省级政府中，分别有29家国务院部门和27家省级政府未公开2020年生态环境部门随机抽查结果和查处情况，分别占85.29%和87.10%。

行政处罚信息公开仍有欠缺。一是部分单位未公开2020年行政处罚结果。参与评估的45家国务院部门中，有34家未公开处罚结果，占比75.56%，同时也有1家省级政府、3家较大的市政府和8家县（市、区）政府的市场监督管理部门2020年度未公开行政处罚结果信息。二是部分地方市场监督管理部门公开的2020年行政处罚信息较少，如青海省市场监督管理部门2020年仅发布3条行政处罚信息。三是部分地方处罚结果发布时间不及时，如广东省市场监督管理部门集中在7月发布2020年行政处罚信息，1—6月以及8月均未发布。四是部分地方行政处罚结果要素不全，公开了行政处罚结果信息的188家地方政府市场监督管理部门中，有7家未列明处罚决定依据，9家未列明行政处罚结果，10家未列明处罚决定时间，27家未公布处罚结果上网时间。此外，个别地方市场监督管理部门处罚信息存在泄露个人信息问题，如苏州市、抚顺市、南宁市等市场监督管理部门在行政处罚结果中披露了当事人完整的身份证号码。

行政执法统计年报公开不理想。《国务院办公厅关于全面推行行政执法公示制度执法全过程记录制度重大执法决定法制审核制度的指导意见》要求，行政执法机关要建立行政执法统计年报制度，地方各级行政执法机关应当于每年1月31日前公开本机关上年度行政执法总体情况有关数据，并报本级人民政府和上级主管部门。仅有3家国务院部门、17家较大的市、40家县（市、区）在政府门户网站、部门网站或行政执法信息公开专栏公开了市场监督管理部门2019年度行政执法数据统计年报。部分单位行政执法统计年报公开质量有待提升。在60家公开了市场监督管理部门2019年度行政执法数据统计年报的地方市场监督管理部门中，分别有1家省级政府、7家较大的市、12家县（市、区）政府的市场监督管理部门公布的2019年度行政执法数据统计年报仅包含文字说明，未包含行政执法数据实施情况统计表。

5. 法治政府建设年度报告仍需加强

一是未按时发布年度报告的现象比较突出。有31家单位未按时发布2019年法治政府建设年度报告，部分单位甚至延迟到下半年才发布，如吉林省农安县的发布时间为2020年8月12日。二是县（市、区）政府年度报告发布工作有待加强。2020年，参评的120家县（市、区）政府中，有37家未公开2019年法治政府建设年度报告。三是部分单位年度报告内容不完整。在参与评估的34家国务院部门中，披露比例较低的事项包括：2019年本机关负责人出庭应诉情况（5.88%），行政复议收结案数据（23.53%），行政诉讼数据（23.53%），重大行政决策公众参与情况（38.24%），规范性文件管理机制建设情况（41.18%），重大行政决策合法性审查情况（50%），上一年度法治政府建设存在的问题（52.95%），法治政府责任制落实情况（58.82%）。在31家省级政府中，披露2019年规范性文件管理机制建设情况的仅有16家（占51.61%），披露行政机关负责人出庭应诉情况的仅有8家（占25.81%）。在49个较大的市政府中，披露2019年规范性文件管理机制建设情况的仅有23家（占46.94%），披露行政机关负责人出庭应诉情况的仅有25家（占51.02%）。在发布了报告的105家县（市、区）政府中，披露2019年行政诉讼数据的仅有44家，占参评县（市、区）政府的36.67%；披露2019年行政机关负责人出庭应诉情况的仅有45家，占参评县（市、区）政府的37.50%。此外，各地还存在报告名称不一致、发布渠道和发布机构不统一等现象。

6. 地方政府审计信息公开有待提升

较大的市及县（市、区）政府的审计信息公开情况不理想。一是政府审计计划信息公开情况较差，有31家较大的市政府、76家县（市、区）政府未公开2020年度审计计划，分别占63.27%和63.33%。二是省级以下政府本级预算执行情况和其他财政收支审计结果报告公开程度不高，有27家较大的市级政府、102家县（市、区）政府未公开，分别占55.10%和85.00%。三是省级以下政府重大政策措施落实情况跟踪审计报告公开力度不够，有29家较大的市政府、103家县（市、区）政府未公开，分别占59.18%和85.83%。

7. 建议提案办理结果公开仍不理想

一是国务院部门和县（市、区）政府建议提案复文公开比例较低。在国务院部门和120个县（市、区）政府中，公开2020年人大建议复文全文的分别占28.57%和45%，公开2020年政协提案复文全文的分别只占24.49%和46.67%。二是部分地方建议提案答复信息公开不全。一些地方仅公开人大建议的复文或者仅公开政协提案的复文，如广西壮族自治区南宁市青秀区。一些地方仅发布对上一级两会建议提案的办理结果，如深圳市罗湖区、海口市美兰区。

8. 地方政府债务信息公开仍需加强

一是政府债券资金使用安排情况公开有待提升。从本地区政府债券资金使用安排决算情况看，仅有13家省级政府、13家较大的市政府、47家县（市、区）政府公开了相关信息，其中仅1家公开细化到具体使用项目。从本级政府债券资金使用安排决算情况看，仅有10家省级政府、13家较大的市政府公开了相关信息。此外，部分单位未区分本级和所辖地区新增债券使用项目。二是部分单位政府债务信息统计不规范。部分单位未公开债务还本、付息决算信息；部分省级政府对政府债务收入、举借额数值总体进行公开，未划分债券发行统计项；部分单位对政府债务还本、债务付息额决算数值总体进行公开，未划分债券还本、债券付息统计项。

9. 基层义务教育信息公开仍存不足

一是计划招生人数公开情况较差。有82家县（市、区）未公开2020年

（公办）小学计划招生人数，77家县（市、区）未公开2020年（公办）初中计划招生人数。另有个别地方仅公开了招生总数或招生班数，未公开具体人数计划。二是多数单位未公开义务教育招生结果。有105家县（市、区）政府相关部门未公开小学招生结果，106家县（市、区）政府相关部门未公开初中招生结果。三是学校招生简章公开率低。在每个县（市、区）随机抽查1所公办学校发现，仅有9家县（市、区）政府的被抽查学校公开了学校招生简章，仅占7.5%。四是个别单位义务教育信息整体公开程度较低。黑龙江省东宁市、吉林省前郭尔罗斯蒙古族自治县、辽宁省瓦房店市和海城市等未公开2020年义务教育阶段入学工作文件（或年度招生工作方案）、咨询电话、招生范围（学区划分情况）、计划招生人数、普通学生入学条件和随迁子女入学条件、招生结果等信息。

10. 政务公开平台建设水平仍待提升

栏目设置方面，仍有2家较大的市政府和7家县（市、区）政府网站存在栏目设置重叠现象。重叠的栏目主要集中在公告公示、政策解读等栏目，如贵州六盘水六枝特区政府网站设有2个"公告公示"栏目。

搜索功能方面，个别单位网站仍未提供搜索功能或搜索功能不可用，如国家林业和草原局、辽宁省瓦房店市等。部分网站仍未提供高级搜索功能，有41家评估对象的门户网站没有精准（高级）检索功能，占16.47%。部分网站未与政务服务平台打通，实现"搜索即服务"，有128家评估对象的门户网站不能搜索在线服务入口，占51.41%。

互动平台建设方面，虽然网站互动平台开通率较高，但互动平台可用率相对较低，群众来信处理不及时、公众参与程度不高等问题普遍存在。例如，有的政府网站领导信箱栏目三四个月未更新。

新媒体平台建设方面，个别单位仍未开通政务新媒体，涉及5家国务院部门、2家较大的市政府和12家县（市、区）政府，分别占10.20%、4.08%、10.00%。个别单位政务新媒体内容更新不及时。有5家国务院部门、5家较大的市政府和20家县（市、区）政府政务新媒体更新情况低于一周一次，分别占10.20%、10.20%、16.67%。此外，部分单位政务新媒体与政府网站信息未同步发布。

11. 部分地方依申请公开仍存在短板

部分地方的政府信息公开指南未更新或不准确。3 家评估对象的指南中未列明依申请公开答复期限，26 家评估对象将新条例中需"加工、分析"的信息"可以不予公开"直接表述为"不予公开"，24 家评估对象将"过程信息、内部信息""可以不予公开"直接表述为"不予公开"，41 家未列明告知补正的期限，40 个所列的投诉举报条款内容未更新。此外，14 家评估对象的指南缺少办公时间、联系电话等要素。

部分评估对象未答复、超期答复、答复内容不规范。有 9 家县（市、区）政府超期答复，有 11 家未答复。部分评估对象答复形式不规范，有 11 家评估对象出具的答复告知书落款仅盖公章，未写明落款单位名称，42 家使用非官方工作邮箱答复，4 家仅通过电话进行答复。部分评估对象答复内容不规范。有 11 家答复不予公开的单位未说明法律依据，有 27 家未列出复议受理部门或有管辖权法院的具体名称，有 8 家救济渠道内容有误，有 37 家未告知救济渠道。

（四）展望

2020 年，中国应对公共卫生事件的有力举措在全球独树一帜，成效显著，既显示了国家强大的综合国力和应对突发公共卫生事件的能力，也进一步彰显了加大公开力度、及时有效回应社会关切的显著效果。实践证明，政务公开有助于保障人民群众切身利益，是实现国家治理体系和治理能力现代化的重要路径。中共中央印发的《法治社会建设实施纲要（2020—2025 年）》明确提出，规范执法行为，完善执法程序，改进执法方式，尊重和维护人民群众合法权益。为此，要推进政府信息公开，涉及公民、法人或其他组织权利和义务的行政规范性文件、行政许可决定、行政处罚决定、行政强制决定、行政征收决定等，依法予以公开。在推进多层次多领域依法治理方面，纲要提出，要实施村级事务阳光工程，完善党务、村务、财务"三公开"制度，梳理村级事务公开清单，推广村级事务"阳光公开"监管平台。国务院办公厅印发的《关于切实解决老年人运用智能技术困难实施方案的通知》也对互联网和移动互联网时代推进政务公开、惠及各类人群提出了新要求。国务院办公厅印发的《公共企事业单位信息公开规定制定办法》则有望进一步推动公共企事业单位的信息公开工作。总结 2020 年政务公开得失，今后还需从如下方面着力。

首先，进一步将找准和满足群众需求作为政务公开的出发点和着力点。坚持以人民为中心是做好政务公开的前提。为此，应通过依申请公开受理情况、政府网站及新媒体公开平台的查询使用情况、群众热线咨询情况、政务服务办事场景等，注重运用大数据分析人工智能等手段研判群众的政务公开需求，有针对性地调整公开范围、优化公开方式。

其次，全面深入推进政务公开与政府管理和政务服务的融合发展。政务公开必须打破孤立于政府各项业务工作的局面，与政府管理和政务服务深度融合，使公开成为管理和服务的有机组成部分，以公开促管理、以公开提服务，在做好管理和服务的同时做好政务公开工作。

再次，因地制宜、因人而异，做好面向各个层次人民群众的公开工作。在很多中小城市、广大农村，互联网和移动互联网的公开效果还不够理想，很多群众特别是其中的老年人群体还不善于通过网站或者各类移动微平台获取信息。因此，必须善用广播电视、基层宣传栏等传统方式和平台，同时注意引导上述地区和人群逐步学习尝试利用信息化手段接受政务公开。

从次，找准短板，提升政务公开整体水平。各领域政务公开均有相应的规定，但各地方各部门公开情况参差不齐。为此，一方面，各单位需自查并补齐短板；另一方面，上级单位应细化公开标准、加大督查考核评估力度，推进政务公开标准化规范化，引导各地方、各部门落实公开要求。

最后，继续加大基层政务公开工作力度。做好最基层的政务公开工作是满足人民群众切实需求的根本。建议在近年来推进基层政务公开规范化标准化建设的基础上，继续加大村务、居务公开力度，加大对基层村居政务公开的指导和推进力度，为法治社会、法治中国建设夯实基础。

三、2021年中国政府透明度指数

中国社会科学院国家法治指数研究中心、法学研究所法治指数创新工程项目组围绕决策公开、管理服务公开、执行和结果公开、政务公开平台建设、依申请公开等方面，继续对48个国务院部门、31个省级政府、49个较大的市政府、120个县（市、区）政府2021年开展政务公开工作的情况进行了第三方评估。评估显示，2021年政务公开制度进一步完善，疫情防控、权力清单、规范性文件、财政预决算等方面信息公开和解读回应工作稳步推进，重大决策预公开、建议提案办理、政府债务、行政处罚、政务服务等方面信息公开进步明显，公开平台基本健全，但未来还需要进一步提升公开意识，找准公众需求，强化标准引领，不断提升政务公开质量和实效。

2021年的评估对象包括48个对外有行政管理权限的国务院部门、31个省级政府（不包括港澳台地区）、49个较大的市政府、120个县（市、区）政府。项目组在上一年度评估的120个县（市、区）政府中剔除了排名靠后的20个，分别从最新一年的百强县、百强区①中按照排名由高到低依次选取了部分县、区。本年度对所有评估对象进行了依申请公开的抽查。评估截至2021年12月31日。其中，依申请公开的验证时间为2021年6月1日至12月12日，申请通过在线申请或信函渠道提出，在线申请优先采用政府门户网站依申请公开平台，无平台的选择政府信息公开指南中公布的电子邮箱发送申请。上述方式无效的，则以挂号信方式提出申请。针对48个国务院部门的申请内容为"申请公开本部门2021年度普法计划"，31个省级政府、49个较大的市政府、120个县（市、区）政府的环保部门为"申请公开2020年度的《环境状况和环境保护目标完成情况年度报告》"。

（一）评估结果总体情况

2021年评估中，国务院部门排在前列的有：交通运输部、国家税务总局、国家市场监督管理总局、水利部、民政部、国家林业和草原局、国家发展和改革委员会、商务部、财政部、原中国银行保险监督管理委员会。省级政府排在前列的有：北京市、上海市、安徽省、山东省、广东省、四川省、湖北省、重庆市、贵州省、江苏省。较大的市排在前列的有：深圳市、青岛市、汕头市、济南市、合肥市、宁波市、成都市、银川市、广州市、苏州市。县（市、区）政府排在前列的有：上海市普陀区、浙江省宁波市江北区、北京市西城区、上海市金山区、上海市虹口区、浙江省金华市义乌市、安徽省黄山市徽州区、广东省广州市越秀区、广东省深圳市罗湖区、北京市东城区。

---

① 2021年评估确定县（市、区）名单所依据的百强县、百强区数据来源于当时最新的《2019年中国中小城市高质量发展指数研究成果发布》，载《人民日报》2019年10月8日，第8版。

评估结果显示，地方政府政务公开呈现如下几个特点。

第一，政务公开总体进步明显。分别有5家较大的市和33家县（市、区）政府得分低于60分，而2020年评估中此类对象则分别有5家省级政府、9家较大的市和54家县（市、区）政府，三类政府机关得分低于60分的占比均低于2020年的评估结果。

第二，省级政府总体好于较大的市政府及县（市、区）政府，基层政府政务公开水平有待提升。本次评估中，省级政府的最高分、最低分均高于市及县（市、区）政府，最高分分别为87.68分、84.97分、84.82分，最低分分别为60.32分、53.26分、38.48分，平均分分别为75.35分、71.40分、59.78分（见图2-1）。这从某种程度上表明，地方政府的政务公开水平随着级别降低而呈下降趋势。

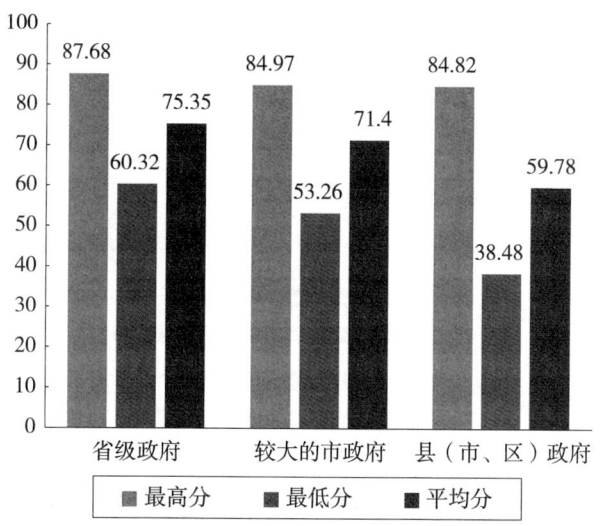

图2-1 地方政府2021年政府透明度指数得分情况

第三，部分地方政府政务公开水平与其所在区域经济发展状况不符。省级政府的排名分布显示，前10名中有5家地处东部地区、2家地处中部地区、3家地处西部地区，最后10名则有1家地处东部地区、2家地处中部地区、6家地处西部地区，1家地处东北地区。① 较大的市政府中，前10名中有7家地处

---

① 依据国家统计局关于东中西部和东北地区划分方法划分。

东部地区、1家地处中部地区、2家地处西部地区;后10名中有2家地处东部地区、1家地处中部地区、5家地处西部地区、2家地处东北地区。县(市、区)政府中,前10名中,仅有1家地处中部地区,其余均地处东部地区;最后10名中,有4家来自东部地区、1家来自中部地区、5家来自西部地区,而且,地处东部沿海地区的江苏省有7家县(市、区)政府排名在100名及以后(见图2-2、图2-3)。另外,县(市、区)最后20名中有9家县(市、区)政府位居最新的百强县、百强区之列。

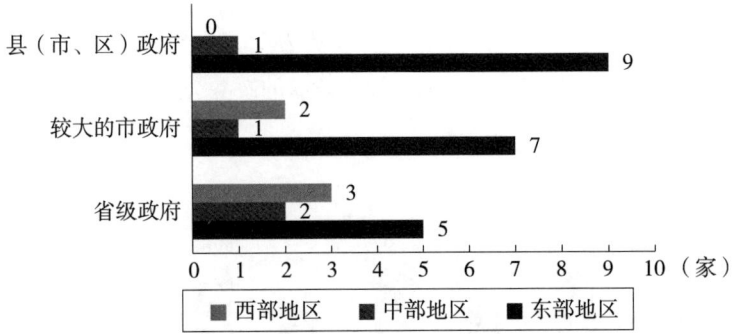

图2-2 地方政府2021年政府透明度排名前10位的地区分布统计图

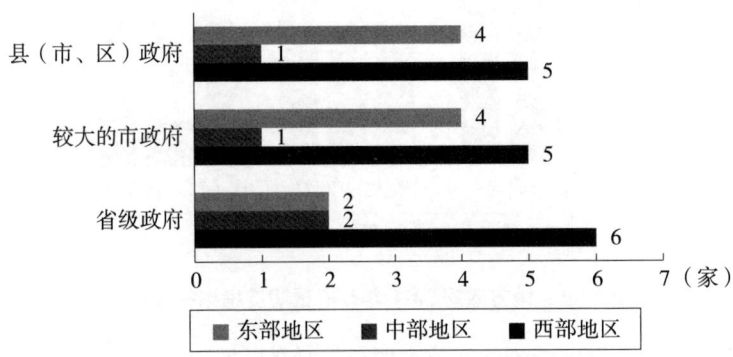

图2-3 地方政府2021年政府透明度排名后10位的地区分布统计图

以地方政府上一年国民生产总值排名同政府透明度指数排名差来分析,排名差超过10位的有3家省级政府、10家较大的市政府和51家县(市、区)政府。

政府透明度排名与所在地区和经济发展水平关系的分析表明,虽然政务公开水平整体而言呈现东部领跑、中西部跟随的特点,但部分西部地区的评估对象排名不低，个别东部地区表现不佳，所在区域、经济发展水平等不会必然提升政务公开水平，但政务公开做得好的一定是那些经济社会发展较好的地区。有的地方政府虽然地处东中部地区或者经济发展较好，但其政务公开工作存在滞后，在政务公开乃至法治政府建设方面还有较大的提升空间。

第四，政务公开的地域发展不均衡的现象突出。排名前20位的县（市、区）主要集中于上海市（5家）、安徽省（5家）、浙江省（4家）、广东省（3家）、北京市（2家）、山东省（1家）。上述地区参与本次评估的县（市、区）政府分别为6家、6家、19家、8家、5家、4家，跻身前20名的比例分别为83.33%、83.33%、21.05%、37.50%、40.00%、25.00%（见图2-4）。上海市和安徽省也分别跻身省级政府前3名。排名后20位的县（市、区）则分别分布于江苏省（6家）、云南省（3家）、四川省（2家）、陕西省（2家）、河北省（2家）、湖南省（1家）、甘肃省（1家）、内蒙古自治区（1家）、宁夏回族自治区（1家）、广西壮族自治区（1家）。其中，上述地区参与本次评估的县（市、区）政府分别为，江苏省18家、云南省3家、四川省3家、陕西省3家、河北省2家、湖南省5家、甘肃省1家、内蒙古自治区2家、宁夏回族自治区4家、广西壮族自治区4家，位列最后20名的占比分别为：江苏省33.33%、云南省100.00%、四川省66.67%、陕西省66.67%、河北省100.00%、湖南省20.00%、甘肃省100.00%、内蒙古自治区50.00%、宁夏回族自治区25.00%、广西壮族自治区25.00%（见图2-5）。排名靠后的同样主要集中于中西部地区，但江苏省排名靠后的绝对数量及比例都较高，应引起重视。

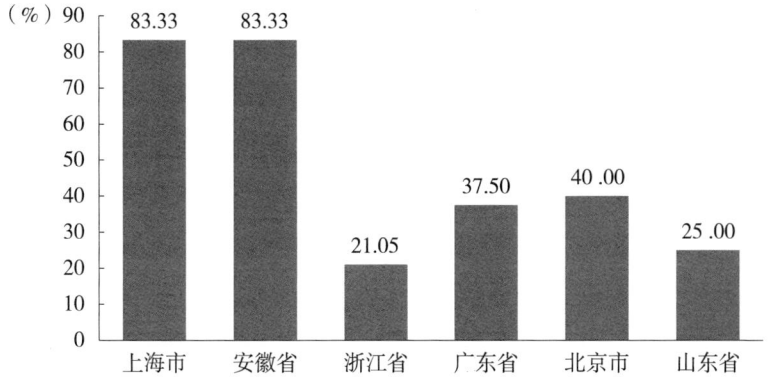

图2-4 排名前20位的县（市、区）政府在各地评估对象中的数量占比情况

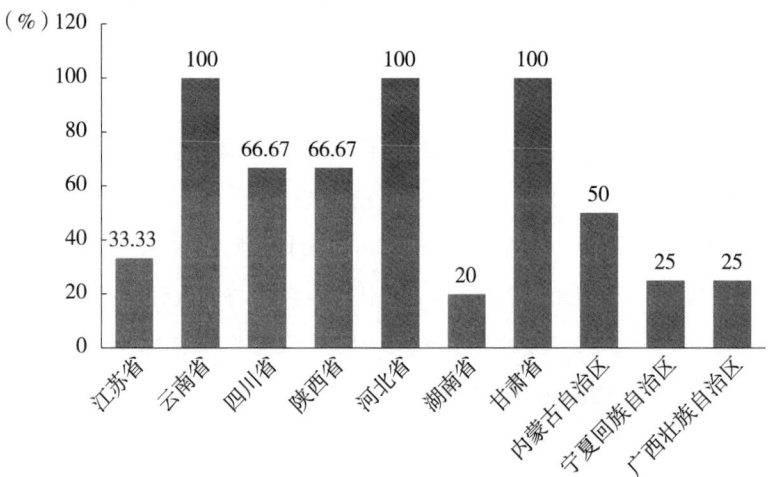

图 2–5 排名后 20 位的县（市、区）政府在各地评估对象中的数量占比情况

（二）政务公开制度运行良好，公开水平全面提升

2021年是"十四五"规划的开局之年，也是全面建设社会主义现代化国家新征程、向第二个百年奋斗目标进军的开局之年。在这个关键起点，中共中央、国务院印发《法治政府建设实施纲要（2021—2025年）》，不断把法治政府建设向纵深推进。2021年也是政务公开制度进一步完善之年，各级政府及其部门根据政策文件要求，全面推进决策、执行、管理、服务和结果全过程公开，加强公开制度和平台建设，强化发布解读回应全流程规范管理，深入推进基层政务公开标准化规范化建设，全面扩大公众参与，提升政务公开质量与效果。评估发现，2021年全国政务公开工作成效显著。

1. 政务公开规定进一步细化完善

《政府信息公开信息处理费管理办法》《政府信息公开工作年度报告格式（修订版）》《国务院办公厅政府信息与政务公开办公室关于做好规章集中公开并动态更新工作的通知》《关于审理政府信息公开行政复议案件若干问题的指导意见》等系列文件在2021年相继出台实施。特别是司法部制定的《关于审理政府信息公开行政复议案件若干问题的指导意见》明确了政府信息公开行政复议案件受理范围、审查重点、处理标准，规范了处理结果，强化了监督责任。截至2021年底，国务院部门已推动出台26个试点领域以外的其他领域基层政务公开标准指引以及公共企事业单位信息公开管理办法，2021年以来共出台交通运输、海关、统计、广播电视、新闻出版版权、旅游6个领域标准指引，陆续出台了供水、供气、供热、供电、高等学校、慈善组织、医疗卫生机构等领域公共企事业单位信息公开管理办法。

2. 重大决策预公开水平逐步提升

重大行政决策事项目录公开程度逐年提升，有8家省级政府、29家较大的市政府、77家县（市、区）政府门户网站主动公开了2021年重大决策事项目录，比2020年分别增加6家、11家、38家。

多数单位意见征集和反馈情况公开较规范。有215家评估对象门户网站设置决策草案意见征集栏目，其中73.49%的评估对象在意见征集栏目中汇集发布预公开全流程信息；共有209家评估对象公开了2021年重大决策文件草案；206家评估对象的征集渠道、208家评估对象的征集期限明确纳入决策草案征集意见公告中；共有154家评估对象公开意见征集的整体情况；共有107家评估对象公开了2021年重大决策文件草案说明。

3. 规范性文件信息集中有序公开

所有评估对象门户网站都设置专栏集中公开规范性文件；67.74%的评估对象公开了规范性文件清理信息，个别还公开了规范性文件清理结果解读；69.76%的评估对象对2021年规范性文件标注了有效性。

4. 地方政府权力清单发布情况良好

一是省、市、县（市、区）政府普遍发布权力清单，公开近两年权力清单的数量占99.00%。二是国务院部门普遍发布监管规则和标准，83.33%的评估对象公开了全国统一、简明易行的监管规则和标准。

5. 政务服务信息公开整体水平提升

政务服务事项目录公开比例进一步提升。国务院部门政务服务事项目录公开比例达93.33%，同比增加8.90%。省、市、县（市、区）政府政务服务事项目录持续保持100%公开。

市场主体（企业）和个人"全生命周期"的办事服务事项集成式、一站式公开比例有所提升。30家省级政府、45家较大的市政府、114家县（市、区）政府公开市场主体（企业）"全生命周期"办事服务事项，公开比例同比增长

2%；20家省级政府、38家较大的市政府、108家县（市、区）政府公开个人"全生命周期"办事服务事项，公开比例同比增长2%。

确需保留的证明事项清单公开比例提升。2021年，国务院部门、省级政府、较大的市政府、县（市、区）政府等4类主体中，分别有25家、21家、40家、55家公开确需保留的证明事项清单，公开比例同比增长4.17%、10.53%、17.64%、44.72%。

6. 随机抽查事项清单发布情况较好

24家国务院部门发布了本部门随机抽查事项清单，20家省级政府、36家较大的市政府、95家县（市、区）政府集中发布了本级政府部门的随机抽查事项清单，总体占比达70.56%。

7. 行政处罚信息发布比例高、渠道广

17家省级政府、41家较大的市政府、111家县（市、区）政府市场监督管理部门公开了2021年行政处罚信息，公开比例达84.50%。部分评估对象在门户网站、部门网站、信用中国、国家企业信用信息公示系统等多渠道发布行政处罚信息。

8. 政府债务信息公开透明度稳步提升

地方政府债务限额和债务余额信息公开程度较上一年稳步提升。发布了2020年本地区、本级和所属地区政府债务限额决算数的评估对象分别有191家、72家、56家，公开数量同比增长64.65%、46.94%、33.33%；公开2020年本地区、本级和所属地区政府债务余额决算数的评估对象分别有196家、75家、55家，公开数量同比增长53.13%、31.58%、25.00%。

地方政府债务还本、付息决算数总体公开情况较上一年有进步。公开了2020年本地区、本级政府债务还本决算数的评估对象共计233家，同比增长16.50%；公开2020年本地区、本级政府债务付息决算数的评估对象共计217家，同比增长7.43%。

省级政府债券发行、政府债务品种、期限、利率、偿还计划、偿债资金来源等信息公开情况较好。分别有27家和25家评估对象规范公开了全省和省本级地方政府债券发行决算数；31家省级政府均完整公开了2020年政府债务品种、期限、利率、偿还计划、偿债资金来源等信息。

9. 省级政府本级预算执行和其他财政收支审计报告公开较好

29家省级政府公开了2020年度本级预算执行情况和其他财政收支审计结果报告，占比达93.55%，其中20家评估对象报告内容完整。

10. 公共卫生应急事件防控信息公布全面、及时

2020年以来，31家省级政府、49家较大的市政府、93家县（市、区）政府较为全面、及时地发布了公共卫生应急事件防控相关信息；97.00%的评估对象发布了2021年疫苗接种相关信息；99.00%的评估对象发布了2021年健康科普信息；25家省级政府编制并发布了疫情防控期间支持企业、民生保障、税收优惠等相关政策汇编。

11. 义务教育招生政策总体公开较好

各地基层政府义务教育招生入学政策相关信息公开较为全面。88.33%的县（市、区）政府公开了本地2021年义务教育阶段招生入学工作文件；分别有90.83%、90.00%的县（市、区）政府公开了义务教育普通学生入学条件、随迁子女入学条件；分别有95家、94家评估对象公开了公办小学、初中学区划分情况。部分评估对象还以问答、图解等形式对2021年义务教育阶段入学政策进行了解读。

12. 建议提案办理结果公开水平稳步提升

一是建议提案专栏开设比例保持较高水平，45家国务院部门、31家省级政府、48家较大的市政府、109家县（市、区）政府设置了建议提案办理结果公开专栏，设置比例分别为93.75%、100%、97.96%、90.83%。二是建议提案办理复文公开比例较上年有所提升，国务院部门、省级政府、较大的市政府、县（市、区）政府中，公开2021年人大代表建议办理复文全文的评估对象总数，同比增长12.56%；公开2021年政协委员提案办理复文全文的评估对象总数，同比增长15.00%。

13. 解读与回应整体水平较高

政策解读信息公开水平较高。99.19%的评估对象设置了政策解读专门栏目，其中部分按照解读形式、解读层级、解读人、政策内容等分类设置子栏目；87.80%的评估对象栏目功能定位准确，在栏目下精准有序地发布政策解读信息。78.63%的评估对象政策解读与政策文件相互链接；85.89%的评估对象政策解读形式多样，整体解读水平较上一年有所提高；分别有 97.58%、99.19% 的评估对象对政策出台背景、政策主要条款进行了解读。

网站互动反馈情况良好。99.19% 的评估对象政府门户网站设置了政民互动平台，其中 95.97% 的评估对象及时反馈并公开公众在互动平台上提交的问题。

14. 法治政府建设年度报告发布率明显提升

分别有 21 家国务院部门、27 家省级政府和 44 家较大的市政府、95 家县（市、区）政府按照规定在 2021 年 4 月 1 日之前发布了 2020 年法治政府建设年度报告，较上一年度增幅分别为 23.53%、8.00%、18.92% 和 30.14%；部分评估对象提供多种格式的报告文本，便于公众查找、下载和使用。

15. 政务公开平台建设运行良好

100% 的国务院部门、93.55% 的省级政府、91.84% 的较大的市政府网站栏目布局清晰合理，无栏目重叠情况，页面简洁且信息发布普遍规范；95.83% 的国务院部门网站、93.55% 的省级政府网站、95.92% 的较大的市政府、98.33% 的县（市、区）政府网站检索功能均可正常使用，检索结果普遍分类展现；97.50% 的省、市级政府开设有政府公报专栏，部分评估对象电子版政府公报提供公报目录导航和内容检索服务，部分评估对象通过政务新媒体平台发布"掌上公报"；97.50% 的县（市、区）政府网站完成集约化建设，96.77% 的省级政府信息公开专栏建设完成；97.98% 的评估对象开设有政务新媒体，其中 97.12% 的评估对象政务新媒体内容能够按周更新。

16. 依申请公开渠道畅通，多数单位答复及时合法

各单位依申请公开渠道均畅通；91.67% 的国务院部门和 96.77% 的省级政府、83.67% 的较大的市政府、80.83% 的县（市、区）政府环保部门均在法定期限内答复申请人；部分评估对象在申请受理后为申请人提供了便民化服务，如使用短信告知申请人申请编号、办理进度，在答复告知书中列明复议机关和管辖法院所在地址或改革情况、联系人及联系电话等。

（三）政务公开工作仍需解决的问题

1. 部分评估对象重大决策预公开水平不高

51.00% 的评估对象重大决策事项目录要素不完整，主要表现为缺少决策时间和是否听证的信息；有 149 家评估对象重大决策征集意见期限少于 30 天且没

有说明理由；76家评估对象未征求到公众意见，公众参与决策意见征集效果不佳；部分评估对象存在决策征集意见渠道单一、未说明意见采纳情况、网站功能设置不便于公众参与决策等问题。

2. 部分评估对象规范性文件公开内容需进一步完善

71.00%的评估对象未公开本级政府规范性文件备案审查信息；23家评估对象未公开近三年规范性文件清理结果；14.58%的国务院部门、16.13%的省级政府、10.20%的较大的市政府、10.00%的县（市、区）政府存在规范性文件未标注有效性的情况。

3. 各级政府各类规划信息公开程度待提升

一是国土空间规划、区域规划发布情况较差。28家省级政府、47家较大的市政府、105家县（市、区）政府的门户网站、自然资源和规划部门网站中未发布现行有效的国土空间规划，且各省级政府的国土空间规划均未推送至中国政府网进行归集展示；4家省级政府、12家较大的市政府、76家县（市、区）政府的门户网站、自然资源和规划部门网站中未发布现行有效的区域规划。二是历史规划信息公开不全面。17家省级政府、41家较大的市政府、113家县（市、区）政府未完整发布国民经济和社会发展第十个到第十三个五年规划以及完成情况。

4. 政务服务信息公开的便民性需要改进

一是政务服务办事指南便民性待提升，19.65%的评估对象办事指南未提供申请表或书面材料的空白表格或格式文本；64.74%的评估对象未提供申请表或书面材料的样表或填报说明。二是不同地区政务服务水平差异较大，部分地区政务服务水平有待提升。三是不动产登记的栏目设置有待加强，仅3.33%的县（市、区）政府设置了不动产登记集成办理栏目，且公开集成办理时间。四是外商投资企业投诉和拖延农民工工资投诉渠道公开待加强，63.00%的评估对象未公布外商投资企业投诉信息，68.33%的评估对象未公布拖延农民工工资投诉渠道。

5. 行政执法领域信息公开工作较为薄弱

行政执法统一公示平台建设仍有提升空间。平台设置方面，行政执法统一公示平台数量虽比上年增加26.13%，但仍有30.00%的评估对象未设置统一公示平台；运营维护方面，部分平台存在执法信息更新不及时、网页链接失效的问题；信息发布方面，部分行政执法统一公示平台内信息发布不齐全或整体信息类型单一。

行政执法统计年报公开情况不理想。仅有 87 家评估对象公开了 2020 年度行政执法统计年报，占 43.50%；其中 12 家评估对象的行政执法统计年报未于 1 月 31 日前发布。部分评估对象年报内容形式单一，仅有行政执法工作文字说明或数据实施情况统计表。

"双随机"信息公开有提升空间。一是"双随机"专栏设置情况仍不理想，41 家国务院部门、31 家省级政府、49 家较大的市政府、120 家县（市、区）政府中，仍有 41.91% 的评估对象未设置"双随机、一公开"专栏。二是部分随机抽查事项清单要素不完整，未包含抽查依据、抽查主体或抽查方式。三是随机抽查结果和查处情况公开较差，有 32 家国务院部门未发布本部门 2021 年的随机抽查结果和查处情况；23 家省级政府、13 家较大的市政府、29 家县（市、区）政府未发布 2021 年生态环境部门的抽查结果和查处情况。

行政处罚信息公开规范性仍待提升。一是行政处罚信息要素不完整，部分评估对象缺少处罚者信息、主要违法事实、处罚依据或处罚结果等要素。二是行政处罚信息公开不及时，有 1 家国务院部门、2 家省级政府、8 家较大的市政府、27 家县（市、区）政府的行政处罚结果信息未于作出行政处罚决定之日起 7 个工作日内公布。三是部分评估对象行政处罚信息存在长期不更新、集中补发或超前发布的问题。四是部分评估对象行政处罚信息处理不到位，公开个人隐私信息或信息填写不规范。

反垄断与反不正当竞争执法信息公开力度有待加强。仅有 12.90% 的省级政府公开了反垄断与反不正当竞争执法信息，30.61% 的较大的市政府和 30.00% 的县（市、区）政府公开了反不正当竞争执法信息。

6. 权力清单更新、发布工作不到位

国务院部门大部分未发布近两年版本的权力清单；部分评估对象权力清单内容不完整，仅包含部分种类的权力事项。

多数省、市、县（市、区）政府未根据法律法规立改废释情况及时调整权力清单，有 83.50% 的评估对象权力清单未及时调整已经失效的《疫苗流通和预防接种管理条例》;仅8.50%的评估对象权力清单清理了已经废止的《婚姻法》《继承法》《民法通则》《收养法》《担保法》《合同法》《物权法》《侵权责任法》《民法总则》等法律依据;分别有96.77%、100%和100%的评估对象未根据修订后的《未成年人保护法》增加对校园霸凌行为的处理、对非法为未成年人提供网络直播发布者账号注册服务和对未成年人实施网络欺凌行为的处罚权力事项;有88.50%的评估对象权力清单中未依据修订后的《生猪屠宰管理条例》更新对生猪屠宰违法行为的处罚力度;有51.67%的县(市、区)政府权力清单中仍未删改对生育第三个子女征收社会抚养费的有关内容。

7. 建议提案办理总体情况公开成为短板

一是公开率还较低,国务院部门、省级政府、较大的市政府、县(市、区)政府中,仅44家评估对象公开了2021年度人大代表建议办理总体情况,43家评估对象公开了2021年度政协委员提案办理总体情况,占比分别仅为17.74%、17.34%。二是部分评估对象公开的内容简略,未全面包含收到建议提案的数量、采纳情况(采纳的数量、未采纳的数量以及未采纳的理由)、工作动态等要素。

8. 财政预决算信息公开程度与法律要求有差距

省、市、县(市、区)政府教育主管部门财政预决算信息公开程度仍需提高。一是信息公开的比例待提升,仍有28.00%的评估对象未公开教育主管部门所属单位2021年预算及相关报表;仍有26.00%的评估对象未公开教育主管部门所属单位2020年决算及相关报表。二是信息内容全面性待提高,部分教育主管部门预决算信息中缺少文字说明或报表,个别仅公开了少数预决算信息。

9. 义务教育领域信息公开全面性待提高

义务教育招生计划、招生结果、学校情况等信息公开水平仍待提高。

招生计划方面,仅49家县(市、区)政府发布了2021年公办小学计划招生人数、班级数或学位数,占40.83%;54家县(市、区)政府发布了2021年公办初中计划招生人数、班级数或学位数,占比仅为45.00%。

招生结果方面,分别仅有11家、9家县(市、区)政府发布了2021年公办小学、公办初中招生学生名单,占比均低于10.00%。

学校基本情况方面,抽查的120所义务教育公办学校中,仅有45所学校完整地公开了办学性质、办学地点、办学规模、办学基本条件、联系方式等学校基本情况信息；仅有 15 所学校发布了 2021 年招生简章。

10. 地方政府债务信息公开未引起充分重视

政府债券资金使用情况公开有待加强。从本地区政府债券资金使用安排决算情况看，24 家评估对象未发布政府债券资金使用安排决算，40 家评估对象政府债券资金使用安排决算公开不明确，未细化至具体使用项目；从本级政府债券资金使用安排决算情况看，19 家评估对象未发布政府债券资金使用安排决算，23 家评估对象政府债券资金使用安排决算公开不明确，未细化至具体使用项目。

市级、县（市、区）政府债务基本信息公开力度待加大。82 家评估对象未发布政府债务期限、利率，154 家评估对象未发布政府债务偿还计划，103 家评估对象未发布政府债务偿债资金来源。

11. 审计计划和市级、县（市、区）政府审计结果公开差强人意

审计计划公开比例较低，22 家省级政府、34 家较大的市政府、77 家县（市、区）政府未发布 2021 年审计计划，占比分别达 70.97%、69.39%、64.17%。较大的市政府、县（市、区）政府 2020 年本级预算执行情况和其他财政收支审计结果报告，以及省级政府、较大的市政府、县（市、区）政府 2020 年重大政策措施落实情况跟踪审计报告公开工作有待进一步推进。

12. 部分单位政策解读质效有待提升

50.00% 的评估对象未在政策解读专栏下设置分栏，未对政策解读的内容进行分类展示；52.82% 的评估对象政策解读存在发布不及时情况；79.03% 的评估对象缺少主要负责人解读信息；部分单位政策解读照搬政策原文，或者采用简化政策原文的方式代替解读，解读工作浮于表面。

13. 法治政府建设年度报告内容宽泛

部分评估对象未于 2021 年 4 月 1 日前发布 2020 年法治政府建设年度报告；报告发布方面，部分评估对象存在发布平台或发布栏目不固定、不统一的问题；报告标题方面，部分评估对象存在报告标题名称不规范的问题；报告内容详细程度方面，部分评估对象报告内容过于简化、空泛、笼统；报告内容质量方面，有关重大行政决策公众参与情况、重大行政决策合法性审查情况、行政复议收

结案数据和纠错数据、行政诉讼数据、行政机关负责人出庭应诉情况、法治政府考核情况等工作内容披露比例不高。

14. 基层政务公开标准指引编制发布工作有待推进

截至 2021 年 12 月 31 日，在评估的 48 家国务院部门门户网站中，除国家外汇管理局、中国民用航空局、国家国际发展合作署、国家移民管理局、中国证券监督管理局 5 家单位没有对应的基层机构或职能外，仅有 20 家单位出台了 29 个领域的基层政务公开标准指引，其余 23 家均未制定并发布相关信息。

15. 公共企事业单位信息公开制度建设弱化

部分领域仍需加快公共企事业单位信息公开制度出台进度，如生态环境部、教育部、交通运输部仅公开公共企事业单位信息公开规定的征求意见稿，未公布正式文件。

16. 部分评估对象政务公开平台建设仍需完善

13.33% 的县（市、区）政府网站信息发布不规范，部分县（市、区）政府网站存在相同内容在同一栏目中重复发布的问题；39.92% 的评估对象在线服务入口搜索功能有待优化，无法通过输入关键词"服务"搜索出在线服务入口；有 16.25% 的省、市级政府未逐年发布近 5 年的电子版政府公报，6.25% 的省、市级政府的政府公报专栏更新存在间断；部分单位政府信息公开专栏建设和内容维护方面有待提升，有 4.84% 的评估对象未按照国办要求完成政府信息公开专栏建设，8.06% 的评估对象政府信息公开专栏存在内容更新不及时或有间断情况；部分评估对象未存在政务新媒体未与网站互相关联或关联无效、新媒体信息未在政府网站上同步发布等问题。

17. 依申请公开办理程序的规范性需加强

依申请公开平台功能需进一步完善。部分评估对象依申请公开平台存在验证码填写障碍、身份证上传障碍、申请单位选择障碍、申请表填写障碍、传真号填写障碍等问题。

依申请答复内容需进一步规范。答复形式上，部分单位未出具正式的答复告知书、使用私人邮箱进行答复；答复内容上，省、市、县三级政府对同一申请的答复内容不一致，部分评估对象在答复中未告知救济渠道、救济渠道告知不全面或有误。

(四) 2022 年中国政务公开发展展望

2021 年，在各类自然灾害和公共卫生事件反复的压力下，中国经济强劲复苏，社会稳定发展，取得了令人欣喜的成绩，这一切都充分体现了中国特色社会主义制度和中国特色社会主义民主法治的强大优势。在此过程中，加大政务公开力度，做好政策解读，有效回应群众关切，对规范权力运行、提升重大决策科学规范性、推动各类政策措施有效落地发挥着重要作用。中国特色的政务公开制度，是中国特色社会主义制度体系的重要组成部分。近年来，中国政府通过制度安排把政务公开贯穿于政务运行全过程，以公开促落实、促规范、促服务，政务公开制度体系日益完善，公开的深度、广度稳步拓展。公开的功能作用不断加强，以人民为中心推进新时代政务公开理念不断深入，政务公开已经成为中国制度优势和制度自信的重要组成部分。中共中央、国务院印发的《法治政府建设实施纲要（2021—2025 年）》进一步强化了行政权力制约监督体系建设，明确提出要全面主动落实政务公开，坚持以公开为常态、不公开为例外，以政府更加公开透明的工作赢得人民群众更多理解、信任和支持。总结 2021 年政务公开工作，今后还需从如下方面着力。

第一，始终坚持以人民为中心，围绕群众需求开展公开工作。随着新时代的发展，人民群众对政务公开工作不断提出新期待、新需求，政务公开应坚持用户导向，及时全面了解群众关切，密切跟踪市场和群众对政策的需求和反馈，研判群众的政务公开需求，不断扩大公开范围，调整公开重点，优化公开方式，提升群众对政务公开工作的满意度和获得感。

第二，进一步加强各级各部门政务公开制度建设，完善公开制度体系。以制度建设为牵引，推动公开常态化、规范化、标准化，全面公开各类主动公开信息，做到"应公开尽公开"。通过有效的制度设计，全面深入推进政务公开与政府管理和政务服务的融合发展，使公开成为管理和服务的有机组成部分，有效加强以公开促落实促管理促服务的力度。强化监督保障制度建设，确保公开制度既要建设到位，又要长期持续有效运转。

第三，继续加大基层政务公开工作力度。基层政府直接面向广大群众和企业，其公开水平直接关系到群众对政务公开工作的满意度和获得感。建议各地方各部门进一步加大对基层政务公开工作的指导和监督，积极推广行之有效的经验和模式，带动基础薄弱地区迎头赶上。继续加大村务、居务公开力度，加大对基层村居政务公开的指导和推进力度，为法治社会、法治中国建设夯实基础。

第四，加快推进公共企事业单位信息公开建设步伐。公共企事业单位信息公开水平与群众的切身利益密切相关，特别是各类具有市场支配地位、公共属性较强、直接关系人民群众身体健康和生命安全的公共企事业单位，或者与服务对象之间信息不对称问题突出、需要重点加强监管的公共企事业单位。做好公共企事业单位信息公开工作有利于加强对公共企事业单位的监督管理，提升公共企事业单位服务水平，更好地维护人民群众切身利益，助力优化营商环境。要加快各领域公共企事业单位信息公开规定的出台步伐，严格落实上级起草的公开规定，加强线上线下公开渠道建设，并做好公开的监督工作，确保公共企事业单位信息公开制度能够落实到位。

第五，加强政府信息的数字化管理水平，逐步探索实现政务公开数据共享。随着我国数据管理能力和数字化治理水平的提升，各地方各部门数据信息系统逐步打通，信息分类进一步规范，应积极深入探索数据共享标准和机制，通过信息化手段实现信息共享发布，实现政府信息的全生命周期管理，逐步以数据共享发布替代人工发布，确保各类主动公开信息发布主动、及时、全面。

第六，建议各地对标先进找短板，切实提升政务公开水平。现阶段我国政务公开仍存在发展不平衡不充分现象，各领域信息公开水平和公开深度不一，政务公开工作的推进力度和工作水平在不同省域仍有较大差距，各地方各部门需对标先进，积极做好自查自纠，补齐短板，切实提升公开水平。

四、2022年中国政府透明度指数

中国社会科学院国家法治指数研究中心、法学研究所法治指数创新工程项目组围绕民主科学决策、优化营商环境、规范政府管理、加强民生保障、平台机制建设等方面，对48家国务院部门、31家省级政府、49家较大的市政府、120家县（市、区）政府的2022年度政务公开情况进行了第三方评估。评估显示，2022年各级政府继续推进民主科学决策信息公开，重视利用政务公开助推优化营商环境、加大规范政府权力、落实民生保障，政务公开平台机制建设总体较好。未来仍需进一步增强各级政府公开意识，细化落实政务公开各项要求，不断满足人民群众日益增长的公开需求。

2022年的评估对象包括48家对外有行政管理权限的国务院部门、31家省级政府（不包括港澳台地区）、49家较大的市政府、120家县（市、区）政府。项目组在上一年度评估的120家县（市、区）政府中剔除了排名靠后的20家，分别从最新的百强县、百强区①中按照排名由高到低依次选取了部分县、区。对于无其他百强县、百强区可选取替换的省份，则依据被替换对象所在省统计局发布的统计年鉴选取了GDP省内排名靠前的县（市、区）政府。被替换的评估对象为：宁夏回族自治区银川市金凤区、四川省眉山市仁寿县、甘肃省酒泉市肃州区、四川省成都市龙泉驿区、江苏省南京市玄武区、江苏省泰州市靖江市、江苏省宿迁市沭阳县、广西壮族自治区玉林市博白县、云南省昆明市呈贡区、江苏省徐州市新沂市、江苏省南通市海安市、陕西省咸阳市彬州市、江苏省苏州市苏州工业园区、云南省昆明市五华区、河北省唐山市丰润区、云南省楚雄彝族自治州楚雄市、内蒙古自治区鄂尔多斯市伊金霍洛旗、河北省石家庄市长安区、湖南省衡阳市衡阳县、陕西省榆林市神木市。替换后的评估对象为：宁夏回族自治区银川市灵武市、四川省宜宾市翠屏区、甘肃省兰州市城关区、四川省成都市双流区、江苏省南京市溧水区、江苏省扬州市江都区、江苏省盐城市大丰区、广西壮族自治区南宁市西乡塘区、云南省昆明市官渡区、江苏省徐州市铜山区、江苏省南通市通州区、陕西省西安市雁塔区、江苏省苏州市虎丘区、云南省昆明市安宁市、河北省唐山市曹妃甸区、云南省昆明市盘龙区、内蒙古自治区鄂尔多斯市东胜区、河北省沧州市任丘市、湖南省长沙市雨花区、陕西省榆林市榆阳区。

（一）评估总体情况及成效

2022年是党的二十大胜利召开之年，也是实施"十四五"规划承上启下的关键之年。这一年，《法治政府建设实施纲要（2021—2025年）》深入实施，法治观念不断深入人心，人民群众对政务公开的要求也相应提高，同时为应对疫

---

① 参见《2021年中国中小城市高质量发展指数研究成果发布》，《光明日报》2021年9月28日第16版。

情对经济社会的持续冲击，中央及各地方政府出台了一系列惠企利民政策措施，各地方各部门日益注重以公开促进相关政策有效落地。国务院办公厅印发的《2022年政务公开工作要点》在要求做好政策文件集中公开、政策咨询服务、公开平台建设、基层政务公开等工作的同时，也强调要加强涉及市场主体、减税降费、扩大有效投资、疫情防控等方面的信息公开，持续做好决策、执行、管理、服务和结果全过程公开，不断加强公开制度和公开平台建设，深入推进基层政务公开标准化规范化建设，优化政策文件公开方式，提升政务公开质量与效果。

2022年评估结果显示，国务院部门中排名靠前的分别为：国家税务总局、交通运输部、商务部、民政部、财政部、国家市场监督管理总局、国家能源局、文化和旅游部、国家发展和改革委员会、自然资源部；排名靠前的省级政府分别为：北京市、上海市、安徽省、广东省、山东省、浙江省、湖北省、四川省、福建省、贵州省；排名靠前的较大的市分别为：山东省青岛市、广东省深圳市、广东省广州市、安徽省淮南市、河南省郑州市、浙江省宁波市、四川省成都市、广东省珠海市、湖南省长沙市、宁夏回族自治区银川市；排名靠前的县（市、区）政府分别为：浙江省宁波市江北区、上海市普陀区、山东省青岛市胶州市、北京市西城区、上海市金山区、广东省广州市越秀区、上海市虹口区、广东省深圳市罗湖区、浙江省杭州市萧山区、山东省烟台市龙口市。

较大的市和县（市、区）的排名分布仍然呈现较大的地域集中性特点，当地省市县三级政府政务公开水平较高，省级政府对本地政务公开工作领导有力。

（二）2022年各地方各部门政务公开工作成效显著

1. 推进民主科学决策信息公开

中国共产党的二十大提出，发展全过程人民民主，保障人民当家作主。加强民主科学决策信息公开，让广大人民群众参与重大决策的各个环节，有助于保障人民当家作主，也有助于推进治理体系和治理能力现代化。评估显示，各级政府在民主科学决策信息公开方面积极探索、不断推动，成效明显。

首先，决策预公开情况逐步向好。有16家省级政府、39家较大的市政府、93家县（市、区）政府门户网站主动公开了2022年重大决策事项目录，分别占51.61%、79.59%和77.50%，比上一年均有所提升。部分单位公开意见反馈信息的情况较好,有 17 家国务院部门、22 家省级政府、29 家较大的市政府、104 家县(市、区)政府公开了意见采纳情况,分别占 35.42%、70.97%、59.18%、86.67%;有 8 家国务院部门、21 家省级政府、28 家较大的市政府、98 家县(市、区)政府公开了不采纳的理由,分别占 16.67%、67.74%、57.14%、81.67%(见图 2-6)。

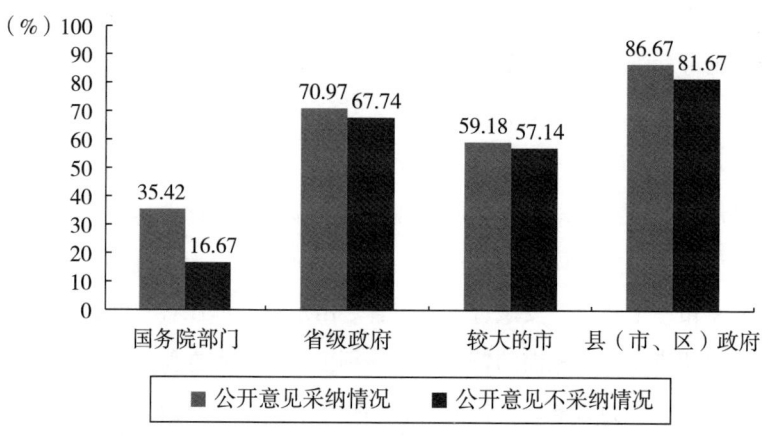

图 2-6 决策预公开披露意见采纳情况示意图

其次,41 家国务院部门、29 家省级政府、47 家较大的市级政府、118 家县(市、区)政府门户网站或其政府法制部门网站发布了近 3 年本单位规范性文件清理信息,分别占 85.42%、93.55%、95.92%、98.33%。其中,发布了 2022 年规范性文件清理信息的有 21 家国务院部门、22 家省级政府、35 家较大的市政府、69 家县(市、区)政府,分别占 43.75%、70.97%、71.43%、57.50%。相比 2020 年,国务院部门增加 10 家,县(市、区)政府增加 26 家。公开 2022 年规范性文件备案审查信息的有 15 家省级政府,占 48.39%,其中按年备案的有 1 家、按季度备案的有 6 家、按月备案的有 3 家,备案日期不规则的有 5 家;有 26 家较大的市政府,占 53.06%,其中按年备案的有 5 家,按季度备案的有 13 家,按月备案的有 1 家,备案日期不规则的有 7 家;22 个县(市、区)政府,占 18.33%,其中按年备案的有 6 家,按季度备案的有 10 家,按月备案的有 1 家,备案日期不规则的有 5 家。相比 2020 年,省级政府、较大的市、县(市、区)政府均有所提升,其中县(市、区)政府增加 11 家,在三级政府中增速较快。

政策解读质量有所提升。评估发现，全国各级政府政策解读的形式呈现多样化，有文字解读、图解、音视频解读、新闻发布解读、在线访谈等形式，还使用 H5 解读、漫画解读、动漫解读、数字人解读、电子书解读等方式，增加了政策解读的趣味性和可读性，有助于实现公众看得懂、易接受的目标。有 32 家国务院部门，29 家省级政府，48 家较大的市政府以及 116 家县（区）政府采用了多种形式的政策解读，分别占 66.67%、93.55%、97.96%、96.67%。政策解读内容完整规范，有 45 家国务院部门、29 家省级政府、49 家较大的市政府以及 117 家县（区）政府的政策解读中都注重对政策出台的背景进行解读，分别占 93.75%、93.55%、100%、97.50%；46 家国务院部门、30 家省级政府、49 家较大的市政府以及 120 家县（区）政府的政策解读都对政策的主要条款进行了解读，分别占 95.83%、96.77%、100%、100%。

2. 重视优化营商环境信息公开

法治是最好的营商环境。政务服务信息公开是"放管服"改革的关键点，是优化营商环境的重中之重。此类信息公开得越准确、越到位，才更能确保办事企业群众少跑腿、可预期。而加强反垄断和反不正当竞争执法信息公开，有助于保护经营者公平有序竞争，也有利于营造良好的市场环境。

首先，各评估对象重视政务服务信息公开。一是政务服务目录全面公开，除部分国务院部门无政务服务事项外，有 42 家国务院部门、31 家省级政府、49 家较大的市政府、120 家县（市、区）政府政务服务网中公开了政务服务事项目录，总体公开率为 98.78%。二是办事服务全面具体，有 25 家省级政府、41 家较大的市政府、117 家县（市、区）政府在政务服务网中开设了个人"全生命周期"办事服务专栏，分别占 80.65%、83.67%、97.50%；有 27 家省级政府、41 家较大的市政府、120 家县（市、区）政府在政务服务网中开设了企业（市场主体）"全生命周期"办事服务专栏，分别占 87.10%、83.67%、100%，有效实现政务服务事项集成式、一站式公开（见图 2-7）。

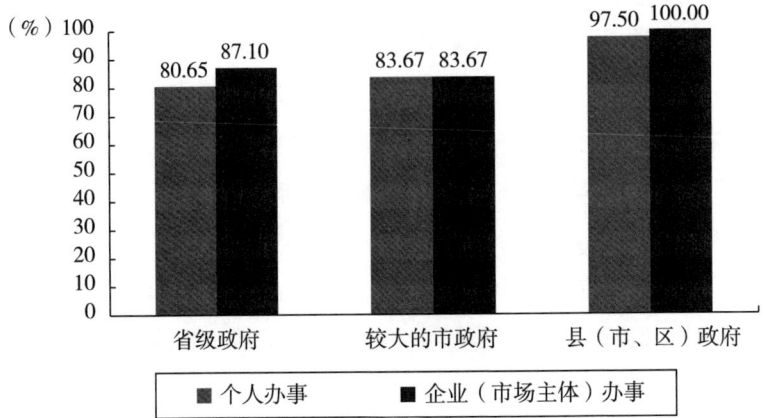

图 2-7 "全生命周期"办事服务公开情况示意图

不断探索反垄断与反不正当竞争执法信息公开形式。有 2 家省级政府和 1 家较大的市政府公开了开展反垄断、反不正当竞争专项行动的信息,其中 4 家单位以反垄断、反不正当竞争工作汇报形式多元公开,11 家单位以典型案例形式播报反垄断、反不正当竞争执法。

3. 加大规范政府权力信息公开

权力要在阳光下运行。政府权力的规范运行既要依靠各级政府自我约束、内部监督,也要依靠监察、司法等外部监督,更要依靠来自公众的监督。多年的政务公开实践表明,将政府权力"晒"给公众,是最行之有效规范政府权力的手段。评估显示,各级政府从晾晒权力清单、公开行政执法、公示资金使用等多个方面入手,公开规范权力运行。

第一,各级政府权力清单全面公开,31 家省级政府、49 家较大的市政府、120 家县(市、区)政府均公开了本级政府工作部门权力清单,其中 87.50% 的评估对象的权力清单已更新至 2022 年版。

第二,国务院部门监管规则和标准普遍发布,85.42% 的监管部门公开了全国统一、简明易行的监管规则和标准。

第三,随机抽查事项清单发布情况较好。具有监管职能的 41 家国务院部门中,有 25 家单位公开了本部门随机抽查事项清单,占 60.98%;有 18 家省级政府、34 家较大的市政府、98 家县(市、区)政府集中公开了所属部门随机抽查事项清单,分别占 58.06%、69.39%、81.67%。随机抽查事项清单整体公开比例达72.61%。

第四，行政处罚结果公开比例较高、内容较完整。具有行政处罚权的37家国务院部门以及各级地方政府的市场监管部门中，有9家国务院部门以及23家省级、44家市级、114家县（市、区）级市场监管部门公开了2022年作出的行政处罚决定信息，分别占18.75%、74.19%、89.80%、95.00%；其中90.53%的评估对象公开行政处罚信息要素完整，包含被处罚者信息、主要违法事实、处罚依据、处罚结果。

第五，财务、审计信息公开相对较好。以教育主管部门所属单位财政预决算信息公开为例，其公开比例有所提升。省、较大的市、县（市、区）教育主管部门所属单位财政预决算信息公开程度显著提高。仅11家评估对象（占5.50%）未公开教育主管部门所属单位2022年预算及相关报表，相较于2021年同期的28.00%下降了22.5个百分点；有33家评估对象（占16.50%）未公开2021年教育主管部门所属单位决算及相关报表，相较于上一年度的26.00%下降了9.5个百分点。同时，省级政府审计结果信息公开情况较好。29家省级政府公开了2021年度本级预算执行情况和其他财政收支审计结果报告，同步公开2021年度重大政策措施落实情况跟踪审计信息，占比达93.55%，其中19家单位报告内容完整，情况表述详实。

第六，地方政府债务信息公开整体情况良好。31家省级政府、47家较大的市政府、118家县（市、区）政府公开了2021政府债务信息，分别占100%、95.92%、98.33%，其中，26家省级政府、42家较大的市政府、117家县（市、区）政府将政府债务信息集中在一个平台（专栏）公开，且大部分单位2021年政府债务决算信息与财政决算信息保持同步发布。政府债务限额、余额决算情况公开较为全面，27家省级政府公开了2021年全省、省本级以及所属地区的地方政府债务限额、余额决算数，占87.10%；41家较大的市政府公开了2021年全市、市本级以及所属地区的地方政府债务限额、余额决算数，公开率达83.67%；114家县（市、区）政府公开了2021年政府债务限额、余额决算数，占95.00%。政府债券发行、还本付息决算情况公开较为全面，28家省级政府公开了2021年末全省、省本级的政府债券发行、还本、付息决算数，占90.32%；42家较大的市政府公开了2021年末全市、市本级的政府债券还本、付息决算数，占 85.71%；114 家县（市、区）政府公开了 2021 年末政府债券还本、付息决算数，占 95.00%。省级政府债务基本信息公开情况较好，31 家省级政府均完整公开了 2021 年政府债务品种、期限、利率、偿还计划、偿债资金来源等信息。

4. 普遍重视民生保障信息公开

党的二十大报告中指出，要增进民生福祉，提高人民生活品质。保障民生要求各级政府在发展中切实解决人民群众的急难愁盼的问题，不断提升公众福祉。政府各项保障民生的措施既要让公众知晓，又要接受公众的监督。本次选取的评估事项的公开情况表明，各级政府普遍重视民生保障信息公开，努力做到服务群众、满足群众需求、依法保障群众权益。

义务教育阶段招生入学政策公开逐步完备。112 家县（市、区）教育部门按时部署招生工作，并公开了 2022 年度招生工作实施方案，其中除 10% 的地区招生政策只涉及部分区域公办小学或初中外，其他地区均完整公开了辖区范围内义务教育学校招生工作实施方案。分别有 108 家、106 家、94 家、89 家的县（市、区）政府公开了义务教育普通学生入学条件、随迁子女入学条件、公办小学学区划分情况、公办初中学区划分情况，分别占 90.00%、88.33%、78.33%、74.17%。各地区均开设"义务教育"领域基层政务信息公开专栏，其中部分地区根据公开信息类型进一步细化栏目设置，实现精准分类公开。

5. 公开平台机制建设总体较好

政务公开必须依靠有力的平台机制保障。评估显示，各级政府政务公开平台机制建设总体较好。

政府网站建设健全。有 46 家国务院部门、31 家省级政府、47 家较大的市政府、118 家县（市、区）政府网站栏目布局清晰合理，无栏目重叠情况，页面简洁且信息发布普遍规范，分别占 95.83%、100%、95.92%、98.33%；37 家国务院部门网站、28 家省级政府网站、45 家较大的市政府网站、107 家县（市、区）政府网站检索功能较为完善，基本实现高级搜索、结果筛选、搜索结果规则排序、在线服务可搜索，分别占 77.08%、90.32%、91.84%、89.71%。除一家国务院部门外，其他国务院部门及省、市、县（市、区）政府均开设网站互动平台。

政府公报是刊登行政法规和规章标准文本的法定载体，是政府机关发布政令的权威渠道。省、较大的市政府开设政府公报专栏比例达到97.50%，仅2家较大的市政府未开设该专栏，部分单位电子版政府公报提供公报目录导航和内容检索服务。

政务新媒体运营维护情况良好。有47家国务院部委、31家省政府、49家较大的市政府、119家县（市、区）政府开设了政务新媒体，分别占97.92%、100%、100%、99.17%。其中，有45家国务院部委、30家省政府、49家较大的市政府、116家县（市、区）政府开放的政务新媒体平台能按周更新内容，占比分别为95.74%、96.77%、100%、97.48%。多地通过政务新媒体积极打造实现"掌上公报"，如北京市通过"北京发布"微信公众号公布政府公报。

（三）政务公开工作仍面临的问题

1. 决策预公开仍需大力推动落实

决策草案征集意见时间过短，易造成听取群众意见不充分，且会给人缺乏诚意、走过场的印象。评估发现，征集意见少于30天且没有说明理由的有22家国务院部门、14家省级政府、36家较大的市政府、83家县（市、区）政府，分别占45.83%、45.16%、73.47%、69.17%。部分单位未公开对所征集意见不予采纳的理由。有7家国务院部门、2家省级政府、9家市级政府和10家县（市、区）政府虽然公开了意见征集的整体情况，但是没有公开对征集意见不予采纳的理由，有的反馈情况描述较为笼统，不利于社会公众对重大行政决策制定程序过程的监督。决策预公开是推进民主科学决策的关键环节，也是转变决策方式和推进治理模式现代化的重要路径，对各级政府提出的要求较高。评估结果表明，今后仍需进一步转变治理理念、探索畅通有序的公众参与机制和政民互动模式。

2. 建议提案办理结果公开机制待完善

公开各级政府办理的人大代表建议和政协委员提案，是积极回应代表委员和人民群众关切的重要方面，也是落实全过程人民民主要求的重要举措。但评估显示，此类信息公开仍然有提升空间。截至2022年12月底，有14家国务院部门、6家省级政府、4家较大的市政府、22家县（市、区）政府未公开2022年人大代表建议办理复文，分别占29.17%、19.35%、8.16%和18.33%，总体公开率为 81.45%，较上一年度下降 5.24 个百分点；17 家国务院部门、5 家省级政府、6 家较大的市政府、26 家县（市、区）政府未公开 2022 年政协委员提案办理复文，分别占 35.42%、16.13%、12.24%、21.67%，总体公开率 78.23%，较上一年度下降 5.24 个百分点；45 家国务院部门、25 家省级政府、43 家较大的市政府、105 家县（市、区）政府未公开 2022 年人大代表建议办理总体情况，分别占 93.75%、80.65%、87.76%、87.50%，总体公开率 12.10%，较上一年度下降 5.65 个百分点；45 家国务院部门、25 家省级政府、44 家较大的市政府、106 家县（市、区）政府未公开 2022 年政协委员提案办理总体情况，分别占 93.75%、80.65%、89.80%、88.33%，公开率 11.29%，较上一年度下降 6.05 个百分点。上述结果表明，各级政府对此类信息公开的重视程度仍待提升，个别地方和部门也有必要协调处理好与人大、政协在公开此类信息的关系，此类信息公开机制有待完善。

3. 政务服务信息公开仍需补齐短板

公开政务服务信息是优化营商环境的需要，也是满足企业群众高效便捷办事的需要。评估显示，提升政务服务信息公开标准化程度仍显得十分必要。一是办事指南规范性有待提高。32 家国务院部门、12 家省级政府、19 家较大的市政府、66 家县（市、区）政府办事指南中办理依据、申报条件、申报材料、办理地点、办理流程、办理期限、收费标准、联系方式（咨询渠道）等要素不明确、不完整，分别占 66.67%、38.71%、38.78%、55.00%。二是不动产登记办理集成度不高。120 家县（市、区）政府中，有 43 家的政务服务网中未开设不动产登记集成办理栏目，占 35.83%，且开设栏目的单位中，半数以上未明确集成办理时间。三是证明事项清单公开情况较差。23 家国务院部门、9 家省级政府、7 家较大的市政府、61 家县（市、区）政府未公开保留的证明事项清单，分别占 47.92%、29.03%、14.29%、50.83%，公开率仅 59.68%；公开证明事项清单的单位中，有 3 家国务院部门、8 家省级政府、15 家较大的市政府、31 家县（市、区）政府清单中未完整列明设定依据、索要单位、开具单位等要素分别占 6.25%、25.81%、30.61%、25.83%。四是外商投资企业投诉和拖欠农民工工资投诉渠道不明确。2 家省级政府、17 家较大的市政府、95 家县（市、区）政府未公开外商投资企业投诉工作规则、投诉方式、处理期限，分别占 6.45%、34.69%、79.17%，公开率仅 43.00%；79 家县（市、区）政府未公开拖欠农民工工资的举报投诉电话、网站，公开率仅 34.17%。这表明，放管服方面信息公开还有待提升。

4. 权力清单仍需推动公开重视更新

公开权力清单是近年来政务公开的重点内容，需要根据法律法规、部门职能等适时更新完善，确保内容准确。评估显示权力清单的公开质量有待提升。国务院部门权力清单公开比例、内容完整性仍不理想。40 家国务院部门未公开近两年版本权力清单，占 83.33%；大部分评估对象发布的权力清单中仅包含少数类型权力事项。各级政府权力清单动态调整不到位。一是对失效文件依据的清理、替换不到位，有 19 家省级政府、33 家较大的市政府、93 家县（市、区）政府权力清单中仍存在已经废止的《疫苗流通和预防接种管理条例》，分别占 61.29%、67.35%、77.50%；仅 11 家省级政府、10 家较大的市政府、18 家县（市、区）政府权力清单全面清理了因《民法典》出台而同步废止的《婚姻法》《继承法》《民法通则》《收养法》《担保法》《合同法》《物权法》《侵权责任法》《民法总则》等文件依据，分别占 35.48%、20.41%、15.00%。二是权力事项更新不到位，有 7 家省级政府、24 家较大的市政府、45 家县（市、区）政府权力清单中未依据修订后的《生猪屠宰管理条例》更新对生猪屠宰违法行为的处罚标准，分别占 22.58%、48.98%、37.50%；有 22 家省级政府、37 家较大的市政府、59 家县（市、区）政府权力清单中未依据修订后的《种子法》更新对"生产经营劣种子"违法行为的处罚裁量标准，分别占 70.97%、75.51%、49.17%；有 40 家县（市、区）政府权力清单中仍未删改对生育第三个子女征收社会抚养费的有关内容，占 33.33%；除 2 家未公开住建部门权力清单、1 家评估对象住建局未设定处罚权外，其余 31 家省级政府、47 家较大的市政府、119 家县（市、区）政府权力清单均未依据《噪声污染防治法》新增"对建设单位建设噪声敏感建筑物不符合民用建筑隔声设计相关标准要求的行政处罚"事项；除 18 家评估对象未公开生态环境部门权力清单外，有 28 家省级政府、44 家较大的市政府、89 家县（市、区）政府权力清单中未依据《噪声污染防治法》新增"对无排污许可证或者超过噪声排放标准排放工业噪声的行政处罚"事项。

5. 行政处罚决定公开质量有待提升

行政处罚决定不及时、信息不同源问题突出。公开行政处罚决定的 190 家评估对象中，有 2 家国务院部门以及 6 家省级、4 家市级、20 家县（市、区）级市场监管部门的行政处罚信息未在作出行政决定之日起 7 个工作日内及时公开；半数以上评估对象存在门户网站与"信用中国""国家企业信用信息公示平台"公开信息不一致的情况。

6. 地方审计信息公开力度仍需加大

公开审计信息是接受社会监督的重要要求，但审计计划公开比例较低。61.29% 的省级政府（19 家）、75.51% 的较大的市政府（37 家）、67.50% 的县（市、区）政府（81 家）未发布 2022 年审计计划。49 个较大的市政府和 120 家县（市、区）政府中，有 17 家较大的市政府、71 家县（市、区）政府未公开 2021 年本级预算执行情况和其他财政收支审计结果报告，分别占 34.69% 和 59.17%，有 19 家较大的市政府、79 家县（市、区）政府未公开 2021 年重大政策措施落实情况跟踪审计报告，分别占 38.78% 和 65.83%。

7. "双随机、一公开"工作有待规范

"双随机、一公开"是推进执法规范化建设的创新举措，近年来各地方各部门公开此类信息情况逐步向好，但仍有需要规范的地方。一是公开形式有待规范。41 家具有监管职能的国务院部门、31 家省级政府、49 家较大的市政府以及 120 家县（市、区）政府中，有 29 家国务院部门、15 家省级政府、16 家较大的市政府、39 个县（市、区）政府未设置"双随机、一公开"专栏，分别占 70.73%、48.39%、32.65%、32.50%；部分政府未集中公开所有部门的随机抽查事项清单。二是随机抽查事项清单有待规范，公开随机抽查事项清单的 25 家国务院部门以及 23 家省级、36 家较大的市政府、96 家县（市、区）政府的生态环境部门中，有 8 家国务院部门以及 4 家省级、12 家较大的市政府、47 家县（市、区）级生态环境部门清单中未完整包含抽查依据、主体、内容和方式，分别占 32.00%、17.39%、33.33% 和 48.96%。三是抽查结果未全面公开。36 家国务院部门以及 20 个省级政府、9 家较大的市、36 家县（市、区）政府的生态环境部门未公开 2022 年随机抽查结果及查处情况，分别占 75.00%、64.52%、18.37%、30.00%；少数评估对象仅公开了随机抽查结果，未公开查

处情况。

8. 各类规划信息公开应予逐步规范

公开各类规划信息，有助于加强民主科学决策、监督各级政府依法落实规划、满足人民群众知情权。但目前看，各地政府规划公开的规范化程度还有待提升。

一是国土空间规划、区域规划未公开比例依旧居高。29家省级政府、48家较大的市政府、102家县（市、区）政府门户网站、自然资源和规划部门网站中未发布正式的地方国土空间规划，分别占比达93.55%、97.96%、85.00%，3家省级政府、11家较大的市政府、71家县（市、区）政府未公开区域规划文件，分别占比9.68%、22.45%、59.17%。

二是历史规划信息归集情况仍不佳。48.39%的省级政府（15家）、79.59%的较大的市政府（39家）和86.67%的县（市、区）政府（104家）未在政府网站全面归集并公开"十三五"及以前的国民经济和社会发展规划纲要、"十三五"以前的国民经济和社会发展规划完成情况。

9. 地方政府债务信息公开仍应细化

公开地方政府债务信息有助于加强地方政府债务管理，然而评估显示，此类信息公开仍需加强。一是省、市政府债券资金使用情况公开较差。4家、6家省级政府未公开2021年全省、省本级政府债券资金使用安排决算情况；12家、10家市政府未公开2021年全市、市本级政府债券资金使用安排决算情况；部分评估对象公开资金使用安排决算情况仅披露了使用方式，未明确到具体项目。二是市、县政府债务基本信息公开有待加强。3家较大的市政府、4家县（市、区）政府未公开2021年政府债务品种；21家较大的市政府、42家县（市、区）政府未公开2021年政府债务期限；22家较大的市政府、44家县（市、区）政府未公开2021年政府债务利率；45家较大的市政府、111家县（市、区）政府未公开2021年政府债务偿还计划；41家较大的市政府、112家县（市、区）政府未公开2021年政府债务偿债资金来源。

10. 义务教育信息公开应加大落实力度

教育事业关系民生福祉，也深受社会关注。评估显示，义务教育招生计划人数、招生结果名单、学校基本情况等信息公开水平较上一年度略有提升，但仍有较大的改进空间。

招生计划人数方面，仅52家县（市、区）政府发布了2022年公办小学计划招生人数、班级数或学位数，占43.33%；仅55个县（市、区）政府发布了2022年公办初中计划招生人数、班级数或学位数，占45.83%；公开信息多数未实现涵盖辖区内所有公办小学、初中招生情况。

招生结果方面，仅有14家、16家县（市、区）政府发布了2022年公办小学、公办初中招生学生名单（含民转公），占比均低于15.00%。

学校基本情况方面，抽查的120所义务教育阶段公办学校中，仅有33所学校完整公开了办学性质、办学地点、办学规模、办学基本条件、联系方式等学校基本情况信息，占27.50%；仅有3所学校发布了2022年招生简章，较上一年度抽查情况无明显改善。

11. 公共企事业单位信息公开仍需加力

公共企事业单位信息公开关系人民群众基本民生，加大公开有助于加强和优化管理、促进企事业单位提升服务质量。但目前相应的制度机制还不健全，对已有制度的落实情况也还不够理想。评估显示，公共企事业单位信息公开制度亟须完善，仅7个国务院部门制定、公开了主管领域公共企事业单位信息公开规定，其中6家评估对象的规定中未完整列出信息公开内容、时限要求；2家评估对象的规定中未要求公共企事业单位开设信息公开咨询窗口。此外，公共企事业单位信息公开制度落实情况不理想，49家市政府中，仅17家开设了公共企事业单位信息公开专栏，占34.69%；仅20家设置了线上信息公开咨询窗口，占40.82%。

12. 基层政务公开标准化规范化指引有待拓展

基层政府是做好政务公开的关键，加强上级政府的规范指引，推动基层政务公开标准化规范化有助于切实增强人民群众的满意度和获得感。但在考察的48家国务院部门中，仅有21家公开了共计28个主管领域的基层政务公开标准指引，仍需进一步拓展其他领域的基层政务公开标准指引。

13. 公开平台建设质量水平仍需提升

信息化时代，政务公开必须依靠网站、自媒体等信息化平台，以提升政务公开效率、满足人民群众对高效便捷获取信息的实际需求。但评估显示，各级政府政务公开平台建设还存在不少短板。

公开平台内容方面,评估组主要考察网站中存在错误内容的情况,主要包括错别字、词、病句等。整体评估结果显示,4类评估对象中绝大多数政府网站存在的内容错误处于中间水平,有71.77%的政府网站(178家)内容错误数量处于十位数量级,有8.06%政府网站(20家)内容保持严谨恰当,仅发现少于10处内容错误。

在国务院部委中,7家政府网站内容错误数量少于10处,占14.58%,在4类调研对象中占比最多,表现最佳。国务院部委各调研对象间的差距相比省、市、县级调研对象也较大,有22.92%的调研对象(11家)错误数量多于100处。在省、市、县级政府中,内容错误数量少于10处的政府网站数量较少,各有1家、2家、10家,分别占3.23%、4.08%、8.33%。相比较而言,省级政府网站建设在内容方面较为稳定,仅有6.45%的政府网站(2家)存在百位数量级的内容错误,占比最低;市级、县级政府网站则次之,存在相同量级错误的政府网站各有9家、28家,分别占18.37%、23.33%(见图2-8)。

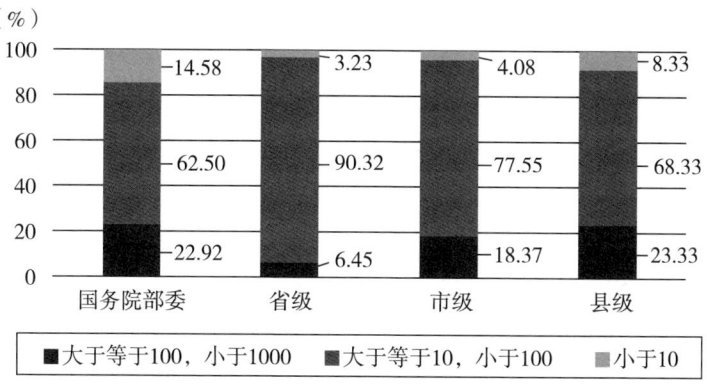

图2-8 各级政府错误内容数量量级百分比统计图

平台建设方面,各级政府网站均不同程度存在链接错误的问题。如错误链接数量小于10条的分别有19家国务院部门、13家省级政府、21家较大的市政府和62家县(市、区)政府,分别占39.58%、41.94%、42.86%、51.67%。换言之,一半甚至更多的政府网站错误链接数超过10条。其中,大于等于1000条的涉及5家国务院部门(占比10.42%)、0家省级政府、1家较大的市政府(占比2.04%)、1家县市区政府(占比0.83%)。此外,截至11月20日,省、市、县（市、区）政府建设完成行政执法统一公示平台的评估对象较上年度同比增长5.00%，但仍有53家未建设行政执法统一公示平台；运营维护方面，部分行政执法平台存在链接失效、跳转不佳、信息长期未更新、执法信息发布不齐全或整体信息类型单一等问题。

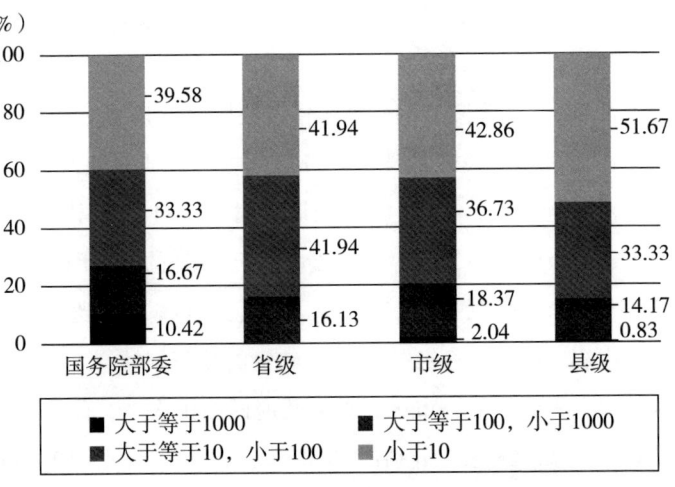

图 2-9　各级政府错误链接数量量级百分比统计图

（四）展望

党的二十大报告中指出，要扎实推进依法行政；法治政府建设是全面依法治国的重点任务和主体工程。近年来的实践证明，政务公开是有效推动法治政府建设的"牛鼻子"。党的二十大报告还提出，完善办事公开制度，拓宽基层各类群体有序参与基层治理渠道，保障人民依法管理基层公共事务和公益事业，将推动公开作为推动落实全过程人民民主的重要手段。未来全面推进政务公开工作，首先，要继续完善和细化政务公开的制度机制，以完善的制度机制固化政务公开成果、指引政务公开操作，最大限度减少管理者认识水平对政务公开工作的影响。其次，要面向公众需求，不断查找政务公开问题和短板，逐个领域推进相关政务活动和政务信息的公开。最后，用好信息化手段，加大对政务活动和政务公开的流程节点管理，提高数据信息的归集处理能力，提升政务公开前台展示水平和精准推送能力。

第三章
司法透明度指数

一、司法透明度指数概述

司法公开是落实宪法法律原则、保障公民诉讼权利公民权利保障的重要内容，司法公开也是促进司法公正、保障司法廉洁、提升司法水平的重要手段，是全面推进依法治国、加快建设法治中国的必然要求。《宪法》第130条对司法公开有明确的要求："人民法院审理案件，除法律规定的特别情况外，一律公开进行。"《刑事诉讼法》《民事诉讼法》《行政诉讼法》重述了该宪法规定，规定了落实路径，对审判流程公开等内容也作了相应规定。2018年修订的《人民法院组织法》第7条规定，人民法院实行司法公开，法律另有规定的除外。

为了促进司法公开工作，最高人民法院出台了一系列的司法解释，对司法公开做了明确的指导性规定：《关于严格执行公开审判制度的若干规定》（1999年）、《关于人民法院执行公开的若干规定》（2006年）、《关于加强人民法院审判公开工作的若干意见》（2007年）、《关于司法公开的六项规定》（2009年）、《关于人民法院接受新闻媒体舆论监督的若干规定》（2009年）；《关于庭审活动录音录像的若干规定》（2010年）、《关于确定司法公开示范法院的决定》（2010年）、《关于推进司法公开三大平台建设的若干意见》（2013年）、《关于人民法院在互联网公布裁判文书的规定》（2013 年）《关于人民法院执行流程公开的若干意见》（2014 年）、《关于减刑、假释案件审理程序的规定》（2014 年）、《关于进一步加强国家赔偿司法公开工作的若干意见》（2015 年）、《关于人民法院在互联网公布裁判文书的规定》（2016 年修订）、《关于进一步深化司法公开的意见》（2018 年）、《最高人民法院关于人民法院通过互联网公开审判流程信息的规定》（2018 年）。最高人民法院制定了 5 个人民法院五年改革纲要，均强调司法公开的作用，其中《人民法院第五个五年改革纲要（2019—2023）》提出要进一步深化司法公开，不断完善审判流程公开、庭审活动公开、裁判文书公开、执行信息公开四大平台，全面拓展司法公开的广度和深度，健全司法公开形式，畅通当事人和律师获取司法信息渠道，构建更加开放、动态、透明、便民的阳光司法制度体系。

2015 年 3 月，最高人民法院第一次对外公开发布《中国法院的司法公开白皮书》，重申司法公开是宪法赋予公民的民主权利，要把司法公开作为人民法院应当依法履行的义务，努力通过推进司法公开，实现"看得见的公正""可感受的高效"和"能认同的权威"。

为推动司法公开，中国社会科学院法学研究所法治指数创新工程项目组早在 2011 年便研发了中国司法透明度指标体系，对全国四级法院的司法公开进行年度评估。2020 年、2021 年评估指标保持一致，共有审务信息公开、审判信息公开、执行信息公开、司法数据公开和司法改革信息公开 5 项一级指标，涵盖 32 项二级指标，指标说明不再赘述①。与 2020 年评估时一样，部分指标仅从引导各级法院做好司法公开角度做考察之用，权重设为 0 分，暂不计入指数得分（见表 3-1）。

---

① 详见《中国司法透明度指数报告（2019）——以法院网站信息公开为视角》，载《中国法治发展报告 No.18（2020）》，社会科学文献出版社 2020 年版，第 213 页。

表3-1 2021年司法透明度指数评估指标体系

一级指标	二级指标（高、中级法院）	三级指标（高、中级法院）	二级指标（专门性法院与基层法院）	三级指标（专门性法院与基层法院）
审务信息公开（20%）	人员信息（40%）	领导信息（40%）	人员信息（45%）	领导信息（40%）
		审判人员信息（35%）		审判人员信息（35%）
		执行人员信息（15%）		执行人员信息（15%）
		司法辅助人员信息（10%）		司法辅助人员信息（10%）
	名册信息（20%）	调解名册（50%）	名册信息（15%）	调解名册（50%）
		机构名册（50%）		机构名册（50%）
	任职回避（10%）	任职回避名册（100%）	任职回避（0）	任职回避名册
	法院文件公开（10%）	—	法院文件公开（10%）	—
	代表建议、委员提案办理结果（0）	专门栏目设置	代表建议、委员提案办理结果（0）	专门栏目设置
		代表建议、委员提案办理结果（简版、全文）		代表建议、委员提案办理结果（简版、全文）
	公开平台建设（20%）	门户网站（70%）	公开平台建设（30%）	门户网站（70%）
		微平台（30%）		微平台（30%）
审判信息公开（30%）	诉讼指南（20%）	便利度（10%）	诉讼指南（30%）	便利度（10%）
		完整性（70%）		完整性（70%）
		通俗性（20%）		通俗性（20%）
	审判流程信息公开（15%）	中国审判流程信息公开网链接配置（50%）	审判流程信息公开（20%）	中国审判流程信息公开网链接配置（50%）
		本地法院流程查询平台入口（50%）		本地法院流程查询平台入口（50%）

续表

一级指标	二级指标（高、中级法院）	三级指标（高、中级法院）	二级指标（专门性法院与基层法院）	三级指标（专门性法院与基层法院）
	庭审公开（20%）	旁听（60%）	庭审公开（20%）	旁听（0）
		庭审公开（40%）		庭审公开（100%）
	裁判文书公开（20%）	中国裁判文书网链接（40%）	裁判文书公开（20%）	中国裁判文书网链接（100%）
		本院裁判文书网公开信息（0）		本院裁判文书网公开信息（0）
		不上网裁判文书信息项（60%）		不上网裁判文书信息项（0）
	重大案件信息公开（10%）	本院审理的重大案件信息（100%）	重大案件信息公开（10%）	本院审理的重大案件信息（100%）
	减刑假释案件信息公开（15%）	立案公示（25%）	减刑假释案件信息公开（0）	立案公示
		开庭公告（25%）		开庭公告
		文书公开（25%）		文书公开
		结果公开（25%）		结果公开
	破产案件信息公开（0）	破产公告	破产案件信息公开（0）	破产公告
		破产案件统计		破产案件统计
	司法建议公开（0）	专目栏目设置	司法建议公开（0）	专目栏目设置
		司法建议信息		司法建议信息
		司法建议内容		司法建议内容
执行信息公开（20%）	案件查询（30%）	执行案件查询平台链接（100%）	案件查询（20%）	执行案件查询平台链接（100%）
	执行惩戒信息公开（10%）	罚款（35%）	执行惩戒信息公开（0）	罚款
		拘留（35%）		拘留
		限制出境（30%）		限制出境
		打击拒执罪（0）		打击拒执罪

续表

一级指标	二级指标（高、中级法院）	三级指标（高、中级法院）	二级指标（专门性法院与基层法院）	三级指标（专门性法院与基层法院）
执行信息公开（20%）	执行曝光（25%）	失信被执行人（100%）	执行曝光（40%）	失信被执行人（100%）
		特殊主体失信信息（0）		特殊主体失信信息（0）
	终本案件（0）	终本案件清单（40%）	终本案件（0）	终本案件清单
		终本裁定书（60%）		终本裁定书
	司法拍卖（15%）	拍卖公告（20%）	司法拍卖（40%）	拍卖公告（0）
		拍卖网站链接（80%）		拍卖网站链接（100%）
	执行举报（20%）	举报渠道（40%）	执行举报（0）	举报渠道
		悬赏公告（60%）		悬赏公告
司法数据公开（15%）	财务数据（30%）	本院预决算（60%）	财务数据（50%）	本院预决算（60%）
		"三公"经费（40%）		"三公"经费（40%）
		涉案款物数据（0）		涉案款物数据（0）
		诉讼费收退费（0）		诉讼费收退费（0）
	工作报告（30%）	工作报告（60%）	工作报告（50%）	工作报告（100%）
		司法白皮书（40%）		司法白皮书（0）
	司法业务数据（20%）	司法统计数据（60%）	司法业务数据（0）	司法统计数据
		收结案动态数据（40%）		收结案动态数据
	司法实证分析报告（20%）	司法大数据分析报告（50%）	司法实证分析报告（0）	司法大数据分析报告
		司法调研分析报告（50%）		司法调研分析报告

续表

一级指标	二级指标（高、中级法院）	三级指标（高、中级法院）	二级指标（专门性法院与基层法院）	三级指标（专门性法院与基层法院）
司法改革信息公开（15%）	专门栏目（10%）	—	专门栏目（40%）	—
	司法改革方案（30%）	司法改革总体方案（100%）	司法改革方案（0）	司法改革总体方案
		入额遴选方案（0）		入额遴选方案
		员额退出方案（0）		员额退出方案
		职业保障方案（0）		职业保障方案
	重大改革任务进展（30%）	改革任务进展动态（100%）	重大改革任务进展（50%）	改革任务进展动态（100%）
	员额制改革（0）	员额法官办理数量	员额制改革（0）	员额法官办理数量
		院庭长办案数据		院庭长办案数据
	立案登记（30%）	立案登记配套制度（50%）	立案登记（10%）	立案登记配套制度（100%）
		立案登记动态数据（50%）		立案登记动态数据（0）
	新型审判监督机制改革（0）	权责清单	新型审判监督机制改革（0）	权责清单
		审判管理监督权力配套规定		审判管理监督权力配套规定
	律师权益保障（0）	实施机制	律师权益保障（0）	实施机制
		反馈渠道		反馈渠道
	案外人干预记录（0）	—	案外人干预记录（0）	—

2022年，项目组对指标体系进行较大的改动，围绕服务诉讼当事人、服务社会治理、服务监督制约3项一级指标开展司法透明度指数评估。评估涵盖17项二级指标，此外，对4项不计分指标进行了调研，包括破产案件信息、任职回避信息、司法建议发出情况、代表委员建议提案办理结果（见表3-2）。

表 3-2 2022 年司法透明度指数评估指标体系

一级指标及权重	二级指标及权重
服务诉讼当事人（40%）	公开平台建设（10%）
	法院文件公开（15%）
	名册信息公开（15%）
	诉讼指南（30%）
	流程信息公开（10%）
	执行案件线索举报（10%）
	司法拍卖（1%）
	破产案件信息（不计分）
服务社会治理（30%）	庭审公开（15%）
	文书公开（15%）
	重大案件公开（15%）
	普法信息公开（15%）
	执行曝光（10%）
	法院工作报告（15%）
	司法数据及分析报告（15%）
服务监督制约（30%）	司法改革信息公开（13%）
	人员信息公开（35%）
	财务数据公开（35%）
	任职回避信息（不计分）
	司法建议发出情况（不计分）
	代表委员建议提案办理结果（不计分）

二、2020 年中国司法透明度指数

中国社会科学院法学研究所法治指数创新工程项目组围绕审务信息公开、审判信息公开、执行信息公开、司法数据公开和司法改革信息公开 5 项内容，对全国法院 2020 年开展了司法透明度指数评估。评估显示，司法公开稳步推

进，但由于公开标准化、规范化程度不高，公开要求刚性较弱，公开考核评估压力不足，各法院司法公开工作相差悬殊、部分领域公开不理想、基层法院公开情况不佳，须依托信息化推进标准化、加大考核问责力度、加强平台建设。

鉴于最高人民法院主要负责指导下级法院，其虽然开辟了四大公开平台，自身也会公开不少信息，但许多业务并不具体开展，因此，自2020年起不再将其与下级法院一起排名，仅将其作为文书公开等个别指标的调研对象。此外，为推动基层法院司法公开，自2020年起将部分基层法院纳入评估范围。根据最高人民法院审判管理办公室协助调取的全国基层法院2019年收案量，项目组在各省（自治区、直辖市）范围内选取收案量较多的4家法院作为评估对象，并确保各省（自治区）范围内至少各有一家县、市、区法院。本年度最终评估的基层法院中有25家为百强县、百强区[①]所在地的法院。评估过程中，无法找到上海市静安区人民法院、闵行区人民法院、虹口区人民法院以及新疆维吾尔自治区乌鲁木齐市新市区人民法院、沙依巴克区人民法院门户网站，因此未将这些法院纳入指数排名，但仍作为裁判文书公开等指标的评估对象。

据此，2020年度的评估对象包括：（1）各省（自治区、直辖市）高级人民法院以及新疆维吾尔自治区高级人民法院生产建设兵团分院（共32家法院）；（2）较大的市[②]的中级人民法院（共49家法院）；（3）北京、上海、广州3家知识产权法院；（4）北京、杭州、广州3家互联网法院；（5）广东自由贸易试验区南沙片区人民法院、深圳前海合作区人民法院、珠海横琴新区人民法院、四川自由贸易试验区人民法院、重庆自由贸易试验区人民法院（共5家法院）；（6）上海金融法院；（7）124家基层法院（实际参与指数排名的有119家法院）。其中，知识产权法院、互联网法院、自贸区法院及金融法院总计12家，简称"专门性法院"。

评估仍采取外部观察法，即通过各评估对象司法公开平台评判司法公开情况。数据采集平台主要是各评估对象门户网站、司法公开网站、诉讼服务网、中国审判流程信息公开网以及各评估对象的微博、微信等微平台。数据采集时

[①] 百强县、百强区数据来源于《2019年中国中小城市高质量发展指数研究成果发布》，载《人民日报》2019年10月8日，第8版。

[②] 此处沿用《立法法》2015年修订前所规定的49家较大的市的范围与概念。

间为2020年7月22日至2020年11月31日。此外，项目组通过最高人民法院审判管理办公室调取了包括最高人民法院在内的218家法院，2020年1月1日至9月30日上网的2,917,783件裁判文书列表（含案件号、案件类型、文书编号、文书类型等）、649,963件不上网文书信息项的信息（含案件号、案件类型、文书编号、文书类型、不上网理由）、上述裁判文书的制作时间和上网时间，对裁判文书上网率、不上网文书规范管理情况、文书上网时间等进行了数据分析。

（一）总体评估结果

评估显示，2020年排名居前的高级法院有：吉林高院、四川高院、广东高院、北京高院、浙江高院、山东高院、上海高院、江苏高院、广西高院、海南高院。排名靠前的中级法院有：广州中院、深圳中院、吉林中院、南京中院、宁波中院、海口中院、成都中院、长春中院、汕头中院、青岛中院。专门性法院中排名前五的分别为：广东自由贸易试验区南沙片区人民法院、广州互联网法院、深圳前海合作区人民法院、北京互联网法院、珠海横琴新区法院。排名靠前的基层法院有：广东省深圳市福田区法院、吉林省延吉市法院、广东省广州市越秀区法院、吉林省前郭尔罗斯蒙古族自治县法院、江苏省苏州市吴江区法院、海南省澄迈县法院、江苏省沭阳县法院、浙江省杭州市余杭区法院、安徽省巢湖市法院、云南省宣威市法院。

2020年，全国法院司法公开继续稳步开展。首先，最高人民法院继续将司法公开作为深化司法改革、推动法院工作的重要抓手。《关于深化司法责任制综合配套改革的实施意见》提出，各级人民法院应当积极运用司法公开"四大平台"，积极构建开放动态透明便民的阳光司法机制，拓展司法公开的广度和深度，以自觉接受监督。《最高人民法院关于行政机关负责人出庭应诉若干问题的规定》提出，人民法院可以通过适当形式将行政机关负责人出庭应诉情况向社会公开。《最高人民法院关于全面加强知识产权司法保护的意见》提出，依托四大平台落实审判公开，充分利用审判流程公开、庭审活动公开、裁判文书公开、执行信息公开四大平台，最大限度地保障当事人和社会公众的知情权、参与权和监督权。

其次，法院信息化建设继续拓展司法公开的广度与深度。2020年，最高人民法院依托司法公开大数据可视化信息技术，解决了中国裁判文书网索引数据量较大导致检索速度缓慢的问题，增强了对并发用户访问的支撑能力；优化了中国庭审公开网音视频直播、录播智能云平台，确保音视频在线流畅展示；探索建立了基于语音识别算法模型，实现庭审视频当事人隐私屏蔽功能，充分保障庭审现场当事人及相关人员的隐私。

再次，裁判文书公开成为司法公开的最大亮点。据最高人民法院统计，截至 2020 年 8 月 30 日 18 时，中国裁判文书网文书总量突破 1 亿件，访问总量近 480 亿次，裁判文书公开在倒逼司法权力规范运行、推进普法宣传、依托司法大数据服务经济社会发展等方面的作用日益彰显。

从次，不少地区法院司法公开整体稳步推进。从几类法院司法透明度排名情况看，49 家中级法院中前 15 名主要集中于广东、吉林、江苏、浙江、山东；基层法院前 20 名主要集中于吉林、广西、广东、江苏、浙江、安徽。而上述地区的高级法院排名基本在前列。广州中院不但自身排名稳定，且下辖的基层法院、专门性法院排名也均较好。这说明不少法院整体推进司法公开成效明显。

最后，全国法院司法公开波动总体较小。对比原有评估对象（81 家高级、中级人民法院）2019 年和 2020 年的指数排名，多数法院波动不大，名次波动在正负 5 名的有 36 家法院，占 44.44%，名次波动在正负 10 名的有 55 家法院，占 67.90%。这说明不少法院司法公开工作总体还是稳定的。

但评估发现，司法透明度指数得分相差仍较为悬殊。将司法公开分数排名前 10% 法院与排名后 10% 法院的平均分数相比较，高级法院、中级法院、基层法院和专门性法院的平均分分差分别为 44.85 分、57.83 分、52.05 分、58.32 分。而且，少数法院排名波动较大。对比高级、中级法院 2019 年和 2020 年评估排名可以发现，有 4 家法院名次下滑超过 20 名，5 家法院名次上升超过 20 名。这表明，全国法院司法公开的差距仍然较大，而且不少问题值得关注。

一是基层法院的司法公开普遍较为薄弱。全国本次抽取的 124 家基层法院中，除 5 家法院无门户网站，本年度不参与指数排名外，平均分为 41.84 分。相比而言，中级、高级人民法院的平均分为 44.26 分。虽然平均分相差不大，但基层法院的指数权重设置更宽松，其平均分依然低于中级、高级人民法院。这说明，基层法院的司法公开水平亟待提升。

二是部分法院司法公开与当地经济发展不匹配。法治是最好的营商环境，司法是维护法治的重要力量。没有全方位的司法公开，就没有规范的司法权力运行以及高水平高效率的司法服务，因此，司法透明度也是评价营商环境的重要指标。但评估显示，部分法院的司法公开水平与当地经济发展不匹配。司法透明度指数排名低于所在地方上一年度 GDP 排名 5 名以上的分别有 9 家高级法院、17 家中级法院、49 家基层法院（此项统计不含无网站及未查询到上一年度 GDP 数据的基层法院，总计 13 家）。属于百强县、百强区的 24 家法院中，司法透明度指数排名跻身前 20 位的仅有 6 家法院，为吉林省延吉市人民法院、苏州市吴江区人民法院、江苏省沭阳县人民法院、浙江省杭州市余杭区人民法院、浙江省义乌市人民法院、安徽省合肥市瑶海区人民法院，有 10 家法院排名在 50 名以下（此统计未含无网站的 5 家法院）。

三是司法公开的不少规定总体落实情况不理想。各级各类法院的司法公开进展不明显，总体处于原地踏步状态。5 个一级指标的评估内容总体上公开的都不够理想，原有评估对象的相关数据变化不大，往年未公开的本年度依旧公开不佳。最高人民法院在相关司法解释和文件中要求公开的内容，很多还没有得到落实，《最高人民法院关于进一步深化司法公开的意见》要求公开的内容很多并没有得到各级法院的积极响应，如司法大数据研究报告、人大代表议案建议和政协提案办理情况等。此外，人员信息、指南信息、执行信息、司法数据、司法改革信息等存在更新缓慢、非常态化公开、不更新的现象。

四是裁判文书公开存在一定盲区。自中国裁判文书网上线运行以来，裁判文书公开工作进展最大、成效最明显，"以公开为常态、不公开为例外"原则日渐深入人心。对被评估法院的数据分析显示，虽然文书总量不断增长，但其中未公开文书全文内容的数量占比不低。在调取的文书数据中，有 22.28% 未公开裁判文书全文，其中又有 51.22% 是以其他理由不公开的，有的法院此项比例偏高，多家法院比例超过 90%。相应地，以法定事由不公开全文的文书占比相对较低。其中究竟是不上网文书的制度设计不够周延，还是有关法院公开力度不够，值得关注。

五是执行信息与司法改革信息公开较为薄弱。81 家高院、中院的 5 个评估板块的平均分依次为 53.51 分、52.59 分、25.97 分、50.42 分、33.52 分，基层法院依次为 51.25 分、49.09 分、37.03 分、44.89 分、18.19 分，专门性法院依次为 66.59 分、61.25 分、32.33 分、41.67 分、31.25 分。几类评估对象的执行信息公开和司法改革信息公开的平均分均不理想。

六是公开平台建设普遍水平不高。个别地区的基层法院受制于人员、经费等因素，未开通或者关闭了本院网站平台，这给群众和当事人查询该院信息带来一定困扰。多数法院的网站存在多平台重复建设、栏目设置不规范、信息发布位置不规律、检索等基本功能未配置或者无效的现象。整体而言，法院的网站建设水平落后于政府机关，这也影响到法院司法公开效果。

（二）各板块评估结果

1. 审务信息公开

审务信息涉及法院基本情况，公开这类信息有助于一般公众和诉讼当事人了解法院概况、方便参与诉讼活动。评估显示，部分法院在某些审务信息的公开方面做得较好，如广州中院、长春中院、广州互联网法院、延吉市法院、松原市宁江区法院、长春市朝阳区法院、前郭尔罗斯蒙古族自治县法院公开了指标内全部的人员信息。广州中院、宁波中院、长春中院、青岛中院、南京中院、济南中院、珠海中院、深圳中院、广州互联网法院以及延吉市法院、长春市朝阳区法院、吉林省松原市前郭尔罗斯蒙古族自治县法院、河南省滑县法院公开了法官任职回避信息。广东高院、吉林高院、湖南高院、四川高院、广州中院、深圳中院、青岛中院、济南中院、淮南中院公开了人大代表和政协委员建议提案办理结果。但总体来看，审务信息公开情况并不理想，信息公开不全面、信息更新不及时、网站建设水平不高等现象普遍存在。

（1）法院自身平台公开情况仍不理想

评估显示，人员、名册等审务信息在法院自身平台公开仍不理想，多数法院公开人员信息不全面、标准不统一。原有 93 家评估对象中，仅有 17 家全面公开了法院领导姓名、职务、法官等级及学习工作简历、分管事项，占 18.28%；参与排名的 119 家基层法院中①，仅有 8 家，占 6.72%。原有 93 家评估对象中，有 16 家全面公开了业务部门领导姓名、职务、法官等级、学习工作

---

① 基层法院核算百分比时，以有网站的 119 家法院为分母，下同。

简历，占 17.20%；基层法院仅有 8 家，占 6.72%。原有 93 家评估对象中，仅有 18 家全面公开了行政部门领导姓名、职务、学习工作简历，占 19.35%；基层法院仅有 13 家，占 10.92%。原有 93 家评估对象中，仅有 17 家全面公开了员额法官姓名、学习工作简历、法官等级，占 18.28%；基层法院仅有 6 家，占 5.04%。原有 93 家评估对象中，仅有 14 家全面公开了执行法官姓名、学习工作简历、法官等级，占 15.05%；基层法院仅有 5 家，占 4.20%。有 2 家高级法院、9 家中级法院、44 家基层法院和 1 家自贸区法院网站未公开任何人员信息。

原有 93 家评估对象中，仅有 15 家法院在网站同时公开了特邀调解组织名册、特邀调解员名册和鉴定机构名册、评估机构名册，占 16.13%；除去 6 家不涉及破产案件的专门法院外，余下 87 家评估对象中，有 14 家法院在网站同时公开了特邀调解组织名册、特邀调解员名册和鉴定机构名册、评估机构名册、破产管理人名册，占 16.09%，但以上两者公开的名册信息与中国审判流程信息网公开内容不完全一致；有 18 家网站完全未公开任何名册信息，占 19.35%。基层法院中仅 1 家同时公开了上述信息，85 家法院完全未公开上述信息，分别占 0.84%、71.43%。

(2) 审判流程信息公开网公开仍不到位

为方便社会公众查询法院基本信息，最高人民法院开通了中国审判流程信息公开网，作为统一的公开平台，公开各类审判流程信息。该平台面向一般社会公众集中公开全国法院的基本信息，如机构设置、法官名录、诉讼指南、开庭公开、名册信息等。但评估显示，审判流程信息公开网上的公开情况并不理想，大部分法院没有通过该网站公开有关信息。以员额法官名册为例，四类法院在审判流程信息网的公开率依次为 81.25%（高级法院）、75.51%（中级法院）、50.00%（专门性法院）、57.98%（基层法院）。多数法院在审判流程信息公开网上公开的信息不全面，如山西高院仅在中国审判流程信息公开网公开了 1 名法官信息；云南昆明中院审判流程信息网法官名录仅公开 4 名法官信息；西安中院的法院概况中，仅有法院院长介绍；评估机构名册也公开不到位等。此外，除最高人民法院外，没有一家法院能够做到本院门户网站、司法公开网、诉讼服务网上公开的人员信息与中国审判流程信息网内容一致。这说明，中国审判流程信息公开网集中发布各级法院基本信息的要求落实得很不理想。

(3) 司法公开平台建设提升空间仍较大

网站、新媒体等信息化平台是新时代司法公开的主阵地和重要平台。虽然部分法院某些指标表现较好，但全国法院公开平台建设水平仍不够理想。

首先，基层法院网站建设应引起重视。网站是法院公开的重要平台，公众和当事人遇到问题首先会到法院网站查询信息，所以，即便基层法院也应当在全国、全省、全市集中统一公开的基础上，做好自身网站建设。但本次评估发现，一些基层法院不重视网站平台建设，如上海市静安区法院、闵行区法院、虹口区法院以及不在本次评估范围的上海市基层法院普遍关停了网站。

其次，网站基本的检索功能配置不佳。在网站是否配有有效检索功能方面，高级法院表现最好，中级法院、专门性法院、基层法院中均有20%左右的网站存在问题。此外，法院各类信息分散于多个平台，这加大了信息检索的难度。

再次，网站稳定性待提升。四类法院中，40%左右的网站存在不稳定、部分页面链接无法打开的问题。

从次，提供多语言版本和无障碍功能的网站极少。12家专门性法院表现最好，多语言版本占比为66.67%，但其他法院鲜有配置该方面功能。

最后，微平台内容建设有待规范。虽然开通微博、微信且及时更新的情况普遍较好，但部分法院在网站平台提供的微博、微信入口有误，有的链接转到其他法院账号。有的法院发布的信息多是转发上级法院网站内容，甚至有的法院发布或者转发了大量的娱乐类信息，不够严肃。

2. 审判信息公开

审判是法院的主要职责之一，公开法院审判信息有助于保障当事人诉讼权利，方便一般公众了解和监督法院权力运行。评估显示，诉讼指南公开情况较好，31家高院、44家中院、8家专门性法院、104家基层法院在本院网站公开了诉讼指南，各类型法院公开诉讼指南比例分别为96.88%、89.80%、66.67%、87.39%。部分法院公开审判信息内容全面、形式多样，注重提升便民性。一些法院利用视频、流程图等形式进行审判信息公开，方便易懂。为应对公共卫生突发事件，不少法院在门户网站公布了相关便民信息，有11家高级法院、16家中级法院、6家专门性法院和56家基层法院。

但诉讼指南公开质量不高的问题依然存在，裁判文书公开力度仍待加强，减刑假释、破产案件信息公开差距较大，司法建议公开仍不理想。

（1）诉讼指南公开质量不高

诉讼指南是诉讼参与人能否顺利参加诉讼的指引，但指南不全面、不准确的问题较为普遍。

大部分法院公开的诉讼指南不全面。有14家高院、17家中级法院、4家专门性法院、25家基层法院公开了本院涉及不同案件类别和不同级别管辖的全案件类型诉讼指南，占比分别为43.75%、34.69%、33.33%、21.01%。

评估显示，指南内容未发现明显错误的，有7家高级法院、11家中级法院、6家专门性法院和40家基层法院，分别占21.88%、22.45%、50.00%、33.61%。错误原因通常为诉讼指南未及时更新，常见的错误如诉讼时效、行政诉讼的管辖范围、民事执行期限未更新以及引用失效法规等。

（2）裁判文书公开仍应持续发力

评估发现，裁判文书公开仍存在不少问题，不少法院止步不前甚至呈退步趋势。在披露裁判文书公开的数据和分析报告方面，高级法院和中级法院的达标数量明显低于上一年度。有8家高级法院、9家中级法院和9家基层法院在本院网站公开了文书统计数据，分别占25.00%、18.37%、7.56%，无专门性法院公开此数据。公开裁判文书上网情况分析报告的就更少，仅有4家中级法院和2家基层法院。

分析2020年1月1日至9月30日上网的裁判文书数量可以发现，各法院文书公开情况差异极大。含最高人民法院在内的218家法院在此期间通过中国裁判文书网公开的文书总量为2,917,783件，其中公开了全文的为2,267,819件，占比为77.72%，未公开全文的为649,963件，占22.28%。公开全文比例达到100%的法院有新疆维吾尔自治区高级人民法院生产建设兵团分院、广东省广东自由贸易试验区南沙片区法院、海南省海口市中院、贵州省贵阳市中院、海南省澄迈县法院、贵州省贵阳市云岩区法院、贵州省贵阳市南明区法院、贵州省习水县法院（见表3-3）。

表 3-3 2020 年 1 月 1 日至 9 月 30 日上网的裁判文书数量统计表

（按公开文书内容的文书占比排序）

单位：件，%

法院	公开的文书总量	公开文书内容的数量	占比	公开不上网文书信息项的数量	占比	以"其他"理由仅公开信息项的数量	占比
新疆维吾尔自治区高级人民法院生产建设兵团分院	315	315	100	0	0	0	0
广东省广东自由贸易试验区南沙片区人民法院	3574	3574	100	0	0	0	0
海南省海口市中级人民法院	2130	2130	100	0	0	0	0
贵州省贵阳市中级人民法院	16,516	16,516	100	0	0	0	0
海南省澄迈县人民法院	889	889	100	0	0	0	0
贵州省贵阳市云岩区人民法院	8756	8756	100	0	0	0	0
贵州省贵阳市南明区人民法院	8994	8994	100	0	0	0	0
贵州省习水县人民法院	6496	6496	100	0	0	0	0
海南省海口市龙华区人民法院	7781	7778	99.96	3	0.04	0	0
广东省广州市越秀区人民法院	71,175	71,147	99.96	28	0.04	0	0
吉林省高级人民法院	3779	3776	99.92	3	0.08	2	66.67
广东省广州知识产权法院	7136	7130	99.92	6	0.08	6	100

续表

法院	公开的文书总量	公开文书内容的数量	占比	公开不上网文书信息项的数量	占比	以"其他"理由仅公开信息项的数量	占比
甘肃省玉门市人民法院	653	652	99.85	1	0.15	0	0
山东省高级人民法院	16,019	15,990	99.82	29	0.18	0	0
广东省广州市中级人民法院	25,368	25,313	99.78	55	0.22	40	72.73
天津市高级人民法院	3137	3128	99.71	9	0.29	0	0
重庆市高级人民法院	5452	5435	99.69	17	0.31	0	0
辽宁省高级人民法院	10,546	10,502	99.58	44	0.42	29	65.91
贵州省高级人民法院	6747	6712	99.48	35	0.52	0	0
最高人民法院	19,592	19,474	99.40	118	0.60	114	96.61
安徽省高级人民法院	5435	5396	99.28	39	0.72	25	64.10
海南省高级人民法院	976	968	99.18	8	0.82	2	25.00
广西壮族自治区高级人民法院	5000	4958	99.16	42	0.84	0	0
内蒙古自治区包头市中级人民法院	2050	2027	98.88	23	1.12	18	78.26
河南省高级人民法院	5776	5701	98.70	75	1.30	26	34.67
北京市高级人民法院	13,832	13,601	98.33	231	1.67	952	61.47
内蒙古自治区高级人民法院	4750	4670	98.32	80	1.68	74	92.50
福建省高级人民法院	8858	8685	98.05	173	1.95	64	36.99
四川省高级人民法院	7910	7752	98.00	158	2.00	33	20.89
浙江省高级人民法院	11,490	11,257	97.97	233	2.03	20	8.58
广东省珠海市中级人民法院	2000	1958	97.90	42	2.10	27	64.29

续表

法院	公开的文书总量	公开文书内容的数量	占比	公开不上网文书信息项的数量	占比	以"其他"理由仅公开信息项的数量	占比
山西省大同市中级人民法院	2418	2364	97.77	54	2.23	7	12.96
青海省高级人民法院	1203	1175	97.67	28	2.33	5	17.86
云南省高级人民法院	7582	7400	97.60	182	2.40	142	78.02
北京知识产权法院	15,424	14,985	97.15	439	2.85	66	15.03
江苏省高级人民法院	7349	7129	97.01	220	2.99	0	0
广东省高级人民法院	14,598	14,159	96.99	439	3.01	240	54.67
河北省高级人民法院	8930	8657	96.94	273	3.06	184	67.40
广东省深圳市中级人民法院	19,815	19,178	96.79	637	3.21	189	29.67
湖南省高级人民法院	11,526	11,148	96.72	378	3.28	3	0.79
甘肃省兰州市中级人民法院	5393	5215	96.70	178	3.30	70	39.33
广东省深圳市福田区人民法院	50,624	48,900	96.59	1724	3.41	84	4.87
宁夏回族自治区高级人民法院	888	857	96.51	31	3.49	19	61.29
广东省惠东县人民法院	6514	6267	96.21	247	3.79	98	39.68
广西壮族自治区南宁市中级人民法院	7471	7163	95.88	308	4.12	0	0
吉林省长春市中级人民法院	9268	8877	95.78	391	4.22	48	12.28
广东省深圳前海合作区人民法院	8091	7745	95.72	346	4.28	4	1.16

续表

法院	公开的文书总量	公开文书内容的数量	占比	公开不上网文书信息项的数量	占比	以"其他"理由仅公开信息项的数量	占比
青海省西宁市中级人民法院	6305	6029	95.62	276	4.38	61	22.10
黑龙江省齐齐哈尔市中级人民法院	6095	5825	95.57	270	4.43	83	30.74
江西省高级人民法院	2604	2487	95.51	117	4.49	93	79.49
甘肃省高级人民法院	2354	2248	95.50	106	4.50	41	38.68
西藏自治区高级人民法院	303	289	95.38	14	4.62	4	28.57
四川省成都市中级人民法院	35,198	33,180	94.27	2018	5.73	252	12.49
广东省汕头市中级人民法院	1500	1414	94.27	86	5.73	65	75.58
宁夏回族自治区银川市中级人民法院	5815	5480	94.24	335	5.76	88	26.27
福建省厦门市中级人民法院	7071	6658	94.16	413	5.84	72	17.43
山东省济南市中级人民法院	22,854	21,489	94.03	1365	5.97	112	8.21
浙江省宁波市中级人民法院	11,694	10,991	93.99	703	6.01	42	5.97
广西壮族自治区南宁市青秀区人民法院	19,050	17,890	93.91	1160	6.09	0	0
内蒙古自治区呼和浩特市中级人民法院	6564	6151	93.71	413	6.29	15	3.63

续表

法院	公开的文书总量	公开文书内容的数量	占比	公开不上网文书信息项的数量	占比	以"其他"理由仅公开信息项的数量	占比
辽宁省鞍山市中级人民法院	6083	5699	93.69	384	6.31	196	51.04
上海市高级人民法院	5865	5488	93.57	377	6.43	358	94.96
海南省海口市美兰区人民法院	3814	3563	93.42	251	6.58	60	23.90
浙江省杭州市中级人民法院	22,448	20,955	93.35	1493	6.65	151	10.11
河北省石家庄市中级人民法院	14,146	13,199	93.31	947	6.69	148	15.63
江西省南昌市中级人民法院	12,311	11,432	92.86	879	7.14	186	21.16
山东省淄博市中级人民法院	8523	7893	92.61	630	7.39	556	88.25
杭州互联网法院	15,007	13,875	92.46	1132	7.54	18	1.59
新疆维吾尔自治区高级人民法院	2435	2248	92.32	187	7.68	90	48.13
山东省青岛市中级人民法院	18,237	16,804	92.14	1433	7.86	94	6.56
黑龙江省高级人民法院	3931	3620	92.09	311	7.91	284	91.32
云南省昆明市中级人民法院	10,506	9669	92.03	837	7.97	11	1.31
广东省珠海横琴新区人民法院	1414	1299	91.87	115	8.13	112	97.39

续表

法院	公开的文书总量	公开文书内容的数量	占比	公开不上网文书信息项的数量	占比	以"其他"理由仅公开信息项的数量	占比
吉林省吉林市中级人民法院	4280	3921	91.61	359	8.39	219	61.00
江苏省徐州市中级人民法院	11,106	10,140	91.30	966	8.70	0	0
河南省郑州高新技术产业开发区人民法院	41,372	37,715	91.16	3657	8.84	453	12.39
福建省厦门市思明区人民法院	19,876	18,081	90.97	1795	9.03	0	0
山西省太原市中级人民法院	6942	6304	90.81	638	9.19	214	33.54
重庆自由贸易试验区人民法院	7601	6892	90.67	709	9.33	30	4.23
河省唐山市中级人民法院	10,975	9948	90.64	1027	9.36	517	50.34
湖北省武汉市中级人民法院	15,565	14,108	90.64	1457	9.36	1207	82.84
江苏省苏州市中级人民法院	13,983	12,674	90.64	1309	9.36	0	0
云南省昆明市五华区人民法院	13,380	12,094	90.39	1286	9.61	0	0
陕西省高级人民法院	5396	4876	90.36	520	9.64	434	83.46
河北省邯郸市中级人民法院	9131	8246	90.31	885	9.69	356	40.23
河南省洛阳市中级人民法院	7656	6907	90.22	749	9.78	392	52.34

续表

法院	公开的文书总量	公开文书内容的数量	占比	公开不上网文书信息项的数量	占比	以"其他"理由仅公开信息项的数量	占比
江苏省无锡市中级人民法院	9293	8376	90.13	917	9.87	0	0
福建省福州市中级人民法院	11,378	10,233	89.94	1145	10.06	329	28.73
安徽省淮南市中级人民法院	2324	2081	89.54	243	10.46	31	12.76
广东省英德市人民法院	3058	2736	89.47	322	10.53	14	4.35
吉林省延吉市人民法院	12,515	11,155	89.13	1360	10.87	1	0.07
湖北省高级人民法院	3351	2983	89.02	368	10.98	345	93.75
山西省高级人民法院	1921	1709	88.96	212	11.04	188	88.68
江西省南昌市东湖区人民法院	16,456	14,634	88.93	1822	11.07	595	32.66
湖南省长沙市中级人民法院	20,649	18,231	88.29	2418	11.71	407	16.83
海南省儋州市人民法院	3269	2884	88.22	385	11.78	3	0.78
陕西省西安市中级人民法院	14,646	12,899	88.07	1747	11.93	513	29.36
浙江省义乌市人民法院	36,251	31,916	88.04	4335	11.96	76	1.75
辽宁省大连市中级人民法院	15,273	13,406	87.78	1867	12.22	764	40.92
辽宁省本溪市中级人民法院	2776	2436	87.75	340	12.25	97	28.53
湖北省武汉市武昌区人民法院	13,836	12,065	87.20	1771	12.80	591	33.37

续表

法院	公开的文书总量	公开文书内容的数量	占比	公开不上网文书信息项的数量	占比	以"其他"理由仅公开信息项的数量	占比
吉林省长春市朝阳区人民法院	8800	7665	87.10	1135	12.90	86	7.58
安徽省合肥市中级人民法院	16,995	14,732	86.68	2263	13.32	438	19.35
内蒙古自治区呼和浩特市赛罕区人民法院	7739	6692	86.47	1047	13.53	3	0.29
湖北省阳新县人民法院	2428	2083	85.79	345	14.21	37	10.72
河南省郑州市中级人民法院	24,438	20,962	85.78	3476	14.22	1290	37.11
江西省南昌市西湖区人民法院	11,548	9900	85.73	1648	14.27	956	58.01
安徽省合肥市瑶海区人民法院	13,687	11,726	85.67	1961	14.33	68	3.47
重庆市江北区人民法院	25,821	22,015	85.26	3806	14.74	439	11.53
吉林省松原市宁江区人民法院	9689	8233	84.97	1456	15.03	155	10.65
重庆市渝中区人民法院	22,849	19,386	84.84	3463	15.16	0	0
广西壮族自治区南宁市西乡塘区人民法院	6992	5908	84.50	1084	15.50	1	0.09
福建省厦门市湖里区人民法院	11,455	9678	84.49	1777	15.51	3	0.17
浙江省苍南县人民法院	13,884	11,709	84.33	2175	15.67	1	0.05
西藏自治区拉萨市中级人民法院	1335	1123	84.12	212	15.88	49	23.11

续表

法院	公开的文书总量	公开文书内容的数量	占比	公开不上网文书信息项的数量	占比	以"其他"理由仅公开信息项的数量	占比
安徽省巢湖市人民法院	8322	6999	84.10	1323	15.90	1	0.08
河北省三河市人民法院	7471	6261	83.80	1210	16.20	71	5.87
安徽省合肥市包河区人民法院	25,792	21,558	83.58	4234	16.42	1011	23.88
四川省成都高新技术产业开发区人民法院	19,579	16,364	83.58	3215	16.42	0	0
山西省运城市盐湖区人民法院	10,519	8742	83.11	1777	16.89	22	1.24
河北省围场满族蒙古族自治县人民法院	7945	6596	83.02	1349	16.98	119	8.82
吉林省前郭尔罗斯蒙古族自治县人民法院	8412	6919	82.25	1493	17.75	15	1.00
贵州省兴义市人民法院	9933	8146	82.01	1787	17.99	0	0
内蒙古自治区阿鲁科尔沁旗人民法院	949	772	81.35	177	18.65	4	2.26
天津市南开区人民法院	14,681	11,938	81.32	2743	18.68	2743	100
广西壮族自治区宾阳县人民法院	3571	2903	81.29	668	18.71	32	4.79
陕西省西安市雁塔区人民法院	27,121	21,946	80.92	5175	19.08	1630	31.50
江西省南昌县人民法院	5774	4668	80.85	1106	19.15	13	1.18
山东省临沂市兰山区人民法院	24,052	19,425	80.76	4627	19.24	209	4.52
河南省滑县人民法院	14,128	11,410	80.76	2718	19.24	372	13.69

续表

法院	公开的文书总量	公开文书内容的数量	占比	公开不上网文书信息项的数量	占比	以"其他"理由仅公开信息项的数量	占比
江苏省沭阳县人民法院	25,259	20,388	80.72	4871	19.28	0	0
黑龙江省哈尔滨市中级人民法院	8619	6946	80.59	1673	19.41	1386	82.85
湖南省浏阳市人民法院	21,728	17,442	80.27	4286	19.73	74	1.73
重庆市渝北区人民法院	26,579	21,291	80.10	5288	19.90	252	4.77
山东省胶州市人民法院	11,920	9537	80.01	2383	19.99	27	1.13
新疆维吾尔自治区乌鲁木齐市中级人民法院	5245	4184	79.77	1061	20.23	369	34.78
山东省费县人民法院	7051	5563	78.90	1488	21.10	16	1.08
宁夏回族自治区银川市兴庆区人民法院	19,563	15,428	78.86	4135	21.14	13	0.31
云南省昆明市西山区人民法院	20,260	15,975	78.85	4285	21.15	159	3.71
上海金融法院	4137	3237	78.25	900	21.75	629	69.89
河南省新郑市人民法院	13,930	10,863	77.98	3067	22.02	222	7.24
黑龙江省讷河市人民法院	3058	2381	77.86	677	22.14	29	4.28
西藏自治区拉萨市堆龙德庆区人民法院	1470	1142	77.69	328	22.31	1	0.30
辽宁省海城市人民法院	15,190	11,765	77.45	3425	22.55	1985	57.96
西藏自治区林周县人民法院	84	65	77.38	19	22.62	0	0
宁夏回族自治区灵武市人民法院	6516	5040	77.35	1476	22.65	5	0.34

续表

法院	公开的文书总量	公开文书内容的数量	占比	公开不上网文书信息项的数量	占比	以"其他"理由仅公开信息项的数量	占比
新疆维吾尔自治区乌鲁木齐市新市区人民法院	6810	5251	77.11	1559	22.89	49	3.14
上海知识产权法院	2359	1815	76.94	544	23.06	475	87.32
浙江省诸暨市人民法院	27,654	21,124	76.39	6530	23.61	652	9.98
福建省晋江市人民法院	17,366	13,120	75.55	4246	24.45	107	2.52
甘肃省张掖市甘州区人民法院	10,484	7916	75.51	2568	24.49	3	0.12
新疆维吾尔自治区乌鲁木齐市沙依巴克区人民法院	5226	3922	75.05	1304	24.95	81	6.21
宁夏回族自治区银川市金凤区人民法院	14,591	10,947	75.03	3644	24.97	3	0.08
福建省惠安县人民法院	4083	3061	74.97	1022	25.03	23	2.25
内蒙古自治区赤峰市松山区人民法院	2320	1720	74.14	600	25.86	0	0
西藏自治区拉萨市城关区人民法院	2239	1659	74.10	580	25.90	53	9.14
陕西省神木市人民法院	12,848	9518	74.08	3330	25.92	16	0.48
青海省格尔木市人民法院	6378	4663	73.11	1715	26.89	102	5.95
湖南省攸县人民法院	6388	4648	72.76	1740	27.24	189	10.86
河南省郑州市金水区人民法院	50,059	36,412	72.74	13,647	27.26	9337	68.42
广西壮族自治区桂平市人民法院	3136	2268	72.32	868	27.68	0	0

续表

法院	公开的文书总量	公开文书内容的数量	占比	公开不上网文书信息项的数量	占比	以"其他"理由仅公开信息项的数量	占比
陕西省西安市未央区人民法院	23,483	16,852	71.76	6631	28.24	1947	29.36
江苏省苏州市吴江区人民法院	23,514	16,869	71.74	6645	28.26	11	0.17
四川省成都市青羊区人民法院	24,245	17,320	71.44	6925	28.56	0	0
江苏省南京市中级人民法院	29,027	20,633	71.08	8394	28.92	3412	40.65
浙江省杭州市余杭区人民法院	30,586	21,722	71.02	8864	28.98	233	2.63
黑龙江省宾县人民法院	4764	3376	70.86	1388	29.14	716	51.59
湖南省长沙市芙蓉区人民法院	24,035	16,944	70.50	7091	29.50	5054	71.27
青海省西宁市城北区人民法院	8271	5771	69.77	2500	30.23	3	0.12
山西省临猗县人民法院	3927	2733	69.60	1194	30.40	4	0.34
宁夏回族自治区贺兰县人民法院	6046	4204	69.53	1842	30.47	91	4.94
上海市静安区人民法院	66,584	46,040	69.15	20,544	30.85	18,900	92.00
辽宁省抚顺市中级人民法院	4242	2920	68.84	1322	31.16	1209	91.45
四川省阆中市人民法院	9652	6614	68.52	3038	31.48	0	0
北京市西城区人民法院	28,305	19,317	68.25	8988	31.75	8988	100

续表

法院	公开的文书总量	公开文书内容的数量	占比	公开不上网文书信息项的数量	占比	以"其他"理由仅公开信息项的数量	占比
湖南省长沙市岳麓区人民法院	28,052	19,143	63.24	8909	31.76	5617	63.05
天津市滨海新区人民法院	22,167	15,018	67.75	7149	32.25	2771	38.76
四川自由贸易试验区人民法院	5047	3418	67.72	1629	32.28	368	22.59
辽宁省沈阳市中级人民法院	30,367	20,558	67.70	9809	32.30	9020	91.96
上海市虹口区人民法院	36,625	24,787	67.68	11,838	32.32	10,944	92.45
陕西省定边县人民法院	8626	5784	67.05	2842	32.95	911	32.05
上海市闵行区人民法院	61,721	41,072	66.54	20,649	33.46	17,835	86.37
山西省太原市小店区人民法院	7271	4806	66.10	2465	33.90	1296	52.58
河北省秦皇岛市海港区人民法院	4593	3024	65.84	1569	34.16	19	1.21
天津市武清区人民法院	9755	6419	65.80	3336	34.20	3336	100
四川省郫都区人民法院	9739	6384	65.55	3355	34.45	0	0
湖北省武汉市江岸区人民法院	7993	5211	65.19	2782	34.81	1351	48.56
青海省西宁市城东区人民法院	6571	4277	65.09	2294	34.91	547	23.84
黑龙江省哈尔滨市南岗区人民法院	8589	5588	65.06	3001	34.94	1955	65.14
北京市朝阳区人民法院	53,212	34,571	64.97	18,641	35.03	18,641	100
江西省高安市人民法院	8488	5513	64.95	2975	35.05	1325	44.54

续表

法院	公开的文书总量	公开文书内容的数量	占比	公开不上网文书信息项的数量	占比	以"其他"理由仅公开信息项的数量	占比
北京市海淀区人民法院	42,670	27,682	64.87	14,987	35.12	14,987	100
江苏省昆山市人民法院	16,580	10,728	64.70	5852	35.30	0	0
湖北省恩施市人民法院	6657	4284	64.35	2373	35.65	416	17.53
北京市丰台区人民法院	28,609	18,337	64.10	10,272	35.90	10,272	100
江苏省江阴市人民法院	21,583	13,752	63.72	7831	36.28	0	0
甘肃省兰州市城关区人民法院	9876	6211	62.89	3665	37.11	1774	48.40
河北省石家庄市长安区人民法院	10,811	6760	62.53	4051	37.47	2566	63.34
安徽省太和县人民法院	13,000	8071	62.08	4929	37.92	2360	47.88
辽宁省绥中县人民法院	7991	4791	59.95	3200	40.05	1981	61.91
天津市河西区人民法院	10,889	6306	57.91	4583	42.09	4583	100
辽宁省沈阳市和平区人民法院	44,246	25,360	57.32	18,886	42.68	11,332	60.00
辽宁省沈阳市沈河区人民法院	32,724	18,639	56.96	14,085	43.04	11,641	82.65
新疆维吾尔自治区昌吉州昌吉市人民法院	5514	3076	55.79	2438	44.21	10	0.41
上海市浦东新区人民法院	129,169	69,796	54.03	59,373	45.97	54,754	92.22
西藏自治区噶尔县人民法院	146	76	52.05	70	47.95	0	0
黑龙江省哈尔滨市道里区人民法院	1690	851	50.36	839	49.64	695	82.84
重庆市云阳县人民法院	8046	4044	50.26	4002	49.74	65	1.62

续表

法院	公开的文书总量	公开文书内容的数量	占比	公开不上网文书信息项的数量	占比	以"其他"理由仅公开信息项的数量	占比
青海省西宁市湟中区人民法院	4931	2460	49.89	2471	50.11	96	3.89
山西省河津市人民法院	5649	2500	44.26	3149	55.74	1946	61.80
甘肃省陇西县人民法院	5561	2379	42.78	3182	57.22	80	2.51
北京互联网法院	23,871	10,071	42.19	13,800	57.81	10,533	76.33
山东省青岛市黄岛区人民法院	31,155	12,352	39.65	18,803	60.35	17,021	90.52
云南省镇雄县人民法院	9575	3108	32.46	6467	67.54	2415	37.34
云南省宣威市人民法院	14,776	4724	31.97	10,052	68.03	4815	47.90
内蒙古自治区乌兰浩特市人民法院	6545	2000	30.56	4545	69.44	3175	69.86
新疆维吾尔自治区阿克苏地区库车市人民法院	2068	407	19.68	1661	80.32	482	29.02
广州互联网法院	42,073	7992	19.00	34,081	81.00	18,805	55.18

在上传互联网公开裁判文书过程中，如果存在裁判文书涉及离婚诉讼或者涉及未成年子女抚养、监护；涉及国家秘密，以调解方式结案；涉及未成年人犯罪等情况，人民法院确认人民调解协议效力的，则属于具备法定事由，可不予公开而只需公开裁判文书的案件号、案由等信息项。具有"人民法院认为不宜在互联网公布的其他情形"的，也可以仅公开不上网裁判文书信息项。统计发现，不公开理由为法院认为不宜公开的有 332,892 件，占不公开内容裁判文书的 51.22%，以法定理由不公开的所占比例过高。天津市河西区法院、北京市丰台区法院、北京市海淀区法院、北京市朝阳区法院、天津市武清区法院、北京市西城区法院、天津市南开区法院、广州知识产权法院所有不公开裁判文书

全文的事由均是"人民法院认为不宜在互联网公布的其他情形"。此项比例在90%以上的依次还有：广东省珠海横琴新区法院、最高人民法院、上海高院、湖北高院、内蒙古高院、上海市虹口区法院、上海市浦东新区法院、上海市静安区法院、辽宁省沈阳中院、辽宁省抚顺中院、黑龙江高院、山东省青岛市黄岛区法院。这表明，一些法院以法定理由之外的原因不公开裁判文书全文的情况还比较突出，应当引起重视。

（3）案件信息的公开仍有待改善

公开法院审理的案件信息，是回应社会关切、做好舆论引导、加强普法宣传的重要方面。有 22 家高级法院、34 家中级法院、7 家专门性法院、61 家基层法院以各种形式公开了本院审理的重大案件信息，分别占 68.75%、69.39%、58.33%、51.26%。北京互联网法院专门开辟栏目公开了典型案件的裁判文书。此外，26 家高级法院、31 家中级法院、8 家专门性法院和 53 家基层法院公开了以案释法类信息，分别占 81.25%、63.27%、66.67%、44.54%。26 家高级法院、28 家中级法院、8 家专门性法院和 37 家基层法院公开了案例解析类信息，分别占 81.25%、57.14%、66.67%、31.09%。

（4）不少审判类信息公开还很不理想

首先，减刑假释类信息在法院自身网站公开情况不佳。虽然最高人民法院开设了减刑假释信息公开平台，但各法院在自己网站同步公开会更方便公众查询。评估显示，仅 13 家高级法院和 15 家中级法院在本院网站公开了减刑假释立案公示，分别占 40.63%、30.61%。仅 5 家高级法院和 9 家中级法院在本院网站公开了减刑假释结果，分别占 15.63%、18.37%。

其次，破产案件信息公开仍不理想。仅 1 家高级法院、7 家中级法院、1 家专门法院和 2 家基层法院在本院网站公开了破产案件受理公告，分别占 3.13%、14.29%、8.33%、1.68%。仅有 7 家中级法院和 1 家基层法院在本院网站公开了破产宣告公告，分别占 14.29%、0.84%。6 家中级法院和 1 家基层法院在本院网站公开了破产终结公告，分别占 12.24%、0.84%。4 家中级法院在本院网站公开了破产案件统计信息，占 8.16%。

最后，司法建议的公开情况仍不乐观。早在 2012 年，最高人民法院《关于加强司法建议工作的意见》中就要求，加强与新闻媒体等社会各个方面的合作，通过多种渠道和形式加大司法建议宣传力度，不断扩大社会影响，努力赢得社会各界对司法建议工作的理解、尊重和支持，为司法建议工作营造良好的工作环境。时至今日，能够主动公开司法建议信息的法院仍少之又少。2020年，仍然仅有10家法院公开了司法建议相关信息，其中包括4家高级法院、5家中级法院和1家基层法院，分别占12.50%、10.20%、0.84%。

3. 执行信息公开

执行是兑现司法裁判的关键环节，公开执行信息，既是满足执行案件当事人知悉案件进展的需要，也是社会监督执行工作的需要，更是凝聚社会共识、实现全社会综合治理执行难的需要。但评估显示，执行信息公开仍不理想。通过本院网站，公开执行罚款信息的，仅1家高级法院、5家中级法院，分别占3.13%、10.20%；公开执行程序中适用拘留案件信息的，仅1家高级法院、3家中级法院、1家基层法院，分别占3.13%、6.12%、0.84%；公开限制出境信息的仅5家高级法院、4家中级法院、2家基层法院，分别占15.63%、8.16%、1.68%；仅1家中级法院公开了打击拒不执行判决裁定罪案件信息，占2.04%；有9家高级法院、21家中级法院、4家专门性法院和51家基层法院公开了失信被执行人信息，分别占28.13%、42.86%、33.33%、42.86%；公开特殊主体失信信息的分别有4家高级法院、12家中级法院、3家专门性法院和10家基层法院，分别占12.50%、24.49%、25.00%、8.40%；公开终结本次执行程序案件清单且持续更新的仅有2家高级法院、6家中级法院、2家专门性法院和4家基层法院，分别占6.25%、12.24%、16.67%、3.36%；而通过本院网站公开近3个月终结本次执行程序案件裁定书的仅有2家高级法院、1家中级法院、1家专门性法院和1家基层法院，分别占6.25%、2.04%、8.33%、0.84%。

总体来看，4类法院的执行信息公开情况均不理想，而且，许多法院虽然设有有关信息栏目也发布了部分信息，但栏目内容长期未更新。

4. 司法数据公开

加强司法数据的归集和利用是做好法院内部精细化管理的基础，公开有关数据则有助于公众了解法院、监督法院，提升司法公信力，也有助于利用有关数据引导公众客观地看待法院工作。

评估显示，公开本院本年度财政预算、上一年度决算、"三公"经费决算情况的，高级法院分别有32家（3家发布在政府网站）、30家（4家发布在政府网站）、30家（4家发布在政府网站），分别占100.00%、93.75%、93.75%；中级法院分别有47家（3家发布在政府网站）、41家和42家，分别占95.92%、83.67%、85.71%；专门性法院分别有10家、7家、8家，分别占83.33%、58.33%、66.67%；基层法院分别有83家（15家发布在政府网站）、65家（9家发布在政府网站）、65家（9家发布在政府网站），分别占69.75%、54.62%、54.62%。发布2020年法院工作报告的高级法院有25家（9家发布在同级政府网站、本院微信公众号或其他媒体）、中级法院有36家（13家发布在同级政府网站、本院微信公众号或其他媒体）、专门性法院有3家（2家发布在同级政府网站、本院微信公众号或其他媒体）、基层法院有45家（27家发布在政府网站、本院微信公众号或其他媒体），分别占78.13%、73.47%、25.00%、37.82%。

公开涉案款物数据和诉讼费收退费情况的分别仅有1家高级法院和3家中级法院，分别占3.13%、6.12%。按月公开司法统计数据的分别有6家高级法院、10家中级法院、1家专门性法院和5家基层法院，分别占18.75%、20.41%、8.33%、4.20%。而公开大数据分析报告的仅有1家高级法院、10家中级法院、1家专门性法院和1家基层法院，分别占3.13%、20.41%、8.33%、0.84%；公开司法调研分析报告的分别有1家高级法院、12家中级法院、1家专门性法院和9家基层法院，分别占3.13%、24.49%、8.33%、7.56%。

此外，公开方式、公开渠道不统一。例如，财政预决算等信息公布在本院网站、政府网站、微信公众号、其他网站等多个渠道，不利于社会公众查阅相关信息。收结案数据则有的发布在上级法院网站，有的发布在本院网站。

上述数据至少说明，数据公开方面存在如下问题。首先，外部压力和动力尚不足以影响司法数据的公开。评估显示，财政预决算和"三公"经费信息公开相对较好，这在很大程度上得益于国家全面推进财政预决算和"三公"经费的主动公开。法院工作报告则因为通过向同级人大报告工作，其公开也水到渠成。而其他类别司法数据信息的公开仍不理想，涉案款物数据、诉讼费收退、司法业务数据公开和司法实证分析报告的公开情况均不佳。这在很大程度上是因为这些数据的公开缺乏有力的外部推动。

其次，各级法院对审判业务数据进行挖掘利用和对外分享的意识不强，工作开展还很不到位。从司法白皮书、大数据分析报告、司法调研分析报告的发布情况看，绝大多数法院重视不够，要么自身没有开展相关工作，要么虽然开展了相关工作但不愿主动对社会发布。这反映了有关法院司法管理的精细化程度、数据应用的开放程度也有待提升。

5. 司法改革信息公开

司法体制改革是全面深化改革的有机组成部分，公开有关的政策、改革措施和改革进展情况，让各界有序参与改革进程，有助于确保改革措施的科学性。为此，《最高人民法院关于进一步深化司法公开的意见》明确要求，人民法院应当主动公开人民法院司法改革文件、人民法院重大司法改革任务进展情况、人民法院司法改革典型案例、其他需要社会广泛知晓的司法改革信息。

然而评估显示，虽然公开司法改革信息的原有三类法院数量比 2019 年评估对象略有增加，但总体而言，司法改革信息公开情况仍然不理想。仅 15 家高级法院、18 家中级法院、6 家专门性法院和 17 家基层法院在本院门户网站设置了司法改革的专门栏目，分别占 46.88%、36.73%、50.00%、14.29%。8 家高级法院、10 家中级法院、1 家专门性法院和 5 家基层法院公布了司法改革总体方案，分别占 25.00%、20.41%、8.33%、4.20%。2 家高级法院、6 家中级法院和 5 家基层法院公布了入额遴选方案，分别占 6.25%、12.24%、4.20%；1 家高级法院、7 家中级法院和 4 家基层法院公布了员额退出方案，分别占 3.13%、14.29%、3.36%。1 家高级法院、7 家中级法院和 4 家基层法院公布了法官职业保障方案，分别占 3.13%、14.29%、3.36%。12 家高级法院、18 家中级法院、2 家专门性法院和 27 家基层法院公布了改革任务进展动态，分别占 37.50%、36.73%、16.67%、22.69%。3 家中级法院和 1 家基层法院公布了员额法官个人办案数量，分别占 6.12%、0.84%；2 家高级法院、4 家中级法院、1 家专门性法院和 2 家基层法院公布了员额法官办案汇总数据，分别占 6.25%、8.16%、8.33%、1.68%。2 家高级法院、4 家中级法院和 1 家基层法院公布了院庭长办案数据，分别占 6.25%、8.16%、0.84%。26 家高级法院、35 家中级法院、7 家专门性法院和 27 家基层法院公开了立案登记的配套制度，分别占

81.25%、71.43%、58.33%、22.69%。有 1 家高级法院和 9 家中级法院公布了立案登记动态数据，分别占 3.13%、18.37%。在新型审判监督机制改革中，有 1 家高级法院、6 家中级法院和 4 家基层法院公布了权责清单，分别占 3.13%、12.24%、3.36%；有 1 家高级法院、8 家中级法院、1 家专门性法院和 4 家基层法院公布了审判管理监督权力配套规定，分别占 3.13%、16.33%、8.33%、3.36%。律师权益保障方面，有 6 家高级法院、7 家中级法院、1 家专门性法院和 5 家基层法院公布了实施机制，分别占 18.75%、14.29%、8.33%、4.20%；有 4 家高级法院、7 家中级法院和 2 家基层法院公布了反馈渠道，分别占 12.50%、14.29%、1.68%。有 1 家高级法院、5 家中级法院和 1 家专门性法院公布了案外人干预记录，分别占 3.13%、10.20%、8.33%。

这表明，司法改革信息的公开仍没有得到各级法院的应有关注，总体公开情况不理想；而且，法院层级越低，其公开情况越不佳。这固然与下级法院主要是司法体制改革的对象和任务落实者有关，但在最高人民法院已经明确公开要求的背景下，各级法院仍然公开不佳，足见有关政策落实情况不理想。

（三）原因分析

当前司法公开总体是在进步，但与上级要求和公众需求的差距也不容忽视。存在问题的原因是多方面的，既要重视 2019 年总结的司法公开仍缺乏常态化机制、对司法公开重视不够、理念认识不科学、信息化保障不到位等原因①，还需要重视以下方面的因素。

1. 司法公开标准化程度较低

虽然最高人民法院出台了多个司法解释规范各领域的公开工作，但司法公开总体上缺乏标准。有关司法解释关于司法公开的规定均较为原则笼统，公开什么、以怎样的时间频率公开、公开在哪个平台、哪个栏目，均无标准可供参考。最为典型的当属诉讼指南。全国 3000 多家法院向公众和当事人提供的诉讼服务事项无非就是依据三大诉讼法而细分的若干诉讼业务，相对于各级政府的政务服务事项，可谓事项单一、简单明了，但几乎没有一家法院的诉讼指南能

---

① 参见中国社会科学院法学研究所法治指数创新工程项目组：《中国司法透明度指数报告（2019）——以法院网站信息公开为视角》，载陈甦、田禾主编：《中国法治发展报告 No.18（2020）》，社会科学文献出版社 2020 年版，第 232—233 页。

够做到完整准确。

2. 制度化规范化水平待提升

不少法院司法公开评估结果上下波动较大，主要是受领导重视程度、机构设置、人员配置、经费保障等多重因素影响。一般的规律是，领导重视则公开成效大幅提升，一旦松懈则不仅会停止不前，甚至会大幅下滑。这表明，司法公开制度化水平和规范化程度仍待提升。

3. 司法公开规定的刚性较弱

人民法院各领域的司法公开工作均有相应的法律、司法解释作为依据，尤其是有来自最高人民法院各类文件的要求，但对下级法院是否严格执行上述规定并没有硬性要求，以至于众多领域虽有制度要求，但执行落实不到位的情况居多，问责监督机制和手段运用不足。

4. 司法公开内外部压力不足

回顾21世纪以来全国法院司法公开的进展，虽有来自公众需求的推动，但主要是法院内部从规范审判执行权运行、维护司法公正、提升司法公信力角度自我加压的结果。而上级法院的监督指导不足、考核问责缺失，外部缺乏类似于政府信息公开那样有效的监督救济等干预机制，以至于各级法院推进公开多凭自觉，当遇到更为重要的工作任务时，不会给自身工作增加太多亮点且容易增加工作难度的司法公开必然会被搁置一旁。

5. 司法公开疲劳感现象严重

评估结果显示，众多领域的司法公开推进缓慢，不少法院司法公开长期原地徘徊，尤其是中基层法院更不理想。这表明，不少法院对于司法公开的疲劳感明显，在内外部监督制约不到位的条件下，做与不做一个样、做好做坏一个样。

（四）展望

司法公开有助于规范司法权运行、维护司法公正，是全面依法治国不可或缺的制度机制。结合2020年发现的问题，今后司法公开应着力完善标准、补齐短板、完善保障监督机制，确保司法公开稳步推进。

第一，明确公开标准。借鉴全国基层政务公开标准化规范化经验，自上而下地推进编制各领域司法公开的标准目录模板，配合案件办理、内部管理、公众服务等，对接办案、办公系统，形成从办案、办公、服务到对外公开的一体化机制。

第二，加大考核督导。建议加大对司法公开的考核督导力度，对各级各类法院各领域司法公开的成效、问题进行定期不定期考核、评估，及时发现问题、督促整改，并通过对外披露评估结果、对内加大问责表彰的方式，形成一定的内外部压力和动力。

第三，提升信息化助力司法公开的应用成效。配合智慧法院建设，不仅要推进法院内部办案办公智能化水平，更要提升法院门户网站建设，以及与司法公开对接的各类应用系统的建设和数据对接工作，让人民群众和案件当事人通过司法公开平台共享智慧法院建设成效。同时，加大信息技术对司法公开的监督、督导力度，借助智慧法院建设成果，提升对司法公开的精准管理。

第四，补齐司法公开短板。首先，加大中基层法院尤其是基层法院的公开工作，确保司法公开有人管、有平台，切实满足第一线群众和当事人的服务需求。其次，加大薄弱领域司法公开力度。对于执行信息公开、司法改革信息等普遍薄弱的领域，应进一步加大督查力度，形成常态化公开机制。

第五，重视公开平台建设。信息化时代，法院网站仍然是司法公开的主阵地，即便各领域建设了统一公开平台，法院自身网站仍然是公众查询其信息的首选渠道，因此，应当确保所有法院建好本院网站。以此为主，配合其他网站平台以及各类新媒体平台，方可形成司法公开的全方位公开矩阵，切实满足公众的信息需求。

三、2021年中国司法透明度指数

中国社会科学院法学研究所法治指数创新工程项目组围绕审务信息公开、审判信息公开、执行信息公开、司法数据公开和司法改革信息公开5项内容，对全国法院2021年开展了司法透明度指数评估。评估显示，司法公开进入平稳发展期，部分法院在落实公开要求方面做得较好，但总体而言，不少司法公开的要求并没有得到普遍、较好地落实，司法公开平台不统一、公开标准不明确等制约了司法公开效果。未来应进一步科学定位司法公开的功能与作用，研究加快司法公开立法，适当引入外部监督机制，倒逼司法公开实现新的跨越式发展。

2021年的评估对象比2020年增加了一家，即北京金融法院。评估对象为：（1）各省（自治区、直辖市）高级人民法院以及新疆维吾尔自治区高级人民法院生产建设兵团分院（共32家法院）；（2）较大的市①的中级人民法院（共49家法院）；（3）北京、上海、广州3家知识产权法院；（4）北京、杭州、广州3家互联网法院；（5）广东自由贸易试验区南沙片区人民法院、深圳前海合作区人民法院、珠海横琴新区人民法院、四川自由贸易试验区人民法院、重庆自由贸易试验区人民法院（共5家法院）；（6）北京金融法院、上海金融法院；（7）124家基层法院（因7家法院网站不可用，实际参与指数排名的为117家法院）。为统计需要，知识产权法院、互联网法院、自贸区法院及金融法院总计13家，简称为"专门性法院"。数据采集时间为2021年6月20日至2021年11月30日。此外，项目组继续调取了包括最高人民法院在内的219家法院2021年1月1日至9月30日上网的2,669,019件裁判文书列表（含案件号、案件类型、文书编号、文书类型等）、608,408件不上网文书信息项的信息（含案件号、案件类型、文书编号、文书类型、不上网理由）、上述裁判文书的制作时间和上网时间，对裁判文书上网率、不上网文书规范管理情况、文书上网时间等进行了数据分析。本年度评估中未找到上海市静安区人民法院、上海市闵行区人民法院、上海市虹口区人民法院、乌鲁木齐市新市区人民法院、乌鲁木齐市沙依巴克区人民法院网站，同时，评估期间，甘肃省玉门市人民法院及贵州省习水县人民法院网站处于维护状态，因此，上述7家法院未计入指数排名。

（一）总体评估结果

评估显示，高级法院中排名居前的有：广东高院、山东高院、吉林高院、四川高院、江苏高院、云南高院、浙江高院、海南高院、北京高院、广西高院。中级法院中排名靠前的有：广州中院、南京中院、深圳中院、青岛中院、吉林中院、杭州中院、成都中院、海口中院、长春中院、宁波中院。专门性法院中排名靠前的有：重庆两江新区（自贸区）人民法院、广东自由贸易区南沙片区

---

① 此处沿用《立法法》2015年修订前所规定的49家较大的市的范围与概念。

人民法院、广州互联网法院、珠海横琴新区法院、广州知识产权法院。基层法院中排名靠前的有：广东省深圳市福田区人民法院、吉林省松原市宁江区人民法院、浙江省杭州市余杭区人民法院、吉林省长春市朝阳区人民法院、吉林省延吉市人民法院、浙江省义乌市法院、青海省格尔木市人民法院、广东省广州市越秀区人民法院、河北省秦皇岛市海港区法院、海南省澄迈县人民法院。

2021年，最高人民法院出台多个司法解释等文件，重视司法公开在服务案件当事人、监督司法权力规范运行方面的作用，各级法院按部就班推进司法公开各项工作要求，中国司法公开呈现平稳发展态势。

首先，继续发挥司法公开服务案件当事人的作用。最高人民法院出台《关于为全面推进乡村振兴加快农业农村现代化提供司法服务和保障的意见》，提出构建系统完备的在线诉讼规则体系，推动办案全流程在线支持、全过程智能辅助、全方位信息公开，提高司法解决涉农纠纷的便捷性、高效性、透明度。最高人民法院、司法部《关于为律师提供一站式诉讼服务的意见》提出，对于可公开的案件，要通过线上线下诉讼服务平台为律师提供案卷查询、流程节点查询服务。

其次，重视司法公开监督干警依法履职的作用。做好公开工作有助于防范权力滥用，为此，2021年，最高人民法院发布多个司法解释或者司法文件，要求用公开加强有关领域的监督。例如，最高人民法院印发《人民法院办理执行案件"十个必须"》，提出必须深化执行公开，关键节点信息实时推送，严禁暗箱操作、权力寻租。

最后，司法公开平台为持续高质量推进司法公开提供保障。2021年，中国审判流程信息公开网开通5周年，已经实现全国法院诉讼指南、审判流程节点信息集中统一公开，有效方便案件当事人查询案件流程节点，提升了案件审理过程的公开透明度。截至2021年11月29日，中国庭审公开网累计播放庭审直播16,439,724件次，解决了人民群众远程旁听案件的实际需求，进一步推动了案件庭审的透明度。截至2021年11月29日，中国裁判文书网累计上网的裁判文书总量达125,661,043件，为社会各界了解案件审理结果、服务社会治理提供了庞大的司法数据。中国执行信息公开网汇总公开全国法院的被执行人信息、财产处置信息、终结本次程序案件信息等执行案件信息,并按季度公开全国法院知识产权判决执行结果报告,为案件当事人查询案件进度提供了平台,进一步提升了执行案件的透明度。

但评估中也发现了一些司法公开的共性问题。

第一,各级法院司法公开总体不够理想,不少司法公开要求落实不到位。以司法透明度指数 50 分为分界线,分别有 20 家高级法院、35 家中级法院、75 家基层法院、8 家专门性法院在分界线以下,分别占 62.50%、71.43%、64.10%、61.54%(见图 3-1,基层法院未计算 7 家无网站法院)。相对于政府透明度指数评估中各级政府的总体表现,法院落实司法公开要求明显仍有极大提升空间,相当一部分规定没有得到很好落实。最高人民法院《关于进一步深化司法公开的意见》对各级法院主动公开信息提出了明确要求,但评估显示,不少规定并没有得到普遍的重视和落实。例如,人大代表议案建议与政协提案办理情况、干警任职回避信息、司法建议、司法改革信息、诉讼费收缴信息、涉案款物信息等少有法院可以系统全面公开。一些传统上就要求公开的司法信息公开也不理想,如诉讼指南公开混乱、存在错误,人员信息公开尺度不一,执行案件信息公开不系统、不规律,甚至财政信息、法院公开报告的公开也不是很理想。

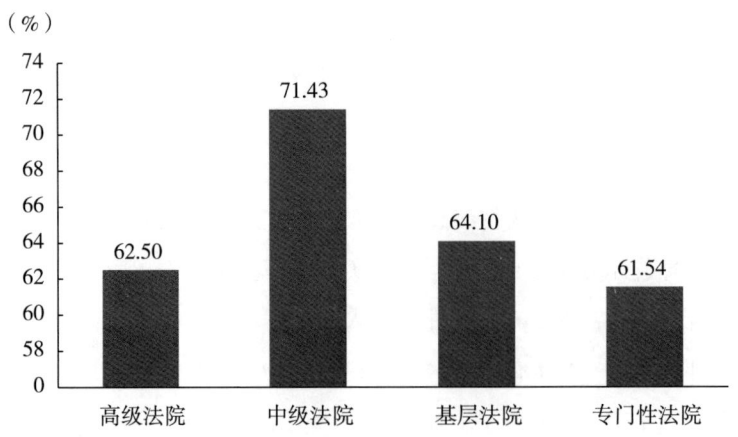

图 3-1 司法透明度指数低于 50 分的法院分布统计图

第二,中基层法院司法公开短板效应明显。中基层法院司法公开表现相对较差。绝大多数案件审判、执行都在中基层法院,中基层法院是绝大多数社会公众和案件当事人的第一道关口,其公开水平如何、司法服务质量如何直接关系到广大人民群众的切实感受。从综合指数核算结果和绝大部分二级指标的统计数据看,中基层法院司法公开均不理想的。如何提升中基层法院司法公开水平和公开稳定性是提升司法公开总体水平的关键。

第三,司法公开的地域性差异仍然较大。排名在前15位的高级法院中来自东中西部及东北地区①的分别有9家、1家、4家、1家,占比分别为60.00%、6.67%、26.67%、6.67%。其中,西部地区四家法院为四川高院、云南高院、广西高院、青海高院。排名前20位的中级法院中,地区东、中、西部及东北地区的分别有13家、4家、1家、2家,占比分别为65.00%、20.00%、5.00%、10.00%,西部地区法院为成都中院。排名前20的基层法院中,地处中东西部及东北地区的分别有10家、4家、2家、4家,占比分别为50.00%、20.00%、10.00%、20.00%,西部地区法院分别是青海省格尔木市法院、广西壮族自治区桂平市法院(见图3-2)。排名最后10位的高级法院中,地处中、西部及东北地区分别有2家、6家、2家,分别占20.00%、60.00%、20.00%,其中东北东部地区法院为辽宁高院。排名后10位的中级法院中,地处东、中、西部处东北地区的法院分别有4家、1家、2家、3家,分别占40.00%、10.00%、20.00%、30.00%,其中东部地区法院为江苏省无锡中院、河北省邯郸中院、福建省福州中院、河北省石家庄中院。排除7家无独立网站的基层法院,排名最后17位的基层法院中地处中西部及东北部地区的分别有2家、12家、3家,占比分别为11.76%、70.59%、17.65%,其余基层法院集中于宁夏(4家)、黑龙江(3家)、贵州(3家)、陕西(3家)、湖北(2家)、内蒙古(1家)(见图3-3)。总体而言,司法公开表现较好的法院集中于东部地区,西部地区中四川法院表现较好,东北部地区的辽宁法院相对较差。

---

① 依据国家统计局关于东中西部和东北地区划分方法。

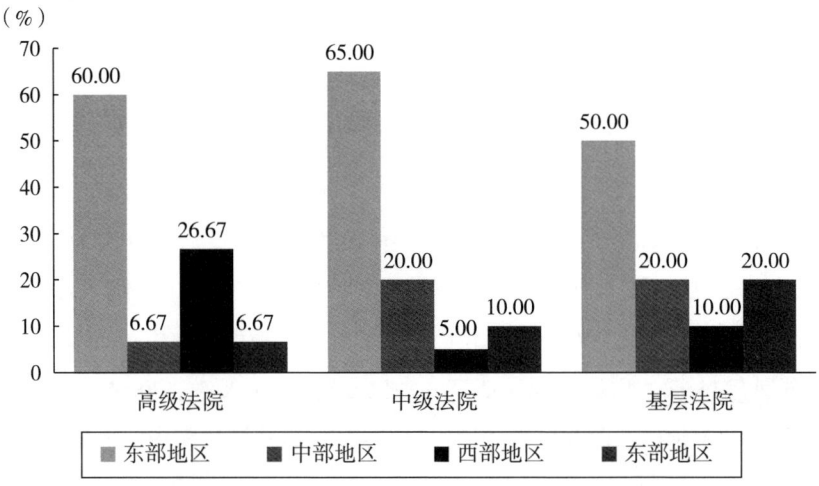

图 3-2　三类法院排名前列地区分布示意图

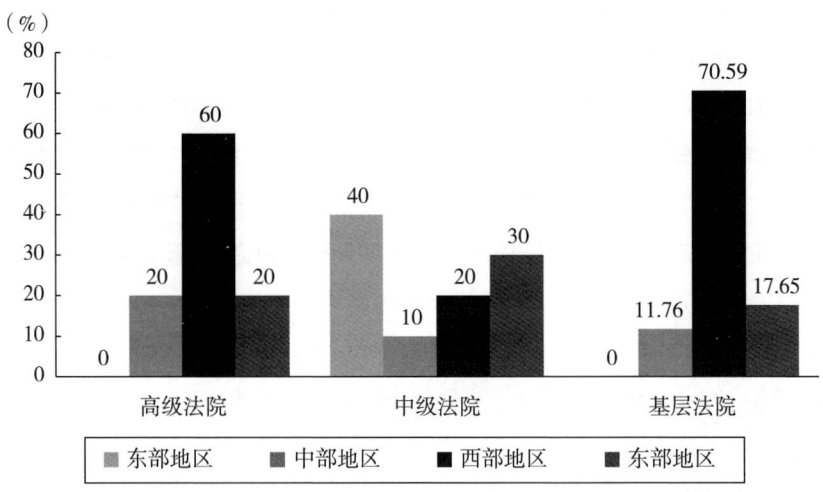

图 3-3　三类法院排名居后地区分布统计图

第四，司法公开与当地经济发展不匹配仍然明显。本次评估排名与各地法院所在地区 2020 年国内生产总值（GDP）排名比较显示，司法透明度指数排名落后于国民生产总值排名 10 位以上的分别有 5 家高级法院、11 家中级法院、44 家基层法院，占比分别为 15.62%、22.45%、37.61%，见图 3-4（基层法院中有 7 家法院无网站、11 家法院未查询到 2020 年国内生产总值数据）。不少经济发展较好的地区需进一步规范司法公开，加强司法建设，助力经济社会发展。

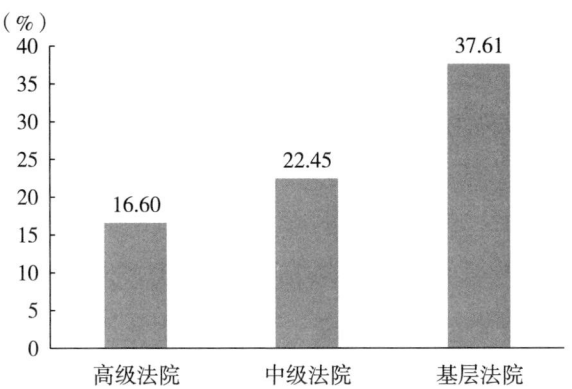

图 3-4　三类法院指数排名低于所在地区 GDP 排名 10 位以上的分布统计图

(二) 各板块评估结果

1. 审务信息公开

审务信息涉及法院基本情况,包括人员信息、名册信息、有关的司法文件等。公开这类信息有助于一般公众和诉讼当事人了解法院概况、方便参与诉讼活动。评估显示,部分法院某些审务信息公开做得较好,如人员信息、名册信息分类公开且较为全面。但总体上审务信息公开不全面、信息更新不及时、网站建设水平不高等现象仍然较为普遍。

(1) 部分法院人员信息分类公开,公开内容全面详细。

评估显示,广州中院人员信息除公开了院领导、行政领导、员额法官、书记员、法官助理和司法警察等评估指标涉及的数据,还公开了廉政观察员信息、公务员招录、员额法官管理、劳动合同制人员招录信息、法律职务任免等人员信息,各类人员情况分类公开,信息全面详细;山东高院人员信息按照院领导、审判委员会、员额法官、法官助理等分类进行公开,同时对专业法官会议组成人员按照刑事、民事分类进行公开;青岛中院专门设置审务公开专栏,除公开了评估指标数据外,还公开了本院司法监督员名单,公开内容详细;吉林高院对法院人员信息能够分类公开,信息公开较为全面;临沂市兰山区法院法官名册以团队形式公布,且公布了联系电话,方便当事人联系。

(2) 部分法院网站建立多样化沟通渠道。

宁波中院网站功能设置齐全,在本院网站提供了公众服务、律师服务和网上信访等渠道，方便与人民群众等沟通；重庆高院设置"院长信箱"专栏，提供了"给最高院留言"和"快速留言"（重庆高院）网上渠道和电子邮箱信息，并在网站上及时公开高院公众留言及院长回复信息。

（3）多家法院统一公开了省级对外委托机构信息平台。

江苏高院、浙江高院、吉林高院、辽宁高院、杭州中院、宁波中院，南京中院、沈阳中院、大连中院、长春中院、抚顺中院、吉林中院等多家法院均在门户网站上提供省级对外委托机构信息平台链接。

（4）人员信息总体公开不理想。

评估显示，人员信息公开总体不理想，其中基层法院总体公开较差。同时公开院领导姓名、职务、法官等级的分别有19家高级法院、24家中级法院、27家基层法院和7家专门性法院，分别占59.38%、48.98%、23.08%、53.85%。同时公开员额法官姓名、法官等级的分别有9家高级法院、23家中级法院、21家基层法院和9家专门性法院，分别占28.13%、46.94%、17.95%、69.23%（见图3-5）。个别法院人员信息公开较少，甚至存在完全未公开的情况。例如，长沙中院、山西高院、抚顺中院、唐山中院等9家法院完全未公开本院人员信息；石家庄中院、长沙中院、本溪中院等未公开业务部门、行政部门领导及员额法官信息。

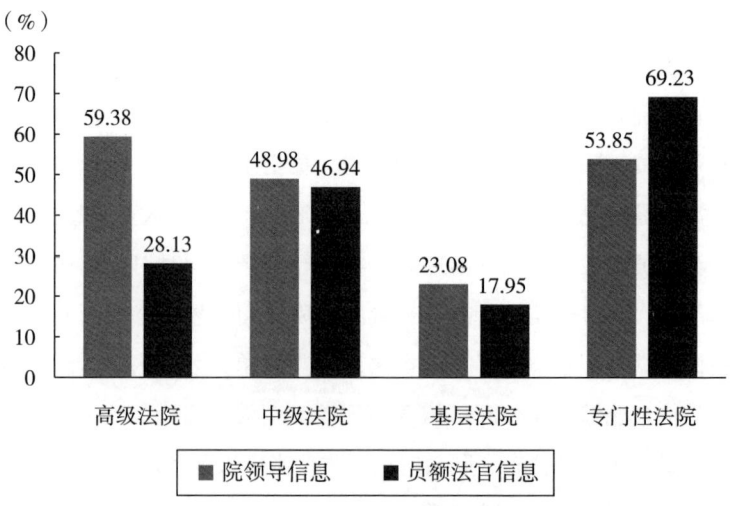

图3-5　2021年各类法院公开院领导信息及员额法官信息情况统计图

(5) 调解名册信息公开不理想

调解名册包括特约调解组织名册和特约调解员名册。2021年，分别有4家高级法院、15家中级法院、16家基层法院和4家专门性法院公开了特约调解组织名册，分别占12.50%、30.61%、13.68%、30.71%；分别有8家高级法院、18家中级法院、16家基层法院和9家专门性法院公开了特约调解员名册，分别占25.00%、36.73%、13.68%、69.23%（见图3-6）。总体而言，专门性法院公开情况最佳，基层法院公开最不理想。

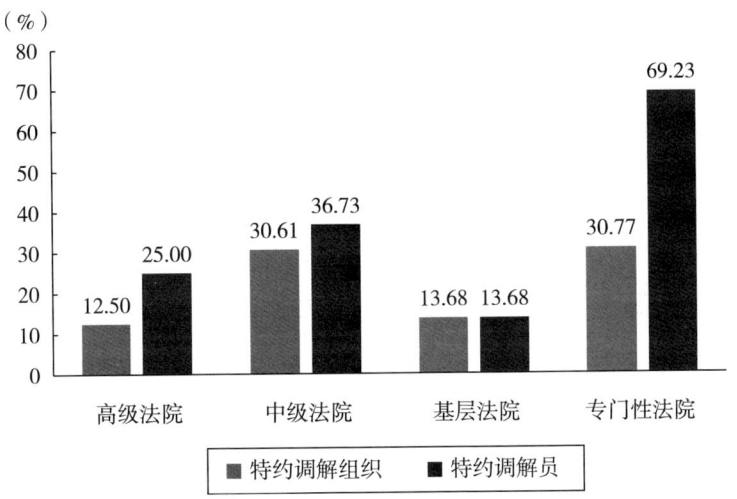

图3-6　各类法院公开特约调解组织和特约调解员信息的情况

(6) 公开渠道和公开内容不统一影响公开效果。

一是公开渠道不统一。多家法院的信息公开在多个网站上。例如，吉林中院公开的内容分散在吉林市中级人民法院官网和吉林市中级人民法院司法公开网站上；重庆高院信息分别公开在重庆法院网、重庆市人民法院公众服务网两个网站上，各自功能分工不明确；河北省、山西省的法院等也存在多个网站分散公开的情况。

二是部分法院的多个网站上公开的人员信息不一致。例如，院领导信息方面，吉林中院门户网站、该院司法公开网和中国审判流程信息公开网上公开的内容均不一致，无法判断实际领导人员信息以哪个网站内容为准。统计显示，各法院自身公开平台与中国审判流程信息公开网公开的领导信息不一致的有23

家高级法院、29家中级法院、35基层法院和6家专门性法院，分别占71.88%、59.18%、29.91%、46.15%；员额法官信息不一致的有16家高级法院、18家中级法院、17家基层法院和6家专门性法院，分别占50.00%、36.73%、14.53%、46.15%。

（7）不少法院公开平台运行不畅。

公开平台运行畅通是确保公众有效查询信息的基础，是依托互联网为公众提供高质量司法服务的保障，但评估显示，不少法院的公开平台运行不畅。评估期间，大连中院的网站无法打开，经大连市政府门户网站、辽宁省高院门户网站及百度搜索均无法进入；浙江高院网站提供的浙江诉讼服务网链接存在打不开的情况；南京中院网站稳定性差，经常出现无法打开的现象；贵州高院门户网站长期处于维护状态。网站部分功能存在不能正常使用问题，如河南高院检索功能无法按标题、正文或者相关度进行筛选；洛阳中院网站首页"我的案件""网上缴费""终本案件查询"等栏目打不开，不能正常使用；安徽高院网站搜索功能不稳定，评估过程中多次出现系统崩溃情况。

2. 审判信息公开

审判业务是法院工作的核心，审判信息公开既是为了保障当事人的各项诉讼权利，使其明明白白"打官司"，又是为了给一般公众了解和监督法院权力运行提供条件，因此，其核心包括诉讼指南、审判流程、庭审、裁判文书、案件信息等的公开。评估显示，审判信息公开总体平稳，各级法院加大了对多元纠纷化解指南的公开，但诉讼指南、文书公开、庭审公开仍有提升空间。

（1）多家法院建设多元化解纠纷渠道。

调研发现，部分法院建立了各类多元化解纠纷渠道。分别有12家高级法院、14家中级法院、21家基层法院和7家专门性法院对诉前调解机制进行了说明，分别占37.50%、28.57%、17.95%、53.85%。例如，山东高院、青岛中院、淄博中院建立了道路交通事故损害赔偿纠纷网上数据一体化处理平台，开通在线调解、视频调解通道，解决多发的道路交通损害纠纷，同时淄博中院开设"我要调解"专栏；青岛中院提供了涉外纠纷多元化解网站，为解决涉外纠纷提供专门化平台；上海高院开通了"多元解纷"渠道，链接到上海法院诉讼服务网；浙江高院提供了全国法院道路交通事故纠纷诉前调解平台、在线矛纠纷多元化解平台，同时平台配发了多类型的矛盾纠纷案例、智能化服务产品，帮助当事人了解多元解纷等等。在多元解纷的法律规范方面，山东高院还针对诉前调解出台了规范性文件，规范本省非诉讼纠纷解决机制，对多元化解纠纷（概念、范围、程序）等说明比较全面；南京中院、广州中院、深圳中院等设置诉前联调专栏，公开了调解相关规则和说明。

（2）庭审走向线上，庭审公开水平提升。

多家非互联网法院开通了互联网法庭渠道，庭审逐步走向线上，多家法院提供了省级庭审直播公开平台，如辽宁高院提供了互联网庭审云平台；河南高院建立了庭审直播网，同时网站右侧设有热点话题和点击排行榜。

（3）部分法院诉讼服务公开全面、文书样式齐全。

部分法院诉讼指南的公开全面且分门别类，方便当事人查找所需信息。例如，广州中院在案件管辖方面不仅公开本院的管辖范围，同时公开了本院管辖负面清单，明确划定了本院管辖的权力范围；淄博中院诉讼文书样式齐全，而且分类清楚。昆明市西山区人民法院各类文书模板十分齐全；上海市浦东新区法院诉讼指南中文书样式十分齐全；天津市河西区法院诉讼服务中有法律问答栏目；成都市郫都区法院有人民法院电子证据平台；张掖市甘州区法院挑选了部分精品裁判文书进行公开；南宁市青秀区法院针对网络立案出台指南。

（4）诉讼指南准确性通俗性仍不理想。

评估显示，分别有13家高级法院、21家中级法院、62家基层法院和2家专门性法院的诉讼指南存在不同程度的内容错误，分别占40.63%、42.86%、52.99%、15.38%。比较常见的是沿用已经被修改的法律规定，将诉讼时效弄错，还有的法院照搬其他地区法院的诉讼指南。此外，部分法院对诉讼指南的描述仍然照搬法律条文，分别有5家高级法院、8家中级法院和15家基层法院，分别占15.63%、16.33%、12.82%。

（5）保障公众旁听案件仍待提升。

虽然庭审直播或者录播已经较为普及，但对于一些公众感兴趣的案件仍应当允许旁听，这是保障公众参与庭审活动的重要形式。但评估显示，仅有3家高级法院、12家中级法院、13家基层法院和3家专门性法院公开了本院的旁听规则，分别占9.38%、24.49%、11.11%、23.08%；分别有4家高级法院、5

家中级法院、10家基层法院和3家专门性法院提供了在线预约旁听功能,分别占12.50%、10.20%、8.55%、23.08%。

(6)裁判文书公开情况仍有待改善。

评估显示,各法院以"其他"理由不公开裁判文书的比例仍然不低。根据219家法院(含最高人民法院及前述无网站基层法院)2021年1月1日至9月30日上网公开的裁判文书信息显示,不公开裁判文书全文、仅公开有关信息项的有608,408件,占比22.80%,以"其他"理由不公开全文的有234,267件,占不公开全文的裁判文书总数的38.50%。其中,11家法院完全未涉及"其他"事由,就"其他"事由占比分布而言,小于等于10%的有80家法院,占36.53%;大于10%小于20%的,有20家法院,占9.13%;大于20%小于30%的,有17家法院,占7.76%;大于30%小于40%的,有24家法院,占10.96%;

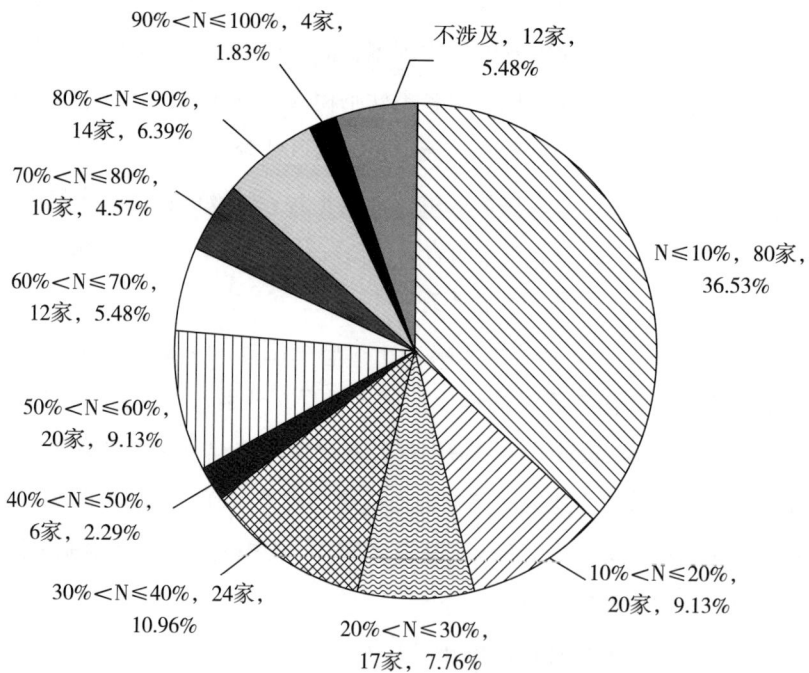

注:"N"代表以"其他"理由不公开裁判文书与全部裁判文书信息的比例;"不涉及"是指相关法院在该时间段不存在未公开裁判文书全文的情况。

图3-7 2021年1月1日至9月30日上网发布的裁判文书中以"其他"理由不公开全文比例情况统计图

大于 40% 小于 50% 的，有 6 家法院，占 2.29%；大于 50% 小于 60% 的，有 20 家法院，占 9.13%；大于 60% 小于 70% 的，有 12 家法院，占 5.48%；大于 70% 小于 80% 的，有 10 家法院，占 4.57%；大于 80% 小于 90% 的，有 14 家法院，占 6.39%；大于 90% 小于 100% 的，有 4 家法院，占 1.83%；不涉及此问题的有 12 家法院，占 5.48%（见图 3-7）。总体而言，适用"其他"条款不公开裁判文书的比例仍然不低，应当研究如何进一步细化和明确不公开裁判文书的理由。

统计分析裁判文书公开情况有助于加强对裁判文书公开的管理，裁判文书对社会公开则有助于加强自我监督。但评估显示，仅有 6 家高级法院、5 家中级法院、5 家基层法院和 2 家专门性法院发布了相关统计数据，分别占 18.75%、10.20%、4.27%、15.38%；仅有 2 家高级法院、2 家中级法院和 1 家基层法院发布了统计分析报告，分别占 6.25%、4.08%、0.85%。

作为反向推动裁判文书公开的措施，各级法院应当公开不上网裁判文书的案件号、案由、不公开理由等信息。但评估显示，仅有 4 家高级法院、12 家中级法院、7 家基层法院和 3 家专门性法院公开了此类信息，分别占 12.50%、24.49%、5.98%、23.08%，且其中有的法院仅公开了部分内容或者公开不规律，其余法院则未专门在本院网站公开此类信息。

（7）重大案件信息及以案释法信息公开仍待优化。

公开本院审理的重大案件或者社会关注度高的案件审判信息，有助于及时回应社会关切、引导社会舆论，并有效践行"谁执法、谁普法"的普法宣传要求。评估显示，仍有部分法院公开重大案件信息不到位，仅有 13 家高级法院、23 家中级法院、38 家基层法院和 5 家专门性法院在本院网站公开了审理的重大案件信息，分别占 40.63%、46.94%、32.48%、38.46%。

针对本院审理的一些典型案件，发布以案释法类信息，同样有助于明确裁判规则和行为准则，回应社会关切，以警示信息形式提示公众，是落实"谁执法、谁普法"要求的重要形式。评估显示，此类信息发布情况好于重大案件信息，有 28 家高级法院、32 家中级法院、56 家基层法院和 7 家专门性法院公开了此类信息，分别占 87.50%、65.31%、47.86%、53.85%。

另外，项目组仅能查询到少数法院重大案件或以案释法类案件相关的庭审信息及裁判文书信息，配套信息公开不到位。

3. 执行信息公开

切实解决"执行难"是维护司法公正、确保司法权威、保障人民群众切身利益的关键，公开有关执行信息，有助于监督执行工作、发动社会力量实现"执行难"共治效果。

评估显示，多家法院定期发布典型的执行案件信息。例如，山东高院公开了执行案件相关信息，同时发布了多起打击拒执行为典型案例；江苏高院发布了《2020年江苏法院破产审判典型案例》；吉林中院公开多起执行工作典型案例。

有的法院注重发布执行案件统计数据及相关分析。例如，在破产案件信息方面，海口中院网站设立了"破产公开"专栏，定期公布破产公告及案件数据。南昌市东湖区人民法院网站公布了失信被执行人、执行案件的数据统计信息、执行案件特征分析等信息。

但总体而言，不少执行信息公开还不到位。例如，仅有1家高级法院、5家中级法院、5家基层法院和4家专门性法院公开了本院办理的终结本次执行程序案件清单；仅有12家高级法院、27家中级法院、50家基层法院和4家专门性法院专门或者在有关公告中披露了执行案件线索的举报渠道。其他大部分执行惩戒结果信息没有在本院网站集中公开。

4. 司法数据公开

司法数据产生于人民法院审判执行过程中，既是人民法院履行审判职能的重要体现，也是社会发展、社会治理成效的"晴雨表"。公开司法数据是法院司法公开的重要方面，既是法院内部精细化管理的表现，也方便公众了解法院、监督法院、助力社会治理。

（1）财政预决算信息与工作报告公开相对较好。

财政预决算信息与工作报告公开工作开展较早，公开效果总体相对较好。评估中通过各种渠道检索到30家高级法院、46家中级法院、93家基层法院、10家专门性法院的本年度财政预算信息，分别占93.75%、93.88%、79.49%、76.92%；29家高级法院、41家中级法院、77家基层法院、10家专门性法院公开了上一年度财政决算信息，分别占90.63%、83.67%、65.81%、76.92%；

29 家高级法院、41 家中级法院、77 家基层法院、10 家专门性法院公开了上一年度三公经费决算信息，分别占 90.63%、83.67%、65.81%、76.92%（见图 3-8）。

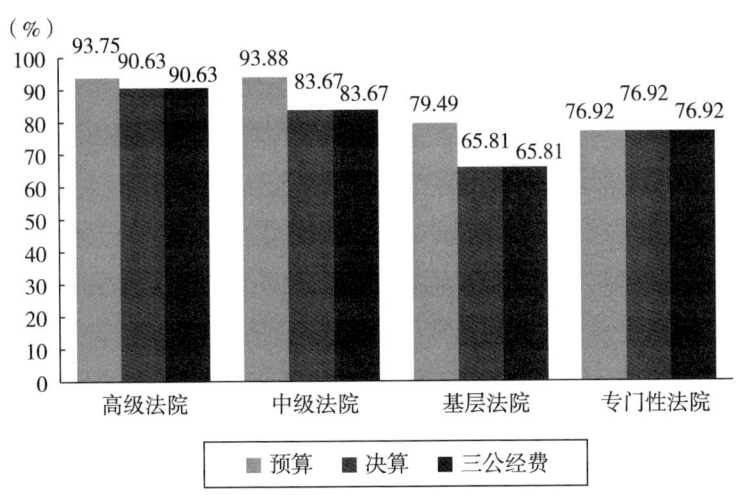

图 3-8　2021 年各类法院公开财政经费信息的情况

（2）部分法院公开了司法实证调研数据。

人民法院撰写发布的实证调研或者数据分析报告往往是对有关领域的案件情况、审理情况的分析总结，是了解特定地区、特定领域社会发展、司法裁判规则的有效渠道。评估发现，多家法院在门户网站上发布了基于本院案件调研数据的实证研究报告，例如，吉林高院发布了《吉林省危险驾驶犯罪分析》；广州中院发布了《关于破产财产处置的司法统计分析报告》。另外，部分法院发布了本院的数据分析报告，例如，吉林中院审务信息专栏发布了《浅析东北地区营商环境与法治环境的关系——法院视角下的营商环境与法治环境》《吉林市两级法院 2021 年上半年司法公开情况分析报告》《关于进一步提升吉林中院司法透明度指数评估得分的工作建议（2020 年度）》等。

（3）个别法院不断完善涉案款物、诉讼费收退公开。

评估发现，近年来财务数据评估指标中财政预决算、"三公"经费的公开整体情况较好，涉案款物、诉讼费收退方面一直公开不到位，但也有部分法院这两个方面都相对较好。例如，吉林中院在门户网站设置了诉讼费收缴信息、涉案款物公开专栏进行公开；青岛中院门户网站的数据公开专栏设置专栏并按季度进行公开；宁波中院的涉案款物信息专栏按月进行公开。

（4）法院工作报告公开情况不理想。

法院在当地人民代表大会上所做的工作报告经审议后应向社会公开。但检索各法院自身公开平台、其他各类公开渠道发现，仍有不少法院未能公开，尤其是基层法院最不理想。评估中通过各种渠道检索到22家高级法院、30家中级法院、32家基层法院的2021年工作报告全文，分别占68.75%、61.22%、27.35%。

（5）诉讼费收缴与涉案款物信息公开不理想。

评估显示，仅有3家中级法院和1家基层法院公开了诉讼费收缴信息，仅有2家中级法院和1家基层法院公开了涉案款物信息。

（6）司法数据公开普遍较为滞后。

公开司法办案数据及分析报告有助于社会了解法院工作情况，尤其是一些案件审理的调研统计分析也有助于推动社会治理，但评估显示，司法数据公开总体不理想。仅有8家高级法院、14家中级法院、5家基层法院和3家专门性法院公开了本院的司法统计数据，分别占25.00%、28.57%、4.27%、23.08%；仅有4家高级法院、11家中级法院、10家基层法院和6家专门性法院公开了本院收结案数据，且有的仅半年更新一次，分别占12.50%、22.45%、8.55%、46.15%；仅有4家高级法院、4家中级法院和1家基层法院公开了本院的司法大数据分析报告，分别占12.50%、8.16%、0.85%；仅有2家高级法院、6家中级法院、5家基层法院和4家专门性法院公开了与司法审判有关的调研分析报告，分别占6.25%、12.24%、4.27%、30.77%。这表明，各级法院在做好司法审判的同时，还需要进一步加大对数据统计分析、研判力度，并逐步推动此类数据的对外公开。

5. 司法改革信息公开

最高人民法院《关于进一步深化司法公开的意见》明确要求，人民法院应当主动公开人民法院司法改革文件、人民法院重大司法改革任务进展情况、人民法院司法改革典型案例、其他需要社会广泛知晓的司法改革信息。公开司法改革相关信息有助于社会各界有序参与改革进程，有助于确保改革措施的科学性，监督改革措施落实情况。评估显示，除部分法院公开了此类信息外，大多数法院公开不理想。

2021年评估发现以下亮点。首先，多家法院设置司法改革专栏，集中公开有关信息。11家高级法院、18家中级法院、15家基层法院和6家专门性法院在自身公开平台设置了司法改革的专门栏目，分别占34.38%、36.73%、12.82%、46.15%。其次，部分法院公开了新型审判监督机制改革信息。广州中院、汕头中院按照院庭长、法官、法官助理、书记员4类人员分别公开相应的权责清单；南京中院按照院长（副院长）、审判委员会、庭长（副庭长）、执行局局长（副局长）、法官、审判辅助人员分类公开相应权责清单。最后，个别法院公开了司法改革典型案例汇编。例如，青岛中院在司法改革专栏设置了司法改革典型案例栏目，2021年共发布11批179个司法改革典型案例，案例内容涉及全国各地区、法院各种改革举措。

但总体来看，司法改革信息公开不理想。所有评估指标中，仅司法改革重大任务进展情况及立案登记制配套制度公开情况较好。有16家高级法院、18家中级法院、35家基层法院和5家专门性法院公开了本院落实司法改革重大任务进展情况，且主要是以新闻动态类信息发布的，分别占50.00%、36.73%、29.91%、38.46%。有16家高级法院、25家中级法院、17家基层法院和9家专门性法院公开了立案登记制配套制度，分别占50.00%、51.02%、14.53%、69.23%。其余司法改革信息仅有少数法院进行了公开。

（三）存在问题的原因分析

司法公开总体呈现逐步进步的态势，但与上级要求和公众需求的差距也不容忽视。存在问题的原因是多方面的。

1. **认识观念仍待提升**

人民法院审判执行乃至管理活动必须公开、司法公开在推进法院各项工作中的定位，这是司法公开的基础性问题。但各级法院对此问题或多或少存在不准确认识，公开无必要、公开无用处、公开增加工作负担等认识在很大程度上影响各级法院司法公开的积极性和主动性，甚至会因主要领导的更迭或其关注领域的变化而出现显著波动。

2. 相关问题研究不足

司法公开的目的是什么、如何处理司法公开可能带来的社会风险与法律风险、如何协调司法公开与其他法律的关系,对这些问题的研究明显不足,甚至很多问题尚未形成共识,以至于一旦因公开司法信息而引发的负面问题就可能令司法公开备受质疑。特别是随着个人信息保护、数据安全保障相关法治的推进,司法公开如何应对和调适,明显存在理论研究和实践应对不足,以至于司法公开时而高歌猛进、时而停步观望、举步艰难,时而广受赞誉、时而备受争议。

3. 法治化程度不理想

司法公开虽然可以从宪法及诉讼法中寻找到依据,但都极为原则,甚至难以适应当前推进司法改革、提供优质司法服务的需求。长期以来,司法公开的推进主要依靠上级法院的各类文件,法院的公开义务、公开责任并没有固化为具有刚性的制度,很多要求并没有形成硬性规定,大量信息不公开、不全面公开、不按时公开也难以上升到违法乃至追责的程度,而且,司法公开与其他法律的关系也没有理顺,这必然影响司法公开的持续稳定推进。

4. 外部制约机制缺失

司法公开的推进主要依靠内部上级法院对下级法院的指导、要求,甚至是法院自身的重视,公开与否、如何公开、怎样公开,主要是依靠内部监督和自我监督。而作为司法公开最大受益者的案件当事人、社会公众并没有有效的评议、监督渠道,这导致司法公开缺乏足够的外部压力和动力。

(四) 展望

《中共中央关于党的百年奋斗重大成就和历史经验的决议》指出,保障和促进社会公平正义,努力让人民群众在每一项法律制度、每一个执法决定、每一宗司法案件中都感受到公平正义;推进政法领域全面深化改革,加强对执法司法活动的监督制约,严厉惩治执法司法腐败,确保执法司法公正廉洁、高效权威。司法公开是监督司法权力运行的重要手段,在满足案件当事人和社会公众对案件审理、司法权力运行知情需求的同时,宣传普及中国特色社会主义法治体系、取得广大人民群众对司法裁判乃至全面依法治国的高度认同,更是反映当地营商环境的重要指标。因此,应进一步加强和完善人民法院司法公开工作。

1. 加强司法公开研究，形成对司法公开的普遍共识

公开是司法权的本质属性，是司法人权保障的关键环节，是中国司法建设以人民为中心的集中体现，更是司法权力运行必不可少的要素。司法权力运行必然要落实以公开为原则、以公开为常态。以任何理由无视公开、忽视公开都是违背司法规律和人民法院工作职责的。随着社会不断发展、科技不断进步，司法公开必然面临个人信息保护、数据安全保障等一系列挑战，并随社会关系的变化发展而出现各种新问题。因此，应不断加强司法公开的研究讨论，在学术界和实务界形成对司法公开的普遍共识，并落实到实际工作中。

2. 科学定位司法公开，明确司法公开的功能与作用

司法公开的目的在于服务与监督：对案件当事人主要侧重让其了解案件审理进度、自身诉讼权利义务及诉讼风险，对社会公众主要侧重展示人民法院裁判规则、开展普法宣传、提升全民法治意识，同时，无论是个案性公开还是普遍性公开，都兼具监督司法权力运行的目的。司法公开重点不是披露案件当事人信息。应在准确科学定位司法公开功能与作用基础上，研究和完善司法公开的制度设计。

3. 尽快研究推动立法，确保司法公开于法有据、有法可依

建议结合当前诉讼法律制度的不断完善、《个人信息保护法》《数据安全法》等的实施以及近年来司法公开文件制定与落实情况，适时启动司法公开专门立法，明确各级法院公开信息的范围和方式、司法公开与其他法律法规的关系、未有效履行公开义务的法律责任等，确保各项公开需求得到充分的法治保障。

4. 建立外部监督机制，为司法公开提供压力和动力

建议借鉴政务公开推进机制，探索引入社会公众等对司法公开的外部监督机制，允许其因法院司法公开不到位而启动外部监督程序，进一步倒逼各级法院做好公开工作。

5. 重点抓好中基层法院，提升广大人民群众的切实感受

中基层法院司法公开效果关系到全国法院司法公开的整体效果，可以借鉴政务公开实行基层政务公开标准化规范化的经验，细化对基层司法公开的指导、监督力度，切实提升人民群众和案件当事人获取基层法院信息的全面性、便

6. 整合司法公开平台，避免多头公开，提升查询便捷度

应明确上下级法院各类公开平台的定位和作用，避免司法信息在上下级法院平台之间无序流动、多头录入数据、相关信息不能自动关联更新等情况发生。避免各法院自身公开平台多头建设，一家法院一个平台，实现信息同源、内容一致。对确需多元平台公开的信息，要建立借助信息化手段自动导出信息、自动匹配关联、自动实现更新的机制，避免因人为因素造成的信息发布不一致。

四、2022年中国司法透明度指数

中国社会科学院法学研究所法治指数创新工程项目组围绕服务诉讼当事人、服务社会治理、服务监督制约3项内容，持续对全国法院开展了司法透明度指数评估。评估显示，各级法院重视司法公开在落实司法职能中的积极作用，重视审判执行和法院管理各类信息的公开工作，但各级法院之间、不同地区法院之间以及法院不同业务之间的司法公开水平仍存在一定的差距，如何统一和明确司法公开标准与要求，以整体提升司法公开工作质量仍然是重要课题。

2022年度的评估对象比2021年度增加了1家，为河南自由贸易试验区郑州片区人民法院。此外，对基层法院中上一年度排名靠后的法院，优先选取2021年度的百强县（市、区）地区①法院予以更换，若相关省内无百强县（市、区），则依据上一年度各省统计年鉴中的GDP排名顺序进行更换，同时尽可能确保每一省份同时有县（市、区）基层法院纳入评估名单。调整后的评估对象为：①各省（自治区、直辖市）高级人民法院以及新疆维吾尔自治区高级人民法院生产建设兵团分院（共32家法院）；②较大的市的中级人民法院（共49家法院）；③北京、上海、广州3家知识产权法院；④北京、杭州、广州3家互联网法院；⑤广东自由贸易试验区南沙片区人民法院、深圳前海合作区人民法院、珠海横琴新区人民法院、四川自由贸易试验区人民法院、重庆自由贸易试验区人民法院、河南自由贸易试验区郑州片区人民法院（共6家法院）；⑥北京金融

---

① 《2021年中国中小城市高质量发展指数研究成果发布》，载《光明日报》2021年09月28日，第16版。

法院、上海金融法院；⑦124家基层法院（新疆维吾尔自治区库车市人民法院、福建省惠安县人民法院、贵州省贵阳市观山湖区人民法院、贵州省遵义市仁怀市人民法院、贵州省毕节市威宁彝族回族苗族自治县法院、贵州省兴义市人民法院的网站在评估期间处于维护状态，实际参与指数排名的为118家法院）。为统计需要，知识产权法院、互联网法院、自贸区法院及金融法院总计14家，简称为"专门性法院"。数据采集时间为2022年6月20日至2022年12月31日。同时，项目组借助技术手段对评估对象网站的有效性、内容准确性等方面进行了技术扫描。

（一）总体评估结果

评估显示，高级法院中排名居前的有：吉林高院、山东高院、广东高院、江西高院、海南高院、天津高院、河北高院、广西高院、浙江高院、四川高院。中级法院中排名靠前的有：广东省广州市中级人民法院、江苏省南京市中级人民法院、广东省汕头市中级人民法院、广东省深圳市中级人民法院、江苏省徐州市中级人民法院、吉林省长春市中级人民法院、广东省珠海市中级人民法院、四川省成都市中级人民法院、吉林省吉林市中级人民法院、浙江省宁波市中级人民法院。专门性法院中排名靠前的有：广东自由贸易区南沙片区人民法院、广州互联网法院、广州知识产权法院、深圳前海合作区人民法院、北京金融法院。基层法院中排名靠前的有：吉林省长春市朝阳区人民法院、吉林省延吉市人民法院、吉林省松原市宁江区人民法院、吉林省前郭尔罗斯蒙古族自治县人民法院、浙江省义乌市人民法院、浙江省杭州市余杭区人民法院、北京市西城区人民法院、安徽省合肥市包河区人民法院、浙江省诸暨市人民法院、青海省格尔木市人民法院。

评估结果显示，2022年全国司法公开工作呈现以下特点。

1. 配合优化营商环境做好司法公开工作

最高人民法院出台《关于为加快建设全国统一大市场提供司法服务和保障的意见》，规定健全完善司法公开制度体系，加大司法公开四大平台整合力度。多家法院设置营商环境相关专栏，如天津高院、辽宁高院、吉林高院、内蒙古高院、湖北高院、河南高院、上海高院、江西高院、海南高院、吉林省吉林市中院、辽宁省大连市中院、内蒙古包头市中院、吉林省长春市中院、陕西省西安市中院、辽宁省抚顺市中院、辽宁省沈阳市中院、广东省珠海市中院、广东省深圳市中院等。辽宁省大连市中院法治化营商环境专栏设置分类细致、合理，包括办理破产、保护中小投资者、执行合同、知识产权等子栏目；吉林省长春市中院还设置了营商环境数据子栏目，对涉及营商环境的数据进行公开；辽宁省沈阳市中院专栏下对各类涉及营商环境的本院文件、操作指引、办理指引、材料清单、实施规范等信息公开充分、集中；江苏省徐州市中院、海南省海口市中院还设置了营商环境问题受理平台。

2. 配合社会治理需求做好司法公开工作

社会治理涉及众多领域，人民法院通过公开相关案件审判信息，引导公众依法维护自身权利，这也是人民法院参与社会治理的重要方式。2022年，针对人口老龄化进程中的社会问题，最高人民法院出台《关于为实施积极应对人口老龄化国家战略提供司法服务和保障的意见》，不但规定加强审判执行助力老年人依法维权，还规定加强老年人权益保障普法宣传，提高老年人运用法律手段保护自身权益的意识，提升老年人识骗防骗能力。评估显示，多家法院设置了"打击整治养老诈骗"专栏，如天津高院、辽宁高院、吉林高院、河北高院、内蒙古高院、新疆高院、青海高院、湖北高院、广西高院、河南高院、海南高院、云南高院、吉林省吉林市中院、内蒙古包头市中院、青海省西宁市中院、陕西省西安市中院、江苏省南京市中院、江苏省徐州市中院等。有24家高级法院、20家中级法院发布了涉及老年人权益保护的典型案例，分别占75.00%、40.82%，其中广东高院2022年度连续发布三批次打击整治养老诈骗典型案例。有11家高级法院、13家中级法院设置了养老诈骗专门举报渠道，如西藏高院、重庆高院、湖北高院、北京高院、天津高院、新疆乌鲁木齐市中院、海南省海口市中院、辽宁省鞍山市中院等。26家高级法院、34家中级法院发布了涉及养老防诈知识的普法信息，分别占81.25%、69.39%。

3. 结合智慧法院建设做好司法公开工作

智慧法院建设将审判执行流程搬至线上，不仅改变了审判执行的场景，也改变了一系列诉讼规则，这必然要通过司法公开为当事人提供更加配套的服务。最高人民法院出台《人民法院在线运行规则》，规定司法公开平台在互联网运行，为诉讼参与人和社会公众提供在线公开服务，确保司法公开平台具备信息公开、信息检索、可视化展现等功能。评估显示，30家高级法院、32家中级法院、76家基层法院设置了本地电子诉讼平台链接，分别占93.75%、65.31%、64.41%。

4. 中基层法院司法公开仍面临较多问题

评估显示，中基层法院司法公开仍然面临较多问题。首先，各级法院均面临司法公开要求落实不到位的问题。从评估指标所涉及内容的公开情况看，最高人民法院各项司法解释中要求公开的内容总体落实还没有达到预期效果，不仅人员信息、名册信息、破产案件信息、任职回避信息、司法数据信息等普遍公开不到位，就连诉讼指南等与法院办案、人民群众参与诉讼直接相关的信息也没有做到应公开尽公开，未能实现高质量公开。其次，中基层法院司法公开短板尤其明显。如后文详细数据所示，大部分指标均呈现高级法院相对较好，中基层法院依次递减等现象，这表明大部分司法公开要求在下级法院的落地情况不够理想。

5. 司法公开的地域性差异仍然较为突出

从评估结果看，司法公开的地域性特点比较明显。首先，司法公开情况与地方经济发展有一定关系，一般司法公开较好的法院多集中于经济发展较好的地区或者东部沿海地区。高级法院中，排名前十的有5家地处东部沿海地区；中级法院中，排名前十的有7家集中于东部沿海地区，其中4家地处广东省；基层法院中，排名前20的法院中，有13家集中于东部沿海地区，主要分布于浙江、北京、天津等地。其次，中基层法院司法公开较好的法院往往与高级法院的排名呈正相关。中基层法院排名靠前的除了集中于经济发展较好的地区这一特点外，还可以发现其所属的上级法院的司法公开排名也相对靠前。吉林省内法院就呈现三级法院司法公开情况均较好的特点，其参与评估的4家基层法院跻身基层法院前四名。这表明，辖区内法院自上而下的指导、管理在弥补地域差异、提升整体司法公开效果方面的作用十分明显。

(二) 各板块评估结果

司法公开是司法改革的重要内容，是维护司法公正、提升司法公信力的重要手段，其有助于服务案件当事人，有助于服务社会治理，有助于服务监督制约。以下从上述三个方面对2022年评估结果做简要分析。

1. 服务案件当事人

人民法院通过司法公开向案件当事人公开参与诉讼活动的依据、指南、流程、结果等，方便其知悉参与诉讼的条件、程序及各类法律风险。本部分指标评估法院公开平台建设情况、法院网站公开情况、名册信息公开情况、诉讼指南配置情况、流程信息公开情况以及执行案件线索举报渠道和执行拍卖信息的公开情况，同时，对破产案件信息公开情况进行简要考察。

（1）多数法院网站平台公开水平较高。

公开平台建设关系到信息化时代的司法公开水平。评估显示，网站配有有效检索功能的有 31 家高级法院、44 家中级法院、105 家基层法院和 11 家专门性法院，各占 96.88%、89.80%、88.98%、78.57%。有 31 家高级法院、42 家中级法院、63 家基层法院和 14 家专门性法院开通了微博、微信等微平台，各占 96.88%、85.71%、53.39%、100%（见图 3-9）。总体而言，高级法院的公开平台建设最好，基层法院最差，这与基层法院网站建设能力较低有关，也与各地多在推行上受网站建设管理权限有一定关系；专门性法院的微平台配置情况好于其他类法院，表明其在设法以新媒体平台弥补网站建设的不足。

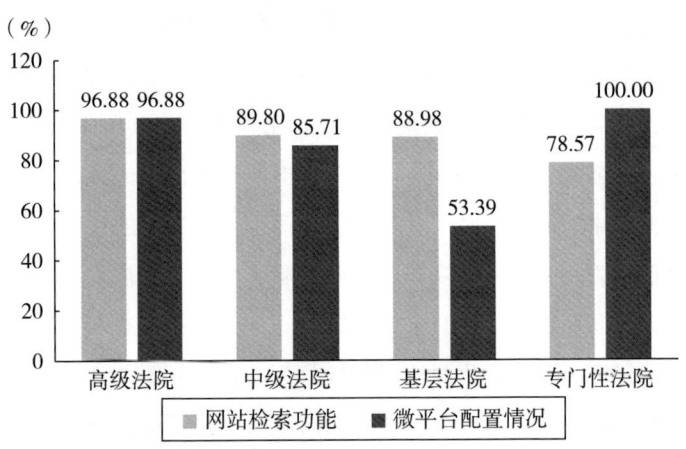

图 3-9 四类法院网站检索功能及微平台配置情况示意图

评估中也发现了一些平台建设的亮点。首先，部分地区法院网站建设统一，易于检索。例如，吉林高院、长春中院和延吉市人民法院的司法公开网采用统一的模式和栏目设置，信息发布也较为一致。其次，部分法院网站设有多种语言版本。有的法院网站支持中、英两种语言，其中，深圳前海合作区人民法院网站设计合理，在正式进入网站首页前就可以选择中文或英文以跳转至专门的页面，布局简洁、便于阅读。西藏高院的门户网站支持汉语与藏语两种语言，方便藏族办事人员通过网站查找信息。最后，部分法院网站运用信息技术，注重智能高效。例如，山东高院网站主页附有智能法律问答、案件分析助理平台，为当事人提供了智能化、便捷高效的诉讼服务。广东省深圳市中院网站首页设有智能法律机器人程序，以智能问答的互动方式为群众答疑解惑。辽宁省法院诉讼服务网配置辽宁法院司法区块链平台，进一步提升信息技术与审判业务、司法公开的融合水平，致力从源头上解决电子数据生成、存储、传输、提取的可信性问题。

在肯定成绩的同时还应看到问题。部分法院网站页面不稳定，网页无法打开、特定时间段无法正常访问等问题多年来未有改观。部分法院网站未配置检索栏目或者检索功能无效，有些法院的检索默认限定时间在一年以内。部分法院网站信息发布随意，网站的栏目分类与具体内容的对应关系混乱。部分网站看似栏目设置完善，但内部空白页面较多，无实质内容。对被评估法院的网站进行技术扫描发现，普遍存在链接错误以及文字表述不准确等内容错误。仅有5家高级法院、15家中级法院、58家基层法院和7家专门性法院的错误链接数量低于10条；所有网站均存在内容错误的问题，错误内容大于等于10条但小于100条的分别有7家高级法院、14家中级法院、34家基层法院和4家专门性法院。

（2）部分法院公开名册信息较好。

公开了特约调解组织名册、特约调解员名册、鉴定机构名册、评估机构名册的高级法院分别有6家、13家、16家、16家，分别占18.75%、40.63%、50.00%、50.00%；中级法院分别有21家、25家、21家、27家，分别占42.86%、51.02%、42.86%、55.10%；基层法院分别有14家、26家、12家、15家，分别占11.86%、22.03%、10.17%、12.71%；专门性法院分别有12家、14家、3家、2家，分别占85.71%、100%、21.43%、14.29%（见图3-10）。

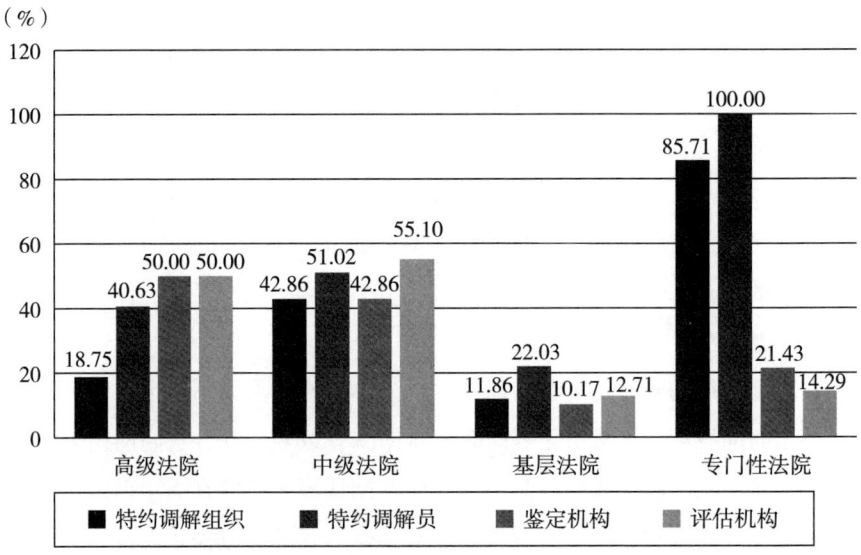

图 3-10　四类法院公开名册信息情况示意图

（3）各类法院注重公开诉讼指南方便当事人参与诉讼。

有 24 家高级法院、40 家中级法院、58 家基层法院和 9 家专门性法院公开了主要案件类型的诉讼指南，各占 75.00%、81.63%、49.15%、64.29%。就所公开的诉讼指南而言，有 27 家高级法院、40 家中级法院、77 家基层法院和 13 家专门性法院公开的诉讼指南未发现明显错误，各占 84.38%、81.63%、65.25%、92.86%。此外，针对电子诉讼逐步推广的形势，有 19 家高级法院、30 家中级法院、19 家基层法院和 9 家专门性法院公开了电子诉讼规则，各占 59.38%、61.22%、16.10%、64.29%（见图 3-11）。

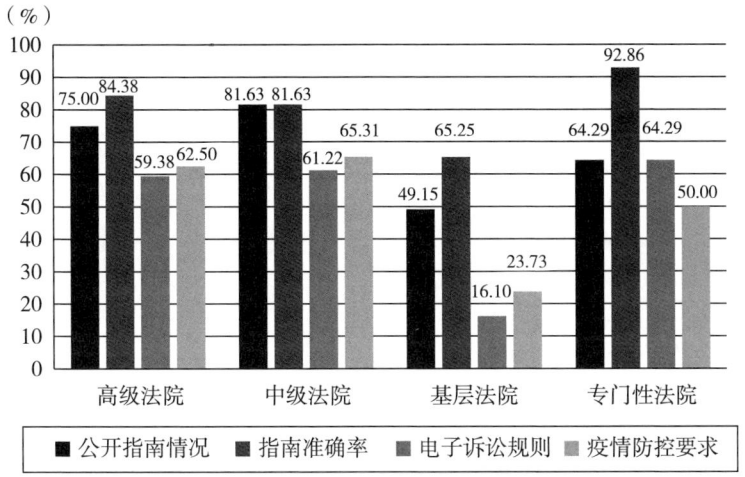

图 3-11 四类法院诉讼指南公开情况示意图

一些法院诉讼指南信息公开全面且针对不同办事事项分类进行公开，方便当事人查找所需信息。例如，天津高院的诉讼指南信息齐全，且特别公开了网上预约立案、互联网阅卷、查阅法院电子档案操作指南；吉林高院的诉讼指南齐全，且通俗易懂，配有各类型案件诉讼流程图；广东高院对诉前调解的程序、范围进行了详细说明；长沙中院的诉讼指南使用通俗化语言，形象描述为"如何打官司"，在内容上，也以第一人称为视角，如"我该如何举证"；珠海中院诉前调解工作指引中文书样式全面；合肥市瑶海区人民法院设有诉讼流程、立案登记流程图；太和县、新郑市人民法院也提供部分案件的诉讼流程图，并且诉讼指南的内容表述便于理解；深圳前海合作区人民法院有汇总版诉讼指南，方便查找；昆明西山区法院的诉讼指南提供文书样式下载，文书种类丰富；格尔木市人民法院的诉讼指南板块公开众多制度性文件；南宁市青秀区人民法院公开了电子诉讼指引，及时推出诉讼服务办事指南；澄迈县人民法院及时发布疫情防控期间诉讼服务事项的通知；厦门中院、沈阳中院在微平台上发布疫情期间全面的诉讼服务指引；江西省南昌县、江苏省江阴市、苏州市吴江区人民法院有专门的诉讼审判服务平台，使得诉讼指引更加便捷。

但诉讼指南的完整度、准确性方面还有很大提升空间。部分诉讼指南和文书模板公开混乱、信息滞后。例如，有的法院公布的指南的时间集中于2008

年，内容更新不及时且内容不清晰；有的法院的诉讼指南没有根据最新法律规定及时更新；有的法院未公开行政诉讼、刑事诉讼的指南，内容不完整；有的法院诉讼指南内容较少，且多为罗列法条。

（4）不少法院重视执行案件线索举报和司法拍卖信息的公开。

有21家高级法院、47家中级法院、51家基层法院和6家专门性法院单独或者在执行公告中公开了执行案件线索举报渠道，各占65.63%、95.92%、43.22%、42.86%。有21家高级法院、31家中级法院、102家基层法院、7家专门性法院通过法院的各类渠道公开了拍卖公告，各占65.63%、63.27%、86.44%、50.00%。多家法院更加重视拍卖信息向社会公开，方便人民群众了解并参与司法拍卖。例如，海南高院及时更新拍卖公告；武汉市江岸区人民法院为司法拍卖设置了专栏；重庆高院提供了所有司法拍卖网站的链接。

但执行信息公开不全面或不及时的问题还比较突出。例如，有的法院网站无执行专栏或者执行信息栏下无内容、部分子栏目内容空白，有的法院未公开具体的执行相关信息，有的法院公开的执行信息长期未更新。

2. 服务社会治理

司法公开直接服务于案件当事人的同时，还有助于助力于社会治理，如法院审判的案件信息公开可以普及法律知识，就一些重大典型案件回应公众关切、加强沟通，人民法院审判执行数据的公开还有助于发挥数据治理的作用。此板块重点关注庭审公开、文书公开、重大案件公开、普法信息公开、执行曝光、工作报告、司法数据及分析报告7个部分。

（1）部分法院庭审信息公开较为完备。

有5家高级法院、12家中级法院、7家基层法院和5家专门性法院公开了旁听庭审规则，各占15.63%、24.49%、5.93%、35.71%；有5家高级法院、3家中级法院、9家基层法院和3家专门性法院旁听庭审采用预约制，各占15.63%、6.12%、7.63%、21.43%；有21家高级法院、25家中级法院、40家基层法院和11家专门性法院公开了庭审预告，各占65.63%、51.02%、33.90%、78.57%。部分法院公开庭审信息较为完备，如南京中院对庭审直播进行统计，分析庭审公开工作情况；湖南省攸县人民法院开庭公告更新及时，且相关信息均为最新日期；湖南省长沙市芙蓉区人民法院开庭公告设计美观且及时更新。福建省厦门市湖里区人民法院对因疫情而延期审理的案件进行了公示,并保持及时更新。

但总体而言,除了庭审直播和录播外,传统的到场旁听庭审相关信息的公开情况还不够理想。

(2)部分法院公开普法类信息情况较好。

法院采取以案释法等方式依法公开普法类信息是落实"谁执法、谁普法"要求的具体体现。评估显示,有 30 家高级法院、37 家中级法院、80 家基层法院和 9 家专门性法院通过网站发布了普法类信息,各占 93.75%、75.51%、67.80%、64.29%。有 28 家高级法院、46 家中级法院、104 家基层法院、13 家专门性法院通过微平台发布普法类信息,各占 87.50%、93.88%、88.14%、92.86%。且有 14 家高级法院、23 家中级法院、28 家基层法院和 9 家专门性法院能做到每周进行更新,各占 43.75%、46.94%、23.73%、64.29%。此外,评估发现,有 29 家高级法院、39 家中级法院、63 家基层法院和 13 家专门性法院采取"以案释法"方式进行普法,各占 90.63%、79.59%、53.39%、92.86%(见图 3-12)。这表明,各级法院尤其是中基层法院普遍重视通过微平台公开普法信息。

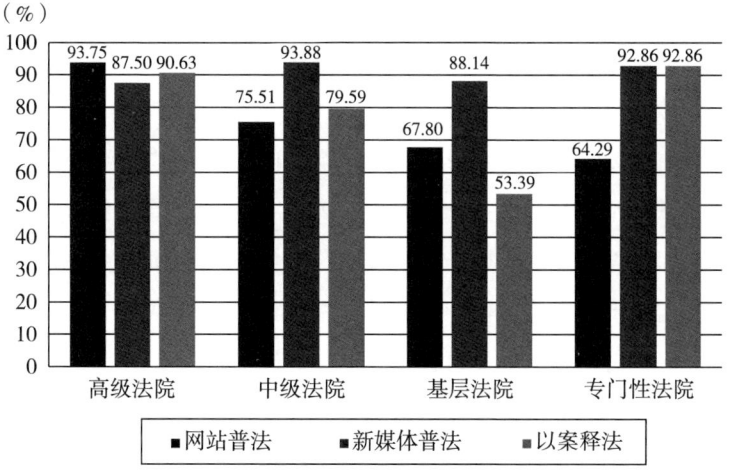

图 3-12 四类法院公开普法信息情况示意图

（3）部分法院公开司法数据情况较好。

一些法院在网站公开了本院收结案相关数据，涉及 6 家高级法院、20 家中级法院、16 家基层法院和 5 家专门性法院，各占 18.75%、40.82%、13.56%、35.71%。其中，个别法院公开得较细致。例如，天津法院诉讼服务网公开了全市本年度各类案件立案数和结案数；吉林高院设置了司法数据专栏，分类清晰，且公开了审判动态实时数据；辽宁省大连市中院的审结案数据按月公开；吉林省长春市中院的司法数据栏目较完善，公开了本院实时收结案动态数据；天津市滨海新区人民法院以可视化图表的形式展示结案等司法数据，可视性得以加强。

部分法院编写和发布司法白皮书的情况较好。有 17 家高级法院、9 家中级法院、13 家基层法院和 13 家专门性法院以全文或者新闻报道的方式公开了上一年度的司法白皮书，各占 53.13%、18.37%、11.02%、92.86%。江苏省高院发布了《江苏环境资源审判白皮书（2019 年—2022 年）》《江苏法院禁毒工作白皮书（2017—2021）》；山东省青岛市中院发布了《青岛预防未成年人犯罪白皮书（2017—2021）》《公司类纠纷审判白皮书（2019 年—2021 年）》《建设工程案件审判白皮书（2019 年—2021 年）》；广东省珠海市中院发布了《珠海市中级人民法院行政程序司法审查白皮书》；上海市虹口区人民法院发布了《金融审判白皮书（2012 年—2022 年）》；重庆市渝北区人民法院发布了《环境资源审判白皮书（2011—2021)》等。

此外，有法院在官网上发布了基于本院案件调研的司法实证分析报告。例如，广东省珠海市中院公布了《珠海法院 2025 年审执工作态势分析》《珠海城中村土地买卖、合作建房及拆迁补偿权益分配实务问题研究》《关于探索建立破产审判权与破产事务管理权分离机制的调研报告》等。

但是，多元解纷数据公开情况整体不佳。仅广东省广州市中院、汕头市中院、北京市西城区人民法院等数家法院公布了多元解纷数据相关信息。部分法院这一方面数据公开位置混乱，不便查找。

3. 服务监督制约

公开有助于规范权力运行。本部分重点考察人民法院公开其司法改革信息、人员信息、财务数据信息，同时，对任职规避情况、司法建议发出情况、人大代表建议和政协委员提案办理结果的公开情况进行了观察。

（1）不少法院司法改革信息公开全面细致。

部分法院司法改革栏目信息完善，栏目设置科学、明确，如深圳前海合作区人民法院、汕头市中级人民法院、广州市中级人民法院等分别设置"重大改革任务进展""新型审判监督机制改革""立案登记配套制度""律师权益保障"等子栏目。有16家高级法院、20家中级法院、15家基层法院和7家专门性法院在门户网站设置了司法改革的专门栏目，各占50.00%、40.82%、12.71%、50.00%。有23家高级法院、39家中级法院、46家基层法院和13家专门性法院公开了司法改革重大改革进展，各占71.88%、79.59%、38.98%、92.86%。但司法改革专栏建设不全面的现象还较为普遍，大部分法院网站不设司法改革专栏，部分法院即使有司法改革专栏，但存在公开信息不全面或者更新不及时现象。

（2）一些法院不断完善涉案款物、诉讼费收退情况公开。

财务数据评估指标中财政预决算、"三公"经费的公开整体情况较好。公开本年度财政预算的有31家高级法院、48家中级法院（其中2家公开在相关政府网站）、96家基层法院（其中19家公开在相关政府网站）、12家专门性法院，各占96.88%、97.96%、81.36%、85.71%；公开上年度财政决算的有30家高级法院、46家中级法院（其中1家公开在相关政府网站）、86家基层法院（其中13家公开在相关政府网站）、13家专门性法院，各占93.75%、93.88%、72.88%、92.86%；公开本院上年度"三公"经费决算信息的有31家高级法院（其中1家公开在相关政府网站）、43家中级法院、85家基层法院（其中12家公开在相关政府网站）、12家专门性法院，各占96.88%、87.76%、72.03%、85.71%（见图3-13）。

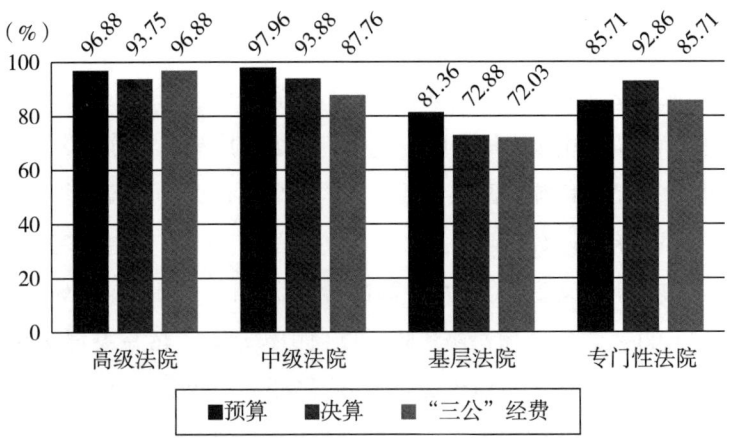

图 3-13 四类法院公开财务数据的示意图

涉案款物、诉讼费收退方面一直公开不到位，本次评估发现部分法院就此顽疾采取了一定有效措施。有 1 家高级法院、10 家中级法院、2 家基层法院和 1 家专门性法院公开了涉案款物信息；有 9 家中级法院、3 家基层法院和 2 家专门性法院公开了诉讼费收退方面的信息。其中，广东省广州市中院、广州市越秀区人民法院按月公开本年度涉案款物数据、诉讼费收退情况；广东省珠海市中院的公开内容中包含了具体案件的案号。

(3) 部分法院网站人员信息公开全面详细。

公开法院人员信息方便案件当事人了解承办案件的干警情况，也有助于社会公众监督。但人员信息公开总体不够理想。以员额法官信息的公开情况为例，有 13 家高级法院、20 家中级法院、30 家基层法院和 10 家专门性法院公开了员额法官姓名，各占 40.63%、40.82%、25.42%、71.43%；有 8 家高级法院、20 家中级法院、21 家基层法院、9 家专门性法院公开了其法官等级，各占 25.00%、40.82%、17.80%、64.29%（见图 3-14）。

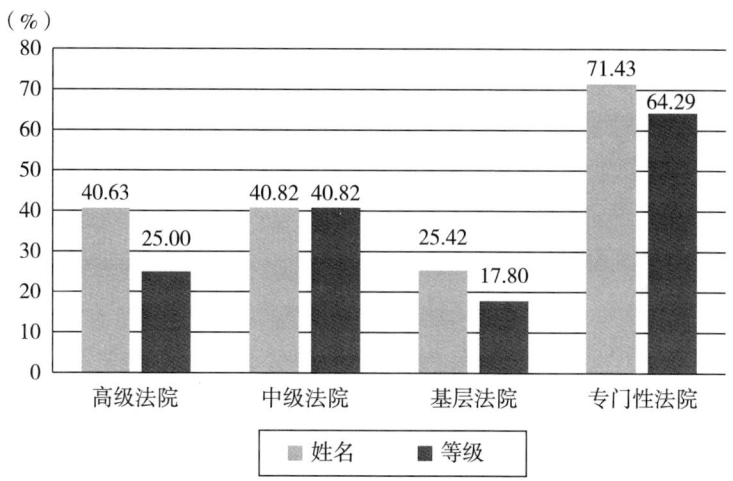

图 3-14 四类法院员额法官信息公开情况示意图

部分法院在人员信息公开方面做得较好。例如，广东省广州市中院还额外公开了法官助理和书记员的编制情况；陕西高院、湖北高院历届院长信息公开非常全面；广东高院领导信息、员额法官信息全面公开；新疆维吾尔自治区乌鲁木齐中院公布的名单可以按照内设机构选取，且图像清晰、布局合理，便于查看；山东省青岛市中院公开了司法监督员名单。

（4）中级法院公开法院干警任职回避信息相对全面。

评估显示，有 2 家高级法院、11 家中级法院、3 家基层法院和 4 家专门性法院公开了本院干警的任职回避信息，中级法院的公开情况明显好于高级法院和基层法院。4 家专门法院分别是广州知识产权法院、广州互联网法院、深圳前海合作区人民法院、广东自由贸易区南沙片区人民法院，广东省广州市中院辖区法院的表现较为抢眼。

（5）一些法院公开了本院发出的司法建议信息。

向有关部门发出司法建议是人民法院参与社会治理、依法监督有关方面工作的重要形式，公开本院做出的司法建议有助于接受社会监督。评估显示，有 3 家高级法院、17 家中级法院、7 家基层法院和 4 家专门性法院在门户网站设置了司法建议的专门栏目，各占 9.38%、34.69%、5.93%、28.57%。有 3 家高级法院、6 家中级法院、12 家基层法院和 1 家专门性法院公开了本年度发出的司法建议信息，其中有 3 家高级法院、6 家中级法院、6 家基层法院和 1 家专门性法院披露了司法建议的内容,各占9.38%、12.24%、5.08%、7.14%。

(6) 个别法院公开了代表委员建议提案办理情况。

法院公开本院针对人大代表提出的建议和政协委员提出的提案的办理情况,一方面,是对人大代表和政协委员的积极回应,也是对社会关切的积极回应;另一方面,也是接受社会监督的重要方面。有6家高级法院、9家中级法院、2家基层法院公开了此方面的信息,总体来看,仍有极大提升空间。

(三) 展望

党的二十大报告指出,公正司法是维护社会公平正义的最后一道防线,要规范司法权力运行,强化对司法活动的制约监督,促进司法公正。长期以来,司法公开是我国司法改革的重要内容,是维护司法公正、提升司法公信力的重要路径。2022年中国司法公开继续稳步推进,但距离更好、更全面满足人民群众的各项需求,更强、更有效地实现司法公开各项目标还有差距。今后,司法公开仍然需要从多角度发力。

首先,应继续加大司法公开的研究。应明确探知司法公开的需求,分析各项司法信息数据公开后的风险,借此厘清司法公开在新形势下的功能定位、公开与不公开的边界、面对不同对象和不同场景的公开要求等。最为迫切的是将司法公开置于司法活动整体之中,在追求公平正义的统一目标下进行审视。应进一步加强对司法公开正当性、必要性的理论阐释,同时站在超越个案语境的维护公民信息权利、社会稳定、国家安全的更加宏观公平正义的高度,对司法公开的边界与形式进行不懈的讨论与改进。

其次,统一对司法公开的认识。人民法院审判执行乃至管理活动必须公开、司法公开在推进法院各项工作中不可或缺,这是司法公开的基础性问题,应通过宣传、培训,逐步统一各级法院对此问题的认识,消除公开无必要、公开无用处、公开增加工作负担等的错误认识。对于影响司法公开工作的重大决策应及时向公众作出说明,必要时采取交互问答方式加强同公众的交流,以争取广泛理解与社会支持。

再次,积极推动司法公开的法治化。除了不断完善司法公开的各项司法解释外,还应该逐步整合散见于各项司法解释中涉及司法公开的内容,系统规定司法公开的主体、内容、方式、责任,并逐步推动将相关规定上升为国家法律,加大对司法公开的推进力度。

第四章

检务透明度指数

一、检务透明度指数概述

最高人民检察院构建了检务公开的制度体系和公开机制,以规范性文件形式,对案件信息公开的范围、程序、监督保障等作出明确规定。例如,《关于在全国检察机关实行"检务公开"的决定》(1998年)、《人民检察院"检务公开"具体实施办法》(1999年)、《关于进一步深化人民检察院"检务公开"的意见》(2006年)、《人民检察院刑事申诉案件公开审查程序规定》(2011年)、《最高人民检察院关于行贿犯罪档案查询工作的规定》(2013年)、《最高人民检察院关于加强新形势下检察新闻宣传工作的意见》(2014年)、《职务犯罪大要案信息发布暂行办法》(2014年)、《最高人民检察院新闻发布会实施办法》(2014年)、《关于进一步加强检察媒体管理的通知》(2014年)、《检察政务微博管理暂行办法》(2014年)、《最高人民检察院关于全面推进检务公开工作的意见》(2015年)、《最高人民检察院关于人民监督员监督工作的规定》(2015年)、最高人民检察院《人民检察院案件流程监控工作规定(试行)》(2016年)、《人民检察院刑事诉讼规则》(2019年)等都提及推进检务公开工作。最高人民检察院《2018—2022年检察改革工作规划》要求"深化检务公开,接受社会监督",包括"完善法律文书和案件信息公开范围,发布典型案例,公开检察建议"等。

中国社会科学院法学研究所法治指数创新工程项目组于2012年研发了中国检务透明度指标体系,按照一定的标准在全国选取检察院进行评估,旨在推动检务公开从侧重宣传的一般事务性公开向案件信息公开转变、从司法依据和结果的静态公开向办案过程的动态公开转变、从单向宣告的公开向双向互动的公开转变。

2020年度、2021年度评估指标保持基本一致,个别三级、四级指标细项有所增删,并相应调整权重。2022年评估指标进行了一些调整,主要包括以下方面(见表4-1)。部分指标引导检察机关做好检务公开的观察之用,未计入最终得分。一是精简检务指南纳入新增的检察基础信息公开板块。考虑到国家法律法规数据库的完善,内容全面覆盖宪法、法律、行政法规、监察法规、司法解释和地方性法规,且最高人民检察院、各省级检察院办事指南已能提供足够指引;在联系检察院方面,12309中国检察网提供"我要找检察院"的板块,可以联系到全国任何一家检察机关。为此,对检务指南、权利义务须知的全面深入测评的意义下降,项目组不再将检务指南作为板块保留,其内容大幅精简。由此,将往年的基本信息、检务指南板块予以简化整合,合并为检察基础信息。二是增加检察新媒体方面的要求。在门户网站和新媒体基本要求方面,借鉴了国务院办公厅制定出台的《政府网站发展指引》《政府网站与政务新媒体检查指标》和《政府网站与政务新媒体监管工作年度考核指标》。在定位上,充分考虑其功能的多样性和复合性。在点对面的传统公开机制基础上,将解读回应、检察服务、互动交流等纳入在内。在渠道平台方面,除了检察院自身门户网站,集约化的12309中国检察网之外,增加了新媒体相关的指标要求。考查各级检察机关通过抖音、微信、微博等新媒体推进检务公开和提供检察服务的情况。三是新增"检察重点工作"的二级指标。结合党中央和最高人民检察院对检察工作的定位、安排和要求,将各级检察机关重点工作的贯彻落实及其公开情况,纳入评估范围。内容涉及扫黑除恶、食品药品监管、生态环境保护、个人信息保护、未成年人检察、惩治涉老诈骗防范、司法体制改革推进等。

表 4-1 中国检务透明度评估指标体系

板块	指标
1. 检察基础信息（20%）	1.1 网站建设
	1.2 检察新媒体
	1.3 机构设置
	1.4 人员信息
	1.5 检察指南
	1.6 新闻发布会
	1.7 网上咨询平台
2. 检察活动（30%）	2.1 各类法律文书
	2.2 重要案件信息公开
	2.3 公开审查与公开听证
3. 统计总结（20%）	3.1 工作报告与专题报告
	3.2 财政预决算与三公经费
	3.3 办案业务数据公开
	3.4 文书公开统计情况
4. 重点工作（30%）	4.1 食品药品监管
	4.2 扫黑除恶
	4.3 惩治涉老诈骗
	4.4 未成年人检察
	4.5 生态环境保护
	4.6 优化营商环境
	4.7 个人信息保护
	4.8 司法体制改革
	4.9 其他重点工作

二、2020 年中国检务透明度指数

中国社会科学院法学研究所法治指数创新工程项目组在以往年度测评基础

上，进一步调整完善指标及权重，对最高人民检察院，32个省、自治区、直辖市的省级人民检察院（含新疆生产建设兵团人民检察院）和49个较大的市人民检察院的检务公开进行第三方评估。评估结果显示，2020年，检务公开稳中有升。在中央要求和最高人民检察院指引下，检察院基本信息、检务指南、检察法律文书、各类报告等公开日益常态化，新类型文书、活动和数据的公开探索较为多见。可以预期，检务公开即将迎来质的跃升，今后必将迈向全面公开透明，走向制度化和标准化。

（一）总体表现

2020年度的评估显示，60分以上的检察机关，首次达到22家。其中，如将网站无法打开的甘肃省兰州市人民检察院排除在外，基本信息和统计总结两个板块，平均得分已超过及格线。统计总结板块的平均得分，更是超过70分；统计总结板块80分及以上的已过半数，为45家。这表明，包括工作报告、专项报告、预决算和三公经费等财政信息，检察业务数据公开，已日渐入脑入心，成为各地检察机关的规定动作。值得注意的是，不论是经济发达的长三角、珠三角地区，还是经济社会相对欠发达的地区，均有一些检察机关在检务公开方面取得显著成效。由此可见，在中央高度重视和最高人民检察院引领指导下，检务公开全国均进步显著；但也应看到，地方是否重视检务公开在优化营商环境与民生保障中的作用，是否采取有效措施推进检务公开，影响甚巨。

（二）发现亮点

第三方评估结果显示，2020年度中国检务公开水平有所加强。基本信息、检务指南、工作报告与专项报告、各类数据相比往年具有显著进步，重要案件信息公开、法律文书公开已逐步成为各级检察机关的常规公开动作。

1. 公开渠道畅通多样化

最高人民检察院、32家省级人民检察院和49家较大的市人民检察院均开通了门户网站。① 检察机关门户网站与新媒体衔接较好。门户网站上提供官方微博链接且可以打开的，分别有30家省级人民检察院和45家较大的市人民检察院；门户网站上提供微信二维码、链接且可以打开的，分别有28家省级人民

---

① 应注意到，在评估期间，甘肃省兰州市人民检察院的门户网站首页无法打开，导致评估无法开展。

检察院和45家较大的市人民检察院。由此可见，除个别检察院之外，门户网站与政务新媒体对接顺畅。

在官方微博更新度上，以2020年10月17日修订的《未成年人保护法》进行验证。修订后的《未成年人保护法》在社会保护、司法保护等板块大量规定了检察机关的职责。项目组观察发现，发布本次修订法条或新闻的省级人民检察院官方微博共27家，较大的市人民检察院官方微博共31家；分别有5家省级人民检察院和18家较大的市人民检察院的官方微博无法打开或未提供相关内容。应当说，检务新媒体的更新度整体表现较好。

网站悬浮窗起到提醒效果，但如无法关闭，则势必影响到浏览体验。2020年度的评估结果显示，在省级人民检察院中，19家未设置悬浮窗，11家设置了悬浮窗但可以关闭，仅有2家的悬浮窗不可关闭；在较大的市人民检察院中，则有25家未设置悬浮窗，15家设置了悬浮窗但可以关闭，有8家的悬浮窗不可关闭。

有31家省级人民检察院和47家较大的市人民检察院，提供了全部或部分院领导的姓名、职务、管理范围、教育背景、工作经历信息；完整提供的，也有9家省级人民检察院和16家较大的市人民检察院。提供内设机构负责人信息的，则有17家省级人民检察院和35家较大的市人民检察院。提供检察官姓名、身份的，则有20家省级人民检察院和34家较大的市人民检察院。与往年相比，检察机关领导和检察官信息的公开进一步加强。

2. 文书案例等公开明显改善

12309中国检察网的每个地方检察院页面，其法律文书公开栏目均设置了起诉书、抗诉书、不起诉决定书、刑事申诉复查决定书和其他法律文书的子栏目。由此，这些类型检察法律文书的分门别类公开，已消除制度障碍和技术障碍。

2020年度的评估结果显示，文书公开迈向全覆盖。全部被测评的49家较大的市人民检察院，均公开了起诉书，已有42家公开了刑事申诉复查决定书；已有13家公开了抗诉书，公开情况较往年均有较大提升。但也应注意，时至2020年12月中旬，仍有一些检察机关并未公布2020年以来制作的起诉书和其他类型文书。截至2020年12月下旬，仍有四川等数个省级检察院，未公开本院制作的任何法律文书。江苏省人民检察院通过门户网站向社会公开本地区检察机关的不支持监督申请决定书、量刑建议书、检察建议书、出庭意见书、不批准逮捕理由说明书、不起诉理由说明书等类型的法律文书等类型文书。① 广东省广州市人民检察院的"案件信息公开"栏目，下设"民事行政检察法律文书""公益诉讼法律文书""社会治理检察建议和其他法律文书"等专栏。

公益诉讼文书及典型案例公开有所推进。2020 年 5 月，最高人民检察院发布军地协作检察公益诉讼典型案例 7 件。广东省广州市人民检察院在公益诉讼法律文书栏目，公开了公益诉讼诉前公告、民事公益诉讼起诉书、刑事附带民事公益诉讼起诉书、检察建议书、公益诉讼终结审查决定书等多种文书，对于检察公益诉讼的观念普及和功能发挥，起到十分积极的作用。2020 年 11 月，《江苏省人民代表大会常务委员会关于加强检察公益诉讼工作的决定》通过，要求检察机关"及时公开社会影响较大、人民群众关注的公益诉讼案件办理情况，回应社会关切"。公益诉讼等各类典型案例的公开，日渐普及。甘肃省人民检察院从近两年全省检察机关办理的涉未成年人案件中进行筛选整理，在 2020 年儿童节之际通过官方网站向社会公开《全省检察机关未成年人司法保护典型案例》。另外，2020 年以来，甘肃省人民检察院还先后发布《毒品犯罪典型案例》《服务打赢脱贫攻坚战典型案例》《"维护民企权益 优化营商环境"典型案例》《扫黑除恶专项斗争典型案例》《文物保护领域检察公益诉讼典型案例》《全省检察机关适用认罪认罚从宽制度典型案例》。与之类似，江苏省也将历次新闻发布会的典型案例予以公开，内容包括基本案情、检察履职情况、发布意义等。由此，将新闻发布会与典型案例公开相结合，起到较好的传播效果和普法功能。

3. 报告统计数据公开普及化

设置工作报告或类似名称专栏的，有 30 家省级人民检察院和 41 家较大的市人民检察院。也应注意，其中分别有 2 家省级人民检察院和 2 家较大的市人民检察院，存在专栏闲置、报告公开在其他版块的情形。25 家省级人民检察院和 36 家较大的市人民检察院，公开了本院 2019 年检察活动的工作报告全文；

---

① 但也应指出的是，在 12309 中国检察网的江苏页面内，其"其他法律文书"的子栏目，截至 2020 年 12 月，内容为空白，并未将在江苏检察网上公开的其他各类文书，予以同步公开。

27家省级人民检察院和35家较大的市人民检察院,公布了本院2018年检察活动的工作报告全文,预决算公开日渐普及。29家省级人民检察院和44家较大的市人民检察院,公布了2020年度财政预算;30家省级人民检察院和45家较大的市人民检察院,公布了2019年度财政决算。

最高人民检察院于2020年6月将《未成年人检察工作白皮书(2014—2019)》全文上网。山东省人民检察院设置了"检察白皮书"栏目,将《山东省检察机关知识产权刑事司法保护状况(2019年度)》等白皮书全文公开,迈出了白皮书全文公开的重要一步。江苏省苏州市人民检察院向社会公开了《苏州市院人民监督员工作情况汇报》。2020年初,四川省眉山市人民检察院公开了《眉山市人民检察院2019年度法治政府建设工作总结报告》,将检察机关发挥法律监督职能,为法治政府建设提供司法保障的做法予以梳理总结。江苏省镇江市句容市人民检察院也向社会公开了《检察院2019年度法治政府建设工作报告》

各项检察业务数据的公开,系本年度评估的重要亮点。最高人民检察院还带头公开全国检察机关主要办案数据,并进行解读。提供了2020年以后本院或本地区的检察业务数据的,有26家省级人民检察院和29家较大的市人民检察院。类似于依法行政统计年报,苏州市人民检察院向社会公开业务综合分析报告,提供刑事检察、民事检察、行政检察和公益检察的各项数据。① 山西省等多地人民检察院对全省检察业务数据进行了解读,增强了公开效果,可读性、易读性、传播力都大为增强。

文书统计及反向公开,项目组已连续多年呼吁,2020年终于有检察机关试水推进。广州市人民检察院设置了反向公开法律文书的专栏,定期提供生效法律文书的反向公开清单,对于不予公开的生效法律文书,公开其文书类型、案由、文号和不予公开原因。反向公开的推进,将使得检察工作的透明度产生质的跃升。

4. 新类型探索广泛发力

在线政务、法院在线服务不断成熟的背景下,越来越多的检察机关通过微

---

① 参见《苏州2020年上半年业务综合分析报告》,载苏州市人民检察院。

信公众号提供服务和业务办理。有25家省级人民检察院和36家较大的市人民检察院，其微信公众号可在线办理检察业务，正逐步走向普及、深入。江苏省苏州市人民检察院，还将案管大厅主要业务的岗位手册和相关业务、管理的流程图公开上网。

检察活动与预告公告公开。一些检察机关探索不起诉案件公开审查公告的网上公开。最高人民检察院设置了"公开听证"的专栏，开通中国检察听证网投入试运行。2020年10月，最高人民检察院召开以"检察听证 让公平正义可触可感可信"为主题的新闻发布会，发布检察听证典型案例。地方相关公开也日渐增加，比如，安徽省铜陵市铜官区人民检察院事先将不起诉案件公开审查公告上网公开，广东省佛山市南海区人民检察院在自身门户网站公开了多起不起诉案件公开审查公告，公开听证会公告等。在中国检察听证网上，截至报告撰写完成之际，已公开听证直播和录像回顾的，包括山东省济南市、青岛市，山西省太原市等多地的检察机关。除公开视频外，还提供主持听证的检察机关名称、听证时间、案件描述、案件信息、参与人等要素，并设置评论栏，为社会监督和倾听各界意见畅通渠道。

探索整改情况和制度实施情况公开。类似于政务公开领域方面督查整改的公开，一些检察机关探索整改情况公开。比如，安徽省人民检察院公开了《安徽省人民检察院2020年重点事项审计调查发现问题整改情况》。

（三）仍存在瓶颈与问题

近年来，检务公开发展突飞猛进，不仅逐步成为各级检察机关的共识，也在全社会形成广泛影响。但也应看到，在政务公开、法院司法公开、警务公开全面推进的背景下，检务公开不应故步自封，不应自满自足。有必要以人民为中心，清醒认识检务公开仍存在的问题、短板，充分借鉴其他公权力领域公开的经验创新，将检务公开推向新高度。

1. 服务优化营商环境需再加强

自贸区检务公开相对薄弱。在自贸区法治建设快速推进背景下，一些自贸片区设置了专门法院和检察院。项目组观测发现，深圳前海蛇口自贸区人民检察院、广东自由贸易区南沙新区片区人民检察院、珠海横琴新区人民检察院、天府新区成都片区人民检察院（四川自贸区人民检察院）已经成立运行。2019

年 2 月，郑州市人大常委会决定设立郑州片区人民检察院，作为郑州市人民检察院的派出机构。另外，天津、福建等地虽未设立专门自贸片区检察院，但设立了自贸区检察室。在上述自贸区（片区、新区）检察机关中，评估期间开通并运行门户网站的，仅有珠海横琴新区人民检察院和天府新区成都片区人民检察院。横琴新区人民检察院门户网站虽然能够打开，但诸如机构设置和人员信息、工作流程、法律文书等方面的内容，均不够齐全。总体上，自贸片区检察院的检务公开工作仍处于起步阶段。①

提供繁体字版本网站的，仅有 2 家省级人民检察院和 7 家较大的市人民检察院；而提供英文或其他外文版本的，在本次评估的 82 个评估对象中并未发现。与去年相比，个别检察院网站改版后还有所退缩。繁体字版本、英文版本内容的缺失，不利于检察机关保障"一带一路"建设，不能满足营商环境国际化之需要。

2. 新闻报道较多而正式公开较少

新闻发布会的事后报道较多，而提供发布会全文、视频的较少。有 2020 年以来新闻发布会的新闻报道的，有 28 家省级人民检察院和 32 家较大的市人民检察院，而提供全文或视频的，仅有 2 家省级人民检察院和 2 家较大的市人民检察院。

各类公开审查听证的事先事中公开较为少见。2020 年 10 月，在第十三届全国人民代表大会常务委员会第二十二次会议上的《最高人民检察院关于人民检察院适用认罪认罚从宽制度情况的报告》，将"对被害人不谅解或不同意从宽处理的案件拟不起诉的，视情邀请代表、委员、律师、专家学者等参与公开听证"，作为检察机关落实认罪认罚从宽制度的主要做法的组成部分。但 2020 年度评估发现，刑事申诉公开审查，以及在申诉、起诉、不起诉多个领域推开的听证，相关预告、公告、直播等网上公开，还有待起步。提供听证相关新闻报道的，已有 17 家较大的市人民检察院，但提供相关公告的，则屈指可数。2020 年底，中国检察听证网已投入试运行，提供了听证直播、听证预告、直播回顾

---

① 公开信息显示，深圳前海蛇口自贸区人民检察院于 2016 年 4 月 27 日正式成立。但 4 年之后的今天，其门户网站仍未向社会展现，其"加快构建公开、透明、可预期"的法治环境、为深化检察改革提供可复制可推广的经验等一系列使命定位，均因此受到诸多不利影响。

等功能。虽然网站还处于试运行阶段，总体案件量不过数十件，相信假以时日，检察听证的预告、直播公开，将有大的"井喷式"发展。

一些新类型文书公开有待加强。比如，2018年10月修改《刑事诉讼法》，从制度上明确认罪认罚从宽制度。但认罪认罚从宽的相关案例、指引的公开，远未普及。

3. 咨询答复效果有待提升

联系渠道缺失较为常见。检务公开提供相关指引但缺乏联系渠道的现象较为常见，从政务服务角度看，公开服务事项目录、办理依据、条件材料、联系方式或沟通渠道、常见问题及解答，已成为全国各地各领域的规定动作。反观检务指南、须知与服务方面的公开，指南内容、条件和材料的公开，已基本到位；但联系方式缺失的问题，较为凸显。以刑事申诉须知为例，提供流程而缺少联系方式的，就有34家较大的市人民检察院和25家省级人民检察院；民事行政申诉须知中存在类似问题的，有19家较大的市人民检察院和15家省级人民检察院。内设机构信息公开方面，提供部门设置情况、部门职能、部门联系方式中的部分或全部要素的，分别有32家省级人民检察院和44家较大的市人民检察院；其中，提供了全部要素的，分别有11家省级人民检察院和19家较大的市人民检察院。要素不完备的，大多数为未提供内设机构的联系方式。

咨询答复走过场。最高人民检察院建设了全国集约化的咨询平台，但在流程上，需要注册后才能登录，普通群众无法直接利用；回复内容显示不够友好；虽显示了答复的公开时间，但并不显示咨询时间和答复时间。更需注意的是，多地的咨询答复内容笼而统之走过场，对于申请人依法维权意义不大。项目组工作人员注册登录后发现，有的提问非常专业包含深入的法律适用和举证责任分配等，而回复却较为业余、笼统，类似"建议法院起诉"，以及"您可向受害地法院申请侵权诉讼"就算答复完毕。显然，如何提升咨询回复的针对性和专业性，已迫在眉睫。

更新性有待加强，指南存在谬误。应当标注无效或下线的功能未及时处置。一些地方虽然在检务指南须知板块，有意识根据新出台法律、司法文件进行更新，但其基本信息却未相应更新，内容滞后会影响公信力可信度。比如，按照最高人民检察院统一部署，自2018年8月1日起，全国检察机关停止行贿犯罪档案查询工作。但时过两年，2020 年的评估结果显示，仍有 8 家省级人民检察院和 15 家较大的市人民检察院门户网站的检察机关保留了行贿犯罪档案查询的相关指南或平台，且未标注失效、废止。同时，仍有一些地方检察机关在内设机构职能介绍中，堂而皇之表述为"管理检察机关行贿犯罪档案查询系统并受理查询等工作"。再如，以刑事诉讼法律援助须知为例，有 1 家省级人民检察院和 4 家较大的市人民检察院虽然提供，但其内容并未根据法律修改进行更新。

标题要素残缺妨碍使用。其典型如，检察机关公开的文书、重要案件信息，标题的要素残缺不全，不利于浏览和使用。14 家省级人民检察院和 22 家较大的市人民检察院，均不同程度存在该问题。其突出表现为，重要案件信息栏目的标题，对当事人进行了不必要的隐名处理；法律文书公开的标题，缺乏当事人、案由等必备要求；涉及自然人犯罪，基于保护当事人个人信息的考虑进行隐名，大多采取"姓氏 + 某某 + 罪名"的表述方式，甚至标题仅为"起诉书（自然人版）"，不但存在隐名处理不统一的问题，而且文书名称雷同，查询难度攀升，使用便利度低。

4. 友好性和可利用性有待提升

检务公开，应当为群众生产、生活使用提供便利，应当服务于民生保障和营商环境优化。但项目组发现，虽然许多地方有公开，但友好性较差，可利用性不强。

首先，网站稳定性等自身问题影响使用。检察机关门户网站、新媒体的稳定性暴露出一定问题，评估期间间接性无法登录，部分链接点击后显示为出错。有的检察院虽然表面上看进步显著，但在报告撰写修改期间，也一度出现过无法打开的问题。

其次，同一对象存在各异内容。有些检察院虽然未显示改版，但诸如机构设置、检察指南等名称上的同一栏目，存在数个内容截然不同的页面。广东、广西等省级检察院，河南郑州、吉林长春、内蒙古呼和浩特等较大的市级检察院，均不同程度存在该问题。

最后，智能复核检索有待加强。在 32 家省级人民检察院中，均提供了经验证有效的检索功能，其中仅 3 家提供了经验证有效的高级搜索功能；在 49 家较大的市人民检察院中，有 44 家有经验证有效的检索功能，其中仅 8 家提供了经验证有效的高级搜索功能。今后，在检索功能全面铺开的基础上，复合检索、智能检索、相关推荐，以及新媒体检索功能的完善，将是检察院门户网站和新媒体搜索查询功能的发力点。

（四）建议与展望

随着人民检察事业进入新的历史时期，检务公开理应百尺竿头更进一步。一方面，要建章立制，以制度化促进检务公开常态化标准化；另一方面，要围绕中心工作，突出营商环境优化与民生保障，推进法治政府建设，服务国家治理体系和治理能力的现代化。如中共中央印发《法治社会建设实施纲要（2020－2025年）》所要求的，"加强检察机关对民事、行政、刑事诉讼活动的法律监督，维护司法公正"，要"在司法调解、司法听证等司法活动中保障人民群众参与"。为此，应以人民为中心，将互动公开作为重点，不断提升公开质量，增强传播力和公信力。

第一，以公开为原则，发挥服务社会经济大局的功能。近年来，虽然检务公开取得进步前所未有。但也应看到，从检察机关角度看公开力度较大，公开文书、案件信息、数据、报告均成效明显，检察机关的神秘主义倾向已成为过去式。但也看到，检务公开虽然存在社会知晓度低、公众利用度不高等问题。检察机关辛辛苦苦的工作成果未得到有效展示、传播，理应成为今后检务公开工作应着力克服的难点堵点所在。检察机关对行政机关进行的法律监督，应着手编制并向社会公开"检察机关推进法治政府建设年度报告"；检察机关就优化营商环境所作的努力，可实时总结"检察机关优化法治化营商环境"报告或白皮书、典型案例等，并多种渠道向社会公开。部分内容涉及国家秘密、个人隐私、商业秘密等因素不宜全文公开的，可进行删减、审查后，向社会公开主体内容。诸此种种，既展现了检察机关在服务大局方面的努力，也客观上起到法治宣传、提升法治氛围的良好效果。

第二，充分借鉴政务公开之经验，建构完善互动公开机制。检务公开的重要宗旨，即为发挥法治宣传作用，和接受社会公众的监督。两种功能的发挥，均与社会互动关系密切。检务公开的纵深推进，应在"检察机关→公众"的单向度公开基础上，逐步发挥公众的自主性、主动性，形成互动公开格局。为此，应将咨询平台及其功能发挥、法律文件解读、案例释疑答惑作为重点，咨询答复更加及时、精准，公开渠道更加多样畅通，且主动公开普遍性、多发性问题及答复，由此，既减少了人民群众不必要的反复提问；也使检察机关不必对同类问题多次答复。

第三，注意全面更新，着力提升公开及时性。2019年底，最高人民检察院通过并施行了新的《人民检察院刑事诉讼规则》，转交法律援助申请材料的期限由"三日以内"缩短至"二十四小时以内"，将辩护律师申请向被害人收集证据的许可决定期限由"七日以内"缩短至"五日以内"等。但本次评估发现，未根据新的《人民检察院刑事诉讼规则》表述进行更新修订的，并非罕见。为此，应在法律、司法解释出台与机构改革完成之际，做好相关信息的更新和整理，同步做好公开工作。

刑事案件起诉书等法律文书的公开，在时间上较为滞后。按照最高人民检察院公开的《法律文书公开指南》，起诉书的公开前提，是人民法院所作判决、裁定已生效。但判决裁定生效，检察机关往往很难第一时间掌握，相应指南要求"收到人民法院生效判决、裁定后十日以内"，办理文书发布手续，导致起诉书公开的进一步延迟。本报告认为，在检察文书公开推进之初，为稳妥起见待到裁判生效之后再公开起诉书，具有一定合理性。发展至今，起诉书公开没有必要与裁判文书相绑定，不必以判决的作出生效为前提。可借鉴政务公开的经验，从部分案件起步，探索自起诉书、抗诉书自开庭之日起20个工作日内公开。法院开庭时，起诉书已事实上向当事人各方公开，因此，以开庭作为起诉书、抗诉书的公开起算点，将极大增强检察文书公开的操作性，公开时效性也将大幅提升。

第四，优化公开体制机制，减少不必要负担。《法律文书公开指南》第6条要求案件承办人"对需要公开的法律文书做出保密审查和技术处理"，这对于既面临人少案多压力、同时又需确保保密审查和专业技术的承办人而言，显然既非能力所长，也加剧了工作压力，其公开积极性、公开效果难免不尽如人意。建议由案管部门专人负责审查和技术处理，提升检务公开的可持续性。在机制流程上，考虑借鉴政府、法院反向审批的经验，对于不应公开的检察活动和检务文书，对于存在列举以外其他情形不宜在互联网公布的，办案人员应提出书面意见和不予公开的理由，由执法机构负责人审查后，报所在机关主管领导审查决定和备案。

三、2021年中国检务透明度指数

2021年正值中国共产党成立100周年，中国社会科学院法学研究所法治指数创新工程项目组在以往年度测评基础上，调整完善指标及权重，对最高人民检察院，32家省级人民检察院（含新疆生产建设兵团人民检察院），49家较大的市人民检察院，以及随机抽取的100家基层人民检察院和3家自贸片区、合作区人民检察院的检务公开工作进行第三方评估。评估结果显示，2021年，检务公开稳中向好。在中央部署和最高人民检察院领导下，检察院基本信息、指南须知、法律文书、各类报告及白皮书、业务数据等公开日益常态化。从更好为大局服务、为人民司法、加强新时代法律监督工作的定位出发，检务公开即将迎来质的跃升，实现检察机关、检察工作及其结果的全面公开透明，迈向常态化、制度化和标准化。

从评估对象看，在继续评估省、市级检察院基础上，2021年新增了103家基层检察院：北京抽取2家、其他30个省份各随机抽取一家基层检察院，共32家；较大的市各随机抽取一家基层检察院，共49家；上一年度全国百强县排名前10名、后9名所在地的检察院，共19家；项目组还对自贸区、自贸片区、合作区等设置的3家专门检察院的检务公开进行了测评，分别为广东自由贸易试验区南沙片区人民检察院、广东省横琴粤澳深度合作区人民检察院、四川天府新区成都片区人民检察院（四川自由贸易试验区人民检察院）。深圳前海蛇口自贸区人民检察院虽于2016年已成立运行，但一直未开通门户网站，故未纳入评估之列。广东自由贸易试验区南沙片区人民检察院与广州市南沙区人民检察院实行"一个机构，两块牌子"，行使县一级人民检察院职权。

（一）评估结果

2021年度，省级检察院排名居前的有：安徽省人民检察院、河北省人民检察院、江西省人民检察院、上海市人民检察院和广东省人民检察院。

较大的市检察院排名居前的有：江苏省苏州市人民检察院、江苏省徐州市人民检察院、广东省广州市人民检察院、广东省深圳市人民检察院、四川省成都市人民检察院、江苏省南京市人民检察院、河北省石家庄市人民检察院、黑龙江省哈尔滨市人民检察院、贵州省贵阳市人民检察院、内蒙古自治区包头市人民检察院。

103家基层检察院排名居前的有：广东自贸区南沙片区人民检察院、江苏省苏州市吴中区人民检察院、江苏省昆山市人民检察院、广东省广州市花都区人民检察院、江苏省南京市六合区人民检察院、江苏省无锡市梁溪区人民检察院、广东省深圳市福田区人民检察院、江苏省徐州市铜山区人民检察院、海南省海口市美兰区人民检察院、安徽省合肥市包河区人民检察院。部分经济较发达地区的检察机关表现较为突出。比如，在较大的市检察院中，江苏省苏州市人民检察院、广东省广州市人民检察院、广东省深圳市人民检察院都取得较好成绩。在基层检察院中，江苏省苏州市吴中区人民检察院、江苏省昆山市人民检察院、广东省广州市花都区人民检察院等均表现出色。与此同时，一些经济相对欠发达地区的总体表现和部分板块，也较为引人瞩目。比如，河北省、江西省以及安徽省的一些市、区，均有突出表现。这表明，检务公开与当地检察机关领导重视和制度机制建设密切相关。当然，检务公开只是检察工作的一部分，虽然其成效与检察规范化有密切关联，但并不排除存在公开做得好而实际工作不佳的情况。

2021年度，项目组首次将基层检察院纳入评估范围。总体上，基层检察院的表现并不尽如人意。不少基层检察院的检务公开处于起步阶段，公开内容较少。在评估期间，福建省晋江市人民检察院网站一直无法打开，而前海蛇口自贸区人民检察院尚未开通门户网站。有的上级检察院实施了平台集约化建设，但特定基层检察院没有单独页面予以集中展示，内容总量不多且较为分散。海南省琼海市人民检察院的搜索栏所搜到的为海南全省检察机关相关内容，而无本院的专门内容；河南省新郑市人民检察院、辽宁省大连市普兰店区人民检察院门户网站未设置搜索栏；山东省龙口市人民检察院门户网站，通过搜索栏检索后显示的是整个烟台市内容，部分内容与检察事务无关。

（二）**2021年检务公开评估主要发现**

评估结果显示，2021年度，检务公开工作稳中有升，既有中央和最高人民检察院引领下的自上而下推进，也有各地自行探索的经验成效。一方面，公开凸显重点工作，服务大局威力初显；另一方面，微创新、小亮点较为多见，注重满足企业群众需求。

1. 以案件公开为驱动，制度建设取得重大突破

中国的检务公开近年来走上了以案件信息公开为核心驱动的发展路径。2021 年 9 月 28 日，最高人民检察院印发《人民检察院案件信息公开工作规定》，同时废止了 2014 年出台的《人民检察院案件信息公开工作规定（试行）》。2021 年的《人民检察院案件信息公开工作规定》第 5 条明确规定，案件信息公开的组织、监督、指导和查询服务，由人民检察院负责案件管理的部门负责。其案件信息公开既包括点对点的案件信息查询，也包括面向不特定公众的案件信息发布、检察业务数据发布和法律文书公开。在案件信息发布中，既包括相关刑事检察、民事检察、行政检察、公益诉讼案件的办理情况，也包括指导性案例和典型案例、案件公开听证情况、社会治理类检察建议，以及重大、专项业务工作的进展和结果信息等。由此，检察法律文书公开、案件公开听证、案例公开、数据公开，都被纳入广义的"案件信息公开"。案件信息公开的牵引成为推动检务公开乃至检察改革的重要发力点。这不仅有利于满足人民群众对检察信息的需求，也有利于检察重点工作的开展、推进。检务公开的制度建设继续深化完善。2021 年 10 月，最高人民检察院印发的《"十四五"时期检务保障工作发展规划》指出，12309 检察服务中心、案件管理、公开听证、检务公开等用房，居于对外服务用房的首位。由此，检务公开的相关设备设施建设，被置于重要位置。2021 年 2 月，最高人民检察院出台《人民检察院民事诉讼监督规则》，将"公开"作为人民检察院办理民事诉讼监督案件需要坚持的原则。人民检察院审查民事诉讼监督案件组织当事人听证的，除特定情形外可以邀请社会各界人士参加。在地方层面，广州市人民检察院于 2020 年出台《广州市检察机关案件信息公开工作机制改革试点意见》。

2. 文书公开常态化，稳步迈向全覆盖

检察文书公开基本实现常态化。2015 年，最高人民检察院在案件信息公开网公开了一份刑事申诉复查决定书，这是最高人民检察院通过互联网公开的第一份法律文书。到 2021 年 10 月，全国检察机关公开案件程序性信息 1500 余万条，发布重要案件信息 114 万余条，公布相关法律文书 650 余万件。鉴于 2020

年评估结果显示所有被测评的 49 家较大的市人民检察院均公开了起诉书，2021年度，项目组将关注重心转向基层检察机关。103 家基层检察院中，有 84 家不但公开了起诉书，且做到了及时更新（测评标准为 2021 年度内，不存在超过两个月未更新的情况），另有 14 家虽公开了起诉书但存在不及时更新的情况，仅有 5 家未公开起诉书。公开不起诉决定书的，有 95 家基层人民检察院；公开抗诉书的，分别有 12 家较大的市人民检察院和 53 家基层人民检察院。

3. 推进重点领域公开，数据案例报告翔实丰富

对于检察工作的重点领域，各级检察机关充分利用数据公开、案例公开、白皮书与新闻发布等多种形式，内容翔实丰富，取得了显著效果。

数据公开逐步推进。2019 年 10 月，最高人民检察院对外公布当年前三季度全国检察机关主要办案数据。这是最高人民检察院首次按季度对检察业务统计数据进行公开发布，并表示之后将成为常态，正式确立了每季度向社会公布检察业务统计数据的常态化机制。2021 年 11 月，最高人民检察院发布了第三季度重大事项情况通报。最高人民检察院按季度对外发布记录报告过问或干预、插手检察办案等重大事项情况通报。一些地方以白皮书形式对外发布检察业务数据。例如，吉林省临江林区人民检察院发布了《吉林省临江林区人民检察院 2021 年上半年检察业务数据白皮书》。一些检察机关进行了回溯，对之前的业务数据进行公开。例如，河南省焦作市人民检察院公开了全市检察机关 2018 年、2019 年业务数据。评估结果显示，2021 年，32 家省级人民检察院中，有 21 家按季度提供业务统计数据，有 6 家提供了部分时间段的业务统计数据，合计占比超过 84%；49 家较大的市人民检察院中，有 13 家按季度提供业务统计数据，有 11 家提供了部分时间段的业务统计数据，合计占比近 50%；103 家基层检察院中，有 14 家按季度提供业务统计数据，有 12 家提供了部分时间段的业务统计数据，合计不到 3 成。

公开网络犯罪案例和数据。没有网络安全就没有国家安全。近年来，网络违法犯罪呈愈演愈烈之势。各级检察机关高度重视对网络犯罪的惩治及公开。2021 年 1 月，最高人民检察院举行新闻发布会，通报检察机关惩治网络犯罪、促进网络空间依法治理情况和典型案例，并发布了《人民检察院办理网络犯罪案件规定》。各地检察机关也将网络治理及相关机构、流程改革作为公开重点。

北京市海淀区人民检察院发布了《网络安全保护检察白皮书（2016—2021）》，展示了其"检察官＋数据审查员"办案模式、"跨界融合＋数据合规"治理模式、"定制普法＋海检极客"法宣模式、"实践积累＋前沿研究"育才模式，为网络检察工作提供了基层经验。上海市宝山区人民检察院召开《网络经济犯罪检察白皮书（2019—2020）》新闻发布会并通报典型案例。2022年1月，上海市人民检察院发布了《上海网络犯罪检察白皮书（2021）》。这些白皮书和典型案例的发布，展示了网络经济犯罪的新特点和新趋势，有利于提升社会公众的防范意识，切实惩治网络犯罪，维护网络安全和社会稳定。

公开未成年人检察数据和案例。少年儿童是祖国的未来，近年来党和国家全面加强未成年人保护工作，而检察机关是未成年人全面综合保护的重要方面。2021年6月1日，最高人民检察院向社会发布《未成年人检察工作白皮书（2020）》。2021年11月，最高人民检察院、全国妇联、中国关工委联合发布《在办理涉未成年人案件中全面开展家庭教育指导工作典型案例》，发布的典型案例涉及源头预防家庭暴力犯罪案件、构建规范化工作机制、解决未成年人失管问题、推进家庭教育指导专业化等。2021年11月20日世界儿童日前夕，广州市人民检察院召开《广州未成年人检察工作白皮书（2018—2020）》新闻发布会，通报了2018年以来广州未成年人检察工作情况。此类白皮书的发布，展现了未成年人检察工作的专业化、规范化和社会化建设成效，有利于形成专业化办案与社会化保护相结合的新格局，助力解决影响未成年人成长的社会问题。

公开知识产权检察案例和数据。保护知识产权就是保护创新，加强知识产权保护既是完善产权保护制度的重要内容，也是优化营商环境不可或缺的激励机制。知识产权保护作为系统工程，知识产权检察是这个系统的关键一环。第十五次全国检察工作会议作出"强化知识产权检察保护，促进科技强国建设"的工作部署。2021年4月，最高人民检察院发布12件2020年度检察机关保护知识产权典型案例，并公布了全国检察机关办理批捕、起诉、诉讼监督涉知识产权犯罪案件的基本数据。2020年11月起，最高人民检察院决定在北京、天津等九个省（市）开展知识产权检察集中统一履职试点工作，要求整合知识产权的刑事、民事、行政检察职能，组建专门办案组织，增强检察机关依法履职的主动性，开展知识产权检察保护工作，提升知识产权综合性司法保护的总体成效。试点启动后,各省级人民检察院成立知识产权检察办公室。2021年4月,安徽省人民检察院发布全省检察机关知识产权典型案例。2022年1月,重庆市人民检察院发布了《2021年重庆市知识产权检察白皮书》和知识产权典型案例,展示了当地侵犯知识产权犯罪的特点、趋势和全链条打击的应对策略。

公开生态环境检察案例和数据。生态环境检察是检察工作的重要组成部分,对于构建生态环境最严密的法治体系、推动最严格的制度落地,具有不可替代的作用。2021年,云南省、甘肃省、北京市密云区、浙江省湖州市安吉县等多地检察机关立足新时代检察职能,服务保障生态环境工作大局,持续加强生态检察主动履职、协同履职和规范履职,向社会发布了生态检察方面的专门白皮书,展现了生态环境领域检察改革和检察工作的实效。云南省人民检察院发布的《金沙江流域(云南段)生态环境和资源保护检察白皮书》显示,云南省人民检察院不仅制发专门司法文件,开展专项监督行动,还与法院、公安、水利水务、林草、自然资源等部门、社会组织开展广泛协作,创新"河(湖)长+检察长"生态保护工作机制,多地检察机关实施跨区域协作机制,探索"三诉合一"和"刑民结合+认罪认罚+多元化修复"一体化办案模式。

公开企业合规的改革试点和案例。企业合规在不少发达国家已实施多年,近年来中国检察机关基于优化营商环境等考虑,把企业合规引入司法程序,作为司法裁量的重要情节,给企业提供完善自身治理体系的契机,也有利于经济社会免遭不必要的冲击。2021年6月,最高人民检察院、司法部、财政部等多个部门联合印发《关于建立涉案企业合规第三方监督评估机制的指导意见(试行)》。为推进企业合规试点,探索第三方监督评估机制,最高人民检察院先后于2021年6月、2021年12月印发了两批企业合规典型案例。江苏省人民检察院作为全省开展企业合规试点的检察机关,其门户网站设置"涉案企业合规改革试点"专题,展示其开展企业合规试点的成效。截至2021年11月,江苏全省已办理合规案件137件,约占全国检察机关办理合规案件总数的1/4。典型案例和试点做法的公开,为在全国检察机关全面推开企业合规打下良好基础。

4. 互动公开渠道畅通,获取信息更加便捷

检察机关通过深化与互联网平台的对接,与当事人、律师和一般社会公众的沟通联络更加畅通。当事人的辩护律师或代理律师,可通过"12309中国检

察网"或微信平台、手机App在线注册后，查询案件信息。检察业务应用系统2.0与司法部律师身份核验平台对接，提供律师互联网阅卷功能，使律师可以网上阅卷，"一次也不用跑"。在地方，贵州省升级改造12309检察服务实体平台，由之前的单一接待来访功能，升级为集控告申诉、检察公开、检察宣传等于一体的一站式检察服务实体平台，并建成12309检察服务网络平台，提供在线控告、申诉、法律咨询等服务。

5. 听证应用逐步普及，直播公开有力推进

检察听证是检察机关依据法律和司法解释，就事实认定、法律适用和案件处理等听取参加人意见的活动。听证搭建起案件各方的平等对话平台，既有利于查清案件事实，增强检察决定的可接受度，保护弱势一方的合法权益；也有利于当事人通过倾诉、宣泄消除心结，促进纠纷实质化解，实现案结事了。最高人民检察院将推行检察听证作为给群众办实事的重要举措，自2019年10月在全国检察机关部署开展"加强行政检察监督促进行政争议实质性化解"专项活动，到2020年7月，各级检察机关已促进行政争议实质性化解1570件。2020年起试运行的中国检察听证网，于2021年6月宣布正式上线。中国检察听证网系最高人民检察院基于互联网建设、面向社会公众直播检察听证全过程的司法公开平台，主要由直播网站、移动客户端App、管理平台、能力平台组成，支持各级检察机关接入并管理公开听证直播业务，满足常规直播、邀请观摩及"外脑"专家远程参与直播等多种应用场景需求，具备听证视频直播、收录、点播分发等功能。到2022年2月中旬，在中国检察听证网上，贵州省已直播案件量逾240件，上海、江苏、浙江、安徽、山东、甘肃、新疆等地的听证直播案件量均达到20件以上，绝大部分省份进行了听证直播。近年来，检察公开听证的应用日渐普及。2020年全年，行政诉讼监督案件开展公开听证900余件，同比增长6.5倍，占受理案件总数的1.2%；在为期一年零两个月的"加强行政检察监督 促进行政争议实质性化解"专项活动中，开展公开听证的案件近1200件，占化解总数的18.8%。2021年2月，最高人民检察院发布3件行政检察公开听证典型案例，为加强听证公开、规范办案提供了指引，一些地方还探索在行政检察公开听证过程中，要求行政机关负责人出席听证。甘肃省陇南市武都区人民检察院设置"公开听证"专栏，集约发布当地检察机关拟举行的案

件听证会公告。2021年初至2021年11月底,已发布听证公告25次。贵州省赤水市人民检察院的公开听证,不仅在听证会举行前向社会公开了包括案件名称、案由和听证会时间地点、联系方式等信息的听证公告,还在听证会之后公开听证录像和相关新闻报道。

6. 为民办实事品牌化,突出服务企业群众

检察为民办实事,已成为检察机关公开工作的重要考虑因素。2021年8月到2021年底,最高人民检察院已4次发布"检察为民办实事"——行政检察与民同行系列典型案例。其宗旨是引导全国检察机关行政检察部门以深化行政争议实质性化解工作为牵引,常态化化解民忧难题。2021年9月,最高人民检察院发布了"公益诉讼守护美好生活"专项活动典型案例。随后,广东省开展"公益诉讼守护美好生活"专项监督一周年活动,将典型案例向社会公开发布。2021年12月,最高人民检察院发布《最高人民检察院关于印发检察机关对农村地区生活困难当事人等重点救助对象开展司法救助典型案例的通知》,以加强对农村地区生活困难的当事人、军人军属、残疾人、未成年人等重点救助对象的司法救助工作,提升检察机关司法救助工作质效。2021年10月,安徽省人民检察院通报全省检察机关第二批"检察为民办实事"新闻发布会,发布了8个项目。2021年6月,甘肃省白银市人民检察院向社会公开发布《白银市检察机关"检察为民办实事"工作白皮书》,通报了当地检察机关"检察为民办实事"活动开展情况,并发布了一批典型案例。2021年11月,最高人民检察院发布"检察为民办实事"之检察机关依法惩治长江流域非法捕捞水产品犯罪典型案例。这对于各地检察机关办理该领域案件的法律适用规范统一,具有重大积极意义。"检察为民办实事"已成为各级检察机关检务公开与新闻发布的重要品牌。

《人民检察院民事诉讼监督规则》明确设置了跟进监督制度,针对人民法院审理民事抗诉案件作出的判决、裁定、调解书仍有明显错误,人民法院对检察建议未在规定的期限内作出处理并书面回复,以及人民法院对检察建议的处理结果错误等情形,人民检察院可以依法依规再次监督或提请上级人民检察院监督。对于初次监督仍存在明显错误和违法的情形,检察机关通过跟进监督有利于提升监督质效。2021年度,最高人民检察院先后于10月、12月发布两批

民事检察跟进监督典型案例。通过案例发布,体现了民事检察精准监督的理念,明确了法定性与必要性相结合的监督标准,培育了权力监督与权利救济相结合的民事检察思维。

7. 平台建设更上层楼,公开更加集约

12309 中国检察网栏目设置更加优化,在醒目位置提供了"未成年人司法保护专区""律师执业权利保障专区""非公经济司法保护专区"。其"网上信访"板块设置了控告、刑事申诉、民事申诉、行政申诉、国家赔偿、举报、公益诉讼线索、检察干警违法违纪举报等栏目,可在输入举报查询码之后,查询信访进度。一些地方推进与下级检察机关的公开平台集约化。江苏检察网首页将下级各检察院整合在内,并将"泰州检察公益卫士随手拍""仪征检民直通车""江阴未检监督平台"等各地区检察院特色服务置于其首页。与此同时,各地检察机关公开渠道更加丰富立体。其典型如,四川全省三级检察院均在 12309 检察服务中心开通"民营企业绿色通道",设立"民营企业诉求反映窗口",提供"一站式"的公开、咨询、办理等服务,发挥了公开及其延伸效能。

(三)检务公开的结构性缺失

在肯定检务公开稳步发展成效的同时,也应看到存在的一些不足和问题。相比项目组对法院司法公开、政府政务公开情况的评估结果,检务公开相对滞后,且存在一些结构性缺失,突出表现在以下方面。

1. 检务指南与检察活动公开有待加强

评估结果显示,从省级检察院、较大的市检察院,到基层检察院,检务指南和检察活动的公开总体上均较为薄弱。省级检察院的检务指南板块平均分为40.78 分,检察活动板块平均分为 18.13 分,而省级检察院的总分平均分为47.98 分;较大的市检察院的检务指南板块平均分为 37.65 分,检察活动板块平均分为 19.94 分,总分平均分为 44.94 分;101 家开通门户网站的基层检察院,检务指南平均分为 32.88 分,检察活动平均分为 23.11 分,总分平均分为 40.83分。检务公开评估结果总体欠佳,与检察业务对应的指南、权利义务须知、文书和活动方面公开不到位,具有密切关联。

2. 新闻报道较多而权威正式公开薄弱

新闻报道较多而权威正式公开相对薄弱的问题,其背后是检察宣传与检务公开在实施中的割裂。比如，民事公益诉讼、行政公益诉讼、公开听证、企业合规等重点工作和改革领域的推进，虽然相关的各类新闻报道较为丰富，但正式公开则相对滞后。评估结果显示，提供听证公告且有听证会的直播、录播的，仅有 2 家较大的市检察院和 1 家基层检察院；提供听证公告或直播、录播的，有 13 家较大的市检察院和 19 家基层检察院；另有 29 家较大的市检察院和 71 家基层检察院提供了听证的相关新闻报道。总体上，听证的完整公开尚有待加强，但对听证的新闻报告则较为多见。从新闻报道为主迈向正式权威公开为主，还需从检察宣传与检务公开的协调统一角度继续努力。

3. 基层检察机关检务公开亟待加强

从级别层次上看，自省级检察院，到较大的市检察院，再到基层检察院，检务公开总体上呈现衰减之势。在 101 家开设门户网站的基层检察院中，总分不到 50 分的有 85 家，不到 30 分的也有 14 家，而 50 分以上的（含 50 分）则仅有 16 家。从各板块和一些主要指标来看，基层检察院的表现也相对不尽如人意。比如，统计总结板块，省级检察院的平均分已达到 84.13 分；而选取的开设门户网站的 101 家基层检察院，其统计总结板块平均分则为 56.95 分。以 2020 年度检察院工作报告全文公开为例，32 家省级检察院中有 29 家、101 家基层检察院中仅有 50 家公布了全文。提供检察官信息的，省级检察院有 21 家，已逾六成，而基层检察院则为 50 家，还不足半数。不得不承认，第一次纳入评估视野的基层检察院和上级检察院的差距还较为明显。

4. 个别领域尚未推开或处于起步阶段

从制度文本看，2021 年的《人民检察院案件信息公开工作规定》明确将检察建议作为可以公开的案件信息，但从评估结果看，仅有 2 家较大的市检察院和 1 家基层检察院公开了检察建议书。从 2014 年的《人民检察院案件信息公开工作规定（试行）》即明确要求刑事申诉复查决定书应当公开，且 12309 中国检察网的法律文书公开板块，明确设置了"刑事申诉复查决定书"专栏，但评估结果显示，仅有 7 家基层检察院公开了刑事申诉复查决定书。显然，检察建议书、检察意见书和刑事申诉复查决定书等法律文书的公开，要成为各级各地检察机关的普遍性规定动作，还有很长的路要走。

（四）完善路径

站在"两个一百年"交汇点，新时代检察机关的各项业务活动均应在党的绝对领导下围绕"以人民为中心"展开，以检察工作高质量发展服务保障党和国家重大战略部署实施。这既需要各级检察机关有新担当新作为，为国家治理现代化贡献检察力量，还需要提升理念认识，多措并举，通过检务公开提升检察监督能力，服务中心大局工作，满足企业群众诉求。为此，高质量推进检务公开应特别注重以下方面。

第一，提升对检务公开的理念认识。检务公开不是简单地将检察活动、数据、文书、案例、报告等对外公开，还有更高层次的定位和功效，应当引起各级检察机关的足够重视。一是以检务公开提升检察监督能力。《法治中国建设规划（2020—2025年）》将"全面推进……司法公开"置于"推进对法治工作的全面监督"板块，而成为"建设严密的法治监督体系，切实加强对立法、执法、司法工作的监督"的重要内容。必须明确，检务公开既有利于监督检察机关依法办案，也有利于提升检察机关法律监督效能。如何以公开完善制约监督体系，更有效地接受各方监督；如何将公开与监督结合起来，系今后检务公开需着力研究破解的重要问题。二是以检务公开服务中心大局工作。比如，通过和解息诉促进纠纷实质性化解，减少各类市场主体的诉累，成为近年来检察改革和检务公开的重要指向。在重视宣传引导的基础上，以检务公开服务中心大局，还有很多工作要做。三是以检务公开满足企业群众诉求。各级检察机关推进检务公开要突出需求导向，而非应付考核评估。一方面，检务公开对于保障当事人、代理人和辩护人及普通群众的知情权、参与权、表达权、监督权具有重要意义；另一方面，优化改善营商环境，推进企业合规，理应作为检务公开的制度效能预期。衡量检务公开的效果如何，既要看应公开的内容是否做到尽公开，还要看企业群众是否看得到、看得懂、用得上。

第二，与检察业务无缝对接融合，推进检务公开清单化标准化。中国政务公开推进的经验表明，通过清单与目录、标准与规范的方式，使负责机关和具体工作人员摸清需要公开的"家底"，做好"规定动作"。为此，国务院办公厅要求基层政府全面梳理细化公开事项，编制完成公开事项标准目录，并要求目录至少应包括公开事项的名称、内容、依据、时限、主体、方式、渠道、公开对象等要素。目录清单的编制和应用，成为自上而下推进基层政务公开标准化、规范化的重要抓手。政务公开的经验，对于基层检察院公开工作推进具有借鉴意义。与此同时，个别地方政府在公开和回应关切时出现的问题，也应作为前车之鉴。建议最高人民检察院全面梳理检务公开已有法律政策文件，编制四大检察和十大业务的公开标准、目录和清单，在清单标准中将颗粒度最小化，最大限度明确内容、依据、时限、主体、方式等要素，使下级检察机关有据可依，及时准确做好公开规定动作，完善回应关切制度，推进检务公开的新一轮高潮。

第三，注重外部联动协同，形成公权力阳光运行的完整格局。检察工作作为司法活动的一部分，与政府、法院关联密切。检务公开不仅是检察活动及其结果的展现，还应与相关国家机关形成合力，服务国家治理与社会治理现代化。为此，检务公开需考虑与其他公权力机关及其运行衔接，最大限度协同联动。最高人民法院出台的《最高人民法院关于人民法院在互联网公布裁判文书的规定》，对裁判文书公开提出一系列要求。以隐名处理和法律文书中内容屏蔽规则为例，《最高人民法院关于人民法院在互联网公布裁判文书的规定》第6条、第7条，与2021年《人民检察院案件信息公开工作规定》第21条、第22条、第23条，虽然主体内容基本一致，但也有不少差异和出入。另外，《行政处罚法》于2021年1月修订通过后，第48条第1款明确规定："具有一定社会影响的行政处罚决定应当依法公开。"行政处罚决定的公开，同样涉及类似的隐名处理和内容屏蔽问题。对此，建议政府、法院、检察院等加强联动协调，确定最大公约数，对公开规则实现最大限度统一，避免不必要的冲突。

2021年，最高人民检察院举行"深入贯彻中共中央《意见》，推动健全行刑衔接机制"新闻发布会，发布了《最高人民检察院关于推进行政执法与刑事司法衔接工作的规定》和人民检察院行刑衔接工作典型案例，要求加强与监察机关、公安机关、司法行政机关和行政执法机关的协调配合，确保行政执法与刑事司法有效衔接。行政执法与刑事司法衔接的信息共享平台建设，对于检务公开与行政执法公开、警务公开的无缝、实时和动态对接具有重大意义。检务公开，除在检察系统之内发挥效能，还应进一步"出圈"，与执法公开、警务公开、法院公开、狱务公开无缝对接形成闭环链条，更全面服务引领企业群众，成为法治化营商环境的重要组成部分。

第四，发挥好检务公开的普法宣传功能，推进全民守法。加强释法说理，应当回应法律争议焦点并说明理由。特别是对于社会关注度较高、影响较大的案件、新类型案件或具有典型示范意义的案件，均应当强化释法说理。提升典型案例、指导性案例的公开效果。白皮书、专项报告、业务数据的编写、制发和公开，均应当充分考虑普法宣传效果发挥。由此，检务公开将成为生动的普法课，为人民群众提供专业、精准、高效的法治指引。

第五，强化信息化智能化支撑保障。近年来，党中央高度重视现代科学技术对法治建设的保障作用。《中共中央关于加强新时代检察机关法律监督工作的意见》要求，"加强检察机关信息化、智能化建设"。2018年修订后的《人民检察院组织法》第52条规定："人民检察院应当加强信息化建设，运用现代信息技术，促进司法公开，提高工作效率。"近年来，各级检察机关着力以信息化智能化为支撑，推进检务公开迈向纵深，提升其常态化、可及性，已取得广泛成效。应在此基础上，依托信息化、智能化固化公开流程，将检察机关门户网站和专门平台无缝对接、互联互通，做到"一次公开、多平台同步展现"，提高公开效率；还应依托信息技术推进公开的常态化和规范化，对于办案关键节点、文书，系统自动提醒办案人员是否公开并提供智能化建议。

第六，完善检务公开风险预防应对制度机制。检察机关、检察活动从以往的不公开运行为常态，到逐步以公开为常态，经历了巨大变化。但一些检察机关及工作人员仍有较多顾虑，未能做到常态化和制度化。其背后重要影响因素在于对检务公开可能引发风险的担忧。对此，应借鉴政府、法院经验，建立完善检务公开风险防范机制，并加强对舆情应对能力提升。有必要摸清家底，梳理文书质量风险、敏感信息披露风险、裁量尺度不统一风险、舆情风险，提高办案质量和文书撰写质量，加强文书说理，完善文书制发和公开前的审查机制，最大程度减少风险事件发生。与此同时，还应完善回应关切制度，对于重大改革举措和重大案件办理，兼用点对点、一对多等方式进行回应。对于个别疑惑，可点对点进行释法；对于普遍性的质疑，则应主动多渠道向社会释明来龙去脉，阐释其合法性、合理性和正当性。对于办案中确实存在问题的，检察机关应主动及时纠错，对直接责任人员给予处分，扭转畏惧舆情、疲于应对的消极被动局面。

四、2022年中国检务透明度指数

党的二十大报告要求"加强检察机关法律监督工作",这离不开持续、稳定、能回应当事人与普通群众需求的公开制度机制。中国社会科学院国家法治指数研究中心、中国社会科学院法学研究所法治指数创新工程项目组在以往年度测评基础上,调整完善指标及权重,增加关于检察重点工作、检察新媒体、检察普法的内容,对最高人民检察院、32家省(自治区、直辖市)人民检察院(含新疆生产建设兵团人民检察院)、49家较大的市人民检察院,以及抽取的基层人民检察院和自贸区(片区、合作区)人民检察院的检务公开工作进行评估。评估结果显示,在中央部署和最高人民检察院指引下,检察基本信息、指南须知、法律文书、各类报告及白皮书、业务数据等公开日益常态化。但受制于公开标准化程度不高、规范要求刚性较弱,检务公开发展不均衡,部分领域公开效果不佳,基层公开亟待加强。今后,应明确以公开为常态,完善相关法律制度,持续推进检察机关、检察工作及其结果、数据、报告的全面公开透明,做好相关解读回应,发挥集约平台引导功能,更好为大局服务,为人民司法。

在评估对象上,自2021年起项目组将部分基层检察院纳入评估范围。本次评估,最高人民检察院、省级、较大的市级评估对象与往年保持一致,基层检察机关在确定上对标人民法院的司法透明度指数评估,即包括最高人民检察院,各省(自治区、直辖市)人民检察院和新疆生产建设兵团检察院(共32家),较大的市人民检察院(共49家),124家基层检察院(对标2022年度中国司法透明度评估基层法院评估对象),以及广东省横琴粤澳深度合作区人民检察院(以下简称横琴合作区检察院)、广东自由贸易区南沙片区人民检察院,四川天府新区人民检察院(四川自由贸易试验区人民检察院,以下简称四川自贸区检察院)自贸区检察院(共3家)①。实际参与评估指数排名的基层检察院共127家。在数据统计分析时,自贸区(片区、合作区)检察院与基层检察院一并统计。

---

① 深圳前海蛇口自贸区人民检察院未开通门户网站,未纳入评估。

（一）总体评估结果

评估显示，最高人民检察院在检务公开领域发挥了较好示范作用。省级人民检察院中排名居前的有：四川省人民检察院、贵州省人民检察院、北京市人民检察院、浙江省人民检察院、江西省人民检察院。

较大的市人民检察院中，排名居前的有：广东省汕头市人民检察院、安徽省淮南市人民检察院、广东省深圳市人民检察院、广东省广州市人民检察院、安徽省合肥市人民检察院、江苏省苏州市人民检察院、四川省成都市人民检察院、陕西省西安市人民检察院、江西省南昌市人民检察院、内蒙古自治区包头市人民检察院、浙江省杭州市人民检察院。

基层人民检察院排名居前的有：广东省深圳市福田区人民检察院、广东自由贸易区南沙片区人民检察院、安徽省巢湖市人民检察院、四川天府新区成都片区人民检察院（四川自由贸易试验区人民检察院①）、上海市闵行区人民检察院、上海市静安区人民检察院、甘肃省陇西县人民检察院、江西省高安市人民检察院、黑龙江省哈尔滨市南岗区人民检察院。

（二）各板块情况

1. 检察基础信息稳中有进

检察基础信息方面，省级人民检察院、较大的市人民检察院、基层人民检察院平均分分别为 70.22 分、62.53 分和 53.31 分。在民族语言、繁体字和外文版本的网站建设方面，与往年类似，整体情况依然不佳。广东省人民检察院提供了英文版的检察新闻，内蒙古自治区人民检察院网站提供了蒙文版，有 5 家省级人民检察院、12 家较大的市人民检察院和 19 家基层人民检察院提供了繁体字版。义乌市人民检察院提供了英文、朝鲜文和阿拉伯文的版本，为外国企业和投资者提供了巨大便利。信息无障碍建设方面，有 14 家省级人民检察院、11 家较大的市人民检察院和 26 家基层人民检察院提供了无障碍浏览功能。

机构和人员公开已成为检务公开的规定动作，但存在详略差异。湖北省人民检察院在机构公开方面，提供了内设机构的职能、对外联系方式，以及相关法律文书和工作流程图，为群众查阅和联络提供了便利。大部分被评估的检察

---

① 根据《最高人民检察院关于同意四川天府新区成都片区人民检察院更名为四川天府新区人民检察院的批复》文件，2023 年 6 月起，该检察院已更名。

院提供了领导信息，共有 14 家省级检察院提供了检察官名单。其中，黑龙江省人民检察院、广东省人民检察院、河南省人民检察院 3 家省级检察机关和广州市人民检察院、太原市人民检察院、沈阳市人民检察院等 10 家较大的市级检察机关，以及哈密市伊州区人民检察院、库车市人民检察院、西安市未央区人民检察院等 28 家基层检察机关公开了检委会名单。沈阳市人民检察院公布了领导成员，检察委员会委员名单和检察官名单。

检察新媒体方面，项目组对被评估检察院的微博、微信和抖音账号进行观察。微博方面，昆明市、南宁市、宁波市等检察机关互动性较强，互动数量较高。在测评的检察机关中，最高人民检察院微博粉丝数量排名第一，达 1349.6 万。一些检察微博表面上更新频繁，但主要为转发内容，还有的大量内容与检察业务无关，还有些长期未更新。大部分检察机关的官方微博，往往是与其他兄弟机关单位之间的互动，而与普通网友群众之间的互动较少。微信方面，大部分检察院的门户网站提供了微信入口，分别有 30 家省级人民检察院、45 家较大的市人民检察院和 112 家基层人民检察院。已开通官方微信公众号的基层人民检察院，仅有 6 家未发布 2022 年以来的案件办理情况，14 家未发布 2022 年以来的司法改革政策类信息，9 家未发布本院司法改革进展动态信息。可以说，微信平台发挥了较好的展示和公开功能。微信公众号可以办理检察业务的，省级的有 4 家，较大的市级有 4 家，基层检察院共 18 家。在业务咨询办理方面，还有较大提升空间。本年度的评估，增加了对检察机关抖音账号的测评。32 家被评估对象中，已有 20 家省级人民检察院、28 家较大市级检察院和 42 家基层人民检察院开通抖音账号，开通率分别为 62.5%、57.14% 和 33.07%。在粉丝数量方面，最多的是最高人民检察院，粉丝数量达 663 万；大部分省级人民检察院粉丝数量在十几万到数十万之间；较大的市人民检察院层面，粉丝数量最多的陕西省西安市人民检察院，其粉丝量为 29 万，其余大部分数量在数千到数万之间；而基层人民检察院，粉丝数量最多的英德市人民检察院仅 5.5 万。在收到点赞量方面，最多的仍为最高人民检察院，达到 4602.7 万，其余大部分则在数百万左右。

检务指南方面，评估显示，大部分检察机关的门户网站设置了专门栏目，提供了相关内容。安徽省人民检察院设置了检察指南栏目，下设检务须知、举报流程、申诉流程、办案流程、申请赔偿办理流程、信访接待和"联系我们"等板块，内容较为全面。湖北省人民检察院在首页醒目位置提供"检务指引"栏目，内容包括各项主要业务的工作或服务流程图，以及申诉、信访、控告等方面的检务须知。

2. 检察活动公开有喜有忧

检察活动的评估内容包括起诉书、抗诉书、不起诉决定书、刑事申诉复查决定书等各类检察法律文书，以及重要案件信息公开，其中申诉公开审查与公开听证，为检务公开的重中之重。但评估结果显示，检察活动板块，在各种因素影响下，虽有一些亮点突破，而总体上处于低位运行状态，基层人民检察院尤为薄弱。省级人民检察院、较大的市人民检察院、基层人民检察院此板块的平均分分别为 67.50 分、59.57 分和 45.76 分。检察活动公开具体情况如下。

检察法律文书公开不够平衡。12309 中国检察网的案件信息公开栏目下设法律文书专栏，各地检察机关往往在专栏内公开了起诉书、抗诉书、不起诉决定书、刑事申诉复查决定书等类型法律文书。截至 2022 年 12 月底，栏目内已集约公开各类检察法律文书 10 万余件。截至 2022 年 12 月底，12309 中国检察网集约公开重要案件信息 7 万余件。2022 年 1 月到 6 月，全国检察机关决定起诉 68.1 万人，对民事审判活动违法行为提出检察建议 2.3 万件，对民事执行活动违法行为提出检察建议 2.6 万件。[①] 对照之下，法律文书及重要案件信息的公开，均有较大提升空间。

起诉书和不起诉决定书的公开较好。2022 年度，被测评的 124 家基层检察院中，有 99 家公开了本院的起诉书、44 家公开了本院的不起诉决定书。其中，贵阳市观山湖区人民检察院和平凉市华亭市人民检察院做到了每月更新。新疆阿克苏地区库车县人民检察院公开的起诉书，提供了维吾尔文版本。

部分法律文书的公开有所倒退。项目组发现，刑事申诉复查决定书在 12309 中国检察网"法律文书公开"板块设置有专栏，但全国文书总共 3 个页面不足 50 件，抗诉书则共 8 个页面不足 150 件。一些经济发达省份，全省一年公开的抗诉书、刑事申诉复查决定书数量屈指可数。相比往年，可谓有较大幅度的倒

---

① 参见《最高检发布 2022 年 1 至 6 月全国检察机关主要办案数据》，载中华人民共和国最高人民检察院网。

退。与之相似的是，专门的量刑建议书、检察建议书、检察意见书的公开情况，仍未有起色。在测评的基层检察院中，2022年度公开这些文书的仅有数家。

检察听证与公开审查进展迅猛。中国检察听证网走向成熟。本年度的评估结果显示，除新疆生产建设兵团人民检察院外，所有省份均实现了检察听证直播的零突破。截至2022年12月14日，甘肃省已直播听证案件637件、安徽省591件、贵州省直播579件。全国检察机关针对年老体弱、居住偏远的当事人，组织上门听证。最高人民检察院印发两批上门听证典型案例，要求全国检察机关加大对上门听证的探索力度，以依法能动履职促进诉源治理。2022年上半年，全国检察机关共开展上门听证案件1187起，矛盾有效化解率近9成。2022年度，不起诉案件公开审查公告、听证会公告的预告性公开，有了较大进展。北京市、广西壮族自治区、杭州市、呼和浩特市以及天津市河西区等地检察机关相关公开工作均有所突破。

重要案件信息公开效果较佳。12309中国检察院设置了"重要案件信息"栏目，集约公开各级检察机关的重要案件信息，并分为职务犯罪案件、热点刑事案件、典型案例和其他案件4个类型。46家较大的市人民检察院和70家基层人民检察院公开了重要案件信息。在内容上，山西大同等地的重要案件信息公开在内容上更加丰富、详尽，提供了被告人的身份、涉嫌罪名，指控犯罪事实等要素。但也有的地方重要案件信息公开过于简略，公开效果不佳。

3. 统计总结公开总体较佳

统计总结方面，近年来各级检察机关公开工作取得显著进步。省级人民检察院、较大的市人民检察院、基层人民检察院平均分分别为78.75分、70.84分和57.31分。

工作报告的公开，最高人民检察院、省级人民检察院、较大的市人民检察院总体表现均较好，基层人民检察院则相对薄弱。30家省级人民检察院、34家较大的市人民检察院和74家基层人民检察院向社会公布了内容关于2021年全年检察工作的报告全文。2022年，项目组对工作报告的字数进行分析。30家的2021年度工作报告，平均字数为7210字，有13家省级人民检察院的字数超过8000字。一些检察机关还通过"一图读懂"等方式对报告进行了解读。

各类专项报告、白皮书已成为各地检察机关展现其工作成效、今后部署安排、普法宣传的重要方式。其内容较为丰富，其中涉及未成年人检察工作、公益诉讼、知识产权方面的较为多见，也有些检察院就毒品犯罪、安全生产、认罪认罚专项制度的实施情况，发布了专项报告或白皮书。有 7 家省级人民检察院公开了全文。但基层检察机关的专项报告、白皮书的编制和公开相对薄弱。做得较好的有，广东自由贸易区南沙片区人民检察院公布了本院关于降低诉前羁押率工作情况和民事检察的专项报告，四川自贸区检察院显示编制了禁毒工作白皮书、公益诉讼白皮书。

检察机关的预决算公开一直表现较好。公开 2022 年度预算的，有最高人民检察院、31 家省级人民检察院、47 家较大的市人民检察院和 103 家基层人民检察院。公开 2021 年度决算的，有最高人民检察院、31 家省级人民检察院、45 家较大的市人民检察院和 88 家基层人民检察院。

2021 年最高人民检察院印发的《人民检察院案件信息公开工作规定》专章规定了"业务数据发布"，要求人民检察院根据工作实际，通过检察院门户网站、工作报告、新闻发布会、检察工作白皮书等方式渠道，向社会发布检察机关主要办案数据，立足履行法律监督职能、服务经济社会发展的数据信息，促进、推动社会治理的数据信息，以及对社会具有警示意义的数据信息。在最高人民检察院示范引领和要求下，办案数据公开有了大的提升。提供了 2022 年以来检察业务统计数据的，有 24 家省级人民检察院、23 家较大的市人民检察院和 19 家基层人民检察院；其中做到按季度规律公开的，有 22 家省级人民检察院、16 家较大的市人民检察院和 7 家基层人民检察院。省级人民检察院办案数据公开较好，已接近全覆盖；较大的市级人民检察院总体尚可但弱于省级；基层人民检察院则还有较大提升空间。自 2020 年以来，广东省人民检察院设置专栏，按季度公开全省检察机关主要办案数据。为提高公开效果、更好回应社会关切，最高人民检察院、山东省人民检察院、甘肃省人民检察院等在公开数据同时进行解读、答记者问。一些检察院在 2020 年、2021 年进行了数据解读，但 2022 年则未进行解读，工作不同程度存在停滞甚至倒退。在公开方式上也存在不统一、不连续的问题。以 2022 年为例，多数检察院按照累积式公开办案数据，但也有些检察院分季度分段公开办案数据。虽然最高人民检察院要求按季度公开办案数据，但公开数据中断、不连续的情况较为普遍。

文书公开的统计情况公开,一直是各地检察公开的薄弱环节。2022 年的评估结果显示,仅有个别检察机关有所试水。榆林市榆阳区人民检察院公开了 2022 年上半年的法律文书公开情况。2021 年度,广州市人民检察院公开了案件信息公开工作情况,但 2022 年全年未见更新。

4. 重点工作较为全面展现

本次评估,增加了重点工作的专门板块,就检察机关的重点工作相关的栏目设置、白皮书或专题报告、典型案例、解读宣传等方面进行评估。重点工作的贯彻推进受到各地检察机关的广泛重视,但在公开方面还存在较大提升空间。省级人民检察院、较大的市人民检察院、基层人民检察院此板块的平均分分别为 43.41 分、40.20 分和 34.53 分。

公开优化营商环境白皮书或专题报告的,有 5 家省级人民检察院、2 家较大的市人民检察院和 2 家基层人民检察院;公开了相关典型案例的,有 10 家省级人民检察院、10 家较大的市人民检察院和 3 家基层人民检察院。值得指出的是,赤峰市松山区人民检察院公开了优化法治化营商环境大讨论活动工作专项报告,展示其在营商环境优化方面的工作开展情况、仍存在的问题和不足,以及今后工作打算安排。优化营商环境成为多地检察机关普法工作的重点。《2022 年宾阳县人民检察院"谁执法谁普法"任务措施清单》提供了多项优化营商环境相关法律法规,分别由第一检察部、第二检察部和办公室承担,通过集中走访、座谈,线上线下的普法宣传等方式,让企业、个体工商户了解检察机关在优化营商环境中的职能和作用,向群众解读优化营商环境的法律法规及政策,对优化营商环境相关知识、案例进行宣传。

扫黑除恶方面,公开相关白皮书或专题报告的,有 8 家省级人民检察院、2 家较大的市人民检察院和 1 家基层人民检察院;有 9 家省级人民检察院、6 家较大的市人民检察院和 4 家基层人民检察院公开了典型案例。

《民法典》颁行以来,各级检察机关将《民法典》作为法律监督和普法宣传的重点工作。2022 年度,进行《民法典》解读宣传活动的,有 16 家省级检察院、21 家较大的市人民检察院和 35 家基层人民检察院。

《民事诉讼法》规定了民事支持起诉制度,检察机关作为有权实施的法定机关,其支持起诉活动是维护公民基本权益,优化检察权运行的重要抓手。检察机关民事支持起诉的实践各地参差不齐，一些地方法院、检察院甚至存在消极抵触心理。提供民事支持起诉相关典型案例或解读宣传的，有25家省级人民检察院、21家较大的市人民检察院和20家基层人民检察院，工作及相关公开力度相对较好。各地检察机关对于民事检察重视程度有所提升，对于农民工讨薪与追索劳动报酬纠纷、赡养纠纷、指定监护人、离婚纠纷等方面的支持起诉实践日渐增多。已有数地检察机关在2022年度公布了民事支持起诉的典型案例和相关数据。2022年11月，广西壮族自治区人民检察院发布民事支持起诉典型案例。广西全区检察机关2020年共受理民事支持起诉案件63件，支持起诉57件；2021年共受理民事支持起诉案件637件，支持起诉593件；2022年1—10月共受理民事支持起诉案件603件，支持起诉392件。珠海市人民检察院还创新采取公开听证与支持起诉相结合的方式，起到良好效果。①

最高人民检察院督促整治万峰湖流域生态环境受损公益诉讼案，作为第四十一批指导性案例（生态环境公益诉讼主题）发布。② 对于公益损害严重，且违法主体较多、行政机关层级复杂，难以确定具体监督对象的，检察机关可以基于公益损害事实立案。对于跨两个以上省或者市、县级行政区划的生态环境公益损害，共同的上级人民检察院可以直接立案。2022年11月，最高人民检察院发布了12个湿地保护公益诉讼典型案例。2022年度，公开相关白皮书或专题报告的，有5家省级人民检察院、0家较大的市人民检察院和1家基层人民检察院；有23家省级人民检察院、13家较大的市人民检察院和4家基层人民检察院，公开了相关典型案例。

未成年人检察作为检察院"十大业务"之一，未成年人检察的公开及相关普法宣传，有利于增进未成年人法律意识，减少未成年人遭受侵害的风险，预防未成年人违法犯罪，受到各地各级检察机关的较高重视。网站提供相关页面或专栏的，有6家省级人民检察院、17家较大的市人民检察院和18家基层人民检察院；2022年度就未成年人检察工作发布白皮书或专题报告的，有12家省级

---

① 参见2022年12月15日下午珠海市人民检察院召开的"能动履行民事支持起诉职能 依法保障特殊群体合法权益"主题新闻发布会上所发布典型案例——"刘某等人与珠海市某房产开发有限公司追索劳动报酬纠纷支持起诉系列案"。

② 第四十一批指导性案例（万峰湖专案），载最高人民检察院网。

人民检察院、3家较大的市人民检察院和3家基层人民检察院；2022年度发布相关典型案例的，有15家省级人民检察院、10家较大的市人民检察院和7家基层人民检察院。

2022年10月，最高人民检察院向全国人大常委会作《关于人民检察院开展未成年人检察工作情况的报告》，报告全文上网公开。2022年5月，《江西省人民检察院关于全省未成年人检察工作情况的报告》向社会公布，全面介绍其未成年人检察工作的做法经验、仍存在问题和下一步工作意见。鉴于未成年人检察工作专业性较强，报告还提供相关用语说明和有关典型案例。《2021年度四川省未成年人检察法律监督工作报告》着力关注法律监督工作中的突出问题，对于侵害农村留守儿童问题，利用网络媒介对未成年人实施侵害问题等情况通过数据分析予以深入发掘。

依托公开信息和平台建设，检察服务企业、服务群众功能不断强化。其典型如，广州市检察机关开通"侵害未成年人违法犯罪信息库"收录强奸、猥亵儿童罪等性侵类犯罪及拐骗、拐卖儿童类犯罪信息。与未成年人密切接触行业的用人单位可向检察机关申请查询拟招录人员是否存在相关违法犯罪记录，以提升入职审查的准确性。该信息库与"检爱同行智慧未检平台"账户通用，便于群众使用。

食品药品相关检察方面，有3家省级人民检察院、1家较大的市人民检察院和0家基层人民检察院发布了白皮书或专题报告；14家省级人民检察院、6家较大的市人民检察院和3家基层人民检察院发布了典型案例。2022年11月，最高人民检察院印发《药品安全公益诉讼典型案例》，以保障人民群众用药安全。

近年来，检察机关在个人信息保护方面发挥着越来越大的作用。2020年9月，最高人民检察院出台《关于积极稳妥拓展公益诉讼案件范围的指导意见》，明确将个人信息保护作为网络侵害领域的办案重点，全国二十多个省级检察院明确要求检察机关积极稳妥开展个人信息保护领域公益诉讼。2021年8月21日，最高人民检察院下发了《关于贯彻执行个人信息保护法推进个人信息保护公益诉讼检察工作的通知》，明确将个人信息保护纳入检察公益诉讼法定领域，为个人信息的检察公益诉讼保护提供了直接依据。

2019 年至 2022 年 10 月，共批准逮捕涉嫌侵犯公民个人信息犯罪嫌疑人 1.3 万余人，提起公诉 2.8 万余人。2021 年 4 月 22 日，最高人民检察院发布 11 件检察机关个人信息保护公益诉讼典型案例。2022 年 12 月，最高人民检察院发布《关于印发检察机关依法惩治侵犯公民个人信息犯罪典型案例的通知》，发布了 5 件典型案例。公开相关典型案例的，有 8 家省级人民检察院、4 家较大的市人民检察院和 4 家基层人民检察院。值得一提的是，苏州市人民检察院发布了《2021 年苏州市检察机关个人信息保护检察公益诉讼工作报告》，安徽省人民检察院将《个人信息保护法》的普法宣传列入重点普法内容。

党的二十大报告明确指出要"实施积极应对人口老龄化国家战略"。公开打击防范涉老诈骗相关典型案例的，有 25 家省级人民检察院、10 家较大的市人民检察院和 8 家基层人民检察院；公开相关提示警示信息的，有 18 家省级人民检察院、38 家较大的市人民检察院和 90 家基层人民检察院。江苏省人民检察院门户网站设置了"打击养老诈骗"专栏，栏目内容丰富、更新及时、形式多样。其中，既有相关微视频、典型案例，也有相关普法宣传、政策解读、诈骗套路提示和防诈注意要点。江西省人民检察院发布"打击整治养老诈骗"典型案例，介绍典型诈骗模式，并就诈骗预防提供提示，有利于减少此类案件的反复发生。

最高人民检察院以"深化执法司法权力运行机制改革"为主题，印发《2022 年全国检察机关检察改革典型案例材料》，推介各地检察机关深入破解难点堵点问题，推动各项业务全面协调发展的经验做法。2022 年以来，通过门户网站、微信公众号等渠道发布了本院司法改革进展动态信息的，有 32 家省级人民检察院、49 家较大的市人民检察院和 113 家基层人民检察院。

5. 普法宣传引导进展明显

中共中央办公厅、国务院办公厅印发的《关于实行国家机关"谁执法谁普法"普法责任制的意见》要求，制定本部门普法规划、年度普法计划和普法责任清单，明确普法任务和工作要求。落实检察机关普法责任，完善检察官以案释法和以案普法、以案释法，成为许多检察院的共同选择。

2019年至2021年，仅有4家省级检察院公布过年度性的普法责任清单。①本次评估结果显示，普法责任清单的公开情况，总体依然较为薄弱。项目组检索结果显示，通过自身门户网站和其他网站，公开过2020—2022年1年及以上普法责任清单的，有8家省级人民检察院、9家较大的市人民检察院和15家基层人民检察院。在内容上，普遍将宪法、民法典、未成年人保护法等法律覆盖在内。《天津市人民检察院2022年度普法责任清单》明确了清单各项基本要求后，明确工作职责，落实举措，责任部门和完成时限，内容较为详细、可操作②。《贵州省人民检察院机关2022年度普法责任清单》明确了若干硬指标，要求"本单位工作人员统一在线学法参考率和合格率均应达到95%以上"，并要求典型案例年内发布不少于3个，普法信息年内发布不少于4条。③佛山市禅城区人民检察院的2022年度普法责任清单明确了重点普法内容，普法对象，主要措施和责任部门。平罗县人民检察院出台普法依法治理实施方案，并公开普法内容清单、普法责任清单、普法措施清单、普法标准清单和普法工作考核办法④，其考核办法要求细致，逐项赋分并提出要求，对于工作落实具有积极意义。广西壮族自治区宾阳县人民检察院的"谁执法谁普法"任务措施清单⑤，在对象上，区分全县公民、在校学生、律所、行政机关、企业和个体户、看守所在押人员和犯罪嫌疑人等，进行针对性的普法教育，且明确了不同内容的主要措施、具体活动、完成时限、责任部门、责任人和联系方式等要求，其内容具体、细致、可操作，对于其他地方具有较强的借鉴意义。另外，2022年修订后的云南省省直国家机关普法责任清单中，设有省人民检察院的板块。

2017年，最高人民检察院形成《最高人民检察院关于实行检察官以案释法制度的规定》，要求建立并实行检察官以案释法制度，落实检察环节普法责任制。在实施方式上，包括办案以案释法和向社会公众以案释法。2022年，通过

---

① 参见中国社会科学院法学研究所法治指数创新工程项目组：《人民检察院普法宣传第三方评估报告（2021）》，载李林、田禾主编：《中国地方法治发展报告No.7（2021）》，社会科学文献出版社2021年版，第99页。
② 参见《天津市人民检察院2022年度普法责任清单》，载天津检察网。
③ 参见《贵州省人民检察院机关2022年度普法责任清单》，载贵州检察网。
④ 参见《关于印发〈2020年平罗县人民检察院普法依法治理实施方案〉和〈平罗县人民检察院普法责任制"四清单一办法"〉的通知》，载平罗县人民检察院网。
⑤ 参见《2022年宾阳县人民检察院"谁执法谁普法"任务措施清单》，载宾阳检察网。

以案释法进行普法宣传的，有 25 家省级人民检察院、36 家较大的市人民检察院和 64 家基层人民检察院。

（三）检务公开仍存在的突出问题

检务公开工作经过多年发展，在肯定其巨大成效的同时，也应注意存在的典型、突出问题，以备针对性改进。

文书公开震荡调整。与往年检察文书公开持续上升的态势相比，2022 年度的检察法律文书公开出现较大幅度震荡。其主要表现是，12309 中国检察网公开的法律文书，截至评估结束，仅可追溯到 2022 年 1 月上网内容，而无更早的法律文书；不少检察机关之前已经上网的文书，评估时未显示。

层级递减效应明显。各层级检察机关检务公开工作的推进，"上热中温下冷"的层级衰减情况，一直不同程度存在。基层检察机关从检察基础信息，到检察活动、文书、结果和统计情况，表现均相对薄弱。在检务新媒体公开方面，也存在类似现象。以抖音为例，其账号开通率、更新度，均表现出级别越高、效果越好，越到基层、效果越差的总体趋势。有的基层检察院新媒体推送发布文章较多，有的一天发布超过 10 篇。但有些内容冗杂，查阅不便利，群众浏览量不多。

更新不及时广泛存在。例如，在机构设置方面，有些检察机关的机构设置中还列出了在机构改革中已转隶的反贪局。在检察指南方面，一些地方的检务指南在 2014 年之后多年未更新，有的公开了 2018 年版的民事检察工作司法办案权力清单，有的还提供了行贿犯罪档案查询。再如，《人民检察院行政诉讼监督规则（试行）》已经失效①，但有些检察机关仍置于门户网站中，未进行效力标注，有的地方甚至将其堂而皇之置于 2022 年度的普法责任清单中，容易造成误导。

检务公开表现出"区域性"。在一百多家基层检察院纳入评估之后，项目组发现，同区域的检察机关往往取得的成效和存在的问题均较为相似。推测其原因，可能与共同上一级检察机关的统一部署安排有关，也可能与运维有关，同一区域的检察机关往往由同一技术公司运营维护，甚至适用同一架构或逻辑。

---

① 2021 年，最高人民检察院发布《人民检察院行政诉讼监督规则》，自 2021 年 9 月 1 日起施行，同时废止了《人民检察院行政诉讼监督规则（试行）》。

传统常规问题尚未根除。网站不稳定、内容摆放混乱、链接无法打开、更新不及时等传统问题，依然不同程度存在，损害检务公开的权威性、准确性和可用性。栏目设置与内容摆放方面，标题和内容不一致等"名不副实"的问题依然不同程度存在。

(四) 展望建议

阳光公开透明成为各级检察机关积极依法能动履职、创新司法办案方式和提升司法办案质效的重要抓手，在文书公开、数据公示、典型案例、新闻发布、重点工作、普法宣传等方面均可圈可点，取得显著进展。但也应看到，在各种因素影响下，文书公开有所震荡，部分类型文书的公开陷入低潮。总体上检务公开依然前景乐观、未来可期。

在经历之前快速发展之后，虽然数据公开及解读、报告公开、重点工作等领域依然势头较猛，但部分板块进入震荡期。考虑到无论是法院裁判文书公开、还是检察法律文书公开均处于调整期。对此，既要让检务公开发挥好服务大局、服务营商环境优化、服务民生保障等方面的实际效果；又要妥善处理好检务公开与国家信息数据安全、个人信息保护、案件公平公正办理等的关系。建议从以下方面发力和突围。

1. 尽快完善法律制度，明确职责消除风险

检务公开不够稳定、震荡反复的问题背后，是法律规范的缺失。2021年最高人民检察院的《人民检察院案件信息公开工作规定》是检务公开的直接依据。其法律位阶相对较低，一旦发生国家安全、个人信息保护、商业秘密、未成年人保护等方面的法律规范适用冲突，容易出现法律风险。从内容看，《人民检察院案件信息公开工作规定》关于公开的要求，大多为"可以"。① 在未成年人个人信息保护方面，2019年的《人民检察院刑事诉讼规则》第481条规定："人民检察院办理未成年人刑事案件过程中，应当对涉案未成年人的资料予以保密，不得公开或者传播涉案未成年人的姓名、住所、照片、图像及可能推断出

---

① 《人民检察院案件信息公开工作规定》中，"可以"出现15处，且均与点对点的检务公开有关。"应当"出现16处，除了公开的一般原则要求之外，则为隐名处理、屏蔽处理规则，不得公开信息，案件信息查询相关，以及信息核实处理规则。显然，检务公开的"刚性"，还是较为缺失的。

该未成年人的其他资料。"在此基础上,应当考虑加强顶层制度设计,借鉴政务公开、法院公开等领域经验做法,就司法公开出台统一法律,解决可能的法律冲突问题,消除检务公开中的担忧顾虑与履职风险。

2. 更有效回应关切诉求,不断增强获得感

"民有所呼、我有所应。"针对企业、群众反映强烈的突出问题,检察机关应当作为公开、服务和监督工作的重点。一些地方检察机关发现,有的审判机关存在较多使用中止程序且中止案件理由不充分,执行款发放不及时等问题。[①]基于此,既应通过个案监督予以纠正,还应经过必要隐名、去标识处理后,公开相关决定、检察建议书和解读,起到举一反三之效果。

为回应社会关切和需求,还应注意,人民群众的注意力到哪里,检务公开就应当延伸到哪里。在渠道方式上,应当传统方式与新媒体相结合,多管齐下形成合力。检务公开的深入推进,既需要以门户网站作为第一平台,也需要用好"检察开放日""公开听证"等传统方式,还需要将人民群众喜闻乐见的微博、微信、抖音、快手、头条号、B 站等作为重要传播渠道。并将高度专业化的检察内容进行量体裁衣式的改造调整,既能"正襟危坐",又能适应新型传播之需求。

在公开方式上,更加突出从单向度公开迈向互动交流。一些检察机关通过公开听证、圆桌会议、磋商会等方式,既发挥矛盾化解功能,同时也畅通了检察院和群众之间的互动渠道。广州市人民检察院等开通了"网络问检"栏目,将群众问题和回答情况,均上网公开。其经验做法值得关注、提炼和推广。

3. 公开与普法服务相统一,提升公开实效

检务公开必须为了人民、依靠人民,致力于为企业、群众提供高效、易得、易懂的法治产品与检察产品。为此,检务公开应当嵌入为民服务大局当中,与普法宣传、检察服务深度融合,不断提升公开实效。

其一,应做好各类报告、数据公开及相关解读工作。一个例证是,《人民检察院行政诉讼监督规则》,明确"公开"为人民检察院对行政诉讼实行法律监督应坚持的原则,要求"综合运用监督纠正、公开听证、释法说理、司法救助

[①] 参见《定西市安定区人民检察院关于 2021 年度法律监督工作情况的报告》,载安定区人民检察院网。

等手段,开展行政争议实质性化解工作"。《人民检察院行政诉讼监督规则》第121条规定,人民检察院可以对行政诉讼监督情况进行年度或者专题分析。此类年度报告或专题分析及其解读,如向社会公开,将起到促进依法行政、推进公正司法的效果。

其二,利用检务公开推进新型和重点检察工作的顺利进行。比如,近年来受到越来越多关注的检察公益诉讼,党的二十大报告提出"完善公益诉讼制度"。检察机关公益诉讼制度的顺畅运行,离不开人民群众的关注和参与,这需要检务公开的支撑引领。再如,未成年人保护的形势空前严峻复杂,未成年人"四大检察"综合司法保护格局如何进一步优化完善?在做好案件办理、相关权益保障与信息保护的基础上,还应做好相关典型案例、检察制度、工作机制、数据报告及相关分析解读的公开,使得社会各界更直观了解未成年人检察工作,以凝聚共识,更好参与、支持、监督。

其三,在普法宣传方面,应着力发挥好检务公开的提示、提醒功能。依托办案和数据分析,提示各界群众"避坑",减少财产损失、人身损害的风险。例如,从最高人民检察院到各地、各级检察机关,已公布大量涉老诈骗相关制度文件、典型案例和办案数据、白皮书等。在其基础上,还应做好转化工作,将更为正式、严肃、专业的相关内容,加工转制为老年人及其家属看得懂、用得上的预警提示,成为帮助其识别防范陷阱、预防减少损失、守护老年人钱袋子的重要助力。

4. 发挥集约平台引导功能,强化考核激励

无论政府、法院、检察院,针对特定领域、特定事项的集约公开均为大势所趋。集约公开既是将相关信息归总、分类,使信息集中摆放更加一目了然,还应发挥集约平台的督促、考评、奖惩等功能,以集约为抓手推进标准化、规范化。12309中国检察网发展至今,已集约案件信息公开、网上信访、代表委员联络、办事指南、检察听证等内容,并提供了未成年人司法保护、律师执业权利保障、非公经济司法保护等专栏,以及人民监督员监督服务、益心为公检察云平台、法律咨询、专家咨询、案件程序性信息查询、信访预约和办理等功能,也发挥出强烈的集约化公开作用。在此基础上,有必要以平台为抓手,强化激励考核,推进检务公开的可持续发展。鉴于各地、各级检察机关的法律文

书、重要案件信息均在平台公开，可考虑通过考核、排名、奖惩等方式，加强公开激励。

5. 完善安全保障制度机制，消除风险隐患

针对部分网站不够稳定等问题，应加强信息化软硬件保障，避免系统崩溃、页面卡顿等问题的发生。检察信息化与公开、互动的推进，需要加强重要数据和个人信息保护，综合采取合规审查、审批审核，技术扫描与制度管理，防范可能的安全风险。

一些地方检务公开的停滞甚至不无倒退的背后，是对信息安全、个人信息保护的担忧。对此，一方面应完善法律制度依法公开，另一方面应依靠技术做好安全保障。在信息搜集和内网流转阶段，要通过技术手段，履行安全防护义务，保障网络免受干扰、破坏或者未经授权的访问，防止网络数据泄露或者被窃取、篡改。在对外公开时，依托信息技术最大限度实现隐名、敏感信息屏蔽、去标识化处理的自动化。在公开之后，定期或不定期对已上网的内容进行扫描筛查，提高发现问题和风险点的效率。由此，使得相关领导吃下"定心丸"，消除检务公开的后顾之忧。

第五章
警务透明度（公安法治）指数

一、警务透明度（公安法治）指数概述

在政务公开的实施进程中，警务公开最先推广至全国，1999年公安部印发《关于在全国公安机关普遍实行警务公开制度的通知》，在全国范围内部署警务公开。在电子政务建设中，公安机关也是信息化投入力度最大、发展最为迅速的部门，信息化不断拓展警务公开范围、创新公开方式，全方位提升警务透明度。公安机关作为户政、出入境、交通、治安等行政管理部门和刑事侦查部门，既提供公共服务，又兼具行政执法与刑事执法双重职能，直接影响公民的居住、出行等日常活动，关系民生，其权力运行的规范透明关乎公民的人身安全和财产安全、社会公平正义的实现以及民众安全感、获得感的提升。作为政府信息的集大成者，公安机关是跟踪政府信息公开制度实施的最佳观测点，警务公开的广度和深度也是衡量政府透明度的重要维度。公安机关既是行政执法机关，又负责刑事案件的侦查，因此警务公开兼具政务公开和司法公开双重属性。党的第十八届四中全会通过《中共中央关于全面推进依法治国若干重大问题的决定》，警务公开又与审判公开、检务公开和狱务公开一起，构成完整的政法信息公开体系。警务公开在民生、法治、司法、诚信、治理五个维度上具备特殊

价值。

第一，民生维度：便民服务改善民生。现代政府的职能定位是提供公共管理与服务。与其他政府职能部门相比，公安机关提供的职能最为广泛，覆盖户政、出入境、治安、交通安全、网络安全、经济文化保卫、刑事侦查、禁毒、保安等诸多方面。公安机关的活动影响民众生活的方方面面，大到宏观层面的国家安全、公共安全和社会秩序，小到微观层面公民个人的出行、住宿，因此警务公开具有服务和改善民生的功能，警务服务的公开便捷度直接关系民生保障水平。警务公开要求人民警察在提供户政、出入境、治安、交通安全、网络安全、经济文化保卫、保安等公共管理与服务时，坚持公开、便民原则，不仅要公开办证网点和办事流程，还要提供网上公开办事服务，方便人民群众，体现执法为民的理念，切实保障和改善民生。

第二，法治维度：阳光执法彰显法治。依法公开、阳光执法，是规范和完善公安执法工作、建设法治公安的客观需要。公安机关不仅具有治安、户政、交通管理等广泛的职能，而且能够直接针对公民的人身权和财产权采取强制和处罚措施，因此公安行政执法是政府法治的关键领域，是政府执法的缩影。在法治社会，权力越大，受到的制约也越大，作为能够广泛深刻影响公民权利的部门，公安机关更应该严格依照法律行使权力。为推动公安执法规范化，2016年9月，中共中央办公厅、国务院办公厅印发《关于深化公安执法规范化建设的意见》。规范执法，除了明确执法规范之外，还应该从执法公开入手，打造"阳光警务"，将执法依据、流程和结果予以公开，接受社会监督，以公开促规范，从而提升公安执法的法治化程度和水平。

第三，司法维度：办案公开完善司法。公安机关执法包括行政执法和刑事执法两个方面。单就刑事侦查而言，警务公开属于司法公开的范畴，因此与政务公开的标准和法律适用不尽相同。即使是在司法公开范畴内部，与检察、审判活动相比，在司法实践中，侦查机关多采用秘密方式进行，因此侦查公开又具备区别于检务公开和审判公开的逻辑。为推进刑事执法工作的公开化和透明度，公安部刑事侦查局于2005年7月26日下发《关于实行办案公开制度的通知》，决定自2005年8月1日起在全国公安机关刑侦部门实行办案公开制度。2013年，中央将警务公开作为司法体制改革的重大事项之一，提出要不断推进警务公开、狱务公开。2015年2月，中共中央审议通过了《关于全面深化公安改革若干重大问题的框架意见》，提出完善执法权力运行机制，将警务公开改革向纵深推进。2018年《公安机关执法公开规定》第十条规定，"公安机关应当向社会公开涉及公共利益、社会高度关注的重大案事件调查进展和处理结果以及打击违法犯罪活动的重大决策和行动。但公开后可能影响国家安全、公共安全、经济安全和社会稳定或者妨害正常执法活动的除外"。

第四，诚信维度：执法公示助力诚信。阳光警务、执法公开是构建诚信社会的客观需要。经济社会发展到一定阶段迫切需要构建诚信社会，而公安执法涉及交通安全、出入境、治安等各个领域，公安机关所掌握的违法犯罪信息是构建社会诚信体系的重要数据来源。党的十八大、十八届三中全会、十八届四中全会均强调加强社会诚信建设。国务院于2014年和2016年相继发布《社会信用体系建设规划纲要（2014—2020年）》《国务院关于建立完善守信联合激励和失信联合惩戒制度加快推进社会诚信建设的指导意见》，提出要促进本地区各部门、各单位的信用信息整合应用。公安机关向社会公开执法信息，一方面有助于执法主体接受社会监督，另一方面也可以使执法相对人尤其是受处罚人置于舆论监督之下，从而推动和完善社会诚信体系建设。2017年1月3日，国家发展和改革委员会、交通运输部、公安部、中国民航局、中国铁路总公司五部门联合下发《关于加强交通出行领域信用建设的指导意见》，要求公安交通管理部门通过当地新闻媒体、门户网站等渠道公开公示严重交通违法人员和企业。为落实2015年《国务院办公厅关于运用大数据加强对市场主体服务和监管的若干意见》，国家发展改革委发文要求做好和深入推进行政许可和行政处罚等信用信息公示工作，以加强社会信用体系建设。2018年《公安部执法公开规定》完整地规定了行政处罚决定书和行政复议决定书向社会公开制度。

第五，治理维度：数据开放智慧决策。在信息化时代，所谓得数据者得天下，开放数据（Open Data）是大势所趋。开放数据是智慧决策的前提，对开放的数据进行分析和挖掘，可以为政府科学精准决策提供有效支撑，而数据治理也是推动国家治理体系和治理能力现代化的必然选择。公安机关的管理和服务范围最为广泛，并且拥有强制执法权，因此公安数据既是海量的，又具有较高的准确性，并且借助信息技术的优势，警务信息数字化程度也非常高，是值得挖掘的数据"富矿"。公安机关在其提供管理服务和执法过程中掌握出生人口、流动人口、汽车保有量、交通事故、道路流量以及警情、治安、犯罪等海量数据,从基础的身份识别信息到精确的移动轨迹数据,这些数据的聚合、挖掘对提升政府管理水平、辅助科学决策、精准预判社会形势具有重要意义。在国家大数据战略背景下,警务公开发展到高级阶段必然要求数据开放,建立社会共享的公安大数据。

鉴于警务公开是评估政府信息公开制度运行的最佳视角,且在民生、法治、司法、诚信、治理等五个维度上具备特殊价值,因此构建一套科学的指标体系,对中国警务透明度进行实证评估尤为重要。2018年公安部修订《公安机关执法公开规定》,提出"公安机关可以委托第三方机构对执法公开情况进行评估,并参考评估结果改进工作。"2017年,中国社会科学院法学研究所法治指数创新工程项目组研发中国警务透明度指数指标体系,以网站信息公开为视角,选择一定范围和层级的公安机关作为评估对象,对中国的警务透明度进行年度指数评估,用数据说话,客观准确衡量中国警务透明度,挖掘和分析在推动警务公开过程中存在的深层次问题,促进信息公开和国家治理制度的完善。2022年,中国警务透明度指数评估已逾五年,也迎来重大转型,经过项目组的调研论证,已迭代升级为中国公安法治指数。

中国公安法治指数指标体系(见表5-1)由"阳光警务""民主决策""便民服务""规范执法""数字公安"5个一级指标构成,既涵盖了透明、民主、规范较为完整的法治内涵,又凸显了政府的服务本位和执法职能,并且反映了数字法治的时代特征。中国警务透明度指数评估以评估对象的官方网站为主,以上级公安机关的网站、统一警务信息公开或办事平台、同级政府信息公开平台和征信平台以及移动终端为辅助。复核人员对评估结果进行复查,重点核查扣分的指标项。无论是评估人员还是复核人员,均进行截屏留证。

表5-1 中国公安法治指数指标体系

一级指标及权重	二级指标及权重
阳光警务（20%）	网站建设（20%）
	人员信息（30%）
	财务信息（20%）
	工作概况（30%）
民主决策（20%）	目录管理（30%）
	公开征求意见（40%）
	公开与解读（30%）
便民服务（20%）	指南信息（20%）
	预约与查询（30%）
	在线办理（30%）
	互动咨询（20%）
规范执法（20%）	权责清单（20%）
	过程可查询（10%）
	结果公开（20%）
	文书上网（20%）
	监督投诉畅通（10%）
	专项行动进展（10%）
	舆情回应（10%）
数字公安（20%）	行政执法统计年报（40%）
	执法办案白皮书（20%）
	交通事故或违章违法信息统计数据（10%）
	治安案件受案立案数据及分析（10%）
	犯罪案件统计（10%）
	警情通报（10%）

二、2020年中国警务透明度指数

为总结中国警务公开工作成效，推动公安机关不断加强和改进执法工作，中国社会科学院法学研究所法治指数创新工程项目组（以下简称项目组）继续以网站信息公开为视角对中国警务透明度进行指数评估,这也是继2017年以来第四个年度的评估。本年度内,中国警务透明度指数评估对象首次纳入了公安部和27家省(自治区)的公安厅,并增加秦皇岛、烟台、连云港、南通、温州、湛江、北海7个沿海开放城市的公安机关和珠海、汕头最早一批经济特区的公安机关。至此,评估对象扩展至73家。公安部是全国公安工作的最高领导机关和指挥机关,指导、监督、检查全国公安工作;省(自治区)级公安厅既承接上级公安机关的工作任务和部署,又可以根据本省的实际情况制定决策,指导监督全省公安工作;市级公安机关将上一级公安机关的工作和任务落实到基层。就地域而言,经济特区和沿海开放城市对外开放,对内协作,无论是经济发展还是社会治理均走在前列,在警务公开方面也为其他城市作出示范和引领。

(一)评估结果

由于适用两套指标体系,2020年中国警务透明度指数分开排名:公安部和27家省(自治区)公安厅一起排名;41家地市公安局和4家直辖市公安局一起排名。公安部和27家公安厅的警务透明度指数平均得分为53.73分;45家公安局的警务透明度指数平均得分为66.95分,高于2019年的64.34分,与2018年的66.53分基本持平。在公安部和27家公安厅中,得分60分及以上的有10家,及格率为35.71%;在45家公安局中,得分60分及以上的有35家,及格率为77.78%,比2018年、2019年均高出5个百分点。公安部和27家公安厅排名居前的有云南省公安厅、广西壮族自治区公安厅、浙江省公安厅、广东省公安厅、湖北省公安厅、公安部、山东省公安厅、吉林省公安厅、河北省公安厅、陕西省公安厅。45家公安局排名居前的有深圳市公安局、杭州市公安局、北京市公安局、厦门市公安局、南京市公安局、珠海市公安局、长沙市公安局、合肥市公安局、重庆市公安局、沈阳市公安局。前三位的格局也有所变化,由2019年计划单列市包揽改为计划单列市、省会城市和直辖市三分天下。

就版块而言,杭州市公安局公开工作较为细致。2020年,杭州市公安局对网站进行了改版,在数据开放版块公开了年度工作总结、法治政府建设年报、行政执法统计年报,其中行政执法统计年报详细统计了2019年度行政处罚、行政许可、行政强制、其他行政执法行为等实施情况。此外,杭州市公安局的

"基本信息公开"版块也表现不俗，不仅公开了执法人员和执法辅助人员的信息，还对行政事业性收费、罚没收入和控制财物的数量进行了公开。

（二）中国警务透明度取得的成效

评估显示，公安机关基本信息公开进步显著，便民服务新媒体平台建设完善，信息公开形式不断创新，政策文件及时发布和解读，监督投诉渠道畅通，警民互动形式多样，彰显以民为本的工作出发点和落脚点。

1. 人员机构信息透明，政府采购结果公开

随着2019年《政府信息公开条例》的修订，中国的政务公开发展到一个新的历史阶段，公开水平大幅度提升，信息公开制度也成为实施最佳的制度之一。随着政务公开工作的整体发展和成熟，公安机关在基本信息公开方面进步显著。在机构信息公开方面，在73家评估对象中，有27家公安厅和43家公安局公开了公安机关的职能，占95.89%；有26家公安厅和44家公安局公开了本机关内设机构，占95.89%。在人员信息公开方面，共有70家公安机关公开了领导信息，占95.89%，其中48家公安机关提供了包括学习、工作简历在内的完整信息，占65.75%，贵阳市公安局、宁波市公安局、湖南省公安厅等还公开了领导的邮箱。就公安机关人员数量信息和结构信息公开而言，太原市公安局、杭州市公安局、海口市公安局、银川市公安局等单独公开了警员数量；深圳市公安局、昆明市公安局、长春市公安局等10家公安机关在预决算中公开警员数量。此外，部分公安机关，如烟台市公安局、云南省公安厅、杭州市公安局等还公布了行政执法人员名单。在财务信息公开方面，在预决算公开已成为常态的情况下，政府采购结果公开情况良好，罚款和收费金额公开也有所进步。2020年，在73家评估对象中，有53家公安机关公布了政府采购结果，占72.60%，公开内容包括产品或服务名称、品牌、价格等详细信息。2020年，公开罚款金额和收费金额的公安机关由2019年的2个上升为7个，分别是广西壮族自治区公安厅、烟台市公安局、珠海市公安局、深圳市公安局、湛江市公安局、杭州市公安局和长沙市公安局，其中长沙市公安局还公开了固定资产处置情况。

2. 拓展掌上平台功能，提升便民服务水平

2020年，项目组就便民服务指标对45家公安局的新媒体平台进行评估，评估结果显示，45家公安局均建设新媒体平台作为本地便民服务的移动线上窗

口，大部分公安机关新媒体平台建设完善、功能强大，集信息公开、警讯发布、便民服务、监督投诉等于一体，切实做到了为民服务、以民为本。长沙市公安局的"长沙公安"微信公众号设置"微服务""微预约""微热点"栏目，实现在线办理户籍、出入境、交管等事项，提供在线咨询、在线预约等服务，并可通过"微热点"链接到"我的长沙"App（小程序），进一步查询信息。深圳市公安局的微信公众号"深圳公安"在"政务服务"栏目中提供法人业务审批办理，如支持在线办理"开办经营性停车场""娱乐场所备案"等业务；在"便民服务"栏目中提供临时证件证明、律师预约等服务。福州市公安局在"两微矩阵"栏目中可直接链接至福州各地公安分局微信和微博。重庆市公安建立"重庆公安警务地图"小程序，可根据业务需求自动定位搜索附近派出所、综合受理窗口、车管所或办证大厅。

3. 推广移动终端应用，创新信息公开形式

新媒体的蓬勃发展，不但应用在便民服务移动平台建设中，而且影响警务公开的形式。在将传统的门户网站作为警务公开主要形式的基础上，各地公安机关积极探索，创新警务公开形式。2020年中国警务透明度指数对公安机关网站首页提供移动终端平台链接的情况进行评估，结果显示，有62家公安机关在首页提供了官方微信、微博、小程序、App二维码，便于浏览者直接扫码关注获取目标信息。此外，为适应互联网时代的信息传播趋势，部分公安机关设立专门的微信视频号，利用微信强大的用户群，结合短视频轻量化、表现力强、直观性好，以及视频号的"转发功能"等特点，拓宽警务公开渠道，提高信息公开效率。视频号内容包括公开本地警情、重大案件进展情况、发布机关动态、办事指南，进行普法教育、安防预警等。深圳公安视频号将警方执法办案过程以视频记录的方式向公众公开，如"大型抓捕Vlog，重拳打击网络诈骗""警花出击Vlog，抓捕地铁'咸猪手'现场"等。厦门公安视频号制作情景剧，对社会舆情焦点进行回应，使警务公开更贴近人民群众，更受公众欢迎。

4. 重视政策文件发布，及时进行多元解读

2020年中国警务透明度指数评估结果显示，公安机关普遍重视政策文件发布与解读。首先，公安部和27家公安厅均在门户网站设置了政策文件公开专门栏目，有27家公安机关网站的检索窗口均可准确搜索目标文件，政策文件发布

受到普遍重视。其次，在政策解读方面，有 25 家公安机关开设政策解读专栏，对新发布的政策文件进行同步解读。在便民设置方面，湖北省公安厅在解读下可链接相应的政策文件，方便公众对应查询。最后，解读形式更加多样化，28 个评估对象中有 16 家公安机关提供两种及以上解读方式，占 57.14%，如海南省公安厅设置"图解政策"栏目，以图画形式进行解读；广东省公安厅设置"多媒体解读"栏目，不仅有图片解读，对于部分文件还制作视频进行解读，视频解读较通常的文字解读更具有吸引力，也更易于公众理解新政策。

5. 监督投诉渠道畅通，警民互动形式多样

在 73 个评估对象中，公安部、26 家公安厅、44 家公安局设置了警民互动栏目，设置率高达 95.89%。公众可通过警民互动平台对公安机关进行业务咨询、监督投诉、网上信访，并可通过验证码等形式对公安机关的回馈进展进行查询。不少公安机关（如南通市公安局）在投诉流程中提供"是否公开"选项，将投诉内容公开的权利交到群众手中，增加了投诉人的主动权。南通市公安局将收到的信件进行汇总，分为"咨询""投诉""建议"三类，公开在"领导信箱"项下"信件汇总"栏目，并向社会公开处理结果。此外，公安机关更加注重听取公众意见，重视民意调查，如长沙市公安局以问卷形式收集群众在办理事务过程中对公务人员的意见，如"居住证办理群众的调查问卷""长沙市城市道路交通事故快处快赔群众调查问卷"等，问卷内容包括对工作人员的工作态度、办事效率是否满意，工作人员有无不公正、不廉洁行为等，并且及时公布调查结果。南京市公安局在作出涉及群众切身利益的决策前，以问卷形式征求公众建议，如"关于市民文明养犬的调查问卷""关于无人机使用和安全管理的调查问卷"等，并及时对调查结果及数据分析情况进行公开。长春市公安局在发布正式文件前向全社会征求意见，就公众意见进行修改后再次公布修订草案，二次向社会反馈，如《长春市养犬管理规定（修订草案）》再次征求社会公众意见。部分公安机关对群众意见反馈及时，深圳市公安局在"问政深圳"栏目设置"官方答复"专栏，就群众关切进行反馈，并设置"问政简报"栏目，定期统计回应情况，公开未回应部门，保证警民互动积极有效。加强与公众互动，也是提升治理能力的必然要求，吉林省公安厅根据咨询中心的互动信息，总结梳理出社会治安、出入境、法治、交通等领域的热点问题，

并进行公开。

（三）中国警务公开存在的问题

1. 网站偏离用户导向影响公开效果

门户网站是公安机关警务公开的重要载体，是否友好、便民直接反映该公安机关信息公开是否以民为本。评估发现，各地公安机关网站建设的友好性依然有待提升，有些地方甚至出现了倒退现象。第一，首页有浮动窗口的网站不在少数。2020年，在73家评估对象中，有29家公安机关的首页有浮动窗口，占39.73%，内容包括宣传工作、党建工作、近期重点工作事项，提供监督举报方式或链接其他平台等，其中沈阳市公安局、拉萨市公安局、宁波市公安局在2019年评估时尚无浮动窗口，但2020年的网站页面上出现了浮动窗口，其中宁波市公安局、黑龙江省公安厅首页的浮动窗口无法关闭。浮动窗口虽然有提示强调作用，但平添了浏览障碍。第二，网站页面设置有问题。在打开部分网页时，出现提示"您的IP被管理员限制，请联系管理员"，如山西省公安厅预决算页面、案件查询页面、文书公开页面无法访问，太原市公安局案件查询页面也被限制访问。有的网站虽然提供链接，但链接无法打开，形同虚设。第三，信息无法直接浏览。例如，河南省公安厅的预决算信息没有直接在网站上公开，而是以链接形式放在网页中，需要下载到电脑才能打开，导致公众网站阅读体验性差，人为增加信息公开障碍。

2. 信息发布路径和标准有待统一

第一，信息发布路径随意性大，增加查询难度。以法治政府建设年报公开为例，广东省、河北省等公安厅发布在"公告公示"栏目，广州市公安局发布在"法定主动公开内容"项下的"其他"栏目，南京市公安局发布在"警务公开"项下的"重点工作"栏目，连云港市公安局发布在"警务公开"项下的"部门文件"栏目，石家庄市公安局发布在"行政执法公示专栏"项下的"行政执法事前公示"栏目，陕西省公安厅发布在"政务公开"项下的"规范性文件"栏目，杭州市公安局公布在阳光执法平台的"行政执法公开"栏目。即使同一机关前后发布路径也不一致，造成同类信息公开分散。例如，大连市2018年法治政府建设年度报告发布在大连市行政执法监督信息平台"事后公示"栏目，而2019年度法治政府建设年度报告则发布在"警务资讯"项下的"警方公告"栏目。另外，公安部网站"预算/决算"栏目只有历年的预算，没有决算；而在中央预算公开平台，有公安部的预决算，但是2019年决算打不开。信息发布路径不统一，栏目设置也就失去了索引的作用，影响公开效果。

第二，信息发布缺乏连贯性。评估发现，部分公安机关信息发布随意性大，对于应当每年固定发布的警务内容，出现"时有时无"的情况。例如，深圳市公安局公开了2017年、2018年行政执法统计年报，而2019年行政执法统计年报截至项目组评估结束仍未公开；湛江市公安局法治政府建设年度报告仅公开至2017年，2018年、2019年均未公开；昆明市公安局仅在2017年公开了交通统计数据，2018年、2019年均未公开；秦皇岛市公安局公开了2016年、2018年法治政府建设年度报告，2017年、2019年法治政府建设年度报告均未公开。

第三，信息发布时间滞后。公安部办公厅在2019年5月发布了《关于印发户籍管理领域基层政务公开标准指引的通知》，但是公开在公安部网站上的时间却是2020年6月18日。公安部2020年10月10日发布了《平安中国建设成效显著》，对2019年的平安中国建设及相关数据进行公开，像这种上年度的总结报告，最迟也应该在次年上半年发布。

3. 执法公开机制建设有待健全完善

随着《公安机关执法公开规定》《国务院办公厅关于全面推行行政执法公示制度执法全过程记录制度重大执法决定法制审核制度的指导意见》的实施，公安机关普遍认识到执法公开对于执法规范化建设的重要意义，不少省级公安机关建立了全省统一的执法公开平台，但是与相关文件和法治政府建设的要求还有一定差距。首先，执法办案指南公开欠佳。《公安机关执法公开规定》要求公安机关应主动公开刑事、行政、行政复议、国家赔偿等案件的受理范围、受理部门及其联系方式。申请条件及要求、办理程序及期限和对外法律文书式样，以及当事人依法享有的权利、义务和监督救济渠道。办案指南要以明确易懂为原则，而不能是简单的法条堆砌，但是评估发现，只有深圳市公安局、陕西省公安厅、西安市公安局、湖南省公安厅、长沙市公安局五家公安机关明确公开了接处警工作指南、办理行政案件指南、办理刑事案件指南、办理行政复议案件指南、办理国家赔偿案件指南等；部分公安机关要么公开不全面，要么仅为法条粘贴；超过一半的公安机关未公开任何办案指南类信息。其次，平建设有待提升。部分公安机关虽然建设了执法公开平台，但是平台不容易打开、栏目虚置没有内容的现象还比较常见。例如，四川省公安厅、江西省公安厅、成都市公安局、连云港市公安局、南通市公安局设置了行政处罚结果公开栏目，但栏目下无数据。最后，文书公开仍需加强。无论是从提升执法规范化法治化的角度还是基于信用体系建设，行政处罚文书上网公示已然是大势所趋，但是评估发现，公安部和27家公安厅普遍未公开行政处罚文书，这两个级别的公安机关虽然执法较少，但是从其信息公开年报看，还是作出了行政处罚决定。即便是承担主要执法任务的公安局，仍然有11家未将行政处罚决定书上网公开。相较于行政处罚决定书，行政复议决定书公开更不理想，在45家公安局中，有15家未进行公开。

4. 工作报告类信息公开不佳

2020年，中国警务透明度指数重点考察了公安机关工作报告的公开情况，包括年报、年度工作总结、法治政府建设年报、行政执法统计年报、执法办案白皮书等，其中法治政府建设年报、行政执法统计年报公开属于规定动作，有政府文件的明确要求，而年报、年度工作总结、执法办案白皮书属于项目组倡导的。评估结果显示，公安机关工作报告的公开得分较低，尽管项目组把握的尺度并不严苛。例如，执法办案白皮书公开在法院系统已经比较普遍，项目组也仅要求公安机关公开某些类型案件的总结，并不一定是白皮书形式。在73家评估对象中，有12家公开了年度工作总结，占16.44%；有11家公开了行政执法统计年报，占15.07%；有5家公开了执法办案白皮书，占6.85%。所有公安机关均未公开年报。法治政府建设年报的公开情况相对较好，有38家，占52.05%，但有8家未在2020年4月1日前公开上年度法治政府建设报告，属于公开滞后，甚至个别公安机关在下半年才公布，如河南省公安厅2019年度法治政府建设年度报告发布时间为2020年7月27日；长春市公安局2019年度法治政府建设年度报告于2020年8月12日公开，并且写为"法制政府"。

5. 数据开放度与大数据时代不匹配

公安机关占有海量数据，这些数据开放对于智慧决策具有重要意义，但是公安机关对数据公开较为保守，与当下的大数据时代不相匹配。2020年，项目组对45家公安局公开统计数据的情况进行评估，涉及"交通统计数据""治安案件受案立案数据及分析""犯罪案件统计""警情通报""投诉警务人员的统计"五项内容。评估结果显示,在 45 家公安局中,有 11 家公安机关公开的数据涉及治安案件受案立案数据,占 24.44%;有 11 家公安机关公开的数据包含部分犯罪案件统计数据,占 24.44%;交通统计数据公开情况稍好,有 16 家予以公开,占 35.56%;上述比例还是基于评估尺度较为宽松的情况。从 2017 年启动评估开始,连续四年均未发现有公安机关公开过投诉警务人员的统计数据,说明公安机关没有此方面的公开意识或者不愿意公开。

6. 警务公开地域发展不平衡仍较突出

2020 年中国警务透明度指数评估结果显示,各地公安机关重视程度不同,导致各地警务公开水平参差不齐,地域发展不平衡仍较突出。先进地方的警务公开工作越来越完善。例如,深圳市公安局以 Excel 表格形式公开行政许可实施情况、行政处罚实施情况、行政强制实施情况、行政征收实施情况、行政征用实施情况、行政检查实施情况。另外,深圳市公安局重视数据公开,每月定期发布本市治安管理相关数据、车辆管理相关数据、交通管理相关数据,各区易制毒化学品管理相关数据等。深圳市公安局警务透明度排名靠前,依然继续扩大公开范围,提升警务透明度。相反,部分公安机关对警务公开工作缺乏重视,网站建设停留在宣传公安机关事迹、领导活动等,缺少执法信息、数据统计等重要内容,警务公开动态调整不及时,部分公安机关机构设置、权责清单等内容多年未更新。

(四) 数字驱动:全面提升中国警务透明度

公安部作为警务公开的推动者和践行者,应当本着"以公开为常态,不公开为例外"的理念,充分发挥顶层设计功能,借鉴法院、检察院的司法公开经验,参考其他行业做法,尽早制定政务公开的公安行业标准,建立并不断完善数字驱动下的警务公开机制。

1. 建立全国统一的公安文书公开平台

集约化是政务公开、司法公开走向标准化的必然要求。目前,司法文书上网公开已日益成熟并积累了丰富的经验。最高人民法院制定并不断完善裁判文书上网制度文件,搭建"中国裁判文书网",并不断进行功能扩展。中国检务公开在集约化方面推进更加彻底,由最高人民检察院统一搭建的"12309 中国检察网"已然成为检务公开的集大成者,不仅是办事服务平台、互动平台、信访平台,更是案件公开平台和文书公开平台,真正实现了检察业务的"一网通办"。在政务公开领域,国家市场监督管理总局在行政处罚文书集约化公开方面率先迈出一步,搭建"中国市场监管行政处罚文书网",实现集中统一公开。公安部作为最高的公安领导机关,应该高度重视公安文书公开,搭建统一公开平台,制定文书上网标准,并建立相应的监督考核机制,确立并落实公安文书"以上网为原则,以不上网为例外"的原则。

2. 推动和指导区域执法公开平台建设

警务公开和其他业务一样,上级公安机关对下级公安机关的领导作用举足轻重,在执法公开平台的建设方面尤为突出。地级市公安局的执法公开内容往往被整合在省级公安机关统一执法公开平台上,省级执法公开平台建设的完整性直接影响下辖各市公安局的公开情况。另外,上级机关的公开力度在一定程度上对下级公安局公开工作也有影响。未来,在公安部的指导和推动下,各省级公安机关应当建设、优化区域执法公开平台,同时加强自身警务公开工作,带动区域警务透明度的整体提升。

3. 推动公安执法办案白皮书上网公开

公安机关拥有海量的执法办案信息数据,目前这些数据大多处于"沉睡"状态,公安机关还需要加强多维度的分析研判,定期推出执法办案白皮书。现阶段,人民法院公开执法审判白皮书已逐步常态化。例如,宁波市中级人民法院在网站首页专设"审判白皮书"栏目,并将审判白皮书分门别类整合定期发布,如《2011—2015年度商标民事纠纷案件审判白皮书》《2012—2016年度宁波法院著作权民事纠纷案件审判白皮书》等。未来,公安机关应定期推出执法办案白皮书,并在本机关网站首页设置专栏进行公开,提升公安机关运用执法办案信息数据资源的能力,推进执法大数据更深层次应用。

三、2021年中国警务透明度指数

2021年是新的法治政府建设五年实施纲要的起航之年,公安法治是法治政府建设的重要方面。警务公开是透视中国公安法治状况的重要窗口,也是促进公安机关严格规范高效文明执法的重要推手。为推动公安机关权力公开、规范运行，建设法治公安，项目组继续以网站信息公开为视角对2021年中国警务透明度指数进行评估，这也是第五个年度评估。

2021年中国警务透明度的评估对象共73家公安机关，分别为公安部、27家省（自治区）公安厅、4家直辖市的公安局、41家地级市的公安局。地级市公安局主要选取了省会城市、经济特区所在的市、计划单列市、沿海开放城市的公安机关。

（一）评估结果：中国警务透明度指数排名

2021年，中国警务透明度指数评估结果仍按照两套指标体系分开呈现。公安部和27家公安厅的警务透明度指数平均得分为55.22分，略高于2020年平均分；45家公安局的警务透明度指数平均得分为62.34分，稍低于2020年平均分（见图5-1）。在公安部和27家公安厅中，得分60分及以上的评估对象有10家，及格率在35.71%，与2020年持平；在45家公安局中，得分在60分及以上的评估对象有27家，及格率为60%，低于2020年近18个百分点（见图5-2）。无论是平均分还是及格率，2021年45家公安局的表现均逊色于2020年，一方面是因指标体系有稍微调整，另一方面也与评估标准趋严有关。

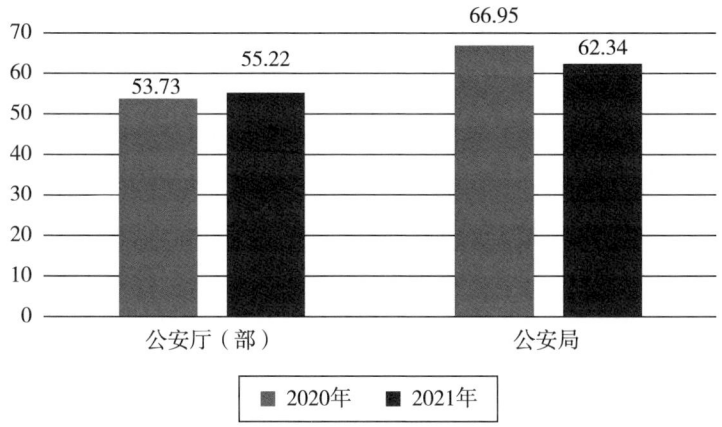

图5-1 中国警务透明度指数均值年度比较统计图

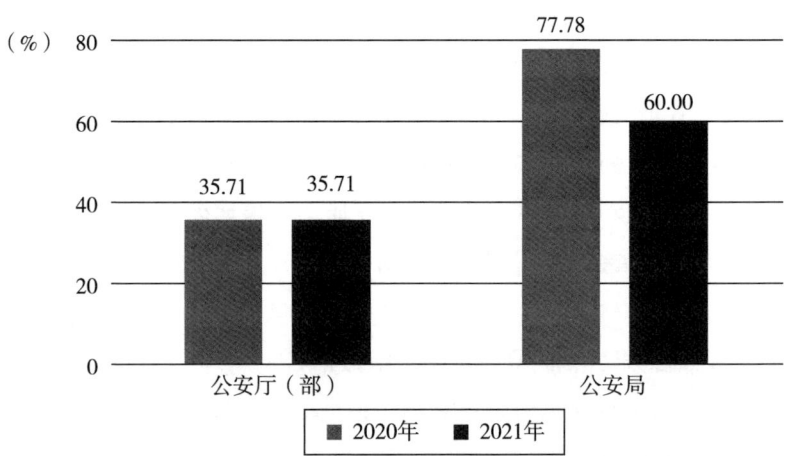

图 5-2 中国警务透明度指数及格率年度比较统计图

（二）成效：以人民为中心推动警务信息公开和执法公开

2021年中国警务透明度指数评估结果显示，全国公安机关坚持探索完善现代警务运行机制，创新警务运行模式，使人民群众的获得感、幸福感、安全感更加充实、更有保障、更可持续。

1. 公安网站建设便民友好

公安机关的官方网站作为信息公开的主要平台，应当保障信息公开简洁高效，便于公众检索浏览，不得为公众查询信息设置障碍。另外，由于公安机关网站公开的信息涉及治安、民生等社会公众极为关注的信息，公安机关还应当保障特殊群体获取信息的需求，满足老年人、残疾人等社会群体的知情权。评估发现，不少公安机关为提升用户体验，不断完善公安机关网站建设，更加注重栏目设置的科学性和页面简洁，并注意打造无障碍阅读环境。2021年，在73家评估对象中，有52家公安机关的网站首页未出现影响浏览的弹窗，占71.23%，相比2020年的44家（占比60.27%）提升近11个百分点。就栏目设置而言，网站的宣传色彩趋于淡化，在73家评估对象中，有70家公安机关栏目设置较为合理，未设置多个新闻宣传类栏目，占比95.89%。不少网站页面设计更加简约，如内蒙古自治区公安厅、上海市公安局、福建省公安厅、福州市公安局、青海省公安厅对网站进行模块化设计，使得信息公示更加简洁，目录索引性增强。随着信息化的发展，微博、微信、小程序、抖音等微服务平台成为警务公开的重要平台，在73家评估对象中，有68家公安机关在其官方网站上提供了微服务平台链接,占93.15%。为保障残障人士和老年人的信息获取权,有42家提供了无障碍阅读或老年模式,占57.53%(见图5-3)。

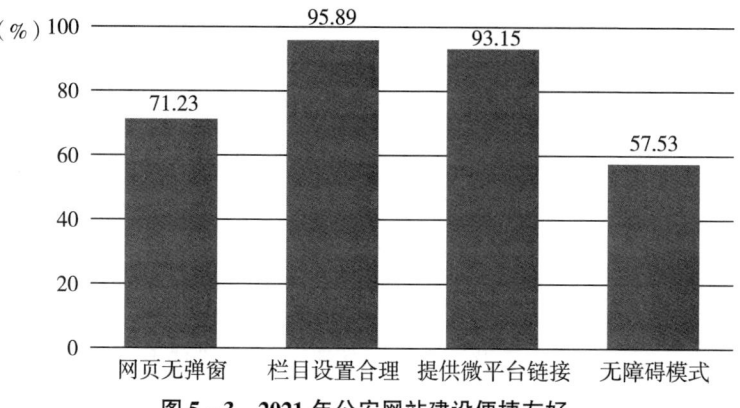

图5-3 2021年公安网站建设便捷友好

2. 行政非税收入公开更加透明

要规范行政处罚和行政收费,提升罚款和收费的透明度是第一步。项目组将"罚款及收费"公开作为提升公安财政透明度的重要指标,要求公安机关公开其罚款和收费金额,而非仅公开处罚或收费标准。该指标系引导性指标,旨在提升政府非税收入透明度。2021年评估发现,公安机关行政非税收入(罚款和收费)透明度有所提升,11家公安机关(杭州市公安局、温州市公安局、长沙市公安局、广东省公安厅、广州市公安局、深圳市公安局、湛江市公安局、珠海市公安局、汕头市公安局、南宁市公安局、重庆市公安局)公开了罚款或收费金额,公开形式或单独公开或在执法统计年报中公开。例如,杭州市公安局设置"收费清单"栏目,公开了交通规费统计表和出入境收入清单,并在执法统计年报中公开罚款金额;长沙市公安局按月公开行政性事业收费金额;南宁市公安局在"养犬管理"专栏中公开了2021年度南宁市养犬管理服务费收取和使用情况。虽然整体而言,公开非税收入的公安机关还是少数,但是在没有制度明确要求的情况下,上述机关表现出的超前意识,实属难能可贵。

3. 便民互动服务融合发展

首先,"互联网+公安政务服务"平台实现公安事项网上办理。2020年10月,公安部出台了《全国公安机关"一网通办"建设规划(2020—2022年)》,制定"三年三步走"的发展目标。2020年12月,公安部启动了"互联网+政务服务"平台二期建设,将其定位为全国公安政务服务的总枢纽、总支撑、总门户,推动更多政务服务事项网上办、掌上办、一次办,实现一网通查、一网通管、一网通办。2021 年,73 家评估对象全部建立政务服务平台,实现在网上快捷办理户口、治安、出入境、交管等公共管理和服务事项,并且提供办件查询、咨询投诉、好差评等服务,公安政务服务效能进一步提升。

其次,公安机关全面深化"放管服"改革,转变公安职能,优化公共服务。2020 年 9 月,国务院办公厅印发《国务院办公厅关于推进政务服务"跨省通办"的指导意见》,提出全力推动户籍管理领域高频政务服务事项"跨省通办"尽快落地。2021 年,公安机关实现 6 个事项全国范围内"跨省通办"。2021 年 5 月,公安部推出"我为群众办实事"公安交管 12 项便利措施。各地公安机关同样持续深化"放管服"改革,如北京市公安局出台利企便民"放管服"重点改革措施 52 项,山东省公安机关推出 100 余项"放管服"改革新措施,安徽省公安厅推出全省公安机关深化"放管服"改革便民利企 22 项措施,昆明市公安局推出增加身份证业务自助服务点、提高线上服务水平、扩大线下政务服务事项等 10 项便民举措,甘肃省公安厅出台《甘肃省公安机关服务经济发展优化营商环境十条措施十个严禁》更好服务经济发展。

最后,切实回应公众关切,及时进行互动交流。在评估的 45 家公安局中,有 43 家公安机关公开了咨询渠道,有 33 家公安机关在网上公开了咨询内容和答复。除被动接受社会公众的咨询外,公安机关还通过网上调研等方式,了解社会公众对政策执行效果的反馈与评价,主动回应存在的共性问题。例如:福州市公安局开展关于公众使用微信群的安全意识的调查、关于公众防范非法集资的调查、关于电动车出行佩戴安全头盔的调查,并公开了调查数据;长沙市公安局开展户口业务网上办理、122 交通事故远程处理、涉众型经济案件受害人的满意度情况调查。警民互动加强警民之间的了解和理解,使人民群众切实参与社会管理,增强人民群众的获得感、安全感、满意度。

4. 统一信息平台集中集约公开

第一,警务信息公开向本级政府平台集中。随着政务公开集约化发展,越来越多的政府部门的信息通过政府网站集中统一公开,警务信息也不例外。点击公安网站上的"警务公开"或"政府信息公开"栏目,自动链接到政府网站的本机关政府信息公开专栏,且栏目设置趋于标准化,因此在一定程度上警务公开水平受制于或得益于当地的政务公开水平。

第二,建设执法统一公开平台。评估发现,多数省级公安机关顺应阳光警务机制改革,建立了行政执法公开平台,如河北"阳光警务执法办案查询系统"、辽宁"执法公开服务平台"、江苏"江苏公安执法公开平台"、浙江"阳光执法公开平台"、福建"执法公开平台"、山东"公安执法办案公开查询系统"、湖北"公安执法公示平台"、湖南"阳光警务执法公开系统"、广东"行政执法信息公示平台"、广西"公安执法公开平台"、云南"公安执法公开信息查询系统"等,公安机关执法办案更加规范透明。

第三,专项业务公开集约化。公安机关除了向本级政府归集警务信息、建立执法公开平台之外,还进行其他专项业务的集约化建设。例如,公安部组织建设12389投诉平台,受理对全国公安机关及民警违纪违法问题的举报;在全国建立统一的交通安全综合服务管理平台,形成集网页、短信、手机App、语言服务"四位一体"的交管信息化服务体系。

5. 数据开放意识有所增强

"十四五"规划和2035年远景目标纲要提出,加强公共数据开放共享,建立健全国家公共数据资源体系,推进数据跨部门、跨层级、跨地区汇聚融合和深度利用。公安机关作为公共数据的集大成者,提升其数据开放度对于落实国家大数据战略、构建"数字中国"至关重要。

与2020年相比,2021年公安机关在年度工作报告、法治政府建设年度报告、执法统计年报公开方面均有所提升。在73家评估对象中,有21家公安机关公开了本机关的年度工作报告,占比28.77%,比2020年的12家(占比16.44%)提升了12.33个百分点;有50家公安机关公开了本机关的法治政府建设报告,占比68.49%,比2020年的38家(占比52.05%)提升了16.44个百分点;有20家公安机关公开了本机关的执法统计年报,占比27.40%,比2020年的11家(占比15.07%)提升了12.33个百分点(见图5-4)。

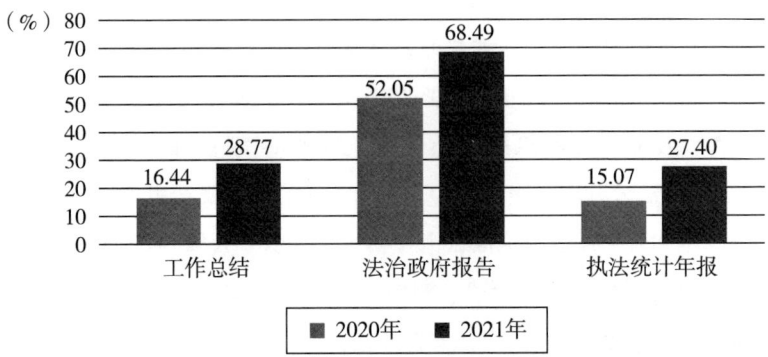

图 5-4 数据公开的公安机关占比情况年度对比统计图

有些地方的公安数据开放度较高，颇具特色。例如，贵州省公安厅发布了《服务保障民营经济高质量发展工作情况报告》《省公安厅 2021 年上半年普法工作总结》《省公安厅推进民法典实施工作总结报告》《厅食药环侦总队 2021 年前三季度工作总结及下步打算》《2020 年全省公安机关禁赌工作综述》等规划计划总结，公开了"团圆行动"认亲活动结果统计、2020 年贵州公安机关破获经济犯罪案件情况、贵州公安机关人民群众安全感和满意度、2020 年查破各类赌博案件情况、贵州省公安机关保民生护安全工作情况、《贵州公安数说2020》等数据信息；安徽省公安厅公开了 2020 年安徽省公安交通管理工作总结；内蒙古自治区公安厅定期（每半年）公开全自治区治安数据、刑事数据、交通事故数据等公安主要业务数据；哈尔滨市公安局公开了 2021 年优化营商环境工作完成情况报告；内蒙古自治区公安厅定期举办新闻发布会，对半年工作进行总结，公布全区公安机关"团圆"行动阶段性成效、2021 年 1 月至 7 月全区打击电信网络诈骗成果，数据翔实，类似于白皮书；南京市公安局公开 2021 年上半年执法统计监督管理数据；浙江省公安厅公开了全省优化营商环境工作情况；重庆市公安局公开了《2021 年重庆市禁毒年度报告》。

6. 立体公安形象显著提升

网络技术的快速发展使得信息传播渠道不断更新迭代，新媒体平台逐步成为获取信息的主要途径，因此在新媒体平台建设公安形象就显得十分重要。中国互联网络信息中心发布第 48 次《中国互联网络发展状况统计报告》，截至 2021 年 6 月，我国手机网民规模达 10.07 亿，网民使用手机上网的比例为

99.6%，使用台式电脑、笔记本电脑、平板电脑上网的比例分别为34.6%、30.8%和24.9%。因此，公安机关除注重官方网站的建设外，还应积极建设"两微一端一抖"的新媒体平台，打造立体公安新形象。

第一，公安机关在微信平台借助微信订阅号和微信服务号不断优化警务服务。公安机关借助微信平台使指尖警务更加快捷高效，如北京市公安局在"平安北京"公众号内设置网上北京市公安局，可以直接办理户政、治安、交管等业务；山西公安公众号内设置民生警务栏目提供"一网通办"服务；上海公安开通"警民直通车上海"公众号链接"随申办"小程序，提供户政、出入境及查询服务等事项，另一专栏链接"上海公安阳光警务"平台，公开执法信息，提供办案进展查询；厦门公安在其公众号内设置办事大厅和E政务栏目，提供户政预约、办事指南、公安服务业务说明、站点导航等服务。

第二，公安机关在微博平台及时发布警情通报，积极引导公众舆论。当社会关注度极高的热点事件发生时，公安机关应当及时准确查清案情，规范透明地予以公开。如在2021年发生的"明星吴某性侵案""阿里女员工被侵害案""成都某中学生坠楼案"等案件中，"平安北京朝阳""济南公安""平安成华"等官方微博及时反馈案件进展，公开案件事实，积极应对舆情，回应公众诉求，提高执法公信力。2021年发生的重大舆情事件中，公安机关的通报及时出现，在社会公众心中树立了权威的公安形象，并产生了良好的普法效果。

第三，除"两微"平台外，公安机关普遍打造专属App，提供特定区域特色服务事项。客户端包括行政审批、证照办理、便民服务、警务资讯等事项，并提供在线移车、在线咨询等服务。另外，公安机关还在抖音等平台积极拍摄短视频进行普法宣传，新时代公安宣传寓教于乐，展现与时俱进新公安形象。公安机关在"以人民为中心"的发展思想和"互联网+政务服务"工作的指引下，基于多年的新媒体管理经验，已初步形成了警务新媒体矩阵，立体公安形象显著提升。

(三) 问题：服务意识和数据开放度有待进一步提升

1. 对文件公开与解读重视不够

对规范性文件进行规范和管理一直是法治政府建设的难点。国家一直探索推动规范性文件的集中公开，但是规范性文件的公开与解读存在"上热下冷"

现象，与现实脱节。公安部、公安厅每年制定和发布大量规范性文件，为提升规范性文件透明度，项目组专门针对公安部和公安厅设置了"政策及解读"指标，主要考察公安部、公安厅是否及时公开相关政策以及是否进行多元化深入解读。

2021年评估发现，省级公安机关虽然普遍设置了政策公开和解读栏目，但不少公安机关不重视本机关规范性文件的公开和解读，存在转发国家和上级政府文件和解读，或者公开和解读滞后的问题。例如，陕西省公安厅在"文件解读"栏目多是转发中央的政策文件解读，有时只是文件公开，而非解读；青海省公安厅将文件发布和政策解读放在"政策法规"栏目，多是转发的中央文件和解读；2020年9月，海南省民政厅会同省公安厅、省司法厅等11部门出台了《关于加强农村留守妇女关爱服务工作的实施意见》，但是解读时间为2021年1月11日；甘肃省公安厅的政策解读，多是转发中央的文件解读，其2021年6月28日发布的《关于印发2021年甘肃省道路交通事故人身损害赔偿有关费用计算标准的通知》，也未进行解读；宁夏回族自治区公安厅于2021年11月11日印发了《关于依法保障律师调查取证权实施办法（试行）》的通知，但其"政策解读"栏目2021年只有两个解读，皆为转发。

评估还发现，有些地方对规范性文件及解读理解偏差，政策文件或政策解读栏目设置无关信息。例如，内蒙古自治区公安厅在"政策解读"栏目内公开"内蒙古职业学院2021年招生计划""2021年内蒙古食品安全宣传周安全主题宣传日活动""侦破危害食品安全犯罪案件248起"等与政策解读无关的内容；河南省公安厅在"政策解读"栏目内公开《"坚持'严'的主基调，构建完善河南公安特色大监督格局"》的总结文章；广西壮族自治区公安厅在"部门文件"栏目内公开2021年招聘警务辅助人员公告、面试公告、体检公告等招录通知。

2. 执法公开平台建设标准缺失

尽管多数省级公安机关建立了辖区内统一的执法公开平台（见表5-2），但执法信息公开参差不齐，有的执法公开平台名不副实。

表 5-2 执法公开平台信息公开情况

所在省市	公开平台	公开事项
河北省	阳光警务执法办案查询系统	行政处罚决定书、行政复议决定书、国家赔偿决定书、刑事复核决定书、接处警查询、案件信息查询
辽宁省	辽宁省公安厅执法公开服务平台	警情公开、案件办理公开、行政处罚决定书公开
上海市	上海市公安局网站	行政处罚文书、刑事复议复核决定、行政许可决定、窗口查询
江苏省	江苏公安执法公开平台	行政处罚文书、行政复议文书、治安形势、法律依据、历史文书
浙江省	阳光执法公开平台	案件进程查询、涉案财物查询、行政复议决定、行政处罚信息
福建省	执法公开平台	行政处罚决定、警情查询、行政复议查询、流程公开、案件办理、法律法规查询
山东省	山东公安执法办案公开查询系统	执法办案信息查询、行政处罚决定书查询、流程查询、法律法规查询、行政许可查询、行政强制查询
湖北省	湖北公安执法公示平台	行政处罚决定、行政许可决定、案件查询、行政复议决定、法律法规查询
湖南省	湖南阳光警务执法公开系统	案件办理、涉案财物、行政处罚决定、法律法规依据、执法办案流程、服务监督电话
广东省	广东省行政执法信息公示平台	事前公开：执法主体、执法职责、执法依据、执法程序、清单、监督；事后公开：行政许可、行政处罚、行政强制、行政征收、行政征用、行政检查
广西壮族自治区	广西公安执法公开平台	案件公开查询、执法信息公开、行政处罚决定书、行政许可决定书
云南省	云南公安执法公开信息查询系统	行政处罚、行政复议、刑事案件办理、法律法规、办事流程、监督电话、行政执法主体

通常情况下，执法公开平台应该按照事前公开、事中公开和事后公开的逻辑设置，事前公开主要是向社会公开执法主体和执法人员信息、执法依据、办案指南和流程等信息；事中公开主要向相对人或当事人提供案件办理进度查询；事后公开主要是公开行政处罚决定书、行政复议决定书、国家赔偿决定书等结果信息。但是评估发现，有些地方或是设置的栏目不完整，如行政复议决定书、国家赔偿决定书栏目缺失；或是虽然设置了行政复议决定书栏目，但是仅提供针对特定对象的查询服务或者仅公开部分年份的文书；或是仅限于行政执法公开，未涉及刑事复核等刑事执法事项。执法公开平台标准缺失削弱了平台集中公开的功能，造成地域之间警务透明度发展不平衡。

3. 微平台的政务服务功能有待进一步增强

第一，虽然公安机关普遍开通了微信公众号，但并非所有公安机关都在该平台内提供了高效的便民服务。有些公安机关仅仅公布了相关指南信息，未提供在线办理服务，如秦皇岛公安、天津公安、沈阳公安、杭州公安、北海公安等。《法治政府建设实施纲要（2021—2025年）》要求，实现更多政务服务事项"掌上办"，微信平台为公众广泛使用，公安机关应当在微信平台内实现更多服务事项网上办理，推出更多便民利民服务。

第二，一些微信平台信息更新不及时。作为订阅服务类公众号，公安机关应当借助平台积极进行普法宣传，提供安全提示、警情通报等服务。但呼和浩特公安、哈尔滨公安、南京公安、连云港公安、温州公安、郑州公安等只发布通知类重要消息，武汉公安、长沙公安、广州公安、深圳公安、湛江公安、汕头公安、海口公安平均每周更新一次。

第三，有些公安机关微信公众号定位偏差，将其作为公安宣传的平台，而非服务公众的平台。例如，大连公安在微信公众号内设置"云端书柜""知识测试""政务服务"三个栏目，南昌公安在公众号内设置"反诈测试""滴滴出行""局长信箱"三个栏目。

4. 数据开放度有待进一步提升

尽管与2020年相比，公安数据开放度有所增强，但是还与国家大数据战略不相适应，与公众的期待存在较大的距离。2021年，在73家评估对象中，仅2

家公开了本公安机关的年报①，占比 2.74%；仅 21 家公安机关公开了年度工作总结，占比 28.77%；仅 20 家公安机关公开了执法统计年报，占比 27.40%；仅 6 家公安机关公开了执法办案白皮书，占比 8.22%（见图 5-5）。项目组对 45 家公安机关的统计数据公开进行评估，结果显示，在 45 家公安局中，仅 16 家公安机关公开了交通统计数据，占比 35.56%；6 家公安机关公开了治安案件相关数据，占比 13.33%；仅 8 家公安机关公开了犯罪案件统计数据，占比 17.78%（见图 5-6）。公安机关的数据公开现状与其拥有的海量数据资源不相匹配，一定程度上说明公安机关内部数据不可知、不可控、不可联的突出问题，公安数据治理迫在眉睫，公安数据公开意识有待进一步提升。

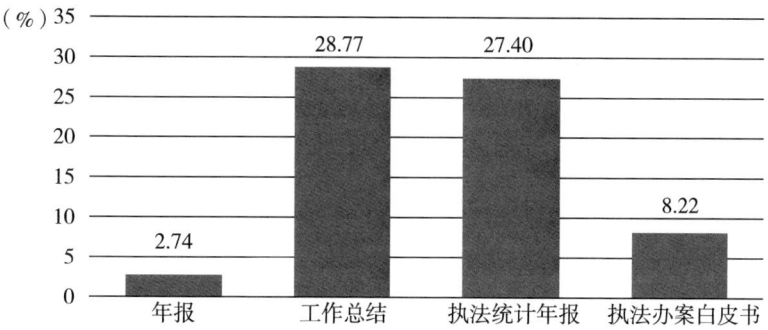

图 5-5　2021 年 73 家公安机关的报告或总结公开情况

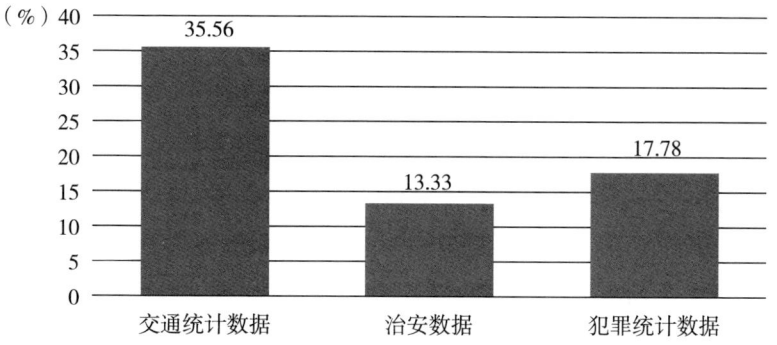

图 5-6　2021 年 45 家公安局执法统计数据公开情况

---

① 此处的年报，并非信息公开年报，而是指全面总结公安机关年度工作的年报，与一般性的工作总结相比，年报要求内容更加全面、翔实。年报公开可以向社会全面呈现公安机关的工作，是增加公众了解、密切警民关系的重要形式。

（四）展望：优化警务公开顶层设计，形成中国特色警务公开制度与实践

依托互联网和大数据的有效运用，警察队伍的发展呈现出高度专业化和现代化的特点。《法治政府建设实施纲要（2021—2025年）》提出，"全面主动落实政务公开。坚持以公开为常态、不公开为例外，用政府更加公开透明赢得人民群众更多理解、信任和支持"。警务公开是主动接受人民群众监督，完善公安自身工作的重要途径。未来，公安机关应当立足服务人民本位，优化警务公开顶层设计，实现公开的集约化、便民化、标准化，不断提升警务透明度，形成中国特色警务公开制度与实践。

1. 以实施新《行政处罚法》为契机完善警务公开制度

2021年修订后的《行政处罚法》实施，对公安执法提出更加严格的要求，公安部修订完善了《公安机关办理行政案件程序规定》，制定和不断扩充《公安机关执法细则》，进一步推动公安规范执法。"公开公正"是依法行政和法治政府建设的基本原则，也是《行政处罚法》的基本原则，该原则贯穿行政处罚的设定、实施和监督全流程。例如，《行政处罚法》第5条第1款规定，"行政处罚遵循公正、公开的原则"；第39条规定，"行政处罚的实施机关、立案依据、实施程序和救济渠道等信息应当公示"；第48条规定，"具有一定社会影响的行政处罚决定应当依法公开。公开的行政处罚决定被依法变更、撤销、确认违法或者确认无效的，行政机关应当在三日内撤回行政处罚决定信息并公开说明理由"。未来，公安部应该以实施新《行政处罚法》为契机，强化执法公开，完善公安信息公开制度机制。

另外，检务公开新规定也为警务公开制度完善提供借鉴。2021年，最高人民检察院制定了《人民检察院案件信息公开工作规定》，明确了"案件信息查询""案件信息发布""业务数据发布""法律文书公开"制度规定，其中"业务数据发布"为新增章节，体现了在新的数字化时代背景下，对国家大数据战略的落实。虽然公安部于2018年制定了新的《公安机关执法公开规定》，但是内容并不能全面覆盖公安机关的信息公开，也未强调和凸显数据开放。未来，公安部应该在政务公开发展的基础上，借鉴检务公开、司法公开经验，优化警务公开顶层设计，主动向社会公开执法数据信息，扩大信息公开范围，统一公开标准与流程。

2. 建立全国统一的公安执法信息公开平台

随着政务公开的深入推进,信息公开集约化成为大势所趋。《公安机关执法公开规定》提出,"公安机关应当建设互联网政府公开平台,统一公开本机关执法信息"。目前,在公安部的推动下,各地省级公安机关建立了本辖区的执法公开平台,但是在标准缺失的情况下,各地执法信息公开内容参差不齐。未来,公安部应该借鉴"12309 中国检察网"的建设经验,出台执法公开平台建设标准,实现事前、事中、事后各类标准指引、办事服务及文书的统一公开查询与办理。通过建立全国统一的公安执法信息公开平台,实现公安执法信息"一网打尽",倒逼公安机关严格规范执法,推动数字警务、智慧公安高质量发展。

3. 推动警务服务平台移动端服务本位建设

2021 年,国务院办公厅印发了《全国一体化政务服务平台移动端建设指南》,要求加快推进全国一体化政务服务平台建设的决策部署,按照建设指南要求,加强政务服务平台移动端标准化、规范化建设和互联互通,创新服务方式、增强服务能力,推动更多政务服务事项网上办、掌上办,不断提升企业和群众的获得感和满意度。当前警务服务平台移动端建设如火如荼,微警务平台层出不穷、花样翻新,喧嚣过后,停留在媒体宣传层面的微警务平台会逐步失去生命力,只有坚持警务服务本位,推动更多的警务服务事项网上办理,微警务平台才能持续焕发活力。

4. 警务数据开放将是未来信息公开的着力点

进入信息时代,数据已经成为关键生产要素。公安机关在行政、刑事执法过程中产生和收集了海量数据,公安机关作为数据主体之一,应当合法、合理地公开其掌握的执法数据,充分保障公民合法权益。2021 年,《数据安全法》通过,专章就政务数据开放问题予以规范,明确在保障数据安全前提下,通过数据开放与利用来服务经济社会发展的目标定位。《数据安全法》第 41 条规定,"国家机关应当遵循公正、公平、便民的原则,按照规定及时、准确地公开政务数据。依法不予公开的除外"。第 42 条规定,"国家制定政务数据开放目录,构建统一规范、互联互通、安全可控的政务数据开放平台,推动政务数据开放利用"。上海、浙江、贵州等地也出台了专门立法对数据开放予以规定。

目前,公安机关掌握的数据资源已达数百类、上万亿条、数据年增长率超过 50%，但从历年评估结果来看，公安机关的数据开放度还不够。《数据安全法》第 21 条确立数据分级分类保护制度，公安机关应当依法依标准梳理其掌握的海量数据，在保障数据安全的同时依法有序进行数据开放，建立民享的"警务大数据"，这也是未来中国警务透明度建设的重要任务和目标。

四、2022 年中国公安法治指数

2022 年是推进新的法治政府建设五年实施纲要的第 2 年，公安法治不仅是法治政府建设的重要方面，更是法治政府建设的缩影。公开透明是法治的重要维度，推动行政权力在阳光下运行是法治政府建设的必然要求。从 2017 年开始，项目组研创中国警务透明度指数，以网站信息公开为视角，通过评估推动公安机关权力公开、规范运行，建设法治公安。2022 年，中国警务透明度指数评估已逾 5 年，也迎来重大转型，经过项目组的调研论证，已迭代升级为中国公安法治指数。

沿袭中国司法透明度指数评估传统，2022 年中国公安法治指数的评估对象仍为 73 家公安机关：公安部，27 家省（自治区）的公安厅，4 家直辖市的公安局，41 家地级市的公安局。地级市公安局覆盖了省会城市、经济特区所在的市、计划单列市、沿海开放城市的公安机关。虽然公安部和省级公安机关本级的执法案件量有限，但是仍和地级市公安机关适用同一套指标体系，目的是发挥其引领作用，监督下级机关提供便民服务、进行规范执法，开放警务数据。

（一）评估结果：中国公安法治指数排名

2022 年，中国公安法治指数评估结果显示，73 家公安机关的法治指数平均得分为 67.21。得分 60 分及以上的公安机关有 53 家，及格率为 72.60%。73 家公安机关按照分数的区间分为五个序列：第一序列为 90（含）分以上的，有 2 家；第二序列为 80（含）—90 分的，有 10 家；第三序列为 70（含）—80 分的，有 21 家；第四序列为 60（含）—70 分的，有 20 家；第五序列为 60 分以下的（见图 5-7）。排名居前的有杭州市公安局、深圳市公安局、广州市公安局、广东省公安厅、珠海市公安局、湛江市公安局、温州市公安局、青岛市公安局、长沙市公安局、浙江省公安厅，其中青岛市公安局和长沙市公安局并列第八名。从地域来看,浙江、广东公开情况良好。

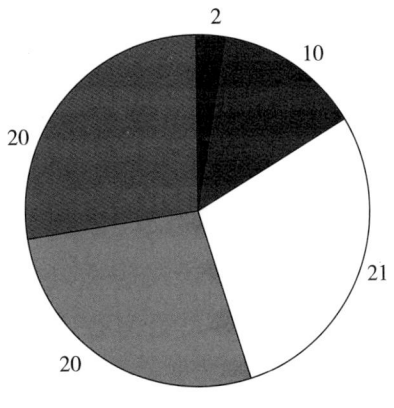

图 5-7　73家公安机关得分区间分布统计图

(二) 成绩:新时代公安法治建设整体推进良好

1. 阳光警务,法治政府工作报告成为警务公开重点

警务公开是指公安机关通过适当渠道向社会展示工作绩效,通俗来讲就是有多少人花了多少经费做了多少事情。评估结果显示,全面总结公安法治工作的法治政府工作报告已然成为警务公开的重点,预决算公开实现全覆盖且有所创新,网站建设注重保障特殊群体的知情权。

(1) 法治政府建设年度报告透明度逐年提升。

2022年评估结果显示,法治政府建设年度报告透明度呈逐年上升趋势。在73家公安机关中,有53家公安机关公开了法治政府建设年度报告,占比72.60%,比2021年的50家和2020年的38家分别提高了6%和28.3%,其中52家是在法定时间内公开(见图5-8)。除了法治政府建设年度报告,部分公安机关也有意向社会公开新一年的工作计划、上一年的工作总结以及单项工作总结。例如,贵州省公安厅继续保持计划总结类信息的充分公开,在"规划计划总结"栏目公开了《贵州省临时居民身份证"跨省通办"试点工作总结》《厅食药环侦总队2022年"放管服"改革工作总结及2023年工作打算》《贵州省公安厅积极推进农村"中心派出所"警务运行机制改革情况总结》;海口市公安局公开了历年的工作计划、工作总结;郑州市公安局公开了2022年度人大建议办理工作总结和政协提案办理工作总结。

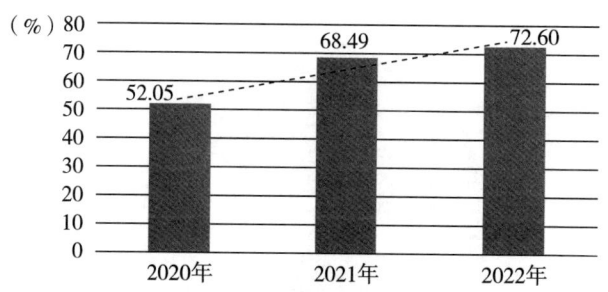

图 5－8　法治政府建设年度报告公开占比比较

(2) 预决算公开实现全覆盖且有所创新。

作为政府信息公开的重要内容，预决算公开已经成为各级政府及其部门的常态工作，公安机关也不例外。评估结果显示，公安预决算工作实现全覆盖，并且在某些方面还有所创新和突破。例如，长沙市公安局逐月公开了行政性事业收费的情况；南宁市公安局公示了养犬管理服务费的收取和使用情况；杭州市公安局设置"行政事业性收费项目"，定期公开交通规费清单和出入境收入清单；广东省公安厅还发布了关于审计查出问题整改情况的报告。

(3) 重视保护特殊群体的知情权。

公安机关作为与安全和民生息息相关的政府部门，其在网站上公开的信息为社会广泛关注，因此公安机关的网站建设不能忽视特殊群体，应建设老人模式和无障碍模式，满足老年人、残疾人等社会群体的知情权。2022年，在73家评估对象中，有53家评估对象提供了无障碍阅读或老年模式，占比72.60%，比2021年（42家）上升了15.07%，充分保障残障人士和老年人等特殊群体的知情权，也意味着中国信息无障碍建设成效显著。

2. 民主决策，推动规范性文件和重大决策法治化

(1) 重视规范性文件的单独管理和清理。

制发行政规范性文件是行政机关依法履行职能的一种常见方式，相比具体的行政决定，其能够影响更多的群体，因此对其进行监督和规范至关重要。实践中，规范性文件不规范甚至不合法的现象较为普遍，不仅影响和侵犯人民群众的合法权益，也损害政府公信力。加大对规范性文件的监督和管理，是法治政府建设的一项重要任务。2018年，国务院办公厅专门下发通知，要求加强行

政规范性文件制定和监督管理工作。2022年评估结果显示，公安机关重视对规范性文件的管理，在73家公安机关中，有57家公安机关公布了现行有效的规范性文件清单，或进行了规范性文件清理，或单设栏目将规范性文件集中管理，占比78.08%。

具体而言，辽宁省公安厅、沈阳市公安局、安徽省公安厅、河南省公安厅、郑州市公安局、长沙市公安局等公开了现行有效的行政规范性文件目录；安徽省公安厅、重庆市公安局、郑州市公安局、长沙市公安局等还公开了废止、失效的行政规范性文件目录。贵州省公安厅、安徽省公安厅、宁波市公安局、湖北省公安厅、长沙市公安局等对规范性文件进行清理并公开清理结果，其中宁波市公安局专门对妨碍统一市场和公平竞争政策措施进行了清理。广州市公安局、贵州省公安厅、辽宁省公安厅、浙江省公安厅、安徽省公安厅、内蒙古自治区公安厅、河南省公安厅、湖北省公安厅等建立了规范性文件库，安徽省公安厅还设有规范性文件清理专栏。另外，有的省市由司法行政部门建立统一的行政规范性文件管理平台，如上海市行政规范性文件管理平台、郑州市规范性文件数据库等，对包括公安在内的所有部门的规范性文件进行集中单独管理。

（2）建立网上征求意见和反馈机制。

规范性文件和重大行政决策适用于辖区内所有主体，影响甚广，按照依法行政的要求，须广泛征求意见，建立意见沟通协商反馈机制，对相对集中的意见、建议不予采纳的，公布时要说明理由。2022年评估结果显示，公安机关在制定规范性文件或作出重大决策时，公开草案或说明，向社会广泛征求意见。在73家公安机关中，有64家公安机关公开了草案及说明，占比87.67%，其中有35家公安机关反馈了意见征集和采纳情况，占比47.95%。

具体而言，湖北省公安厅设置决策预公开栏目，集中进行草案说明、意见征集和结果反馈，并向社会公开决策的执行和实施情况。宁波市公安局也对2022年度重大行政决策事项执行情况进行了公示。天津市公安局建立决策征求意见系统，设置了公告、草案正文、背景介绍、公众意见采纳情况反馈、发表意见等栏目，但是采纳情况反馈无内容。厦门市公安局设置重大决策专栏，设有意见征集、征集结果、结果反馈栏目，但是遗憾的是几乎所有的重大决策的网上征集意见都是一个结果："暂时没有网友提交意见。"网上征求意见"遇冷"应该是一个全国普遍存在的问题,提升重大决策的知晓度和提高网民的参与度,应该是民主决策努力的方向。

(3)对规范性文件进行集中公开与及时解读。

依法行政意味着未经公布的行政规范性文件不得作为行政管理依据。2022年评估结果显示,在73家公安机关中,有65家公安机关设置了规范性文件或类似栏目,占比89.04%;73家公安机关均对规范性文件进行了公开和解读,未制定规范性文件的公安机关也进行了说明。

3. 服务为民,公安政务服务向移动终端延伸

2022年,公安机关"一网通办"建设加速,基本上实现了公安部《全国公安机关"一网通办"建设规划(2020—2022年)》提出的目标,即"到2022年底,公安一体化平台广泛应用,线上线下深度融合,公安政务服务事项全程网办率达到60%以上,非全程网办事项力争'最多跑一次'的工作目标"。随着手机等移动终端的广泛应用,为进一步方便群众办事,《法治政府建设实施纲要(2021—2025年)》提出,"加快推进政务服务向移动端延伸,实现更多政务服务事项'掌上办'"。2022年,公安部开通"公安一网通办"App,并开发微信小程序等第三方服务平台,将公安政务服务事项的办事指南以及重名查询、规范汉字查询等高频应用同步到移动端,方便群众掌上办、指尖办。在公安部开通"公安一网通办"App之前,部分地方公安机关通过微信公众号、小程序等向公众提供政务服务事项的掌上办理。为了方便公众从移动终端获取信息或办理业务,2022年,有65家公安机关在其官方网站上提供了微服务平台链接,在73家评估对象中占比89.04%。

4. 以公开促规范,公安机关推动执法公示与监督

(1)公安机关全面推行执法公示。

规范执法最重要的是加强对执法的监督,公开是第一步。国务院全面推行行政执法"三项制度",第一项制度就是行政执法公示制度。经过近几年的推动,提供权责清单已成为行政机关的规范动作。评估结果显示,公安机关普遍重视依法履职,公开权责清单,提供行政许可、行政处罚、行政强制等权力行使的目录和依据。有的公安机关不仅公开本机关的权责清单,还公开下级机关的权责清单,如北京市公安局公开了《市公安局市级独有权力清单(2022版)》

《市公安局市、区两级权力清单（2022版）》《市公安局区级独有权力清单（2022版）》《市公安局行政职权运行通用责任清单》。

执法公示不仅指事前公示，还包括事中事后公开。对于已经立案的执法案件，当事人凭执法案号和密码即可在网站上查询执法进度，评估结果显示，在73家公安机关中，有57家公安机关提供了执法案件查询，占比78.08%。行政处罚和行政许可是公安机关两项重要的行政权力，也是两种最主要的行政决定类型，根据结果公开的要求，行政处罚决定和行政许可决定应该向社会公开。评估结果显示，在73家公安机关中，公开行政处罚决定的有51家，公开行政许可决定的有45家，分别占比69.86%和61.64%。近年来，公安部加大推动执法法律文书上网力度。2022年评估结果显示，在73家公安机关中，有46家公安机关公开了行政处罚决定书，占比63.01%。考虑到公安部和公安厅自身的执法案件有限，凡是建立相应机制，公开下辖公安机关的执法事项的，均得分。但是需要指出的是，有些公安机关直接将行政处罚决定、行政许可决定公开链接到"信用中国"的双公示栏目，由于不能按照机关名称检索，实际上，增加集中查看公安机关的行政执法决定的难度。

（2）公安执法监督投诉渠道畅通。

规范执法要求执法结果受到有效监督。评估结果显示，在73家公安机关中，有67家公安机关开通了监督投诉渠道，占比91.78%；有36家公安机关公开了监督投诉的内容，占比49.32%；有32家公安机关公开了监督投诉的处理结果，占比43.84%。具体而言，上海市公安局对2021年1至10月分局民警遭受不实投诉的情况进行通报，予以澄清正名；安徽省公安厅在网站的"互动交流"板块设置"举报投诉"栏目，集中公开所有的举报信息和反馈信息，内容翔实，不回避尖锐问题；合肥市公安局在"警民互动"板块设置"办不成事窗口"，为公众提供监督投诉渠道，并反馈处理结果。

（3）公安机关积极落实专项行动进展公开。

公安机关每年会根据上级党政机关的部署开展专项行动，对专项行动进展及结果，公众有知情权。评估结果显示，在73家公安机关中，有69家公安机关公开了专项行动相关进展或结果，占比94.52%。另外，舆情回应是公安机关处理公共关系采取的主要形式，评估结果显示，在73家公安机关中，有53家公安机关进行了舆情回应，占比72.60%。

（4）设置执法平台全方位展示执法情况。

评估发现，有些公安机关"规范执法"得分高，主要得益于其建有公安执法平台或系统，或者在网站上开辟执法专栏，向社会全方位展示公安执法情况。例如，湖北省公安厅搭建"湖北公安执法公示平台"，向社会公开法律法规依据、行政许可决定、行政处罚决定、警情处理情况、案件办理情况等，并提供查询功能。辽宁省公安厅上线执法公开服务平台，提供了警情公开、案件办理公开、行政处罚决定书公开、行政执法公示。北京市公安局在其网站上设置"执法公示专栏"，对执法统计年报、执法主体一览表、行政检查计划、涉企公示行政检查单、行政处罚流程图、行政处罚公示和行政许可公示、双公示等信息进行集中公示，逐月公开"双随机、一公开"抽查结果；还设置了"文书公开"专栏，集中公开了行政处罚决定书、行政复议决定书。广东公安执法信息公开平台被整合到"粤省事"平台，公众可通过"粤省事"微信小程序登录，查询更加方便。另外，广东公安机关依托"广东省行政执法信息公开平台"进行执法事项公开。上海市公安局在其网站上开辟"执法公开"专栏，并且一些执法事项还通过上海市司法局搭建的"上海市行政执法公示平台"进行公开。

5. 开放数据，部分公安机关公开详尽的执法统计数据

"十四五"规划提出，"加强公共数据开放共享，建立健全国家公共数据资源体系，推进数据跨部门、跨层级、跨地区汇聚融合和深度利用"。公安机关拥有海量公共数据，落实国家大数据战略、构建"数字中国"必须推动公安数据开放。按照规定，行政机关每年1月31日前公开上年度行政执法总体情况有关数据。2022年评估结果显示，公开执法统计年报的公安机关逐年增多，在73家公安机关中，有25家公安机关公开了执法统计年报，占比34.25%，比2021年（20家）和2020年（11家）分别提升了25%和127.27%（见图5-9）。从内容看，部分执法统计报告的数据较为翔实，如南宁市公安局和山东省公安厅公开了行政许可、行政处罚、行政强制、行政征收征用、行政检查等详细情况统计表。另外，在73家公安机关中，有59家公安机关进行了警情通报，占比80.82%。如南通市公安局每周进行治安通报，按季度公开110报警服务数据。

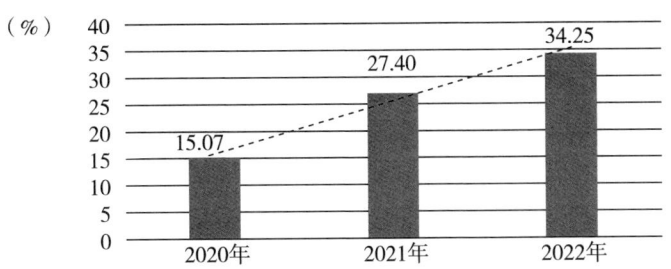

图5-9 公安执法统计年报透明度年度比较

(三) 问题：公安法治建设的精细化水平有待提升

法治作为治国理政的基本方式，需要精细化的制度设计精准化治理。细节决定成败，虽然公安法治建设整体上推进良好，但在许多公开与服务细节上，仍需改进，推进全面依法治国要求不断提升公安法治建设的精细化水平。

1. 执法人员名单事前公开不足

近年来，为提高执法的法治化水平，国务院全面推进行政执法"三项制度"，其中执法公示制度要求执法机关向社会公开执法人员名单。随着执法"三项制度"的推广和实施，部分公安机关（如辽宁省公安厅、沈阳市公安局、河南省公安厅、郑州市公安局、珠海市公安局、云南省公安厅、杭州市公安局、河北省公安厅等）公开了执法人员名单，且信息较为翔实，涵盖了所属部门、职务、执法类型等，其中杭州市公安局还标识了是否属于审核人员，并公示了辅助人员名单。但是，整体而言，公开执法人员名单的公安机关还非常有限，在73家公安机关中，仅11家公安机关公开了执法人员名单，占比15.07%。有些公安机关（如烟台）建有统一的行政执法公示平台，对执法人员名单进行了公示，但是未找到公安机关的执法人员名单。有些地方公安机关虽然公开了执法人员名单，但信息更新不及时，如秦皇岛市公安局公开了2017年版的执法人员名单；有些地方执法人员名单本应该放在事前公开栏目，却放在执法结果中，如沈阳市公安局行政执法人员清单。

2. 公安移动端便民服务待优化

目前，主流的政务服务App分为两类。一是"一门式"办事服务App，主要由各地政府牵头，经由界面可以直接进入政府所属各部门办事窗口进行业务办理，优点是避免了下载软件和进行身份证明的烦琐步骤，做到一个软件办多项事，集约化程度高，使用者无须在手机 App 里频繁下载；缺点是缺乏指引性，使用者难以迅速找到相关服务，建议增加使用引导、智能指南或咨询系统。二是由各个公安部门牵头打造的公安类 App，此类 App 通常显示在公安官网或者官方微信公众号的链接中，宣传力度小，群众通常在实地办理业务后经由工作人员推荐下载，或者经过多方搜索跳转后下载。使用公安 App 或微警务，往往需要注册认证，甚至不允许访客模式浏览。而注册认证往往会采取人脸认证模式，步骤较为繁琐，也存在过度收集个人信息的风险，为此，建议增加登录认证方式，可以选择微信或者支付宝直接登录，省去人脸认证的步骤，将人脸认证界面改至实名认证界面。评估还发现，有的公安公众号或小程序基本上处于无法使用的状态，如四川公安小程序必须注册才能查看，但注册时收不到验证码，且这种情况持续存在；有的公安机关的移动端 App 仅提供违章查询、失物招领等便民服务，未提供户政服务；有的公安机关的移动终端应用会直接链接到网页端，由于版面设计不佳，在移动端操作网页界面非常困难。

3. 公安执法模块建设有待加强

便民服务与执法办案是公安机关的两大职能，但是评估发现，公安机关往往重视便民服务平台建设，对执法办案平台建设重视不够。目前，公安执法公示存在三种模式：一是在信息公开栏目设置执法公示，二是未设置执法公示，直接将执法信息分散公布在政府信息公开目录中，三是建设执法办案公示平台。但是评估发现，这三种模式均存在不同程度的问题：有的公安机关在网站上设置了执法公示栏目，但是仅公开了权责清单，未提供案件查询和执法结果公示；未设置执法公示栏目的公安机关，或不公开执法信息，或公开的执法信息较为零散、不易查找；有的公安机关虽然搭建了统一的执法公示平台，但是功能单一，仅提供查询，或者仅限于法律法规、办事流程、服务监督电话等信息的公开，未提供案件查询和执法结果。另外，有的执法公示平台在其官网上没有链接，从普通网络也很难搜索到。

4. 公安数据开放整体趋于保守

如前所述，2022 年公开执法统计年报的公安机关呈逐年递增趋势，但是整体占比仍只有 34.25%。除了执法统计年报之外，执法办案白皮书、交通违章数据、治安案件相关数据、犯罪案件统计数据公开也不甚理想。在 73 家公安机关中，公开执法办案白皮书的有7家，占比9.59%；公开交通违章数据的有11家，占比15.07%；公开治安案件相关数据的有34家，占比46.58%；公开犯罪案件统计数据的有44家，占比60.27%（见图5-10）。就数据开放质量而言，部分公安机关虽然公开了执法统计年报，但是数据过于简单，做到了形式公开但是没有提供实质信息。例如，烟台市公安局公开的行政执法统计年报仅为一个简单的行政检查表格，严格来说名不副实。单从数据结果看，犯罪案件统计数据公开率还不算太低，但是从内容看，犯罪案件数据的公开是粗线条的，多是在新闻报道中提到犯罪率，至于犯罪案件数量、案件类型及所占比重、犯罪趋势总结等内容没有相应的报告和统计。随着政府信息公开的推进，不少地方政府上线数据开放平台，但是开放的数据与社会的需求不相称，重要的数据，如公众最为关心的行政执法数据和打击犯罪的数据，往往无从获取。

不可否认，部分公安数据存在敏感性，公安机关在开放数据时保持一定的谨慎可以理解，但是相对于其拥有的海量数据资源和公安业务的数字化程度，以及数字中国建设的要求，公安机关数据开放整体上是保守的，开放意识尚有较大的提升空间。随着越来越多的公安服务事项实现线上办理，以及执法办案的数字化程度越来越高，数据归集会非常便利，在履行保密审查的前提下，应定期向社会开放警务数据，助力数字决策和治理。

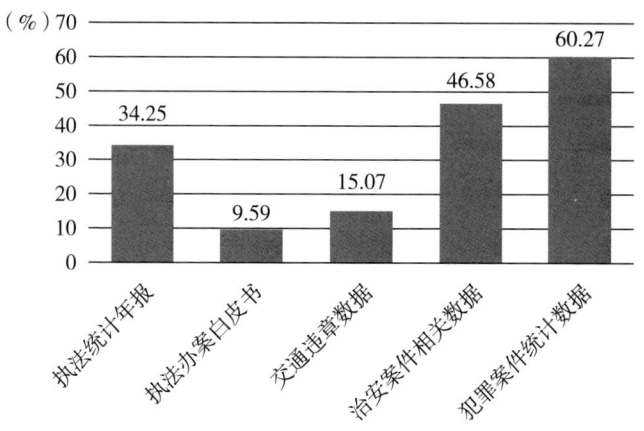

图5-10 2022年公安数据开放度统计图

（四）展望：以人民为本位建设法治公安

法治建设始终要以人民为中心，建设人民法治，对于与人民群众打交道最多、被人们亲切称为"民警"的公安来说，更是如此。人民警察来自人民，密切警民关系始终是公安工作的"重头戏"。以人民为本位建设法治公安应着眼于以下几个方面。

1. 认真总结法治工作，向人民报告公安法治全貌

随着法治政府的推进，越来越多的公安机关向社会公开了法治政府工作报告，但是部分报告内容浮于表面，信息量过少，甚至与往年雷同，这样的工作报告即使公开，公众也很难获得有价值的信息。公安机关作为政法部门，是法治建设的主力军，应该重视法治政府工作报告的撰写。一份完整合格的法治政府工作报告应该至少包括以下几个方面的信息：一是法治执法人员数量和结构；二是规范性文件和重大行政决策的制定以及相关的清理和事后评估工作；三是"放管服"改革进展及政务服务情况；四是执法情况，包括执法案件办理情况、行政执法"三项制度"推进情况、执法案卷评查情况以及基层综合执法改革情况；五是行政复议和行政诉讼情况；六是开展的专项行动及其进展。以上信息不允许用空话套话泛泛而谈，要有总结和数据支撑；也不能只报喜不报忧，要全面真实地反映法治工作的实际情况。与充满空话套话的工作报告相比，语言朴实、数据翔实的工作报告更能够打动民心，更有助于树立自信、务实、为民的政府形象。认真撰写法治政府工作报告，不仅有助于全面回顾和检验一年来的法治建设情况，也可以通过查漏补缺倒逼公安机关更好履职，开展好法治建设。

2. 优化移动服务系统，让人民办事更加快捷方便

公安机关作为信息技术能力最强的政府部门之一，不仅要将强大的信息技术应用于刑事侦查，还要用于提升政务服务，让人民群众办事更加方便快捷。目前，移动终端有微信公众号、小程序、手机 App，有的提供在线办事，有的仅提供指南或者预约服务，还有的仅限于发布信息。公安部也在努力建设公安"一网通办"App，但是具体功能还有待开发。在为群众提供操作简单、功能强大的"指尖服务"方面，交管 12123 手机 App 是一个很好的样本，可以为移动终端公安"一网通办"提供借鉴。好的移动终端应用，应该具备几个标准：一是登录简便，允许访客浏览，实名认证时不过多收集个人信息，非必要不使用人脸识别；二是操作简单，先选择地区，再选择办事事项，优化流程，将"业

务须知"嵌入办事流程，尽量提供全流程在线办理。

3. 搭建执法公示平台，让人民能够全面监督执法

规范执法是法治政府建设的核心任务，也是保障人民群众合法权益的基础保护。要做到规范执法，除了提高执法人员素质、加强内部的法治审核与监督之外，还离不开人民群众的外部监督，而建立执法公示平台，有助于人民群众行使监督权。搭建功能强大的执法公示平台，人民不仅能够查询到个案的办理结果，还能够了解行政处罚、行政许可、行政强制等各类型的执法状况，并且能够进行在线监督投诉，也能够查看他人的投诉内容和处理结果。

4. 加强警民互动沟通，让人民全程参与法治建设

人民法治，不仅意味着出台法律保护人民的利益，还要求在制定法律、执行法律的过程中听取人民的意见建议。人民不是法治的客体，人民是法治的建设者、参与者。为此，公安机关要加强与人民群众的互动沟通，畅通建议、咨询、举报、投诉等渠道，并且要真正听取人民的反映和诉求，认真回应和处理相关事宜，并及时向社会反馈意见的采纳情况和诉求的处理结果。加强警民互动，要摈弃作秀的成分，认真对待每位群众的意见和诉求，汲取人民的智慧，以人民为本位建设法治公安。

第六章
狱务透明度指数

一、狱务透明度指数概述

刑罚执行是指国家刑罚执行机关根据人民法院发生法律效力的刑事判决或裁定，依照法律规定的程序，将已经确定的刑罚付诸实施的刑事司法活动。刑罚执行是刑事司法的最后一个环节，刑罚执行工作能否落实到位，不仅关系到整个刑事诉讼活动是否完整，关系到刑事司法的公平正义和权威公信，而且直接关系到刑事司法制度目的能否最终实现。监狱作为刑罚执行的关键场所，其公开透明程度直接反映了司法人权的保障水平。自党的十八大以来，完善司法公开、深化狱务公开已成为司法体制改革的关键任务。党的十八大和十八届三中、四中全会对完善司法公开、推进狱务公开提出明确要求。随着全面依法治国战略的深入推进，狱务公开已成为评估监狱管理部门工作成效的重要标尺。

通过强化执法、司法工作的监督力度，推动狱务公开的深化，能够有效保障人权，更能够促进社会的公平正义。《法治中国建设规划（2020—2025年）》着重强调构建严密的法治监督体系，全面推进执法公开和司法公开。

狱务公开的发展状况，不仅彰显了监狱法治化、文明化的进步，更是衡量一个国家法治建设水平的重要风向标。因此，我们必须高度重视狱务公开工作，持续加强制度建设，提升公开透明度，为构建法治中国贡献坚实力量。推进狱务公开，对于营造廉洁透明的监狱执法环境、维护社会稳定、增强司法公信力具有深远意义。通过公开服刑人员的改造进展、减刑假释等信息，我们不仅能够保障罪犯及其亲属的合法权益，还能增强社会公众对司法工作的信任与支持，进一步推动法治社会的构建。

狱务工作包括实施监狱内的刑罚执行，对罪犯进行收押、改造，罪犯监外执行的审批和减刑审核、呈报等内容。这些工作与监管对象的切身利益关系重大，如果狱务工作不公开、不透明，进行暗箱操作，容易造成权力腐败。近年来，云南"孙小果案"、北京郭文思9次减刑出狱后不久打死老人案、内蒙古杀人犯"纸面服刑"15年等案件，反映了监所内减刑、监外执行、保外就医等环节审核不严、信息不透明等问题。这些事件极大地损害了司法机关、执行[①]机关甚至政府部门的公信力和权威性。公开是最好的防腐剂。狱务公开有利于构建透明廉洁的监狱执法环境，保障罪犯及其亲属和社会公众的知情权，防止腐败，对监狱执法合法性、公信力以及罪犯改造具有重要意义。此外，狱务公开将公众关心的服刑人员改造、减刑假释情况向社会公布，是回应社会质疑、维护社会稳定、提升公权力公信力的重要渠道。

为此，根据《监狱法》《政府信息公开条例》《关于全面推进政务公开工作的意见》《〈关于全面推进政务公开工作的意见〉实施细则》《司法部关于进一步深化狱务公开的意见》（以下简称《意见》）等法规文件，遵循依规评估、客观评价、重点突出、渐进引导的原则设置指标，形成了狱务透明度评估指标体系。该指标体系共设置4个一级指标，其中各指标权重为：基本信息公开占30%、执法信息公开占20%、监所信息公开占30%、监所数据公开占20%，每一板块满分100分。

2020年及2021年指标体系相同（见表6-1），其在4个一级指标下共设15个二级指标。基本信息公开指标主要考察评估对象门户网站建设水平、机构职能、机构设置以及人员等信息公开情况。该指标下设平台建设、职能架构、人员信息3个二级指标。执法信息公开指标主要考察监狱管理局公开刑罚执行的

---

① 高一飞，李慧：《狱务公开的现状评估与完善建议》，载《河北法学》2016年第6期。

情况，包括法律依据、减刑假释建议书、暂予监外执行决定书的公开及时性、搜索便利性等情况。该指标下设法律法规、减刑假释公开、监外执行公开3个二级指标。监所信息公开指标主要考察监所的基本信息、会见须知、监所内部的管理、考核制度等公开情况。该指标下设监所基本信息、公开指南、监所管理、对外沟通、依申请公开5个二级指标。监所数据公开指标主要考察监狱管理部门数据公开的情况，包括狱务公开年报、工作总结和工作计划、预决算数据和刑罚执行统计数据等。该指标下设年度报告、年度工作规划、财务信息、统计数据4个二级指标。

与前两年度相比，2022年的狱务公开指标有所变化（见表6-2）。基于最新的狱务公开重点，对部分指标进行了有针对性的调整。一级指标保持稳定，但在执法信息公开的二级指标中，将减刑建议公开和假释建议公开作为两个独立的指标，并相应地提高了这两个指标的权重，以凸显这两项工作的重要性。此外，在数据信息公开的二级指标中，增设了涉狱务的负面舆情这一负向指标。这一指标的设立旨在引导监狱管理部门更加关注社会公众对狱务工作的反馈和意见，及时回应社会关切，提升狱务公开工作的透明度和公信力。

表6-1 中国狱务透明度指标体系（2020、2021）

一级指标	二级指标
基本信息公开（30%）	平台建设（40%）
	职能架构（30%）
	人员信息（30%）
执法信息公开（20%）	法律法规（20%）
	减刑假释公开（40%）
	监外执行公开（40%）
监所信息公开（30%）	监所基本信息（40%）
	公开指南（10%）
	监所管理（10%）
	对外沟通（20%）
	依申请公开（20%）

续表

一级指标	二级指标
监所数据公开（20%）	年度报告（20%）
	年度工作规划（20%）
	财务信息（50%）
	统计数据（10%）

表 6-2　中国狱务透明度指标体系（2022）

一级指标	二级指标
基本信息公开（30%）	平台建设（40%）
	职能架构（30%）
	人员信息（30%）
执法信息公开（20%）	法律法规（10%）
	减刑建议公开（30%）
	假释建议公开（30%）
	监外执行公开（30%）
监所信息公开（30%）	监所基本信息（40%）
	公开指南（10%）
	监所管理（10%）
	对外沟通（20%）
	依申请公开（20%）
数据信息公开（20%）	年报（20%）
	年度工作规划（20%）
	财务信息（50%）
	统计数据（10%）
	负面舆情（-10%）

二、2020年中国狱务透明度指数

2020年度，中国社会科学院国家法治指数研究中心、法学研究所法治指数创新工程项目组围绕基本信息公开、执法信息公开、监所信息公开、监所数据公开等方面，首次对省级监狱管理局及其下属监狱开展狱务公开工作情况进行了第三方评估。评估显示，2020年狱务公开制度整体较为完善，狱务公开平台基本建成，便民服务信息丰富，基本信息、执法信息公开力度不断加大，数据公开"百花齐放"，并注重与公众的沟通交流。与此同时，评估也发现，部分监狱管理局在网站维护、公开内容完整性、信息统一性、公开服务意识等方面还有待进一步提升，未来还需要从进一步加强顶层设计、提升公开意识、运用最新科技、制定统一规范等方面提升狱务公开水平。

司法人权保障是人权事业的重要组成部分，针对司法人权保障工作，《中共中央关于全面深化改革若干重大问题的决定》提出，要"完善人权司法保障制度"。狱务公开是刑罚执行工作的重要组成部分，是监狱依法履行职责、接受监督的具体体现，对于提升刑罚执行公信力、保障司法人权具有十分重要的意义。党的十八大和十八届三中、四中全会对完善司法公开、推进狱务公开提出明确要求，将推进狱务公开作为深化司法体制改革的重要任务。司法部于2015年4月1日印发了《意见》，明确了狱务公开的意义、原则、内容和方式方法等，成为深化狱务公开的指导意见。

为促进执法公平公正，提升执法公信力，推进狱务公开工作，2020年，中国社会科学院国家法治指数研究中心、法学研究所法治指数创新工程项目组（以下简称项目组）首次对监狱管理局信息公开情况进行调研和评估，本报告对此次调研和评估情况进行了总结分析。

（一）评估对象、指标及方法

2020年狱务透明度的评估对象为省级监狱管理局（包括31个省、自治区、直辖市及新疆生产建设兵团监狱管理局）。由于目前仍有5家监狱管理局尚未建成独立的官方网站，故本年度的评估对象为其余27家省级监狱管理局。具体评估指标参见表6-1。

《意见》第16条要求，建立完善门户网站和执法办案平台工作制度。"各省（区、市）监狱管理局应当设立门户网站，凡属向社会公开的信息都应当在门户网站上公开发布，逐步开发网上咨询和自助查询功能，将门户网站打造成深化狱务公开的重要载体"。因此，中国狱务透明度指数评估采取网站测评为主的方式，评估人员在进行网站测评时，以评估对象的官方网站为主，对于没有独立网站的监狱管理局辅以司法局（部）官方网站。在对门户网站进行评估时，凡站内搜索无法找到的内容、无法打开的网页，评估人员会利用互联网上的多个主要搜索引擎进行查找，采取更换计算机及上网方式、变更上网时间等方式进行多次验证。评估信息采集时间为 2020 年 8 月 1 日至 2020 年 9 月 30 日。

（二）评估结果总体情况

2020 年，狱务透明度指数平均得分为 72.61 分。其中 22 家监狱管理局得分在 60 分以上，其中 60—70 分 6 家，70—80 分 8 家，80 分以上 8 家。60 分以下 5 家。狱务透明度排名靠前的监狱管理局分别为广东监狱管理局、江苏监狱管理局、贵州监狱管理局、上海监狱管理局、湖北监狱管理局、四川监狱管理局、浙江监狱管理局、安徽监狱管理局、山东监狱管理局和福建监狱管理局。从本次评估得分情况来看，各地狱务透明度得分差异十分显著，有些地方狱务透明度得分较高，显示狱务公开工作成效明显；但也有部分地方狱务透明度得分较低，监狱管理局门户网站设置陈旧、落后，甚至个别监狱管理局尚未建立独立门户网站。从地域来看，华东地区的狱务透明度得分整体较高，西北、华北和东北地区的狱务透明度整体比较落后。

从狱务透明度指数的 4 项一级指标基本信息公开、执法信息公开、监所信息公开、监所数据公开来看，基本信息公开指标平均得分最高，为 74.70 分，其次为监所信息公开和执法信息公开指标，平均分分别为 74.20 分和 71.85 分，监所数据公开指标平均得分最低，只有 67.81 分（见图 6-1）。

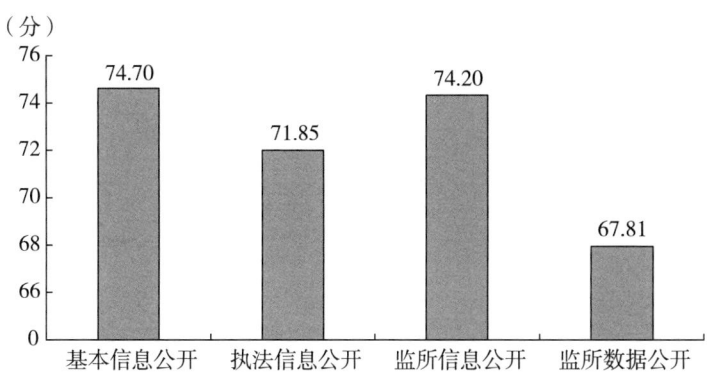

图 6-1　2020 年狱务透明度一级指标平均得分统计图

(三) 评估发现的亮点

2015年，司法部下发《意见》后，各地监狱管理局纷纷通过建立门户网站、加强"两微一端"建设等推动狱务公开工作，全国共有27家省级监狱管理局设有独立网站，狱务公开整体上呈现透明、有序态势，公开力度不断增强。评估显示，狱务公开亮点纷呈。

1. 建设狱务公开平台，重视狱务透明工作

狱务公开的对象包括社会公众、罪犯近亲属及罪犯。对于罪犯监管部门可以通过狱务公开专栏、监狱报刊、狱内广播、闭路电视、电子显示屏、罪犯教育网等公布狱务公开的相关信息；对于社会公众、罪犯近亲属而言，除了运用新闻媒体宣传、开展狱务咨询、印发"狱务公开手册"等传统公开方式外，网络是他们能够方便获得狱务公开信息最方便、快捷的途径。因此，《意见》把建立完善门户网站作为一种制度确定下来，这也与项目组一贯坚持的"网站是信息公开的第一平台"的理念完全契合。评估对象全部都在门户网站（页）设有"政务公开"或者"狱务公开"专栏，公开机构职能、年报、刑罚执行等信息。项目组对评估对象信息更新及时性的评估发现，所有监狱管理局的门户网站（页）都能够做到及时更新，没有一个属于"僵尸网站"。为便于公众浏览门户网站，北京监狱管理局网站还提供了移动版阅览方式，用手机浏览器访问门户网站网址或用微信的扫一扫功能扫描北京监狱管理局网站手机版二维码，即可进入北京监狱管理局网站。

广东、福建、宁夏、四川、贵州等地为直属监狱建立网站或独立链接，并与所属的监狱管理局门户网站直接链接，方便公众和罪犯亲属浏览相关信息。

除了利用门户网站平台公开外，各地还尝试新媒体新平台建设。在狱务公开门户网站的首页上，多数省份积极利用现代信息技术创新公开的方式方法，拓宽公开的渠道，有23家网站提供了官方微信、微博、客户端等移动终端平台的链接，占比85.18%。

2. 公开便民服务信息，便利信息查询获取

狱务公开要求狱政部门在提供公共管理与服务时，坚持公开、便民原则，方便人民群众，体现执法为民的理念，服务和改善民生。评估显示，监狱管理局网站的搜索功能比较完善，评估对象中有26家网站设有搜索功能，占比

96.30%，其中有20家网站能够按照查询范围（标题、正文、关键词等）、排序方式进行分类搜索，或者能够按照时间范围、栏目种类等进行搜索，占比74.07%。其中，内蒙古、贵州等监狱管理局网站搜索结果根据时间、相关度排序，降低公众搜索成本，为人们提供实实在在的便利。

另外，河南、甘肃、青海、新疆等12家监狱管理局网站提供了无障碍浏览入口。这些监狱管理局门户网站首页能够实现屏幕、字体放大、语音指读、十字线辅助等无障碍浏览功能。其中，北京监狱管理局网站在无障碍浏览入口设有声音开关、语速、阅读方式、配色、放大、缩小、鼠标样式、十字线、大字幕、说明、读屏专用等十多个无障碍浏览功能，满足了视力残障人士信息公开的需求，体现了对特殊群体的特殊关怀。

上海等地的监狱管理局网站还提供了英文版页面，河南、湖北、湖南等地的监狱管理局网站提供了繁体字版的网页，给海外以及港澳台地区的公众提供更加便捷的网页浏览功能。

在27家评估对象中，有19家监狱管理局网站提供了监狱的具体位置等交通指引，占比70.37%，其中河北、黑龙江、宁夏、四川等13家监狱管理局网站提供了乘车路线或地图导航链接，具体细化到自驾出行导航目的地以及公交出行的线路、站牌等。

会见是罪犯近亲属极为关心的问题。评估显示，多数监狱管理局网站公开了家属会见指南、会见日期，其中公开家属会见指南的有18家，公开会见日期的有19家，分别占比66.67%和70.37%。其中，广东监狱管理局、陕西监狱管理局以及上海监狱管理局3家能够实现在线或者电话预约会见，为罪犯近亲属与罪犯的会见提供了最大限度的便利，上海监狱管理局公布了下辖每个监狱的预约电话、接听时间及联系人。广东、江苏等监狱管理局网站还为律师、罪犯家属会见提供了场景式服务。

3. 公开狱务基本信息，增进公众了解程度

门户网站公开的监狱职能、人员等基本信息，有助于增进公众对监狱管理的了解，提升狱务透明度。评估发现，各评估对象对狱务基本信息的公开整体上比较全面，体现在以下3个方面。一是全面公开监狱及内设机构职能。全部评估对象都公开了监狱管理局的基本职能；而公开内设机构及其职能的监狱管

理局有19家，占比70.37%。有的监狱管理局网站/网页中还公开了监狱的内设机构及其职能。二是注重披露领导信息。评估对象中，有25家监狱管理局公开了领导信息，包括姓名、简历等，占比92.6%，领导信息披露比例较高。有的门户网站公开的监狱管理局领导信息十分全面。例如，浙江监狱管理局除了公开所有局领导的姓名、性别、出生年月、职务、学历、个人履历、照片外，还公开了联系电话。福建、贵州等地的监狱管理局门户网站还公开了省监狱管理局直属监狱的领导姓名及其相关信息。三是涉狱务的法律法规公开比较普遍。受评估的监狱管理局全部都公开了狱务相关法律法规、规范性文件，而且都通过法律法规专栏公开。特别是安徽、浙江等地监狱管理局在门户网站首页或者信息公开栏通过专栏形式公开涉及监狱的规范性文件，路径清晰，查找方便。有的地方还将规范性文件分类展示，如浙江分为"法律法规""司法解释""规范性文件""行政公文"四个子栏目，便于公众按需浏览。

4. 加大执法信息公开，规范刑罚执行行为

作为监狱管理的主管部门，需要负责辖区内监督管理刑罚执行、罪犯改造工作，对罪犯的收押、改造工作，罪犯监外执行的审批和减刑审核、呈报工作，这些工作与监管对象的切身利益密切相关，如果相关工作信息不公开、不透明，进行暗箱操作，极易造成权力腐败。评估发现，从整体上看，全国监狱管理部门刑罚执行信息公开状况较好，具体体现在监外执行决定书公开率较高。全部评估对象都公开了监外执行决定书，并且所有监外执行决定书的公开都十分及时，其中，吉林、江西、内蒙古、宁夏、青海、山东监狱管理局等还能实现对监外执行决定书的搜索查询；陕西监狱管理局主动公开了下辖各个监狱社会帮教的电话、地址等联系方式。

5. 建立咨询投诉平台，增强与公众的互动

与公众的互动交流是狱务公开的重要内容之一。各地监狱管理局通过在门户网站上开通咨询服务渠道、监督投诉窗口以及沟通平台加强与公众的联系，通过公开依申请公开方式、公开渠道拓宽公开范围。

评估显示，评估对象中公开监督投诉渠道的有23家，占比85.19%，提供咨询服务渠道的24家，占比88.89%；开通各种沟通平台的有26家，占比

96.30%。公开依申请公开方式、依申请公开渠道的各 25 家，占比 92.59%。除此之外，各地监狱管理局还创新与人大代表、公众沟通的方式。湖北监狱管理局积极回应人大代表的关切，在政务公开栏目中公布了对人大代表建议的答复。浙江、河北、四川等地监狱管理局公布了狱务公开服务热线，明确了狱务公开服务的办理依据、办理条件、流程、时间等内容。此外，还通过便民回答、局长信箱、民意征集、在线调查等多种途径与公众沟通交流。从局长信箱的回复情况来看，网站不但公开了公众询问的问题、办理编号、答复内容及答复情况，而且回复及时，大部分回复都在 3 个工作日内完成。广东监狱管理局则在狱务公开平台中首创了智能互动功能，由人工智能机器人"小粤"实时在线，即时回答公众的问题。山西监狱管理局在公开咨询答复信息的同时，注重保护当事人的隐私，允许写信人匿名，并隐藏提问的内容，值得称道。

6. 数据公开百花齐放，推进法治监狱建设

数据在信息社会扮演着重要角色。习近平总书记在主持中共中央政治局第三十六次集体学习时提出，要以数据集中和共享为途径，建设全国一体化的国家大数据中心，推进技术融合、业务融合、数据融合，实现跨层级、跨地域、跨系统、跨部门、跨业务的协同管理和服务①。本次评估对监狱管理的数据公开情况从公开年报、年度工作规划、财务信息和统计数据等方面进行了考察。

评估发现，评估对象中公开政府信息公开年度报告的监狱管理局有 23 家，占比 85.19%，其中多数网站年报公开及时，并设有信息公开年度报告专栏，其中湖北、四川、吉林、湖南等地监狱管理局的公开年报辅以图表等形式，使年报公开更加形象化、具有可读性，人民群众更加喜闻乐见。

评估还发现，各地监狱管理局的财务信息公开状况良好。评估对象中有 24 家设有财务信息公开专栏，占比 88.89%；公开年度预算信息、年度决算信息的有 25 家，占比 92.59%；公开"三公经费"的有 24 家，占比 88.89%；而公开采购信息的也有 22 家，占比 81.48%。上海等地的监狱管理局公开了所属各个监狱的预决算信息。福建监狱管理局不仅按年度将采购信息详细列明，还在栏

---

① 参见《习近平：加快推进网络信息技术自主创新 朝着建设网络强国目标不懈努力》，载新华网。

目内部设置了关键词搜索。山东监狱管理局公布了近 3 年年度审计情况。

还有部分监狱管理局主动公开刑罚执行的统计数据。湖北、贵州监狱管理局按季度/月公开刑罚执行的统计数据，包括提请减刑、假释的人数以及决定暂予监外执行的人数；广州监狱管理局不仅按月公开了刑罚执行中减刑假释数据，还对数据情况进行解读，提供按季度查询功能等。

上海监狱管理局主动公开了内设机构的编制数、职数等信息。

（四）评估发现的问题

1. 狱务公开两极分化严重

评估发现，虽然狱务透明度总体成效较好、得分较高，但各地的透明度差异非常突出，两极分化现象严重。狱务透明度最高分 90.85 分，最低分仅为 49.80 分，两者相差 41.05 分，狱务公开水平参差不齐。透明度得分总体呈现为：东部地区＞中部地区＞西部地区＞东北地区。评估发现，还有一些监狱管理局没有建立独立的门户网站，只是在司法局网站设了一个网页，导致狱务信息公布不全面、不规范、不及时等。司法部下发《意见》至本次评估结束已经有 5 年多时间，但是迄今仍有天津、重庆、甘肃、海南、西藏 5 家监狱管理局没有建成独立的门户网站。

2. 门户网站维护有待加强

评估发现，一些监狱管理局网站维护状况不佳，具体表现为网站无法打开、信息缺漏、排版混乱、更新不及时等现象频现。一是个别网站或者网页无法打开。项目组在 2020 年 9 月 8 日、9 月 9 日对山西监狱管理局网站进行复核时发现，该门户网站显示："很抱歉，您当前访问的网站无法响应。"网页无法打开的现象更为普遍，例如，湖南监狱管理局门户网站首页设有无障碍通道，但是点击后却无法进入；云南监狱管理局门户网站首页上的"狱务公开""监狱动态""通知公告"栏目内大量链接无法打开；山西监狱管理局依申请公开的网页无法打开；辽宁监狱管理局网站的搜索功能无法使用，该网页上公开的唯一一个年度报告——辽宁监狱管理局《2018 年度信息公开年度报告》无法打开。此外，有些网站链接的其他网站经常无法打开。二是信息更新不及时。有些地方的网站出现信息集中更新、重要信息更新不及时现象。例如，新疆生产建设兵团网站公开的最新的暂予监外执行决定书为 2018 年 2 月 14 日发布的"暂予监外执行决定书（2017）新兵刑执字第010号"，也就是说，该网站两年半时间内未再更新这项重要信息。三是信息放置混乱、不易查找现象突出。虽然大部分监狱管理局门户网站板块设置合理、信息排列有序，但也有一些网站内容混乱，公众查找信息十分不便。例如，新疆监狱管理局网站中的"暂予监外执行决定书"放置栏目随意，有的出现在主页信息公开栏目，有的出现在主页狱务公开—执法信息公开栏目中，还有的出现在主页—狱务公开—执法制度公开栏目中。

3. 信息混杂影响公开效果

狱务公开内容丰富多样，这就要求网站在公开相关信息时，按照一定的划分标准，将基本信息、财务信息、年度报告、法律政策、监所信息分门别类进行公开，便于公众或者罪犯家属浏览。评估发现，一些网站虽然内容丰富，但是信息放置混乱、随意的现象比较突出。例如，监狱管理局的机构设置，被放置在简介栏目，有的被归集在狱务公开栏目，还有的放在基本信息栏目。还有的地方将人事、刑罚执行、财务信息混在一处。新疆监狱管理局网站信息公开栏目中的信息既包括执法信息，也包括法律法规、人事信息、预算信息、年度报告、调研分析报告，甚至还包括一些通知类信息（如全国监狱工作先进集体和先进个人名单、关于确定体检时间的通知、关于敦促涉黑涉恶在逃人员投案自首的通告等）。众多信息混在一起，势必会给公众浏览、获取其关注的信息造成一定麻烦或者障碍。

4. 公开信息内容不完整

评估显示，狱务公开各个板块透明度差异较大。在网站建设平台、基本信息公开、监外执行信息公开、监所会见指南等便民服务信息以及部分数据公开透明度较高的同时，也有部分板块信息公开比例低、透明度还有待提升。一是内设机构信息不够透明。评估显示，虽然公开内设机构及其职能的监狱管理局不少，但是大部分监狱管理局网站没有公开这些内设机构的联系人、联系电话，公开内设机构联系人的只有7家，占比25.92%；公开联系电话的只有10家，占比37.03%。二是减刑假释建议书公开比例低。减刑假释关系到罪犯的切身利益，是公众、罪犯近亲属和罪犯本人都十分关注的狱务信息，减刑假释建议书不但是法定的公开事项，而且建议书的公开也有助于减少减刑假释领域的不规范和腐败现象。评估显示,只有15家评估对象公开了减刑假释建议书,仅占比55.56%。三是公开罪犯服刑情况的网站比例较低。《意见》第5条明确规定,应当向社会公众公开罪犯分级处遇的条件和程序,罪犯获得表扬、记功或物质奖励等奖励的条件和程序,罪犯劳动项目、岗位技能培训、劳动时间、劳动保护和劳动报酬有关情况,以及罪犯伙食、被服实物量标准、食品安全、疾病预防控制有关情况等。评估显示,公开这四项内容的监狱管理局比例不高,公开罪犯分级处遇的条件的监狱管理局有12家,占比44.44%;公开罪犯奖惩的条件和程序的监狱管理局有13家,占比48.15%;全部公开罪犯劳动项目、岗位技能培训、劳动时间、劳动保护和劳动报酬有关情况的法院只有10家,占比37.03%;全部公开罪犯伙食、被服实物量标准、食品安全、疾病预防控制有关情况的有11家,占比40.74%。四是年度工作情况公开力度不足。评估对象中,公开年度总结的只有5家,占比18.52%;公开年度工作计划的也只有9家,占比33.33%。

5. 信息不统一现象突出

评估还发现,各地监狱管理局门户网站的同类信息不统一现象比较突出。以监狱管理局的主要职能为例,项目组发现各地监狱管理局的信息差异较大。有些地方规定得十分简略,只有短短一句话。例如,北京监狱管理局的职能简介为:"贯彻执行党和国家关于监狱工作的方针、政策和法律、法规、规章,指导、监督管理本市监狱刑罚执行、狱政管理、教育改造工作。"有的地方则规定得十分详细。例如,广西、浙江等地的监狱管理局职能罗列十分详细,均有十余项之多,可谓包罗万象,如推动法律法规实施,执行国家监狱改造罪犯的方针、政策,拟订监狱工作规划和计划,负责本地区监狱刑罚执行,承担监督管理监狱安全稳定的责任,负责监狱教育改造工作,负责依法对罪犯实施劳动改造,领导和管理省属监狱企业,负责省属监狱基本建设,负责省属监狱民警职工队伍建设和党风廉政建设,负责指导市属监狱管理工作,完成本级党委、政府交办的其他任务等。虽然没有法律要求统一监狱管理局的职能,但各地监狱管理局职能本应相似,在这种情况下,职能文字描述却出现如此巨大的差异,容易让公众对监狱管理局的职能产生困惑。

6. 公开的服务意识需提升

狱务公开的对象是社会公众、罪犯近亲属和罪犯,而门户网站的主要对象是社会公众和罪犯近亲属。但是,部分监狱管理局的狱务公开工作没有注意对象性。一是一些网站没有对内外部信息进行区分,将大量适合内部宣传、展示的工作内容放在门户网站上。例如,将内部会议、培训、狱警风采、表彰奖励、文化广角等与狱务公开关系不大的内容放置在显要位置,社会公众和罪犯近亲属真正关心的内容却并不突出,难以寻找。例如,新疆生产建设兵团的信息公开栏目出现大量当地经济运行、旅游形势、道路安全等无关信息。二是浮窗过多妨碍浏览。评估显示,有一半以上(15家)监狱管理局网站首页设有浮窗,占比55.56%。浮动窗口本身就有醒目的优势,提醒网站浏览者关注特定信息[1],但是有些网站浮窗过多、过滥,且浮窗展示的内容往往与狱务公开关系不大,反而严重妨碍正常浏览获取其他狱务信息。例如,河北监狱管理局网站首页上的浮窗数量多达4个,宁夏监狱管理局网站上的浮窗有3个,不仅所占版面较大,还出现了"坚持节水优先,建设幸福河湖"这样与狱务公开完全无关的浮窗信息。

(五)展望

党的十九届四中全会提出,要坚持权责透明,推动用权公开,完善党务、政务、司法和各领域办事公开制度,建立权力运行可查询、可追溯的反馈机制[2]。公开透明是实现权责统一,权力在社会监督下运行,压缩权力设租寻租空间,实现社会主义法治的重要保障。2020年,狱务公开工作总体上表现较好,但同时也存在一些亟待改进之处。例如,北京市纪委监委通报反映的"郭文思案"中,在郭文思父亲请托监狱的相关人员后,监狱干警先后做出安排郭文思担任有利于减刑的岗位工作,违规安排会见,在明知郭文思不符合减刑条件的情况下签批报请减刑文件,为郭文思私转信件,对郭文思违反监规的行为未予处罚等违规关照行为。而这些违规行为得以曝光,却是因为郭文思出狱后

---

[1] 中国社会科学院法学研究所法治指数创新工程项目组:《中国检务透明度指数报告(2018)——以检察院网站信息公开为视角》,载陈甦、田禾主编:《中国法治发展报告 No.17(2019)》,社会科学文献出版社2019年版,第270页。

[2] 《中共中央关于坚持和完善中国特色社会主义制度 推进国家治理体系和治理能力现代化若干重大问题的决定》,载求是网。

不久打死劝告其戴口罩的老人这样的意外事件。从整体来看，狱务透明度仍有待提升。各监狱管理部门要落实好司法部《意见》的要求，进一步深化狱务公开，不断拓展狱务公开的广度和深度，健全完善狱务公开制度机制体系，优化升级狱务公开平台载体，大幅提升狱务公开精细化、规范化、信息化水平。全面深入推进狱务公开工作，还需要从以下几个方面入手。

第一，强化狱务公开理念。随着党的十八大、十九大、十九届四中全会的召开，以习近平同志为核心的党中央从关系党和国家前途命运的战略全局出发，把全面依法治国纳入"四个全面"战略布局，作出一系列重大决策部署，开启了法治中国建设的新时代。"公开透明作为国家治理体系和治理能力现代化的重要路径之一，作为实现共建共治共享目标的重要手段之一"①，政务公开、司法公开、检务公开已经成为衡量行政、司法部门工作的重要维度之一。相比而言，狱务公开的理念和提法尚未形成社会共识，各地监狱管理部门对狱务公开工作的重视程度差异较大。因此，各地监狱管理部门在理念上要高度重视狱务公开工作。一是需要领导高度重视。领导尤其是"一把手"重视的地方，狱务透明度评估排名往往比较靠前。狱务公开是一项系统工程，只有领导重视，才能形成合力，持之以恒、不断深化狱务公开。二是树立以公开为原则、不公开为例外原则，将社会公众、罪犯近亲属关心的问题，只要不涉密，贯彻能公开尽公开理念，并将门户网站作为狱务公开的第一平台。

第二，推动狱务公开制度完善。与政务公开等相比，狱务公开一定程度上存在内容和形式不统一、不规范、随意性大等问题。评估发现，各地狱务公开水平参差不齐，水平较高的地方，网站信息排列有序，狱务公开内容应有尽有，而水平较低的地方，网站还没有彻底解决能不能正常打开、信息全不全等问题，这与狱务公开标准化水平密切相关。因此，需要制定狱务公开规范，统一公开标准和公开渠道，梳理公开清单，编制公开目录，及时调整公开范围，推动该项制度进一步完善。

第三，重视公开顶层设计。司法部是全国监狱的最高行政主管部门，下设

---

① 中国社会科学院法学研究所法治指数创新工程项目组：《中国政府透明度指数报告（2019）——以政府网站信息公开为视角》，载陈甦、田禾主编：《中国法治发展报告 No.18（2020）》，社会科学文献出版社 2020 年版，第 209 页。

陕西监狱管理局的门户网站提供了下属各个监狱的微信公众号二维码，通过手机扫描二维码，可以直接进入该监狱主页，不仅可以获得监狱推送的消息，还可以享受相应的狱务服务指导、浏览会见指南，进行智能查询。四川监狱系统还建设了政府新媒体矩阵，除了四川省监狱管理局开通了微信、微博、抖音、头条号、澎湃号、四川发布、快手账号外，各监狱也都开通了各自微博、微信、澎湃号等政务新媒体账号，形式内容多样。

3. 基本信息逐步公开透明

本次评估从监狱职能架构、人员信息、相关法律法规等方面考察各监狱管理局的基本信息公开情况。评估显示，2021年全国监狱管理局的基本信息越来越公开透明。大多数监狱管理局能够做到以下三个公开。一是监狱及内部职能公开。有30家评估对象公开了监狱管理局的基本职能，占比93.75%，没有公开相关信息的只有2家，而公开内设机构及其职能的监狱管理局有21家。浙江等地的监狱管理局网站不仅公布了所有的内设机构及其职能，还明确了每个内设机构的联系人、联系电话。二是局领导基本信息公开。在评估对象中，有27家监狱管理局公开了局领导信息，包括姓名、职务等，占比84.38%，领导信息披露比例较高。其中，黑龙江、湖北、山西等11家监狱管理局能够详细公开监狱管理局领导的姓名、性别、出生年月、学历、个人履历、分工。此外，安徽监狱管理局则在此基础上公开了监狱管理局领导的照片和联系电话等更加详细的信息。浙江监狱管理局还在相关监狱页面中公开了监狱负责人的姓名、职务和个人简历。三是法律法规公开。涉及监狱管理和刑罚执行的法律法规较多，也较为分散，集中公开相关法律法规便于公众和在押人员家属查找、及时了解相关的法律动态。在所有评估对象中，有29家监狱管理局通过专栏公开了狱务相关法律法规、规范性文件，公开率达到了90.63%。上海、贵州等地监狱管理局门户网站在首页通过专栏形式公开监狱相关规范性文件，路径清晰，查找方便。

4. 公开方式更加人性化

正义不但要实现，而且要以看得见的方式实现。狱务公开要求狱政部门在提供公共管理与服务时，坚持公开、便民原则，方便人民群众，体现执法为民的理念，服务和改善民生。评估显示，所有评估对象的门户网站都设置了搜索功能，其中有25家网站能够实现按照查询范围（标题、正文、关键词等）、时间范围、搜索位置等来进行"高级搜索"。而内蒙古、广西等监狱管理局网站搜索结果可以根据相关度或者时间等要素进行排序，使搜索更加便捷高效。

评估发现，北京、湖南、四川等15家监狱管理局在门户网站首页提供了无障碍浏览入口，比2020年增加2家。通过点击无障碍浏览入口，这些监狱管理局门户网站首页上能够实现屏幕以及字体的放大和缩小、语音指读连读、十字线辅助功能等无障碍浏览功能，这为视力残障人士、老年人等浏览网页提供了便利。有的监狱管理局网站，在无障碍浏览入口除了提供基本的语音功能外，还进一步提供调整语速、选择声音模式（如普通女声、普通男声等）等选择。还有的监狱管理局在门户网站提供了英文版、繁体字版选择，不仅满足了不同公众对狱务信息公开的需求，也有助于向国际社会展示中国狱务公开的工作与成效。

5. 执法信息公开力度加大

近年来，全国监狱系统深入开展违规违法办理减刑、假释、暂予监外执行案件全面排查整治工作，严厉惩处"纸面服刑""提钱出狱"行为，依法规范减刑、假释、暂予监外执行工作，且违规违法减刑、假释、暂予监外执行也成为本轮政法系统教育整顿的重点。加大监狱执法信息公开力度有利于及时发现违规违法减刑、假释、暂予监外执行，减少其中的司法不公和腐败现象。评估发现，整体上全国监狱管理部门执法信息公开状况较好，体现在监外执行决定书公开率较高，评估对象中公开暂予监外执行决定书的共有31家，占比96.88%，而且在公开决定书时隐去了具体的决定监外执行的当事人患病名称和家庭详细地址，注意保护在押人员隐私。北京、河南、贵州、四川等地监狱管理局在公开减刑、假释及基本信息的基础上，完整公开了减刑、假释建议书的内容，详细公开了在押人员的基本情况、认罪悔罪、教育改造、劳动改造、财产性判项履行和考核奖励等狱内表现，以及检察机关的审查意见和提请减刑建议的流程。例如，四川监狱管理局在一份减刑建议书中，采用个性化的语言生动描述在押犯人的服刑、劳动改造情况："该犯在配餐中心红案组劳动，在劳动中，努力钻研和提高炒菜手艺，炒菜做到色香味俱全……"贵州监狱管理局除了公开暂予监外执行决定书外，还主动公开暂予监外执行收监决定书。评估还发现，新疆监狱管理局主动公开了执法权责清单，包括权力名称、权责主体、职责、实施依据、权力运行和责任追究等内容，向社会明确公示自己的执法权力边界。

6. 数据信息公开力度加大

项目组从信息公开年度报告、年度工作规划和财务信息等方面对监狱管理的数据信息公开情况进行评估。

政府信息公开年度报告是我国政府信息公开的一项基本制度。评估发现，各监狱管理局普遍比较重视年报公开，大部分监狱管理局在政务公开中设置了年报公开专栏，其中，公开年报的监狱管理局有24家，其中22家能够及时公开上一年度的年报。山东等地监狱管理局的年报运用图片、图表、图解、电子书等表现形式，用数据说话、图文并茂、信息量大、可读性强。

评估还发现，各地监狱管理局的财务信息公开继续保持良好态势。评估对象中有26家设有财务信息公开专栏，公开年度预算信息的有29家，占比90.63%；公开年度决算信息的有28家，占比87.50%；有29家公开了"三公经费"，占比90.63%；而公开采购信息的也有27家。其中四川、广东等省监狱管理局在所属监狱网页中单独公开了本监狱的采购信息，福建、四川等地监狱管理局公开了所属二级单位（各监狱、少管所等）2021年度的预算信息，上海监狱管理局对所属二级单位年度资金预算完成情况进行测评，并公开"2020年度项目绩效自评表"。

7. 沟通交流平台亮点纷呈

除了在门户网站公开执法和政府信息外，与公众及在押人员家属及时沟通交流，及时收集其投诉、意见和建议，也是狱务公开职能的进一步拓展。评估显示，2021年，各地监狱管理局通过在门户网站开设各类沟通交流平台加强与公众的联系，拓宽公开范围，亮点纷呈。

评估显示，评估对象中公开监督投诉渠道的有27家；提供咨询服务渠道的有28家；开通各种沟通平台的有28家，占比87.50%。公开依申请公开方式、依申请公开渠道的各27家，占比84.38%。除此之外，各地监狱管理局还创新沟通方式。广东监狱管理局网站下设栏目与公众交流形式多样，包括领导信箱、业务咨询、业务投诉、违纪举报等。江西监狱管理局局长信箱中，区分咨询、投诉、意见建议和信访举报四个不同类别,并且可以通过办件编号、关键词等对留言信息进行查询或者模糊查询,同时提供了手机二维码提交办件的途径。江苏监狱管理局的便民回答翔实、及时。吉林监狱管理局门户网站通过扫描二维码进入各个监狱首页,可以进行服刑人员信息查询,通过手机进行投诉和建议,为保护投诉者,还可以进行匿名操作,同时该局还提供了下辖监狱监狱长的信箱,狱务电话、纪检监察和监狱信访电话。

湖北监狱管理局在政府信息公开栏目中主动公开各种政务信息,如省人大代表议案的办理情况、决策预公开信息、局长办公会议内容等。在2021年8月25日公开的《关于公开征求〈湖北省监狱管理局关于规范和加强政务公开工作的通知〉修改意见的结果》,公开了该征求意见稿的起草和修改过程。在对人大代表议案的答复中详细公布了答复内容全文、联系人、联系电话、提案原件等。

(三) 评估发现的问题

1. 狱务公开地域差异性较大

评估发现,2021年各地狱务透明度在整体得分有所提高的情况下,差异较大的状况没有得到根本改善。

首先,从不同地域来看,东部地区整体上透明度得分较高,排名靠前的省份较多,西部地区狱务公开工作进步最明显,东北地区监狱管理局整体排名不算靠前。其次,从区域内部看,东部和西部地区的狱务透明度两极分化明显,既有排名前10甚至数一数二的单位,也有排名比较靠后甚至垫底的单位。最后,狱务透明度与地区经济发展不存在必然关系。西部地区有公开情况较好的监狱管理局,而经济发达地区却仍有个别监狱管理局未建立独立的监狱管理局网站,狱务公开工作成效不佳。狱务公开的地域性差异体现了狱务公开工作仍然没有得到充分重视,部分监狱管理局将狱务公开视为可有可无的任务,主动公开、依法公开的意识不强。

2. 部分明确要求公开的事项未公开

《意见》明确了监狱应当依法对社会公众公开的二十余项信息内容,但是,很多监狱、监狱管理局都未在其门户网站上公开这些信息。一是减刑假释申请书。2003年5月,司法部实施《监狱提请减刑假释工作程序规定》,明确规定减刑、假释的申请条件及提请程序应当向社会公开。《意见》第5条第4项也明确规定,"罪犯减刑、假释的法定条件、程序和结果,监狱向人民法院提请罪犯减刑、假释的建议书"属于对社会公开的信息。但是,迄今只有 16 家监狱管理局公开了辖区监狱的减刑、假释相关信息,而完整公开减刑、假释建议书的监狱管理局只有 7 家,占比 21.88%。例如,《山东省监狱管理局 2021 年政务公开工作要点及分工落实意见》的通知明确要求公开减刑假释建议书,并规定了责任处室。但是实际上,山东监狱管理局门户网站未公开减刑假释建议书,只在 2018 年的年报中提及"在法院门户网站公开罪犯减刑建议书 660 余件"。二是罪犯分级处遇的条件和程序。《意见》第 5 条第 12 项明确规定,要公开罪犯分级处遇的条件和程序。但评估发现,公开罪犯分级处遇的条件和程序的监狱管理局只有 15 家,仅占比 46.88%。三是罪犯劳动项目等。《意见》第 5 条第 19 项明确规定,要向社会公众公开罪犯劳动项目、岗位技能培训、劳动时间、劳动保护和劳动报酬有关情况。但是评估发现,公开罪犯劳动项目等情况的监狱管理局只有 11 家,仅占比 34.38%。此外,按照《意见》规定,公开罪犯奖惩的条件和程序以及罪犯伙食、被服实物量标准的监狱管理局也分别只有 15 家和 13 家。

3. 狱务信息公开不及时

评估显示,监狱管理局虽然不存在多年未更新的"僵尸网站",但一些网站中部分信息更新不及时的现象还普遍存在。根据我国政府信息公开文件和司法部先后出台的有关狱务公开的规范性文件的相关规定,监狱的政务信息都应当及时准确地向社会公开。然而,在调查部分门户网站时发现,很多信息长期未更新。年报公开工作中,部分监狱管理局也存在不及时公开、多年不公开的现象。河南监狱管理局网站只公开了 2018 年、2019 年的年报,辽宁监狱管理局在 2020 年 12 月公布了 2018 年和 2019 年的年报后,也未再予以更新。

4. 信息公开统一性不足

评估发现,虽然全国各地监狱管理局的职能大同小异,但由于不同省份监狱的网站都是独立建设,网站从样式、栏目到公开内容、类型都存在显著差异,公开信息的范围也不统一。有的门户网站公开信息比较全面,有的门户网站仅有工作动态和监狱介绍等信息。这种不统一,不但造成各地狱务公开工作的差异,而且给公众浏览网页带来极大不便。一是网页内容差异大。有些网站将政务公开、狱务公开等与公众关系密切的事项放在突出位置,有些网站则将自身工作，如扫黑除恶行动、政法教育整顿工作，甚至将狱警风采、表彰奖励、文化广角等与狱务公开关系不大的内容放置在显要位置。二是门户网站排版差异大。有些网站将基本信息、财务信息、年度报告、法律政策、监所信息分门别类进行公开，也有一些网站信息摆放混乱、随意的现象比较突出。例如，将法律法规、人事、预决算信息和各类通知混放在一个信息公开栏目中，给公众浏览、搜索其关注的信息造成极大障碍。三是网站栏目设置差异大。有的地方一级栏目比较多，如新疆监狱管理局网站首页设置了十几个栏目：网站首页、单位概况、工作要闻、监狱新闻、队伍建设、监管改造、通知公告、狱务公开、信息公开、媒体关注、典型宣传、文化园地、国内监狱、公众参与；而有些门户网站栏目较少，如湖北监狱管理局只设有首页、政府信息公开、互动交流、办事服务、部门动态等5个栏目。甚至网站中监狱管理局的外文翻译都五花八门，有的是"Prison of China"，有的则是"Prison Administrative Bureau"。网站差异过大从一定程度反映了狱务公开还处于自发的、比较无序的状态，亟待进一步规范。

5. 信息公开内容不充分

从各个监狱管理局门户网站来看，虽然大多开展了狱务公开工作，但是狱务公开的程度相差较大，有些监狱管理局的狱务信息公开不充分、不完整，给公众、在押人员家属等造成诸多不便。对监狱管理局内设机构的评估发现，虽然评估对象中有21家公开了监狱管理局的内设机构及其职能定位，但公开内设机构联系人和联系电话的分别只有6家和10家，仅占比18.75%和31.25%。如果不公布联系人和联系电话，仅仅公开内设机构职能的意义将大打折扣。对监狱管理局领导信息的评估中发现，虽然大部分监狱管理局（28家）公开了监狱管理局领导的职务，但是进一步公开领导信息的监狱管理局相对较少，公开个人履历的有19家，公开主管部门和分工情况的有20家，公开领导学历的只有15家，有的监狱管理局只公开局长1人的基本情况。对监所基本信息的评估发现，只有15家监狱管理局详细公开了所属监狱的地址和具体的交通路线、交通方式（包括乘车或者行车路线）等，有9家监狱管理局公布的监狱交通信息不完整，仅公开了监狱地址，没有公布详细路线图。对年报公开的评估发现，个别监狱管理局公开的年报内容空洞，存在很多套话空话；有的年报字数偏少，过于简略，只有区区几百字。内蒙古监狱管理局主动公开一栏中，只有法规公文内容，且只公开了《监狱法》《中国共产党党徽国旗条例》《中国共产党支部工作条例（试行）》等3部法律法规。

（四）展望

法治国家建设要求构建透明、阳光、廉洁的司法管理体制。狱务公开是监狱机关依照法律、法规、规章和其他规范性文件规定，将执法工作的主要依据、程序、结果，通过适当方式向罪犯、罪犯亲属和社会公布并接受广泛监督的一种工作举措①。狱务公开是构建公平的司法环境、建设社会主义法治国家的题中应有之义。《意见》颁布实施以来，特别是随着政法队伍教育整顿活动的开展，监狱系统上下对深化狱务公开工作有了深刻认识，人民群众也对狱务公开工作有了更多的期待。

第一，树立应公开尽公开的理念。《政府信息公开条例》第5条规定，"行政机关公开政府信息，应当坚持以公开为常态、不公开为例外，遵循公正、公平、合法、便民的原则。"虽然狱务公开已经成为共识，但是个别监狱及管理部门始终存在一种神秘主义观念，认为监狱是保密单位，狱务信息不应也不需要向社会公开。因此，监狱管理部门应公开尽公开理念，做好狱务公开工作，关键还在于破除监狱形成的相关传统滞后观念，实现依法治监、确保监狱严格规范公正文明执法。

第二，加强狱务公开的制度建设。目前狱务公开领域主要的依据是2015年司法部颁布的规范性文件《意见》。但是，《意见》中狱务公开的范围还有局限性，甚至无法涵盖《政府信息公开条例》要求政府公开的全部内容。未来在狱务公开进程中应当结合狱务公开实践中出现的新情况，最大程度拓展狱务公开内容。在建立主动公开、依申请公开与不公开事项三种公开制度的基础上，监狱应该根据不同的公开对象和需求，明确如何公开、公开到何种程度。只有狱务公开涉及国家秘密、侵犯个人隐私和可能妨害正常执法活动的，才不宜公开，做到最大程度的公开。

第三，充分利用新兴科技。随着现代社会互联网技术的飞速发展，信息传

---

① 高一飞，李慧：《狱务公开的现状评估与完善建议》，载《河北法学》2016年第6期。

播方式深刻变革,各种新媒体手段不断涌现,人民群众对监狱工作信息量和信息获取渠道的需求也越来越多。构建起以门户网站、微博、微信公众平台、狱务公开信息查询系统、电子显示屏、罪犯教育网等载体为主的多元化、立体式、分层次的狱务公开格局,使社会公众可以通过门户网站、微信公众号等对外公开平台及时了解掌握监狱执法管理教育改造罪犯情况;使罪犯近亲属可以通过互联网监狱门户网站或微官网输入特定密码自主查询其亲属在狱内服刑改造情况;使罪犯在狱内可以通过查询终端、罪犯教育网等狱内公开平台,实现对计分考评、分级处遇、行政奖惩、刑罚变更执行等重要服刑信息的自主查询,并最终实现咨询互动反馈信息功能,增强狱务公开的针对性、时效性。

第四,统筹规划、提高公开的专业化水平。评估中发现的狱务公开地区差异大、有些网站更新不及时、公开内容不统一、范围过窄等问题,表明狱务公开工作在统筹规划和专业性方面仍然存在提高的空间。一是各地监狱管理局要按照公开的要求,结合本地区实际,认真研究制订具体实施方案,确定"路线图"和"时间表",积极稳妥推进深化狱务公开工作有序开展。二是设立专门的门户网站。独立的网站是体现狱务公开专业性、及时性的基础条件,各地应尽早建立起狱务工作专门的独立网站。三是配备专门的工作人员。狱务公开是一个比较专业化的工作,因此,各地监狱管理局应尽量配备专业人员和力量负责狱务公开,及时通过业务培训、经验交流、邀请专业人员授课等方式提升监狱政务公开工作人员业务水平。

第五,加强狱务公开的考核监督。《意见》第18条提出:"……建立健全狱务公开工作的考评机制,定期组织专项督导检查,把狱务公开工作实际效果作为评价各级领导班子和个人工作绩效的重要标准……"因此,除了要加强监狱系统内部的工作检查,通过自查、同级互查、上级单位检查相结合的内部督查方式外,还应该建立完善的外部监督机制。监狱系统相关部门应积极畅通监督渠道,自觉接受有关部门、社会公众、在押人员家属等社会监督,接受检察院等法律机构监督,把狱务公开纳入监狱执法监督范畴,加强专业监督。

四、2022 年中国狱务透明度指数

狱务公开是监狱依法履行职责、接受监督的具体体现,也是建设中国特色

社会主义法治国家的必然要求。中国社会科学院国家法治指数研究中心、法学研究所法治指数创新工程项目组第3次对省级监狱管理局及其下属监狱,开展狱务公开工作情况评估。评估显示,2022年中国的狱务透明度进一步提高,狱务透明度得分超过90分的地方监狱管理局数量再创新高,监狱管理局门户网站建设基本完成,新媒体使得狱务公开更加贴近群众,人员信息公开、法律法规公开、年报公开、预算公开更加规范有序,依申请公开渠道畅通。同时评估也发现,狱务公开的地域差异较大,细节有待进一步完善,公开信息尚不完善,甚至仍有三家省级监狱管理局尚未建立独立的门户网站。通过相关性分析发现,狱务公开与社会经济发展水平的关联性较弱,而与其他透明度、与领导的关注程度以及历年狱务公开状况。监狱作为刑罚执行的重要场所之一,能否公开透明,不仅影响刑罚的公平正义,也决定着司法人权能否得到切实保障。因此,也可以说,狱务公开发展状况是衡量一个国家监狱法治化、文明程度的重要标尺[①]。

为促进执法公平公正,提升执法公信力,推进狱务公开工作,2022年,中国社会科学院国家法治指数研究中心、法学研究所法治指数创新工程项目组(以下简称"项目组")第三次对省级监狱管理局信息公开情况进行调研和评估,本报告对此次调研和评估情况进行了总结分析。

(一)评估概述

2022年狱务透明度的评估对象为32家省级监狱管理局(以下统一简称为某某监狱管理局)(包括31家省、自治区、直辖市及新疆生产建设兵团监狱管理局,不包括港澳台地区)。项目组根据《监狱法》《政府信息公开条例》《关于全面推进政务公开工作的意见》《〈关于全面推进政务公开工作的意见〉实施细则》《意见》等规范性文件,遵循依规评估、客观评价、重点突出、渐进引导的原则设置指标,形成了狱务透明度评估指标体系。

2022年狱务公开评估共设置4个一级指标、17个二级指标,其中一级指标权重为:基本信息公开占30%、执法信息公开占20%、监所信息公开占30%、数据信息公开占20%。2022年狱务公开指标调整遵循与上一年度基本保持一

---

① 姚建龙,刘昊:《论狱务公开的深化与完善》,载《河南司法警官职业学院学报》2015年第4期。

致、个别修改的原则,基于最新的狱务公开重点对部分指标进行了调整。一级指标保持稳定,执法信息公开二级指标中将减刑建议公开和假释建议公开作为两个独立指标,并提高其权重;另外,在数据信息公开二级指标中,增设了涉狱务的负面舆情这一负向指标。

中国狱务透明度指数评估主要采用网站测评的方式,评估人员在进行网站测评时,以评估对象的官方网站为主要渠道,对于没有独立网站的监狱管理局辅以司法局或政府官方网站。在对门户网站进行评估时,凡站内搜索无法找到的内容、无法打开的网页,评估人员会利用互联网上的多个搜索引擎进行查找,采取更换计算机及上网方式、变更上网时间等方式进行多次验证。本年度评估信息采集时间为2022年7月1日至2022年8月31日。

(二)评估总体情况

2022年,32家监狱管理局的狱务透明度指数平均得分为70.60分。有25家监狱管理局得分在60分以上,占78.13%,其中90分及以上4家,比上年增加1倍,从透明度指数的四项一级指标得分来看,执法信息公开指标得分最高,为75.47分;其次为基本信息公开和监所信息公开指标,平均分分别为72.88分和71.52分;数据信息公开指标得分为60.94分(见图6-2)。与2021年得分相比,狱务透明度总分基本持平,基本信息公开和监所信息公开得分有所上升,执法信息公开和数据信息公开因为二级指标记分规则调整,得分略有下降。

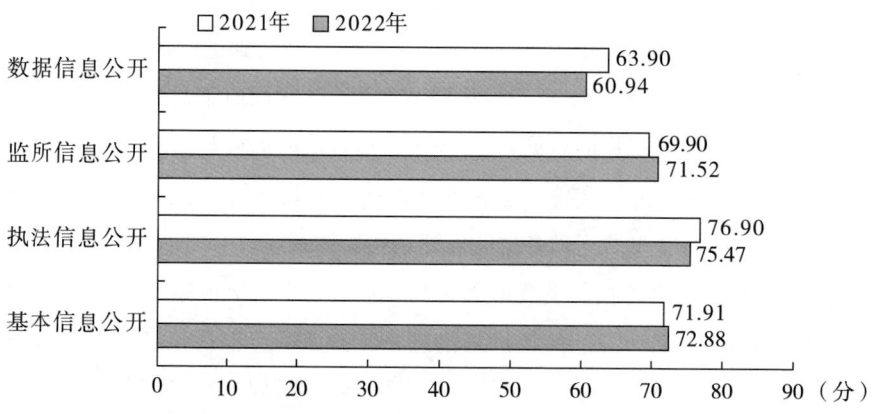

图6-2 2021年与2022年狱务公开透明度一级指标得分对比统计图

（三）狱务公开制度运行良好

1. 门户网站建设基本完成

门户网站是深化狱务公开的重要载体。如果监狱管理局没有设立独立的门户网站，社会公众没有一个统一的了解狱务公开信息的平台，狱务公开信息只能在地方司法厅甚至地方政府的政务公开专栏分散公开，必然是碎片化的、不全面的。此外，各省（自治区、直辖市）监狱管理局应当设立门户网站也是《意见》的明确要求。全国设独立网站的省级监狱管理局现有29家，一些欠发达地区、民族自治地方的监狱管理局都建立了自己的门户网站，全国监狱管理局门户网站基本建成。

此外，在评估的32家监狱管理局中，除海南监狱管理局外，其他31家都建立了狱务公开专门栏目，占96.88%。这些狱务公开栏目，有的在独立网站中，有的在司法厅或者政府信息公开网中。专门的狱务公开专栏提高了狱务公开信息的集中度，更便于公众查询相关狱务公开信息。而且，所有监狱管理局都及时更新了狱务公开信息，没有完全停止更新的"僵尸"网站。

2. 新媒体公开有创新

近年来，新媒体的蓬勃发展为狱务公开拓展了崭新的平台，很多监狱管理局善于利用"两微一端"等新媒体展示狱务信息，取得了良好的社会反响。评估显示，有26家监狱管理局在门户网站首页提供了官方微信、微博、客户端、微信小程序等移动终端平台的链接，占比81.25%，比上一年度增加1家。一些地方的监狱管理局及其所属监狱开通了微信公众号等，使得公众获取狱务公开信息更加方便快捷。例如，"上海监狱"微信公众号中设置了阳光狱务等公开栏目，不仅提供了查询服刑人员信息服务，还公布了帮教指南、政策法规，公示了最新的减刑假释建议书和暂予监外执行决定书。人们通过微信公众号提供的链接，还可以直接跳转到全国监狱管理局和上海市各监狱的门户网站。

3. 人员信息公开全面

评估显示，全国监狱管理局重视人员信息公开。多数监狱管理局能及时公开干部招录、任免等人事信息，2022年，公开人事信息的监狱管理局有27家，占比84.38%，比上一年度增加1家。其中，安徽监狱管理局不仅建立了人事信息公开专栏，保持更新人事任免信息，还在网页中公开了人事任免的文件，十分规范严谨。此外,在领导信息公开方面,公开局领导的姓名和职务的监狱管理局越来越多,2022年达30家,占比93.75%。公开的信息也越来越全面和丰富,有的监狱管理局提供的局领导简历信息全面,正装照片清晰,分管工作内容明晰,且在简介中留下了办公电话,方便群众知晓相关分工信息并与其联系。西藏监狱管理局在领导信息下方设置了"领导信箱"和"我要留言"按钮,点击注册后就可以给相关的局领导信箱留言或者反映情况。吉林省监狱管理局则建立了政务公开工作领导机制,成立政务公开(政府信息公开)领导小组,下设办公室在局法制处,负责推进、指导、协调、监督政务公开(政府信息公开)工作,并指定专门班子成员管理本局的政务公开(政府信息公开)工作。

4. 执法信息公开到位

评估发现,在执行信息公开方面,2022年,监狱管理局的法律法规公开工作比较到位。29家监狱管理局公开了与监狱管理、狱务公开相关的法律法规,其中28家设立了法律法规公开专栏,分别占比90.63%和87.50%。此外,所有监狱管理局都公开了暂予监外执行决定书,且有93.75%的监狱管理局能够比较及时地公开监外执行决定书。陕西省监狱管理局在公开暂予监外执行决定书的同时,将罪犯暂予监外执行公示予以公开。此外,在公开暂予监外执行决定书的时候,还通过隐藏罪犯出生日期、居住地以及患病情况等涉及个人身份的信息方式,保护罪犯的个人隐私。

5. 公众沟通渠道畅通

评估显示,在监所信息公开方面,2022年,各个监狱管理局十分注重加强与社会公众的沟通联络,有90.63%的监狱管理局建立了监督投诉渠道、咨询服务渠道以及沟通平台。广东监狱管理局不仅在官网首页设立了"局长信箱""网上咨询""网上信访""投诉建议"四个栏目,还对留言受理答复情况进行统计,按月统计"互动交流"收到的留言及答复情况。湖北监狱管理局网站"互动交流"栏目下,除了常规的局长信箱、投诉咨询外,还设置了"来信公示""纪检监察"等新栏目。此外,湖北监狱管理局还通过"调查征集"了解民意,2022年度的调查征集问题包括:"对于监狱的减刑、假释、暂予监外执行工作,您最关心哪些方面?""你最希望了解狱务公开哪些内容?""服刑人员职业技能培训在线调查",在线回答后,还可以查看调查结果。

6. 依申请公开机制较健全

《政府信息公开条例》第 27 条规定，除行政机关主动公开的政府信息外，公民、法人或者其他组织还可以根据自身生产、生活、科研等特殊需要，向国务院部门、地方各级人民政府及县级以上地方人民政府部门申请获取相关政府信息。虽然依申请公开政府信息只对特定的公民、法人和其他组织公开，但对其从事生产、安排生活、开展科研等活动具有特殊的作用。依申请公开方式和渠道公开有利于公民、法人或者其他组织获取所需要的政府信息。评估显示，2022 年，多数地方监狱管理局公开了依申请公开方式、依申请公开渠道，占比均为 90.63%，比上一年度分别提高了 9.3 个百分点和 6.4 个百分点。部分监狱管理局依申请公开工作比较有特色，值得学习借鉴。例如，在网页上设有专门的依申请公开系统，对申请人依申请公开持一种积极开放和欢迎的态度。申请人进入该系统后，可以直接在网上申请公开信息，并能够查看处理状态，便于申请人了解申请进程，对申请人十分友好。

7. 公开年报发布及时

《国务院办公厅政府信息与政务公开办公室关于印发〈中华人民共和国政府信息公开工作年度报告格式〉的通知》指出，政府信息公开工作年度报告是全面反映政府信息公开工作情况、加强政府信息管理、展现政府施政过程及结果的重要方式，对于加强政府自身建设、推进国家治理体系和治理能力现代化具有重要意义。近年来，各地监狱管理部门发布政府信息公开年报的完整性、及时性有所提升。2022 年，共有 26 家监狱管理局能够及时公开信息公开年报，比 2021 年增加 4 家。多数监狱管理局的政府信息公开工作年度报告内容丰富、数据翔实，阅读量大，比较充分地展现了本单位一年来政府信息公开工作的情况。辽宁监狱管理局的政府信息公开工作年度报告有 3000 多字，并且图文并茂；广东监狱管理局的政府信息公开工作年度报告可读性强、阅读量大，截至评估结束，已经有 3570 余人次浏览。

8. 预决算公开比例高

政府财政预决算公开是民主财政改革的重要目标之一，是促进政府提供更好的公共服务的必然要求，将财政资金置于公众监控之下，把财政资金的来源和用途向人民代表交代清楚，对于保障群众对财政预算的知情权、参与权和监督权，促进基层预决算管理法治化、民主化、科学化具有重要意义。评估显示，2022 年，监狱管理局包括财政预算、决算信息在内的财务公开工作更上一层楼。开设财务信息专栏的监狱管理局有 28 家，占比 87.50%；公开财政预算信息的监狱管理局有 29 家，占比 90.63%；公开财政决算信息的监狱管理局有 28 家，占比 87.50%；公开采购信息的监狱管理局有 29 家，占比 90.63%；公开"三公"经费的监狱管理局有 24 家，占比 75.00%；全部公开这五项财务信息的监狱管理局有 22 家，占比 68.75%。

（四）狱务公开细节仍需优化

评估显示，2022 年各地狱务公开取得了一定进步，但是狱务公开的细节还有待优化，服务公众的意识有待进一步提升，各地的重视程度也存在较大差异。

1. 狱务公开地域差异亟待缩小

狱务公开一直存在地域差异较大的问题，近年来，狱务公开地域差异较大的状况非但没有得到改善，甚至差异还在进一步加大。统计学中有一个衡量数据离散程度的指标——标准差[①]，标准差是反映一组数据离散程度最常用的一种量化形式，标准差越大说明分布越不均匀，也就是高分地域与低分地域之间的差距越大。统计显示，2022 年，各地狱务透明度得分的标准差为 17.64，比 2021 年的 17.46 增加了 0.18。这说明，狱务公开工作仍然没有得到普遍重视，仍然有部分监狱管理局没有重视狱务公开工作，缺乏主动公开、依法公开的意识。

2. 门户网站建设水平有待提升

《意见》第 16 条明确提出："……各省（区、市）监狱管理局应当设立门户网站，凡属向社会公开的信息都应当在门户网站上公开发布，逐步开发网上咨询和自助查询功能，将门户网站打造成深化狱务公开的重要载体……"但是，至本次评估结束，仍有天津、海南和甘肃 3 个地方的监狱管理局没有建立自己

[①] 离散程度（Measures of Dispersion），是指通过随机观测变量各个取值之间的差异程度，可以反映各观测个体之间的差异大小，从而可以反映分布中心指标对各个观测变量值代表性的高低。标准差（Standard Deviation），又称均方差，即样本平均数方差的开平方，标准差通常是相对于样本数据的平均值而定的，通用 M ± SD 来表示，表示样本某个数据观察值同平均值的差距。从这里可以看到，标准差受到极值的影响。标准差越小，表明数据越聚集；标准差越大，表明数据越离散。

的门户网站。2022年，这3个地方监狱管理局的透明度得分也居全国后3位，分别是第30位、31位和32位，其中基本信息公开、执法信息公开、监所信息公开和数据信息公开四项一级指标的得分平均只有38.7分、43.3分、13.5分和43.3分，只占这四项一级指标全国狱务公开平均得分的53.1%、57.4%、18.9%和71.1%（见图6-3）。

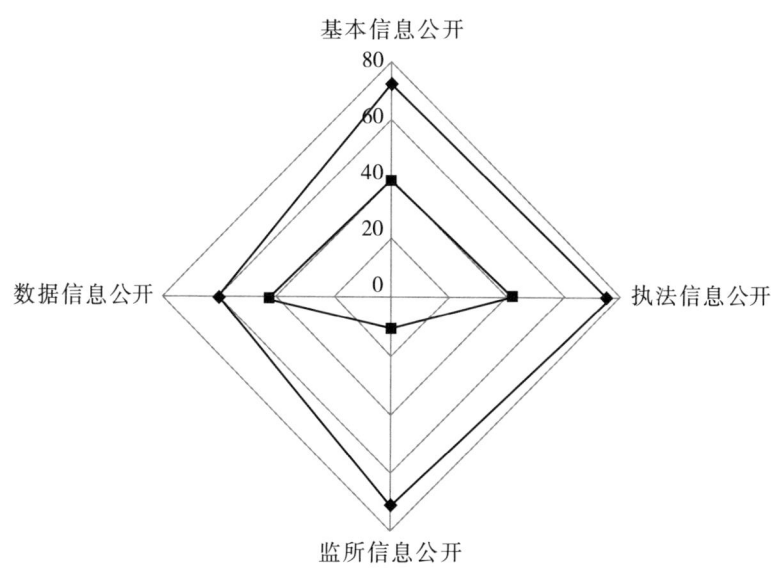

图6-3　3家监狱管理局与所有监狱管理局透明度得分对比雷达图

3. 公开细节有待进一步完善

评估显示，狱务公开的细节还有提升空间。一是无障碍阅读开通较少。虽然部分监狱管理局门户网站在首页开通了无障碍阅读功能，但是仍有16家监狱管理局的门户网站没有无障碍阅读功能，占所有监狱管理局的50%。二是机构职能公开不统一。虽然大部分监狱管理局都公开了机构职能，但是每个监狱管理局公开的职能差异非常大，有的监狱管理局公开的职能比较简单，只有短短几句话。例如，贵州监狱管理局网站公开的职能为："负责全省监狱管理工作并承担相应责任。贯彻执行《中华人民共和国监狱法》等相关法律、法规和政策。监督管理全省监狱刑罚执行、狱政管理、教育改造、劳动改造工作。领导贵州黔新企业集团公司。承办省委、省政府和上级部门交办的其他任务。"有的监狱管理局公开的职能非常详尽,有十几项内容,如重庆市监狱管理局、浙江监狱管理局等。同样是省级监狱管理局,各监狱管理局机构职能应当大体一致,但是实际公开的职能却千差万别,这有待司法部进行统一。三是公开的及时性要进一步提升。特别是暂予监外执行决定书、减刑假释建议书,都是狱务公开的重要内容,也是关乎在押人员切身利益的重要内容,应当及时公开。例如,新疆生产建设兵团网站公开的暂予监外执行决定书只更新到2018年,近4年的相关文书都无从查找,公开严重滞后。

4. 部分狱务信息公开不完整

信息公开不完整也是狱务公开存在的顽疾之一,主要表现在以下几个方面。一是监狱管理局内部架构公开缺失。2022年,虽然有19家监狱管理局公开了内设机构职能,但是公布联系人和联系电话的只有5家和7家,分别占比15.63%和21.88%。二是减刑假释建议书公开不够充分。虽然多数监狱管理局公开了暂予监外执行的决定书,但是公开减刑建议书和假释建议书的监狱管理局却刚过半数,分别只有18家和17家。三是罪犯服刑情况公开不足。罪犯服刑情况是服刑人员及其家属十分关注的事项,但是这些事项公开的比例都比较低。公开罪犯分级处遇的条件和程序、罪犯奖惩的条件和程序,罪犯劳动项目、岗位技能培训、劳动时间、劳动保护和劳动报酬有关情况,罪犯伙食、被服实物量标准,食品安全、疾病预防控制有关情况的监狱管理局分别只有15家、20家、14家和14家。四是监所基本信息公开不全面。提供监所链接的监狱管理局有20家,占比62.50%;提供监所完整交通指引和行车或者公交线路的只有13家,仅提供了交通指引的有9家;提供监狱会见指南的有22家;公开监狱会见日的监狱管理局有21家,但是提供了网上预约功能的只有4家,占比12.50%。五是监狱的年度规划、总结等较少公开。在所有监狱管理局中只有安徽监狱管理局、北京监狱管理局、广东监狱管理局、吉林监狱管理局、江苏监狱管理局、湖北监狱管理局6家公开了年度工作总结,占18.75%,只有贵州监狱管理局、江苏监狱管理局、湖北监狱管理局3家公开了年度工作规划,仅占9.38%。六是监狱统计数据公开不足。只有贵州监狱管理局、湖北监狱管理局、江苏监狱管理局、上海监狱管理局、四川监狱管理局、云南监狱管理局、浙江监狱管理局7家公开了监狱统计数据,占21.88%。

(五) 狱务公开的影响因素

从 2022 年的评估结果看，各地狱务透明度差异较大，到底由哪些因素决定了狱务透明度的高低，狱务透明度跟地域经济发展程度、当地政务公开、司法公开的状况或者领导重视程度等一系列要素的关系如何，有待进一步分析研究。

1. 公开影响因素的研究方法

《政府信息公开条例》的颁布和实施，标志着我国进入了政府信息公开时代。近年来，随着政务公开、司法公开的推进，狱务公开受到一些地方的高度重视。但是，经过 3 年的评估，项目组也发现，各地狱务公开的差异非常大。探究哪些因素促进/制约了狱务公开工作，对提出针对性的对策建议，特别是对推动狱务公开工作比较落后的地区，加大狱务公开力度具有重大意义。

统计学中有一种分析数据间关系强弱的概念，即"相关性"。相关是反映两个随机变量关系强度的指标。相关系数的绝对值越大，相关性越强；相关系数越接近 1 或 –1，相关度越强，相关系数越接近 0，相关度越弱。通常情况下，依据以下取值范围判断变量的相关强度：相关系数 0.8—1.0 为极强相关，0.6—0.8 为强相关，0.4—0.6 为中等程度相关，0.2—0.4 为弱相关，0.0—0.2 为极弱相关或无相关[①]。

项目组拟通过统计与狱务透明度高低可能相关的相关指数（包括社会经济发展、其他政务及司法透明度以及领导、执法、财务信息等的公开情况等）的相关系数，寻找与狱务透明度有较高相关性的因素，从而确定影响狱务公开好坏的主要因素。

2. 与社会经济发展水平的关系

法治是最好的营商环境。政务和狱务工作的公开透明也是依法治国的基本要求之一，有学者认为，"政务公开做得好的往往是那些经济社会发展较好或具有较大潜力的地区"[②]。此外，经济发达地域推进狱务公开理应具备更多的物质基础保障。项目组主要根据人均国内生产总值、人均可支配收入和中国发展指

---

① 武松编著：《SPSS 实战与统计思维》，清华大学出版社 2019 年版，第 239 页。
② 中国社会科学院法学研究所法治指数创新工程项目组：《中国政府透明度指数报告 (2021)——以政府网站信息公开为视角》，莫纪宏，田禾主编：《中国法治发展报告 No.20 (2022)》，社会科学文献出版社 2022 年版，第 264 页。

数 3 个指标来衡量各地的经济发展状况。其中，人均国内生产总值是体现一个地区经济发展水平的重要指标，人均可支配收入是衡量一个地区人民生活水平高低的重要指标，而中国发展指数则是综合衡量一个地区社会经济发展状况的指标。

通过 SPSS 统计发现，各省、自治区、直辖市狱务透明度与人均国内生产总值的相关系数为 0.132、与中国发展指数的相关系数为 0.166，相关性不显著；而与人均可支配收入的相关系数为 0.220，为弱相关关系（见表 6-3）。可见，狱务透明度与这 3 个指标的相关性均不显著。由此可知，狱务透明度与社会经济发展的关系不大，可以验证狱务公开程度与地方经济、社会发展没有直接联系，有的监狱管理局地处东中部地区或者经济发达地区，但其狱务公开工作存在滞后性，在法治建设方面还有较大提升空间。

表 6-3 狱务透明度与社会经济发展指标的相关度

比较对象		人均国内生产总值	人均可支配收入	中国发展指数
狱务透明度	相关系数	0.132	0.220	0.166
	显著性	0.478	0.234	0.372
	个数*	31	31	31

* 不包括新疆生产建设兵团监狱管理局，故为 31 个。

3. 与政务、司法公开的关系

中国社会科学院法学研究所法治指数创新工程项目组除了研究狱务公开工作外，还长期关注政务公开和司法公开工作，并在年度出版的《中国法治发展报告》中公布每年的中国政府透明度、司法透明度、检务透明度、警务透明度报告。由于各透明度报告聚焦政府、司法机关向社会公众公开政务信息或者司法信息的水平，不同透明度可能存在一定关联性。经过计算发现，各省份狱务透明度与其他透明度的关联性从强到弱分别是：政府透明度＞警务透明度＞司法透明度＞检务透明度。其中，与政府透明度的相关系数为 0.445，为中等程度相关；与警务透明度、司法透明度的相关系数为 0.359 和 0.244，为弱相关关系；与检务透明度的相关关系为 0.100，无相关关系。狱务透明度与政府透明度、警务透明度相关性显著（见表 6-4），也就是说政府透明度、警务透明度较高的地区，狱务透明度往往也相应较高。这一现象也从一定程度上说明，狱务工作作为司法行政部门的职责之一，其工作性质更接近行政权而不是司法权。

表6-4 狱务透明度与其他透明度指数的相关度

比较对象		政府透明度	司法透明度	检务透明度	警务透明度
狱务透明度	相关系数	0.445*	0.244	0.100	0.359*
	显著性	0.012	0.186	0.59	0.047
	个数**	31	31	31	31

* 相关性在0.05水平上显著（双尾）。
** 不包括新疆生产建设兵团监狱管理局，故为31个。

4. 总分与二、三级指标的关系

2022年狱务公开指标由4个一级指标、17个二级指标和59项三级指标组成。项目组通过统计分析找出与狱务透明度关联性较强的指标。

一是狱务透明度与四项一级指标的关系。统计显示，狱务透明度与四项一级指标基本信息公开、执法信息公开、监所信息公开、数据信息公开的得分都显著相关，其中与基本信息公开、监所信息公开、数据信息公开相关系数分别为0.856、0.832和0.853，具有极强的相关性。狱务透明度与执法信息公开的相关系数为0.622，也具有强关联性（见表6-5）。狱务透明度与透明度一级指标的关联性从强到弱分别是基本信息公开＞数据信息公开＞监所信息公开＞执法信息公开。

表6-5 狱务透明度与一级指标的相关度

比较对象		基本信息公开	执法信息公开	监所信息公开	数据信息公开
狱务透明度	相关系数	0.856*	0.622*	0.832*	0.853*
	显著性	0.000	0.000	0.000	0.000
	个数	32	32	32	32

* 相关性在0.01水平上显著（双尾）。

二是狱务透明度与二、三级指标的关系。关注的具体得分指标包括网站建设、领导信息、执法信息、对外沟通、年度信息、财务信息、舆情等。统计显示，狱务透明度与领导信息的相关系数达到了0.490，为显著相关；与年度信息的得分呈现弱相关，与其他指标的相关性均极弱（见表6-6）。在狱务公开的诸多指标中，领导信息这一指标能够比较准确地体现领导对狱务公开工作的重视程度。如果监狱管理局领导重视狱务公开工作，其首先会注意网站中领导干部信息的公开情况。因此，领导信息公开较好的监狱管理局，狱务透明度整体上得分也较高。

表6-6 狱务透明度与其他具体得分指标的相关度

比较对象		网站建设	领导信息	执法信息	对外沟通	年度信息	财务信息	舆情
狱务透明度	相关系数	0.085	0.490*	-0.145	0.085	0.254	0.197	0.170
	显著性	0.648	0.005	0.435	0.648	0.167	0.288	0.361
	个数	31	31	31	31	31	31	31

* 相关性在0.01水平上显著（双尾）。

5. 狱务透明度的年度相关性

为研究狱务透明度是否具有延续性和发展性，项目组还对2022年狱务透明度与2020年、2021年的狱务透明度得分进行了关联性分析。研究发现，各地监狱管理局2022年狱务透明度的得分与2021年、2020年狱务透明度得分具有非常强烈的关联性。其中与2021年狱务透明度相关系数为0.935，与2021年狱务透明度相关系数为0.882，都具有极强的相关性（见表6-7）。也就是说，在这3年中，各地的狱务公开程度整体上保持了稳定，前两年公开工作较好的监狱管理局，2022年仍然得分较高，前两年公开水平较低的监狱管理局，公开仍然有待进一步提升。

表6-7 2022年狱务透明度与2021年、2020年狱务透明度的相关度

比较对象		狱务透明度（2021年）	狱务透明度（2020年）
狱务透明度（2022）	相关系数	0.935*	0.882*
	显著性	0.000	0.000
	个案	32	32

* 相关性在0.01水平上显著（双尾）。

（六）结论及建议

狱务公开对于构建公平的司法环境、建设完善的刑罚执行制度具有重要价值。

通过统计学方法分析，项目组发现狱务公开与社会经济发展水平的关联性较弱，而与其他透明度、与领导的关注程度以及与历年狱务公开状况的关联性较强。

由此，将来应当从以下几个方面继续加大狱务公开力度。

一是提高狱务公开的重视程度。在"应公开尽公开"已经成为共识的当下，仍有个别监狱及管理部门的领导对狱务公开工作重视程度不够，导致网站建设落后，狱务信息公开不足、滞后。领导的重视对狱务透明度有重要影响。政务公开的推进首先需要转变观念，特别是需要转变作为"关键少数"的领导干部的观念①。其实任何一项公开制度的推行和落实都离不开领导干部的重视，今后应当加大对领导干部的教育和培训。

二是提升狱务公开工作的连续性。狱务公开工作具有连续性，不能一蹴而就，也不能"三天打鱼两天晒网"。因此，应当加强狱务公开制度建设。应将狱务公开工作作为考核一个地区监狱管理局工作的重要指标，提升各地狱务公开工作的规范性。

三是缩小狱务公开地域差异。评估发现，狱务公开地域差异巨大，这与各地狱务公开交流不足有密切关系。因此，狱务公开先进地区应当及时总结狱务公开的先进经验，加大总结分析力度，优化提升现有工作成效，向其他地域推广好的经验做法，实现狱务公开的跨越式发展。

---

① 姜明安：《论政务公开》，载《湖南社会科学》2016年第2期。

第七章
自贸区法治指数

一、自贸区法治指数概述

2019年8月,《中共中央 国务院关于支持深圳建设中国特色社会主义先行示范区的意见》提出:"全面提升法治建设水平,用法治规范政府和市场边界,营造稳定公平透明、可预期的国际一流法治化营商环境"。2020年10月,中共中央办公厅、国务院办公厅印发《深圳建设中国特色社会主义先行示范区综合改革试点实施方案(2020—2025年)》提出"坚持市场化、法治化、国际化""打造市场化法治化国际化营商环境""推进改革与法治双轮驱动""强化法治保障"。作为改革开放"尖兵中的尖兵",前海蛇口自贸片区(以下简称"前海")在法治建设方面大胆积极探索、先行先试,为深圳市、广东省法治建设发挥了模范和表率作用,为其他自贸区贡献了诸多值得借鉴的经验,为全国范围的法治改革提供了可参考的方案。

为客观评估前海在法治建设中的进展和成效,营造稳定公平透明、可预期的营商环境,《前海中国特色社会主义法治建设示范区规划纲要(2017—2020年)》提出"建立前海法治环境指数"。为此,深圳前海管理局委托项目组研发前海法治指数评估指标体系,自2018年以来,持续开展前海法治指数第三方评估。

项目组依照党中央、国务院对于法治发展的最新要求，遵循中央对前海自贸片区改革发展的最新部署，参考新出台或新修改的法律法规，吸收国内外自贸区评估的有益经验，动态调整了评估指标体系。在指标数量上，最终评估指标体系包括 5 个一级指标，23 个二级指标，89 个三级指标，257 个四级指标（见表 7-1）。在指标内容上，指标体系保留了评价法治建设水平的基本内容，同时根据中央对深圳以及前海的最新要求，结合法治政府示范创建评估指标体系，优化了部分指标内容。在规则制定方面，中共中央、国务院印发《全面深化前海深港现代服务业合作区改革开放方案》要求："研究加强在交通、通信、信息、支付等领域与港澳标准和规则衔接。""在前海合作区内建设国际法律服务中心和国际商事争议解决中心，探索不同法系、跨境法律规则衔接。"故项目组在规则制定版块的二级指标推进立法下，增加了规则衔接。在法治社会方面，中共中央印发的《法治社会建设实施纲要（2020—2025 年）》要求："大力加强法治文化阵地建设，有效促进法治文化与传统文化、红色文化、地方文化、行业文化、企业文化融合发展。"故项目组在法治社会版块增加一个二级指标，即法治文化。在法治文化二级指标下，增加了法治文化阵地、法治文化交流两个三级指标。在保障监督方面，2022 年，最高人民法院《关于支持和保障全面深化前海深港现代服务业合作区改革开放的意见》要求："发展中国特色司法研究新型智库，支持设立粤港澳大湾区司法研究平台。"随后，前海管理局制定了《深圳市前海深港现代服务业合作区关于支持中国特色新型智库发展的暂行办法》对智库引进和落户做出了详细的规定。故项目组在保障监督版块的基础研究指标下，增加智库建设作为三级指标，考察前海在智力支撑方面的工作情况。

表 7-1 前海法治评估指标体系

一级指标	二级指标	三级指标
规则制定	推进立法	立法规划
		立法计划
		规则衔接
		立法参与
		文本公开
		立法评估

续表

一级指标	二级指标	三级指标
规则制定	规范性文件	三统一
		科学性
		民主性
		合法性
		监督规范
		清理机制
		透明度
	重大决策	规范性
		科学性
		民主性
法治政府	简政放权	权力下放
		事项精简
		权力承接
		购买服务
	优化服务	网上办事
		流程优化
		政民互动
	执法监管	规范化
		双随机、一公开
		有效性
	清单制	权力清单
		责任清单
		负面清单
	行政复议	行政复议指南
		复议决定公开
		复议决定公开
		复议保障体系
		复议体制改革推进

续表

一级指标	二级指标	三级指标
法治政府	公开透明	主动公开
		依申请公开
	改革创新	金融
		税收
		海关
		物流
	容错举报	容错机制
		投诉举报
司法建设	审判执行	司法改革推行
		执行能力提升
		知识产权保护
		法律事务对外开放水平
		阳光法院
		智慧法院
	检察权运行	检察改革推进
		检察监督
		互联网+检察
		阳光检务
	矛盾化解	调解
		仲裁
		合作机制
法治社会	社会治安	工作年报
		交通统计
		治安统计
		警情通报
	社会信用	信用记录
		守法诚信褒奖
		违法失信惩戒

续表

一级指标	二级指标	三级指标
法治社会	信访法治	渠道畅通性
		处置规范度
		信访秩序
	普法宣传	制度建设
		普法实践
		实施效果
	法治文化	法治文化阵地
		法治文化交流
	法律服务	法律查明
		深港国际法务区建设
		司法鉴定
		公证
保障监督	党的领导	党委组织
		党务公开
		基层党建
	队伍建设	法律顾问制度
		国际化法律服务队伍
		律师队伍建设
	廉政建设	廉政体制机制
		廉政规范体系
		信息化建设
		规范履职保护
		廉情预警评估
		总结报告
	基础研究	理论储备
		智库建设
		课题研究
		经费支持
		应用推广

评估在涉及部门上，重点考察了深圳市人大常委会、深圳市政府、前海管理局、深圳前海蛇口自贸片区综合行政执法局、前海合作区人民法院、深圳国际仲裁院、前海国际商事调解中心等（见表7-2）。

表7-2　评估涉及的部门统计

评估内容	涉及部门
规则制定	深圳市人大常委会
	前海管理局等
法治政府	深圳市政府
	南山区政府
	前海管理局
	深圳市前海地方金融监督管理局
	深圳前海蛇口自贸片区综合行政执法局
司法建设	前海合作区人民法院
	深圳知识产权法庭
	深圳金融法庭
	前海蛇口自贸区人民检察院
	深圳国际仲裁院
	深圳市蓝海法律查明和商事调解中心
	深圳市前海国际商事调解中心
法治社会	南山区信访局
	深圳市司法局
	中国港澳台和外国法律查明研究中心
	中国（深圳）知识产权保护中心
	深圳市前海公证处
	深圳市信用促进会
保障监督	前海廉政监督局
	深圳市律师协会
	深圳市司法局

二、前海法治指数（2020—2021年）

项目组从规则制定、法治政府、司法建设、法治社会、保障监督五个方面对深圳前海法治示范区2020年法治建设情况进行了第四次系统评估。评估显示，前海的法治建设稳步推进，在规则体系、政务公开、司法建设等方面走在全国前列；在顶层设计、检务公开、信用体系建设等方面仍有提升空间。未来，前海应当继续深入推进改革创新，补齐短板，争当中国法治建设的"排头兵"和"试验田"。

（一）总体评估结果

基于各评估指标数据，项目组测算了2020年度及2021年上半年前海法治指数评估结果。

前海作为我国首个批复的中国特色社会主义法治示范区，在各领域和各方面都开展了卓有成效的尝试和努力，很多方面走在了法治改革的前沿。在规则制定方面，前海不断完善规则体系，推动科学立规、民主立规与依法立规相结合；在法治政府建设方面，前海通过简政放权、信息化建设等诸多手段，不断提高行政效能，以高效优质的服务优化营商环境；在司法建设方面，前海人民法院、前海检察院以及深圳国际仲裁院为自贸区发展提供坚实的法治保障；在法治社会方面，前海管理局创新普法形式，充分利用法律服务资源，推动诚信体系建设，保障社会和谐有序；在保障监督方面，前海不断完善相关体制机制，加强队伍建设，为法治建设保驾护航。

作为国家首个批复的中国特色社会主义法治建设示范区，重视法治保障是前海区别于国内其他功能开发区和自贸区的突出特点，也是前海的核心竞争优势和主要驱动力。评估发现，前海自贸片区在规则体系、政务公开、司法公开等方面在国内众多自贸区中处于领先地位。

1. 规则体系位居前列

自贸区和自贸片区需要大量制定符合自贸区特色的规范，确保自贸区方案落地，规划自贸区经贸发展，保障自贸区改革于法有据。如果自贸区在建设过程中，仅遵循中央给定的自贸区方案，自身没有细化各项规范性文件，则大部分重大改革内容缺少制度指引,自贸区发展或处于无法无序状态,或处于固步自封状态。规则体系评价除了考察自贸区及自贸片区条例制定情况外,还考察规范性文件制定过程是否遵循科学性、民主性以及合法性,规范性文件实施以及规范性文件清理情况。前海形成了"三条例两办法"作为基础性立法格局,同时在规范性文件制定过程中充分征求公众意见,并对意见进行及时反馈,规范性文件实施过程中的修改或废止都及时有效。可以说,在规则体系建设方面,前海在中国所有自贸片区中居于前列。

2. 政务公开名列前茅

项目组选择了决策公开、管理公开、结果公开、平台建设四个一级指标,同时选择重大决策、政策解读、负面清单、机构信息、统计数据、互动平台等二级指标对中国自贸片区进行评估。评估结果显示,前海政务公开工作成果亮眼。前海政务公开有以下亮点值得关注。首先,连续五年公开重大行政决策目录。规范行政决策行为特别是重大行政决策行为,是规范行政权力的重点,也是法治政府建设的重点。公开重大行政决策目录是引导广大群众广泛有序参与行政决策的前提,是集思广益和凝聚共识的基础,能够有效增强重大行政决策的民主性、科学性和可行性,对促进经济高质量发展和维护社会稳定具有重要的推动作用。前海管理局能够连续五年公开重大行政决策目录,并通过线上线下等多种方式邀请社会各界参与到重大行政决策的制定、实施与完善过程当中。其次,认真办理社会各界留言。针对来自社会各界的留言,前海能够做到每条留言必回复,每条留言必办理。2020年前海管理局共收到留言134条,100%办结,每条留言平均办理时间是4天,公开答复留言36条。最后,详细公开购买服务情况。政府购买服务是降低政府开支、提高行政收益、推进社会建设的有效方式,是优化政府职能、强化服务型政府的重要途径,是促进公共服务均等化、实现社会和谐与持续发展的重要路径。前海在推动政务公开的同时,详细公开了购买服务的全过程,从招投标到项目验收再到项目抽查,都予以公开展现。

3. 司法公开维持较高水平

司法公开是实现司法公正的必要手段,是保障司法公信力的前提基础,是提升司法权威的内在要件。司法不仅要实现公平正义,而且还要以社会公众能够看得见的方式实现。项目组依托中国社会科学院国家法治指数研究中心司法透明度项目成果，基于审务公开、审判信息公开、执行信息公开、司法数据公开、司法改革信息公开五方面的内容，对2020年5家自贸（片）区法院以及12家专门性法院的司法透明度进行了评估。

（二）各版块评估结果

1. 规则制定的亮点和不足

（1）改革成果制度化。为了巩固既有的改革成果，同时保障凡属重大改革均于法有据，2020年深圳市人大常委会修改完成《深圳经济特区前海蛇口自由贸易试验片区条例》和《深圳经济特区前海深港现代服务业合作区条例》。这两个条例于2020年10月1日起施行，赋予前海片区更多先行先试的权利。条例提出，进一步降低投资准入门槛，探索取消港澳企业在自贸片区内投资的准入限制条件，促进与港澳服务贸易全面自由化。《深圳经济特区前海蛇口自由贸易试验片区条例》创新提出外商投资准入"非违规不干预"的管理模式，旨在探索创新高水平的外商投资准入机制。同时，逐步放宽或者取消境外投资者在金融、物流、信息服务、科技服务、医疗卫生等领域的资质要求、股权比例、经营范围等准入限制措施。

（2）及时开展立法预评估。立法预评估主要评估立法的必要性、合法性、协调性和可操作性，评估立法要设计的重要制度和规则的约束条件，评估立法预期对经济、社会和环境的影响，达到立法配置资源的公平与效率。为进一步优化前海营商环境和投资环境，吸引更多优质企业落户前海，并依法平等保护各类投资主体合法权益，前海管理局开展《深圳经济特区前海深港现代服务业合作区投资者保护条例》（以下简称《前海合作区投资者保护条例》）研究制定工作，并于2023年12月1日起施行，健全投资者权益保护机制。为充分听取社会各界对于制定《前海合作区投资者保护条例》的意见和建议，前海管理局发布了《前海合作区投资者保护条例》立法前评估调查问卷。

（3）规范性文件公开有序。自贸区政策不同于一般地区，将自贸区政策集中、清晰、明确公开显得至关重要。政策文件的分布区分了中央文件、广东省文件、广东自贸区文件以及前海自贸片区文件。且每一个公开的文件均同步公开了文号，方便公众查询和浏览。规范性文件清晰合理，一方面体现了规则当先的意识，整理好规范性文件，才能更好地梳理前海法治发展的规则体系；另一方面规范性文件整理过程也是法规清理的过程，为构建完善、和谐、统一的自贸片区规范体系奠定基础。

（4）政策解读关联政策文件。前海每一个公开的政策文件都会提供政策解读的链接，降低公众查阅政策解读的时间成本。制作政策解读的目的是通过公众喜闻乐见的形式和语言，让每一个公民都能够知晓政策文件的关键信息。

（5）征求意见及时反馈。征求意见及时反馈有利于激发公众参与征求意见，有助于推动规则体系科学化、民主化发展。前海管理局能够及时反馈每一条意见建议，并将部分意见反馈情况公开，以激励公众参与到前海规则创制和重大政策制定活动中。

（6）部分规范性文件公开有延迟。《港澳服务提供者在前海深港现代服务业合作区独资举办非学历职业技能培训机构实施办法》自2019年12月31日起实施，有效期至2021年5月1日。而该办法的公开日期为2020年1月6日。即在办法生效后6天内公众尚且不知道办法全文，无论是有意在前海独资办学的培训机构，还是普通公众，都会面临有法不知、有规不明的状况。

（7）立法技术有待提高。根据全国人民代表大会常务委员会法制工作委员会关于印送《立法技术规范（试行）（一）》的函，第5.1条规定，法律一般需要明示立法目的，表述为："为了……，制定本法"，用"为了"，不用"为"。前海出台的《深圳前海深港现代服务业合作区优秀金融创新案例评选办法（试行）》《港澳服务提供者在前海深港现代服务业合作区独资举办非学历职业技能培训机构实施办法》规定前面表述是"为……"，在立法表述上与《立法技术规范（试行）（一）》规定不一致，今后要引起重视。

（8）政策解读跟进不及时。《深圳前海深港现代服务业合作区优秀金融创新案例评选办法（试行）》生效日期为2020年8月1日。政策解读发布日期为2020年8月13日。政策解读应该在政策发布之日起3日发布。政策解读跟进不及时导致政策的传播广度和深度大打折扣。

2. 法治政府建设的亮点和不足

（1）首创港人港企联络员直通车，优化税收营商环境。为了进一步推动两地产业聚集，优化营商环境，促进深港合作交流，依据粤港澳大湾区建设和中国特色社会主义先行示范区要求，前海首创了港人港企直通车模式。该模式以《深圳经济特区前海深港现代服务业合作区条例》《深圳经济特区前海蛇口自由贸易试验片区条例》为指引，以区块链管理服务云平台为支撑，以提升港企投资的积极性及便利性为目标，构建税务机关与纳税人之间的新型税务服务与管理关系，试点施行港人港企直通车服务机制，搭建以局领导为首席联络员、科领导和具体工作人员为一体的沟通协调服务团队，实现港人港企涉税诉求秒响应、秒办理。以简约办税、集约征管为目标，以无感纳服为标准，积极为粤港澳大湾区探索建设世界一流营商环境，推动港人港企更有归属感、更好地扎根前海。港人港企联络员直通车首批服务对象面向重点税源企业中的港人港企，分批次延伸拓展至前海所有港人港企。线下通过设置港企直通车窗口，开通港企办税绿色通道；线上依托区块链管理服务云平台；探索港企涉税事项智能化办理以及"非接触"远程办理。

（2）前海金融改革创新持续发力。全国首创境外人士收入数字化线上核验平台。近年来，前海积极营造良好的国际人才就业与居住环境，针对香港等境外人士的配套金融服务也更高效便捷。围绕境外人士的薪酬购汇流程耗时长、手续繁琐、需客户多方开具纸质材料等痛点，前海中行与微众银行共同建设了"基于区块链的境外人士收入数字化核验产品"这一公共服务平台，依托前海政务数据支持，在用户授权、保障个人隐私与数据安全的前提下，实现对在前海就业的境外人士薪酬信息真实性的线上化验证，有效提升购汇及汇出业务效率、银行风控水平和客户体验。前海自由贸易账户支持企业开展跨境业务创新，自由贸易账户体系（FTA）是国家依托自贸试验区探索资本项目可兑换、扩大金融市场开放和防范金融风险的一项重要制度安排，是与开放型经济体系建设相适应的重大金融措施。伴随着浦发银行前海分行与工商银行前海分行2家试点银行的自由贸易账户业务陆续落地，前海在践行金融改革创新政策上又迈出了坚实的一步，在探索更高水平对外开放、促进贸易投资便利化方面谱写了新的篇章。疫情已演变成全球性的重大突发公共卫生事件，对宏观经济产生了巨大影响。微众银行首创了基于人工智能技术和卫星数据的疫情背景下宏观经济监测平台，从全国层面、区域层面和行业层面进行有效的数据挖掘、分析、预测，解决了卡脖子的数据获取和分析难题，首创的疫情背景下中国经济恢复指数（CERI）、卫星生产制造指数（SMI）等获得了国内外的一致好评,直接服务微众银行内部多个业务条线,为进一步精准的信贷扶持策略制定提供数据支持,并为监管机构制定疫情时期的复工复产政策提供参考。

（3）商贸小镇推动深港交流合作。前海深港商贸物流小镇主要聚焦"深港商贸物流业集聚融合区""六个小镇先行探索示范区""前海深港国际服务城先导区"三大定位,布局供应链管理中心、商贸中心、文化教育中心、住房配套和服务配套"五大功能"。小镇通过打造完善的功能布局,重点吸引五类入驻对象,包括：港资企业或香港行业协会、商会等机构；雇佣不少于10名香港居民（或员工占比达25%）的企业；专门服务港资企业与香港居民的企业或机构；香港居民个体工商户；其他经前海管理局批准的重点商贸物流企业等,进一步集聚港人港企、营造港味生活、引入港式消费、提升对港业务。

（4）构建高效的服务型政府。推进"证照分离"改革后,前海聚焦后置审批事项改革大力开展"照后减证",取消审批事项11项,审批改备案事项5项,落实告知承诺及容缺受理事项24项,优化准营管理98项。截至2021年7月底,前海管理局围绕事项标准化开展政务服务优化工作,压时限、减材料、少跑动,切实提升政务服务获得感,审批时限压缩比达71%,即办件占比28.86%,零跑动占比99.23%,承诺时限压缩比81.23%。

（5）财税政策吸引高端紧缺人才。《国务院关于支持深圳前海深港现代服务业合作区开发开放有关政策的批复》规定,"对在前海工作、符合前海规划产业发展需要的境外高端人才和紧缺人才,取得的暂由深圳市人民政府按内地与境外个人所得税负差额给予的补贴,免征个人所得税"。前海实施特殊财税优惠政策,核心内容是参考对标香港"标准税率15%"标准,经认定的境外高端人才和紧缺人才按其在前海缴纳的个人所得税已纳税额超过应纳税所得额的15%部分给予财政补贴。自2013年以来,累计共认定八批次共1611人次前海境外高端人才和紧缺人才,发放个税财政补贴7.4亿元,其中2020年申报人数猛增至508人,港籍人才占总认定人数50%以上,政策吸引力稳步跃升。2019年3月,财政部、国家税务总局发文将此项特殊财税政策复制推广至大湾区珠三角九市。

（6）政府信息公开年报质量仍有提高空间。首先,政府信息公开年报部分统计数据需要解释说明。2020年度前海深港现代服务业合作区管理局政府网站年度报表主要展现了网站一年的工作情况、发布的信息情况、回复信息情况。2020年，前海深港现代服务业合作区管理局发布信息总数为6639条，该数量远超概况类信息更新量（10）、政务动态类信息更新量（955）以及信息公开目录信息更新量（890）之和。其次，部分信息不明。2018年的政府信息公开年报中，与政府信息公开有关的诉讼案件有两件，正在诉讼过程中，2019年的诉讼量为0。如果这两件案件和解应当解释说明，否则很容易引起不必要的误解，认为刊登的信息存在错误。最后，政府信息公开年报高度重复。深圳市前海管理局2019年度政府信息公开工作报告指出其存在的问题是："个别工作人员对政府信息公开意识较薄弱，认识有待进一步提高；结合互联网和手机应用的普及推广，信息公开形式有待拓展。下一步，我局将继续按照国家及省、市关于政府信息公开工作的各项要求，不断完善相关制度，围绕群众和企业需求，强化责任、主动作为，积极推动、敢于担当，进一步加强规范信息公开工作，提高政府信息公开工作水平。"深圳市前海管理局2020年度政府信息公开工作报告指出其存在的问题是："个别部门的工作人员对政府信息内容审核不严谨，有待进一步提高；结合互联网和手机应用的普及推广，信息公开及处理方式等形式有待进一步完成与拓展。下一步，我局将继续按照国家及省、市关于政府信息公开工作的各项要求，不断完善相关制度，围绕群众和企业需求，强化责任、主动作为，积极推动、敢于担当，进一步加强规范信息公开工作，提高政府信息公开工作水平。"二者高度重复，发现存在的问题经过一年没有改进，而未来展望显示一年后没有任何进展。

（7）信息公开申请细节有待改进。首先，深圳市前海管理局信息公开申请表》，要求"申请人必须提供身份证复印件"，与《政治信息公开条例》有"身份证明"（如身份证、军官证、户籍证明等均可）的条件相比，更为严苛；外国人、无国籍人将无法获取政府信息。其次，指南中，"申请人向本机关申请获取与自身相关的注册登记、税费缴纳、社会保障等方面政府信息时，应当出示有效身份证件或证明文件，当面向本机关提交书面申请"。要求必须当面，既无法律依据，也与当下网上办理的大趋势相冲突。最后，在信息公开申请中有"监察机关"的表述，然而修改后的《政府信息公开条例》，已取消"监察机关"相关表述，应据此调整。

（8）部分项目申报通知延迟。项目申报公开透明是营商环境建设的内容之一，如果项目申报未能准时公开，会影响到申报者及时了解相关信息。深圳市前海管理局关于开展《深圳市前海深港现代服务业合作区高端航运服务业专项扶持资金实施细则》项目申报工作的通知，项目申报开放时间是 19 日，此类信息公开时间是 21 日，中间有 2—3 日社会公众不了解可以申报此类项目，而部分人可以通过内部渠道知晓相关信息，造成不公平竞争，不利于维护公平的营商环境。

（9）"双随机、一公开"有遗漏。"双随机、一公开"，即在监管过程中随机抽取检查对象，随机选派执法检查人员，将抽查情况及查处结果及时向社会公开。"双随机、一公开"为科学高效监管提供新思路，为深化"放管服"改革提供重要支撑。前海综合行政执法局仅公开了 2020 年下半年"双随机、一公开"的检查结果，而 2020 年上半年、2021 年上半年"双随机、一公开"的检查结果没有公开。

（10）依法行政与法治政府年度工作报告统计未到年终。中共中央办公厅、国务院办公厅印发《法治政府建设与责任落实督察工作规定》第 24 条规定："每年 4 月 1 日之前，地方各级政府和县级以上政府部门的法治政府建设年度报告，除涉及党和国家秘密的，应当通过报刊、网站等新闻媒体向社会公开，接受人民群众监督。"2020 年 12 月 21 日，前海管理局发布了 2020 年度依法行政与法治政府工作报告。尽管前海管理局发布法治政府年度工作报告没有超期，但距离 2020 年结束仍有 9 天，很多与法治相关的工作尚未统计，此时发布年度报告可能会遗漏重大法治事件或数据。

（11）"一件事一次办"普及度不高。在广东政务服务网中，"一件事一次办"（场景式主题服务）前海管理局能够实现办证申请主题 1 个，便民服务主题 1 个。而其他区所能够实现的场景式主题服务远远超过前海。如坪山区能够实现 196 个场景式主题服务，福田区能够实现 176 个场景式主题服务，罗湖区能够实现 278 个场景式主题服务。

（12）权责清单法律依据不准确。权责清单需要依据法律修改情况随时更新，评估前海权责清单不难发现，前海管理局在权责清单法律依据上更新不及时,很多法律法规已经发生了变化,权责清单的制度依据依然没有及时体现。例如,前海管理局关于中国台湾地区投资者在内地投资设立合资、合作经营的演出场所经营单位审批的法律依据是2016年国务院颁布的《营业性演出管理条例》第11条。而2020年修改的《营业性演出管理条例》第11条内容发生了重大变化,此时应当根据条例修改情况更新制度依据。再如,前海管理局关于"商品房预售许可"制度依据是《城市房地产管理法》(2009年修正),该法已经于2019年进行了修正。

3. 司法建设的亮点和不足

(1) 推出"互联网+"让诉讼服务及时精准。前海法院作为深圳法院现代化诉讼服务体系改革试点单位,积极落实"两个一站式"建设要求,探索深圳移动微法院、粤公正小程序、广东诉讼服务网等电子诉讼平台深度应用,全面实施网上立案、在线诉讼辅导、在线调解、在线司法确认、在线文书送达等诉讼程序,实现了更加及时精准的诉讼服务。运用"大数据+区块链"让审判工作提质增效。前海法院将信息采集、在线查阅、在线审判、文书制作、案件执行等环节全部纳入线上办理,依托"大数据+区块链"技术,保障法院电子卷宗随案同步生成,实现简约化、无纸化审判,同时确保相关证据完整、真实。利用5G技术打破庭审空间局限。前海法院将数字化法庭作为审判工作现代化建设的重要抓手,依托前海法治大厦提供的5G环境支撑,已建成25个数字化法庭,配备智能庭审、语音识别和庭审直播模块,实现庭审全程录音录像,庭审语音文字即时转换和庭审网上直播。互联网、大数据、区块链、5G等技术在智慧法院建设中的运用,全面升级了诉讼服务、审判、庭审等工作的智能化水平,推动审判工作提质增效,进一步完善了前海法院现代化审判体系。2020年2月至7月,前海法院网上立案7678件,在线调解3258件,在线庭审845件,在线文书送达1344次,有效提升了人民群众的司法获得感。与前海公证处等机构深化合作共建"海燕司法辅助事务平台""E网送达平台",开通司法辅助专窗,2020年共完成集约送达10,699件,协助财产保全案件1579件。健全电子送达平台,采用电子邮件、微信送达、手机App消息推送等多途径实现了电子送达诉讼文书全覆盖,2020年共完成电子送达诉讼文书材料4322次,实现司法辅助工作的全面提速。

（2）致力于切实解决执行难。2020年，前海法院共受理各类执行案件6984件，办结6437件，结收比92.2%。深入推进执行繁简分流工作，精细化设置执行团队。加大对失信被执行人的惩戒力度，与金融及相关监管机构建立联合信用惩戒体系，使失信被执行人"一处失信、寸步难行"，2020年共发布失信被执行人5625人次，限制高消费5811人次。

（3）发布司法白皮书。发布司法白皮书有利于总结司法改革创新最新进展，有助于加强司法工作宣传，有益于其他自贸区法院学习借鉴。深圳前海合作区人民法院发布了《涉外涉港澳台商事审判白皮书》《自贸区知识产权司法保护状况白皮书（2016—2020）》《服务和保障自贸区发展白皮书》。

（4）探索开展网上仲裁。深圳国际仲裁院升级三大线上仲裁平台：网上立案平台、视频开庭平台、证据交换存储平台。在疫情防控期间实现了"网上立案""网上证据交换""网上调解""网上开庭"的"信息化、一站式、全流程"非接触式仲裁，2021年上半年，网上立案申请数量达3967次，网上开庭、证据核对、身份认证、疑难案件研讨等视频连线数百次。采取远程线上服务案件的数量与去年同期相比增长100%以上。疫情防控进入常态化以来，深圳国际仲裁院持续拓展线上仲裁服务，率先上线"SCIA微仲裁"小程序"微立案"功能。以轻量化、免安装的微信小程序为平台，搭载腾讯云存储、人脸识别、音视频同步等技术，开发"SCIA微仲裁"小程序，将仲裁服务与移动互联网信息技术相结合，逐步实现当事人立案、调解、仲裁全流程"手机端"跟踪办理，打造移动互联网时代高端、智能、便利的远程仲裁服务系统，引领远程时代仲裁服务新风尚。

（5）建立诚信企业司法激励机制。建立信息共享机制，与前海法院及时共享诚信企业清单，前海管理局公共信用中心从失信违规、经营情况、荣誉成果、关联风险、舆情信息等五个维度，通过对17个二级指标共117个评分子项的分析，运用机器学习模型评定出信用A类企业，其需具备诚实守信、遵纪守法、严格履行承诺、经营状态稳定等特征。完善诚信企业司法激励机制，对被前海管理局认定为信用A类且无不良司法记录的企业，在执行过程中将被采取更灵活、温和的措施，包括坚持比例原则，灵活查封财产；慎用拘留、罚款等强制措施；适当设置宽限期，暂缓失信信息公开；为诚信企业出具自动履行生效法律文书证明；依法用好执行和解和破产重整等方式盘活企业资产等。建立诚信企业司法激励机制，是贯彻善意文明执行理念的一项有力措施，有利于鼓励企业积极主动履行法律义务，形成诚信健康的营商环境；实现企业诚信激励的分类管理，形成诚信促进的司法机制；帮助诚信企业在疫情状况下恢复生产、经营，进一步优化前海营商环境。该机制实行以来，前海法院共办理涉诚信企业案件153件，涉及诚信企业89家，涉案标的额4亿元，已办结案件65件。

（6）完善法治跨境协作，健全国际法律服务和纠纷解决机制。《深圳建设中国特色社会主义先行示范区综合改革试点实施方案（2020—2025年）》指出："支持完善法治领域跨境协作机制，健全国际法律服务和纠纷解决机制。"前海在推动法治跨境协作、健全国际法律服务和纠纷解决机制方面有以下亮点。首先，前海法院依托信息技术开展"在线调解"。积极借鉴国际ODR探索经验，重点破解国际商事纠纷地域跨度大、时间长、经济成本耗费高等难题。截至2020年5月，前海法院安排线上调解案件共2070件。在一件被告为香港地区居民的租赁合同纠纷中，通过在线调解和在线司法确认的方式，快速化解涉港纠纷，提升调解的便捷度。其次，前海法院聘任外籍和港澳台调解员77名，并与广州南沙、珠海横琴自贸区法院共享外籍和港澳台调解员名册。截至2020年5月，香港地区调解员成功调解商事纠纷案件617件，澳门地区、台湾地区、外籍调解员成功调解商事纠纷案件共35件。再次，成立国际商事纠纷化解的专门机构。与香港和解中心、粤港澳调解联盟、澳门世界贸易中心仲裁中心、深圳国际仲裁院等47家域内外仲裁、调解机构合作建立"一带一路"国际商事诉调对接中心，打造多元化国际商事纠纷解决平台，推动形成大湾区纠纷解决合力，提升大湾区社会治理水平。截至2020年5月，中心共受理案件11,878件，成功调解4217件。最后，深入推进跨域立案诉讼服务改革。2020年跨域立案33件，其中管辖立案17件、协作立案16件。探索远程视频授权委托见证服务，2020年远程在线确认当事人身份与授权行为107人次，为港澳台地区和外国当事人办理委托律师代理案件手续，及时有效保障了域外当事人的合法权益。

（7）检察工作稳步推进。首先，2020年以来，前海人民检察院共办理民事监督案件7件，其中裁判结果监督4件、执行行为监督1件、审判人员违法行为监督1件、审判程序违法行为监督1件。发出再审检察建议1份，发出审判程序违法行为监督检察建议1份。强化法律文书释法说理，引导群众依法解决纠纷、理性表达诉求，实现案结事了人和。其次，履行公益诉讼检察职能。完成"全面禁止非法交易、食用野生动物""校园防疫设施及食品安全""禁止向未成年人销售烟草"等公益诉讼专项检察工作，针对排查中发现问题，共立案10件，共发出《公益诉讼告知函》4份、检察建议1份。探索公益诉讼告知函制度，完善行政公益诉讼诉前程序，以最小的司法投入获得了最佳社会效果。

（8）检察机关门户网站依然缺失。检务公开是提高司法公信的有效途径，是提升司法权威的重要手段。《关于进一步深化人民检察院"检务公开"的意见》要求："建立门户网站，推动电子检务建设，促进全国检察机关上下互动，横向联合。"《中共中央关于加强新时代检察机关法律监督工作的意见》指出："定期分析公布法律监督工作有关情况，深化检务公开，提升司法公信力，以司法公正引领社会公正。"截至本次评估结束，前海人民检察院依然没有门户网站，依旧没有一个平台可以全面展现检察院工作情况。尽管前海检察院开通了微信公众号宣传工作情况，但微信公众号碎片化严重，不利于信息回溯和查找，更不利于全面了解检察工作。

（9）司法公开有待加强。包括司法数据公开、司法改革内容公开大部分内容都没有更新，都没有具体的内容。法院公开的规范性文件公开的内容不全，《深圳前海合作区人民法院关于为中国（广东）自由贸易试验区深圳前海蛇口片区与前海深港现代服务业合作区建设提供司法保障的意见（试行）》没有在前海合作区网站中公开。此文件不属于涉密文件，在网络其他平台（如北大法宝）可以查询到。前海合作区人民法院没有认真梳理自身应该公开的文件，以至于遗漏重要文件。

（10）庭审直播有瑕疵。依托前海法治大厦提供的5G环境支撑，建成25个数字化法庭，配备智能庭审、语音识别和庭审直播模块，100%实现庭审全程录音录像，100%实现公开案件庭审网上直播。但项目组通过门户网站发现，部分庭审直播录像无法运行，始终是同一帧画面，部分庭审直播没有任何声音，不符合《最高人民法院关于人民法院直播录播庭审活动的规定》。

（11）执行信息缺失。在前海合作区人民法院门户网站中，前海执行的信息是指向深圳中院，然而深圳中院对于执行信息更新不及时，很多内容缺失，导致前海执行信息公开受到较大的影响。

4. 法治社会建设的亮点和不足

（1）创新公证服务模式。为了应对突如其来的疫情，前海率先开展"365天不打烊"公证服务模式，在官网及微信公众号上公开所有公证员微信，为有需要的市民提供线上咨询、办证服务。同时，前海公证处为大型医疗器械企业免费办理与疫情相关公证。办结186宗远程视频公证，除10余宗是解决国内疫情初期湖北武汉群众公证需求外，其他绝大部分为海外华人公证需求。远程视频公证切实解决了群众实际困难，社会对远程视频公证服务评价积极正面，社会效果良好。在国内疫情得到有效控制，海外疫情肆虐的情况下，大批在海外的中国公民、企业急需回国处理国内事务却无法成行，驻外使领馆也因疫情原因难以满足海外华人的公证需求。2020年3月，中共司法部党组印发《中共司法部党组关于加强公证行业党的领导 优化公证法律服务的意见》，指导公证机构探索海外远程视频公证服务。前海公证处基于自有云平台系统，以解决群众现实问题、满足实际需求为出发点，积极探索远程视频公证。2020年7月8日，前海公证处出具了深圳市首份海外远程视频电子公证书，大大减少以往文书在途寄送时间，快捷地帮助每一位在海外工作的深圳市民办理相关购房手续。截至2020年7月，累计办结海外远程视频公证238件。

（2）加快推进社会信用体系建设。在社会信用体系建设方面，前海通过多种手段和渠道，利用税收减免、租金折扣、信用贷款等多种方式让信用在前海变得更具价值。首先，前海推动信用+税收。与前海税务局合作，开展税务数据与信用数据互认互换，从而实现对企业的信用评价结果共享。在着力推动信用服务综合改革方面，根据前海企业信用评价与纳税信用评级，对评价结果均A的"双A"企业，提供免排队绿色通道、银企融资撮合、发票审批申请"秒批"及"按需供应发票"等税务服务。加大税收支持力度、缩短涉税审批事项办结时间、降低税务检查频率，提升信用优质企业办税便利度。自信用税收工作运行以来，已为"双A企业"优先办理涉税业务1285笔，平均办税时间缩短75%，风险管理成效提升30%以上。前海税务局共收到2675户次企业的发票文书申请，对"双A"企业实现了快速审批，共节约企业等待时间13375小时。其次，为了让守信创业企业享受更优惠的租金折扣，更长久的租赁期限，更便捷的租赁手续办理，前海基于信用评价与信息共享打造"信易租"产品。主要通过租金月付、随租随还等形式，为初创企业降低启动成本。现有合作客户 544 个，订单金额超过 2500 万元，授信金额近 4000 万元。通过"信易租"，前海初创企业首年用于办公设备的成本大幅下降 85%，累计可减免金额超过 2500 万元。最后，前海已经打造了以信用为核心的监管和服务体系。尤其是上线运行的前海公共信用平台（三期），归集 70 多个部门覆盖前海 16 万家企业的超过 2000 万条数据，并开发出"前海企业信用评价体系"，为监管部门提供舆情监测、风险预警、协同监管和联合奖惩的综合信用信息服务。该平台获得了"全国信用应用十大实践成果奖"，入选全国自贸试验区第三批最佳创新案例。

（3）适应境外法提供服务保障。前海通过律师事务所、法律查明机构和政府部门三方联动为当事人适用境外法提供服务保障。一是联动香港积极推动法律服务业在前海发展。前海成立全国第一家粤港联营律师事务所，目前全国有 11 家联营律师事务所，6 家在前海，为港人港企提供便捷的法律服务。二是联动最高人民法院在前海设立的中国港澳台和外国法律查明研究中心、最高人民法院港澳台和外国法律查明研究基地、最高人民法院港澳台和外国法律查明基地，积极构建域外法治查明机制，制订《域外法律查明办法》和《适用域外法裁判指引》，完善法律查明与适用机制，填补了国内域外法律查明机制的空白。截至 2020 年，共适用域外法审理案件 102 件，其中，适用香港法审理 85 件。三是前海管理局联动专业法律服务机构倾力打造全国第一个法律大数据库——"一带一路"法治地图项目，梳理 64 个国家和地区的法律环境情况，收录 960 部超 1000 万字的法律资源，并完成 10 个重点国家和地区的法律查明指南的编译和出版工作，实现"一带一路"法治地图平台线上运行。为立法、司法、政府等部门查明境外法律提供法律资源支撑。

（4）"一带一路"地图运行不稳定。为服务"一带一路"建设，响应中国企业"走出去"对公共法律服务的需求，优化海外投资配套，2016 年前海开始建设"一带一路"法治地图，计划以三年为期，建设成全国首个有关"一带一路"的大型中文法律数据库，全力打造"一带一路"国际化公共法律服务平台。但评估发现，"一带一路"法治地图运行并不稳定，部分时间段无法正常打开访问，无法正常为企业、组织以及个人提供"一带一路"法治咨询和

（5）普法责任清单未列明。普法责任清单的设立有利于明确部门普法责任，划定普法重点，落实普法任务。前海管理局2020年以及2021年上半年均未能公开普法责任清单，社会公众无法从平台中得知前海管理局年度普法重点，企业、组织、个人更不可能依据普法责任清单作出合理安排，以配合前海管理局。此外，前海综合行政执法局对外仅公开了2020年普法责任清单，截至2021年8月15日，尚未公开2021年度普法责任清单。

（6）部分企业年报公布不及时。根据《企业信息公示暂行条例》第八条规定，企业应当于每年1月1日至6月30日，通过国家企业信用信息公示系统向工商行政管理部门报送上一年度年度报告，并向社会公示。评估发现，部分前海企业未能在法定期限内公开发布年报。例如，截至2021年8月15日，前海期货有限公司仍未能公布企业年报。

（7）前海信用平台效果受限。2020年前海信用平台仅仅公开了一条处罚信息，与实际情况严重不符。此外，对于社会信用评价至关重要的失信被执行人信息没有纳入信用前海平台。信用体系建设过程中，各个部门之间的信息尚未打通。

5. 法治保障的亮点和不足

（1）深化"拓展融合型"党建新模式。2020年，前海制定出台《深化"不忘初心，牢记使命"主题教育推进党支部建设三年行动计划（2020—2022）》《前海"两新"组织"两个覆盖"提质行动方案》，党建整体布局得以不断完善。与此同时，前海还在全国率先成立党建工作咨询委员会，聘请党建领域知名专家学者作为"智囊团"，并推动广东省委党校在前海设立教育基地、深圳市委党校在前海设置教学点，推动党建理论研究常态化、长效化。前海率先构建全能型党建阵地，投入启用前海党群服务中心。近一年来，该中心通过"时代先锋"引领、时代声音传播、民间使团培育、红网客厅建设等主题实践，开展"信仰对话""党建领航月"和前海青马工程、青春学堂等各类党群活动524场，为广大党员群众开展公益便民活动169场，提供企业赋能活动127场；接待各级各类参观团体780批次，共计2.3万多人次。

（2）党建过程中贯穿"制度创新"。"制度创新"是前海的核心使命。在探索前海基层党建新路径过程中,前海将"以制度创新为核心"理念贯穿党建全过程全领域,瞄准党建工作重点、难点问题,将党建创新作为自贸试验区制度创新的"八大板块"之一加以推进。在组织覆盖上,一方面开设了"前海之窗"党建网站、建设"前海之家"活动中心、上线人民云党建学习平台及"前海先锋"微信公众号等新载体,大力推进区域性、产业链、行业化、兴趣类组织建设,推进党的工作向自贸区党建等新领域、新业态延展。另一方面,把党建与产业发展、政务服务、地区治理、文化建设、法治建设等紧密结合起来,属地共建、党群融合,涌现出"党建+业务"典型范例 20 余个,达到党务和业务"双促进"效果。

(3) 法律顾问投入持续增加。前海管理局保障服务专项常年法律顾问,保障起草有关管理规程及专题扶持政策措施,对政策措施进行合法性预审核,以及提供公平竞争审查意见等;参与会议、磋商、谈判,审核或准备所需要的各类法律文件,协助拟定及审查重大资产管理(含移交、接收等)合同、经济项目以及重要的法律文书;为项目过程中需论证事项提供口头或书面的法律咨询,依法提供法律依据、法律建议或限时出具法律意见书等。不仅将雇佣法律顾问的信息在网上公开,而且每年还要对法律顾问履职情况进行检查公示。2017 年到 2020 年,法律顾问的费用从 36.8 万涨到了 44.9 万。

(4) 探索大湾区廉政协同创新。《粤港澳大湾区发展规划纲要》指出:"加强大湾区廉政机制协同,打造优质高效廉洁政府"。前海是粤港澳大湾区核心和深港合作前沿,前海廉政监督局将充分利用这一优势,以"深港廉政机制协同"为切入点,探索大湾区廉政机制协同的新路径。一是坚实迈出迈实大湾区廉政机制协同"第一步"。落实与香港廉署的重要共识,依托前海香港商会,面向前海港企,定期合办"前海港企防贪研讨会",使之成为"深港廉政机制协同"的重要抓手和廉政研究的重要平台。二是探索协同建立企业廉洁合规治理机制。继续向 1.2 万家港企发放"与公职人员交往指引""防贪'十要素'"等"防贪锦囊"。探索联合香港廉署引导帮助各类企业加强廉洁合规体系建设,强化商业道德、守规合法、诚信经营。三是探索建立粤港澳大湾区廉政机构培训平台。依托深圳改革开放干部学院,强化与香港廉署及香港职业训练局的培训合作,健全两地廉政干部定期互访培训机制,借助信息技术开展培训,打造深港廉政建设学习、交流、合作的"桥头堡"。四是探索建立社会监督协同机制。试点邀请港资企业代表以及人大、政协代表作为前海廉政监督员，参与前海廉政建设；健全两地反腐机构常态化合作机制。五是探索防止跨境利益冲突协同机制。健全完善前海防止利益冲突制度，探索与香港廉署在公职人员防止利益冲突上的协同、预防、规范和管控"权力寻租"的跨境转移。六是探索廉洁文化协同共建机制。学习借鉴香港廉署开展社区教育工作的方式方法，试点开通运行首家"前海廉洁工作站"，面向市民群众和民营企业宣传推广廉洁文化，打造廉洁文化品牌。

（5）网上举报功能不能正常使用。网上举报是邮寄举报、电话举报的有效补充，是网络时代整理收集纪检监督线索的重要途径。前海廉政监督局为此开辟了网上举报渠道，但评估发现，网站举报运行情况不稳定，一段时间内无法正常打开。

（6）制度依据未及时更新。在前海廉政监督局网站中列明了工作中的权力、义务、责任的制度依据，其中有《宪法》《党章》《中国共产党党员权利保障条例》《监察法》等规范依据。其中，前海廉政监督局列明的《中国共产党党员权利义务保障条例》是2004年版本，2020年12月该条例已经修改，修改之后前海廉政监督局应该及时进行更新。

（7）规范清理依然不及时。在上一年度评估中项目组指出，《前海管理局廉政举报奖励办法》所依据的《行政监察法》已经失效，同时《监察法》中将《行政监察法》举报奖励的规定废除，故《监察法》也不能成为办法的上位法。①办法中的内容因上位法修改或废止需要进行及时修改，否则部分内容与上位法规定不一致，可能会在一定程度上破坏前海规则体系的和谐统一。同时也说明，前海在规则制定过程中未能及时开展法规清理工作，对上位法的修改或废止并没有引起足够的重视。《监察法》于2018年3月公布实施，《行政监察法》于2018年3月废止，《前海管理局廉政举报奖励办法》于2018年9月7日归档。即归档前也没有开展足够的审查工作。

---

① 根据《中华人民共和国行政监察法》的规定，监察机关对控告、检举重大违法违纪行为的有功人员，可以依照有关规定给予奖励。但是根据《监察法》的规定，废除了奖励条款。

(三) 前海法治发展展望

前海承担着自由贸易试验、粤港澳合作、"一带一路"倡议等多重国家战略使命，是真正的"特区中的特区"。近年来，伴随着诸如《中共中央 国务院关于支持深圳建设中国特色社会主义先行示范区的意见》《深圳建设中国特色社会主义先行示范区综合改革试点实施方案（2020—2025年)》等多个中央文件的出台和落地，尤其是《全面深化前海深港现代服务业合作区改革开放方案》将前海合作区总面积由14.92平方公里扩展至120.56平方公里，并强调"开发建设前海深港现代服务业合作区是支持香港经济社会发展、提升粤港澳合作水平、构建对外开放新格局的重要举措，对推进粤港澳大湾区建设，支持深圳建设中国特色社会主义先行示范区，增强香港同胞对祖国的向心力具有重要意义。"前海更应当敢为人先，抓住时代机遇，推动前海法治建设向纵深迈进。

1. 法治保障实现共同富裕

2021年5月，《中共中央 国务院关于支持浙江高质量发展建设共同富裕示范区的意见》指出："共同富裕是社会主义的本质要求，是人民群众的共同期盼。"2021年8月，中央财经委员会第十次会议提出："在高质量发展中促进共同富裕。"作为中国特色社会主义先行示范区的深圳以及中国特色社会主义法治建设示范区的前海，不应在共同富裕面前落后。前海拥有其他地区无法比拟的优势，作为法治发展高地，前海应当在以法治方式实现共同富裕方面提供经验。共同富裕不仅有浙江一个版本，更应当有前海版本，深圳版本，乃至广东版本。自由贸易试验区作为优化营商环境的试点，而好的营商环境不是让一小部分人富裕而使大部分人贫困。在共同富裕方面，前海乃至深圳应当有所作为有所尝试，提供具有前海特色的共同富裕的经验。

2. 打造粤港澳规则衔接样板

中共中央、国务院印发的《粤港澳大湾区发展规划纲要》指出："发挥香港、澳门的开放平台与示范作用，支持珠三角九市加快建立与国际高标准投资和贸易规则相适应的制度规则""合理运用经济特区立法权，加快构建适应开放型经济发展的法律体系"。中共中央、国务院印发《全面深化前海深港现代服务业合作区改革开放方案》指出："推进与港澳跨境政务服务便利化，研究加强在交通、通信、信息、支付等领域与港澳标准和规则衔接。"尽管关于粤港澳大湾区立法协同的呼声很高，但由于粤港澳大湾区"9+2"城市分属三个法域两种基本制度，香港属普通法系、澳门属大陆法系、内地是社会主义法系，从立法形式上就不可能一致；而港澳与内地分别实行资本主义制度和社会主义制度的巨大差异，也决定了三地的立法理念不完全一致，这在客观上导致粤港澳大湾区立法协同的难度较大。在此背景下，前海乃至深圳应当为粤港澳大湾区"9+2"规则衔接开启破局尝试。目前，前海立足金融、现代物流、信息服务、科技服务等产业的特色政策创新和开放举措，出台了现代服务业综合试点、外商投资管理、金融业扶持、境外高端人才扶持等50多项具有前海特色的产业扶持政策和规范指引，借以强化粤港澳大湾区经贸以及人员往来。未来应当在这些规范指引基础上，加强与香港、澳门规则的衔接探索，构建多方认同的制度框架，为未来规则衔接打造前海及深圳样板。

3. 深入推进国际法务区建设

前海作为特区中的"特区"，在法律服务方面已经处于全国第一梯队。在司法审判方面，最高人民法院第一巡回法庭、最高人民法院第一国际商事法庭落户前海，深圳知识产权法庭、深圳金融法庭在前海挂牌成立。截至2021年，前海形成了全国独一无二的集商事、金融、知识产权、海事等门类齐全的专业审判机构布局。在仲裁调解方面，深圳国际仲裁院、粤港澳仲裁调解联盟、深圳市蓝海法律查明和商事调解中心、深圳市前海国际调解中心为构建前海仲裁调解高地奠定了坚实的基础。在国际组织层面，世界银行国际争端解决中心、国际商会国际仲裁院、国际投资联合仲裁中心、中非联合仲裁中心的引进，使得前海成为国际高端法律服务资源的聚集地。未来前海应在巩固现有资源的基础上，稳步推进国际法务区建设。前海深港国际法务区建设需以"一个定位+两个支柱+三个条例"为支撑，坚持统筹推进国内法治和涉外法治，这就要求：一方面，深圳前海需要进一步完善制度建设，用足用好特区立法权，围绕国际法务区建设方案，构建"1+N"政策体系；另一方面，需继续引进重要国际机构。积极引进包括联合国国际贸易法委员会、世界银行国际投资争端解决中心、国际商会国际仲裁院等在内的相关国际组织，提升前海法治的国际影响力，营造市场化、法治化、国际化的营商环境，建成空间集约、体系集成、产业集群、要素集中、人才聚集的具有全球影响力的高水平深港国际法务区。

4. 推动法治文化国际交流

深圳前海作为国家唯一批复的中国特色社会主义法治建设示范区，通过创新探索，出台了全国首份自贸区法治建设专项系统规划——《前海中国特色社会主义法治建设示范区规划纲要（2017—2020）》；建立了全国首个自贸区法治指数——"前海法治指数评估指标体系"；建立多元化国际化纠纷解决机制，设立全国第一家按法定机构模式治理的仲裁机构——深圳国际仲裁院。以上都是前海在打造中国特色社会主义法治示范区过程中的尝试和努力。未来前海应当锐意进取，不仅要将发展成果规范化、法治化、制度化，为其他地区法治发展提供有益经验，而且还要讲好前海法治故事，推动法治文化国际交流，将前海打造成为展示社会主义法治文化和国际法治文化交流的"双窗口"。未来前海在推动国际组织落地的同时，应加强双方法治文化交流，举办各类国际法治论坛以及研讨会，将展现法治成果和讲好中国法治发展故事作为国际交流的重要内容。

5. 持续输出各类创新成果

创新是国家赋予前海自贸片区的使命，中共中央、国务院印发《全面深化前海深港现代服务业合作区改革开放方案》要求："打造粤港澳大湾区全面深化改革创新试验平台，建设高水平对外开放门户枢纽。""到2025年，多轮驱动的创新体系成效突出，对粤港澳大湾区发展的引擎作用日益彰显。"截至2021年7月，前海已累计推出645项制度创新成果，在全国复制推广58项，全省复制推广82项，全市复制推广165项，形成了包括建立出口退税快速直达市场主体服务机制、推广电子营业执照在银行业务中的应用、实施跨境人民币全程电子缴税在内的一批可复制可推广的重大制度创新成果，充分发挥了前海全面深化改革、扩大开放试验田的作用。未来，前海应当紧抓时代机遇，按照中央对前海的最新要求，打造全面深化改革创新试验平台，推进包括现代服务业、科技发展体制机制、市场化改革等多方面在内的创新工作，为打造国际一流营商环境，建设高水平对外开放门户枢纽，构建国际合作和竞争新优势奠定基础。

三、前海法治指数（2021—2022年）

项目组从规则制定、法治政府、司法建设、法治社会、保障监督五个方面对深圳前海法治示范区2021年及2022年上半年法治建设情况进行了第五次系统评估。评估显示，前海法治示范区的法治建设成绩亮眼，在政务公开、仲裁国际化等方面走在全国前列；规则衔接、权责清单、司法公开等方面仍有提升空间。未来，前海法治示范区应当继续深入推进改革创新，补齐短板，争当中国法治建设的"排头兵"和"试验田"。

（一）总体评估结果

本次评估增加了评估指标，评估尺度也参考了第二批法治政府示范创建评估的标准，总体来看，本次评估结果既考虑了前海的特殊情况，又与全国其他地方有一定的比较。项目组基于评估指标、按照各个渠道获取的评估数据，核算了2021年度及2022年上半年前海法治指数评估结果。

前海作为我国首个中国特色社会主义法治建设示范区，诸多方面为其他自贸区法治建设提供了可参考、可借鉴的模板。在规则制定方面，前海用好用足中央对前海支持的各项政策，通过深圳市人大常委会及政府立法的方式，将各项利好政策以地方性法规和地方政府规章的方式落地，诸多立法经验被其他自贸区所借鉴。同时，前海始终走在粤港澳大湾区一体化建设的前列，在规则衔接方面进行了有益尝试，为区域协同立法提供了前海样本。在法治政府建设方面，前海利用信息化手段，不断提高政务服务水平和效能，推动跨域通办在前海落地，吸引境外人才在前海执业。在司法建设方面，前海公正高效审理涉外涉港澳台商事案件，进一步扩大检察院业务范围，为自贸区发展提供坚实的司法保障。在法治社会方面，前海支持深港国际法务区高端法律服务业发展，推动多元化纠纷解决业务齐头并进。在保障监督方面，前海加强党的建设，出台廉洁前海若干措施，增强理论储备，推动智库建设，以法治为根基为前海发展保驾护航。

1. 前海扩区2020年成绩亮眼

2021年9月，中共中央、国务院印发的《全面深化前海深港现代服务业合作区改革开放方案》提到，前海合作区由14.92平方公里扩展至120.56平方公里。在过去的一年里，前海法治建设成绩亮眼。政务服务方面，前海港澳e站通全面启动，港澳投资者可"一站式"办理前海政务服务；金融服务方面，"跨境理财通"首批业务落地前海，促进大湾区金融互联互通，推动人民币国际化；法律服务方面，2022年8月，首批粤港澳大湾区律师在前海执业，标志着粤港澳大湾区律师执业在深圳正式落地；制度创新方面，截至2022年2月，前海累计推出685项创新成果，65项在全国推广。时至今日，前海已经构建起层级完备的司法保障体系，打造了"国际范"十足的国际商事仲裁高地，探索与国际接轨的商事调解新机制，国际法律服务中心建设初具雏形。可以说，法治已经成为前海的核心竞争力，成为前海改革开放的主要驱动力。今后，前海在打造社会主义法治建设示范区的道路上，将努力成为国内法治与涉外法治统筹推进的创新地和国际商事争议解决的首选地。

2. 政务公开持续领先

项目组从决策公开、管理和服务公开、执行和结果公开、平台建设等方面，对全国21家自由贸易试验区所涵盖的67家自由贸易试验区片区政府信息公开情况进行了第三方评估。评估结果显示，前海蛇口片区在所有自贸片区中位列第三。[①] 前海政务公开有以下亮点值得关注。首先，完善信息公开规范制度。前海管理局充分认识到规则制度的重要性，制定了《深圳市前海管理局办公室关于成立深圳市前海管理局政务公开领导小组的通知》《深圳市前海深港现代服务业合作区管理局门户网站管理办法》《深圳市前海深港现代服务业合作区管理局政务微信公众号运营管理办法》等一系列信息公开管理办法，通过完善制度明确各部门的职责权限，从而提高公开质效。其次，构建网站传播大数据分析专题。前海针对政务公开信息开展网站内容传播的大数据分析，挖掘浏览量高、点击次数多的内容特点，将分析结果普遍应用于其他政务信息，以提高整体流量。最后，充分利用新平台发布信息。信息化时代，不同受众使用不同的信息平台，对此，前海管理局在主动拥抱新平台，开辟头条号、微信公众号、微博、抖音账号，发布政务信息。2021年，前海管理局主动在政务新媒体上发布消息，其中官方微信公众号发布信息1231条，官方微博发布2408条，官方头条号发布908条，官方抖音发布114条。

3. 仲裁国际化程度遥遥领先

中国自由贸易试验区仲裁合作联盟由上海国际仲裁中心和深圳国际仲裁院

---

① 本次评估根据《国务院办公厅关于印发2022年政务公开工作要点的通知》，在指标上较上次有了少许调整，特此说明。

倡议，由福州仲裁委员会、深圳国际仲裁院、广州仲裁委员会、上海国际仲裁中心、天津仲裁委员会、珠海仲裁委员会等6家仲裁机构作为创始成员机构，于2015年4月共同在深圳前海发起创立。截至2022年7月，该联盟已经逐步扩展到31家仲裁委员会（见表7-3）。该联盟以提升中国仲裁的国际公信力、推动自贸区建设成为新时代改革开放高地、提高中国自贸区仲裁专业化水平为目标。评估发现，在31家仲裁委员会中，仅有海南国际仲裁院、深圳国际仲裁院、上海国际仲裁中心仲裁员国际化比例超过20%。其中海南国际仲裁院港澳台地区及外籍仲裁员占24.24%；上海国际仲裁中心仲裁员港澳台地区及外籍仲裁员有361名，占37.41%；深圳国际仲裁院境外仲裁员有385名，占比超过41%。深圳国际仲裁院仲裁员名册覆盖77个国家和地区，基本实现"一带一路"沿线国家全覆盖，其国际化比例全国领先。此外，相比于其他仲裁院，深圳国际仲裁院积极推动智慧仲裁的应用和落地，建立了网上智慧仲裁系统，建立了仲裁智库，推动仲裁向信息化、智能化方向发展。

表7-3 中国自由贸易试验区仲裁合作联盟国际化对比

自贸区	仲裁机构	是否可以智慧仲裁	仲裁智库建设	多语言网站	人员名单
中国（上海）自由贸易试验区	上海国际仲裁中心	不可以	无	中文/英语	上海国际仲裁中心《仲裁员名册》共有仲裁员965名，分别来自74个国家和地区，其中中国内地仲裁员604名，占62.59%；外籍及港澳台地区仲裁员361名，占37.41%
	上海仲裁委员会	可以实现网上立案、网上庭审	有	中文	上海仲裁委员会拥有仲裁员1300名，其中外籍及港澳台地区仲裁员60名，占4.615%

续表

自贸区	仲裁机构	是否可以智慧仲裁	仲裁智库建设	多语言网站	人员名单
中国（广东）自由贸易试验区	广州仲裁委员会	有智慧仲裁，可以立案、庭审	有	中文	广州仲裁委员会仲裁员名册有2085名仲裁员，其中外籍及港澳台地区仲裁员156名，占7.48%
	深圳国际仲裁院	有智慧仲裁	有	中文/英文	仲裁员名册覆盖77个国家和地区，基本实现"一带一路"沿线国家全覆盖，境外仲裁员有385名，占比超过41%，国际化比例全国领先
	珠海仲裁委员会	有智慧仲裁	有	中文/英文	珠海国际仲裁院现有仲裁员863名，其中港澳台地区及外籍仲裁员166名，占19.2%，澳门地区仲裁员人数位居内地仲裁机构之首。仲裁员专业领域涵盖金融、国际贸易、建设工程、房地产、知识产权等，可以为国内、国际各类型商事经济纠纷提供专业仲裁服务
中国（天津）自由贸易试验区	天津仲裁委员会	可以网上立案	无	中文/英文	天津仲裁委员会有565名仲裁员，其中港澳台地区及外籍仲裁员5名，占0.88%
中国（福建）自由贸易试验区	福州仲裁委员会	不可以网上立案	无	中文	福州仲裁委员会共有521名仲裁员，无法确认是否有港澳台地区及外籍仲裁人员
	厦门仲裁委员会	有云上仲裁	无	中文	厦门仲裁委员会共有604名仲裁员，其中港澳台地区及外籍仲裁员28名，占4.64%

续表

自贸区	仲裁机构	是否可以智慧仲裁	仲裁智库建设	多语言网站	人员名单
中国（辽宁）自由贸易试验区	沈阳仲裁委员会	没有	无	中文	沈阳仲裁委员会共有340名仲裁员，无法确认是否有港澳台地区及外籍仲裁员
中国（浙江）自由贸易试验区	舟山仲裁委员会	可以网上立案，但是不能网上仲裁	无	中文	舟山仲裁委员会共有70名仲裁员，没有港澳台地区及外籍仲裁员
中国（河南）自由贸易试验区	郑州仲裁委员会	有	无	中文	郑州仲裁委员会有270名仲裁员，其中港澳台地区及外籍仲裁员人数为8名，占2.96%
中国（河南）自由贸易试验区	洛阳仲裁委员会	没有	无	中文	洛阳仲裁委员会有仲裁员220名，没有港澳台地区及外籍仲裁员
中国（湖北）自由贸易试验区	武汉仲裁委员会	有	无	中文/英文	武汉仲裁员共有1149名，其中港澳台地区及外籍仲裁员共24名，占2.09%
中国（湖北）自由贸易试验区	宜昌仲裁委员会	没有	无	中文	宜昌仲裁员共有302名，无法判断是否有港澳台地区及外籍仲裁员
中国（湖北）自由贸易试验区	襄阳仲裁委员会	可以网上立案	无	中文	襄阳仲裁员302名，没有港澳台地区及外籍仲裁员
中国（重庆）自由贸易试验区	重庆仲裁委员会	有互联网仲裁	无	中文	重庆仲裁委员会有仲裁员666名，其中港澳台地区及外籍仲裁员27名，占4.05%

续表

自贸区	仲裁机构	是否可以智慧仲裁	仲裁智库建设	多语言网站	人员名单
中国（四川）自由贸易试验区	成都仲裁委员会	没有	无	中文	成都现有仲裁员600余名，无法判断是否有港澳台地区及外籍仲裁员
中国（陕西）自由贸易试验区	西安仲裁委员会	有智慧仲裁	无	中文	西安仲裁委员会有仲裁员597名，其中港澳台地区及外籍仲裁员21名，占3.52%
中国（海南）自由贸易试验区	海南国际仲裁院	有	无	中文/英文	海南国际仲裁院有仲裁员1180名，其中港澳台地区及外籍仲裁员286名，占24.24%
中国（山东）自由贸易试验区	济南仲裁委员会	可以网上立案	无	中文	济南仲裁委员会有仲裁员460名，没有港澳台地区及外籍仲裁员
中国（山东）自由贸易试验区	青岛仲裁委员会	有线上ADR调解系统/有互联网仲裁平台	无	中文	青岛仲裁委员会有仲裁员1339名，其中港澳台地区及外籍仲裁员153名，占11.43%
中国（江苏）自由贸易试验区	南京仲裁委员会	可以实现网上仲裁	无	中文	南京仲裁委员会共有仲裁员752名，其中港澳台地区及外籍仲裁员55名，占7.31%
中国（广西）自由贸易试验区	南宁仲裁委员会	没有	无	中文	南宁仲裁委员会共有仲裁员615名，其中港澳台地区及外籍仲裁员26名，占4.23%
中国（广西）自由贸易试验区	钦州仲裁委员会	没有	无	中文	钦州仲裁委员会有仲裁员1408名，其中港澳台地区及外籍仲裁员51名，占3.6%
中国（广西）自由贸易试验区	崇左仲裁委员会	评估期间无法打开	评估期间无法打开	评估期间无法打开	评估期间无法打开

续表

自贸区	仲裁机构	是否可以智慧仲裁	仲裁智库建设	多语言网站	人员名单
中国（河北）自由贸易试验区	石家庄仲裁委员会	有互联网仲裁平台	无	中文	石家庄仲裁委员会共有仲裁员721名，其中港澳台地区及外籍仲裁员32名，占4.44%
	廊坊仲裁委员会	可以实现网上立案	无	中文	廊坊仲裁委员会共有仲裁员468名，其中港澳台地区及外籍仲裁员48名，占10.26%
中国（云南）自由贸易试验区	昆明仲裁委员会	评估期间无法打开	评估期间无法打开	评估期间无法打开	评估期间无法打开
中国（黑龙江）自由贸易试验区	哈尔滨仲裁委员会	能实现在线立案、在线调解	无	中文	评估期间无法打开
	黑河仲裁委员会	评估期间无法打开	评估期间无法打开	评估期间无法打开	评估期间无法打开
	牡丹江仲裁委员会	没有	无	中文	牡丹江仲裁委员会共有68名仲裁员，没有港澳台地区及外籍仲裁员

（二）各板块评估结果

1. 规则制定的亮点和不足

（1）推动粤港澳规则衔接。粤港澳区域合作是中国区域合作的成功典范，同时也是"一国两制"和基本法框架下跨区域、跨法域合作的成功典范。粤港澳大湾区具有"一个国家、两种制度、三个法域、三种货币、三个关税区"的特点，探索规则衔接不仅需要借鉴域外湾区的成功经验，同时还需要结合粤港澳大湾区的实际情况。对此，中共中央、国务院印发《全面深化前海深港现代服务业合作区改革开放方案》对规则衔接所涉及的范围和领域进行了细化，要求"推进与港澳跨境政务服务便利化,研究加强在交通、通信、信息、支付等领域与港澳标准和规则衔接"。一方面,前海积极推动中央政策有序落地,持续推进规则制度"软联通",打造规则衔接示范地。例如,在海关方面,前海获得海关总署的支持,允许其与香港监管规则和检测标准相衔接,对粤港澳大湾区高新技术产品质量安全风险信息实施分类,采取风险识别、分析评估、风险登记研判及预警处置措施。另一方面,前海探索建立粤港澳商事法律规则衔接研究中心。前海在现有司法实践经验、理论研究和司法改革的基础上,探索成立"粤港澳商事法律规则衔接研究中心",以理论带动实践,以实践促进理论。在具体举措上,前海积极整合优化研究资源,明确职能建构,打造高水平研究队伍,推动与域内外专业机构进行常态化交流合作,促进规则衔接落地。

(2)立法拓宽域外适用认定范围。《深圳经济特区前海深港现代服务业合作区条例》第五十七条突破了《涉外民事关系法律适用法》,规定"民商事合同当事人一方为前海合作区注册的港资、澳资、台资及外商投资企业的,可以协议选择合同适用的法律"。这意味前海法院在适用法律上拥有了"最低限度联系原则",在前海注册的港资企业,在订立民商事合同时,即使不具备"涉外因素",也可以选择香港法律作为合同适用的法律,这使得更多商事主体在选择"熟悉的法律"解决纠纷时享有更广阔的制度空间。该制度的确立,有助于提升前海在粤港澳大湾区乃至全球自贸港中的司法影响力,保护中国当事人的合法权益以及国家利益,有效反制滥用司法管辖权等"长臂管辖"行为,捍卫司法主权。

(3)制定规则促进科技创新。当前世界范围内国与国之间的竞争,说到底还是生产力的竞争,是科学技术的竞争。科技创新是经济发展的重要支撑,是科教兴国战略的必然要求,是民族和国家发展的动力源泉。为了推动科技创新,2022年8月,前海印发《深圳市前海深港现代服务业合作区管理局支持科技创新实施办法(试行)》,以切实可行的政策优惠,鼓励支持科技创新企业在前海生根发芽,推动港澳科研成果跨境转化。例如,粤港澳新型研发机构的支持和管理办法另行规定,同时支持世界500强企业与国家级创新载体或国际重要实验室建设联合实验室,对符合条件的联合实验室按照运营实际投入经费的50%,予以500万元支持。

（4）制定规则促进商贸物流发展。前海在疫情和中美贸易摩擦的双重影响下，国内国际双循环受到一定的打击。一方面，国内疫情不断零星散发，商贸物流行业面临通行不畅、供应链断裂等多重障碍；另一方面，中美贸易摩擦对前海电子芯片进口业务的影响在短时间内未能撤除，导致前海对外贸易压力增大。在此背景下，前海管理局制定了《深圳市前海深港现代服务业合作区管理局促进商贸物流业高质量发展办法》，对批发零售企业、商业运营主体、商户以及直播电商予以支持。该办法以减免仓库租金、资金奖励支持等政策优惠为现代物流、航运服务，鼓励商贸物流业聚集发展。

（5）规则制定保持在较高水准。前海在规则征求意见、规则发布、规则解读等多个方面均表现突出。在征求意见方面，线上设置专门栏目广泛征求建议看法，线下则邀请重点行业领域的专家学者就政策提供意见；在规则发布方面，发布及时性有了较大提升，一旦政策文件通过当即公开发布，让市场主体第一时间了解政策内容；在规则解读方面，规则文件与政策解读相关联且一一对应，同时在线下印发大量政策解读的宣传手册和图文解释，方便人民群众深度了解规则所规定的关键信息。

（6）规则衔接依然任重道远。虽然前海在大方向上已经作出重要的突破，但由于该项工作理论难度大、涉及领域范围广、牵涉问题复杂，海峡两岸暨港澳规则衔接仍存在较大的提升空间。以香港承包商在前海的建设工程服务为例，香港的建设工程承包规则与内地的规则相差很大，香港工程推行的是建筑师负责制没有简历，而内地则要求强制监理，不同的操作规则使香港承包商进入内地承揽工程存在许多顾虑，虽然前海放开了香港承包商在前海执业的资质要求，但实际上香港承包商（尤其是施工承包商）要真正在前海承包工程仍较难实现。要使前海地区的工程规则与香港乃至国际的通行规则接轨，需要在规则制定的细则上继续深化落实。

（7）规则失效未能及时公示。前海出台了大量试行规则，同时规定了有效期。例如，《关于支持港澳青年在前海发展的若干措施》自2019年3月1日起施行，有效期3年；《深圳市前海深港现代服务业合作区土地租赁管理办法（试行）》自2019年4月25日起施行，有效期3年。2022年3月份之后，上述措施和办法陆续失效。而前海管理局未能对即将失效或已失效的规定进行足够的提示和备注，社会公众在查询相关政策时，极容易将已经失效的政策作为行为依据，造成行为失准。从现有状况来看，前海不仅应把注意力放在规则的制定和解释上，还应当注重即将失效或已经失效规则的标注，让社会公众了解部分规定已经失效，无需参考执行。

2. 法治政府的亮点和不足

（1）前海优化审批服务再上新台阶。优化审批服务能够切实为广大市场主体松绑减负，能够营造更加良好的营商环境，能够切实增强市场主体的获得感。前海始终深信"审批不仅是权力，更是服务"的理念，通过"前海e站通服务中心""前海港澳e展通"以及多个片区服务载体，通过线上线下相结合的方式，积极打造覆盖全域的审批服务体系，不断推动审批服务持续优化。截至2021年底，前海优化审批服务事项445项，占所有审批服务事项的84%。同时，前海加强数字政府建设，严格落实《国务院关于加强数字政府建设的指导意见》，不断完善电子证照共享服务体系，528个事项对应348种办事结果，其中240种办事结果有对应的电子证照目录，让企业切实感受到审批服务不断优化带来的便利及成效。

（2）跨域通办取得明显成效。为深入推进"放管服"改革，进一步优化政务服务流程，不断提升主动、精准、整体式智能化服务水平，持续提升企业和居民办事便利度和获得感，前海进一步探索跨域通办的极限。在深圳市内，自2022年3月，前海已经试点推行"全市域通办"服务模式，线下办事大厅、网上办事大厅、移动端等服务渠道均已打通，通过"异地收件、属地受理""辅助申报""快递申报"等多种方式，让申请人选择最方便的方式和地点进行业务申请或者材料提交，实现政务服务跨区域、跨层级登记收件，为企业和群众提供更加便捷、高效、优质的政务服务。截至2022年3月，前海已有包括企业投资项目核准、变更、延期，设立外籍人员子女学校等111项政务服务事项已实现"全市域通办"。在深圳市外，前海推出"粤港澳大湾区"业务通办项目，为深化粤港澳政务服务搭建桥梁。例如，前海税务局率先推出"深港澳办税易"服务互通便利化项目，提供105项涉税业务办理服务，将"远程办""辅助办""邮寄办"服务延伸至港澳地区，为探索境内外政务服务一体化提供税务经验。设立多语种语言服务咨询岗、导税岗及服务专窗，构建"宣传＋辅导+办税"多语种现代化税费服务体系。

（3）吸引境外人才跨境执业。吸引境外海外人才、打通粤港澳执业壁垒、推动大湾区市场一体化建设一直是前海改革的重要方向。2021年《中华人民共和国国民经济和社会发展第十四个五年规划和2035年远景目标纲要》要求："扩大内地与港澳专业资格互认范围。"对此，前海通过修改规则，扩大与港澳专业资格互认，避免出现"准入不准营"的情况。例如，前海推动港澳涉税专业人士跨境执业政策在前海率先落地，打造港澳涉税专业人员到内地发展的"第一站"。截至2022年7月份，已有69位港澳涉税专业人士办理完成跨境执业登记，7家联营税务师事务所完成登记执业。

（4）行政执法报告公开。在行政机关的各项活动中，行政执法与人民群众切身利益最为密切和直接。近年来，随着行政执法"三项制度"（建立执法全过程记录制度、严格执行重大执法决定法制审核制度、推行行政执法公示制度）的深入推进，全国执法规范化有了较大进步。在此基础上，前海进一步要求执法单位不仅要践行执法全过程记录、重大执法法制审核、行政执法公示，而且对全年执法数据进行总结和公开，接受社会监督。根据公开结果，2021年前海行政处罚案件768宗，罚没金额124万元，平均每宗案件罚款0.16万元。

（5）推动重大决策科学民主合法。重大决策的制定对于地方经济社会发展至关重要，前海通过公开重大决策目录、完善议事规则、强化法治审核三个环节，保障重大决策科学、民主、合法。首先，前海确定全域重大决策事项过程中，会将重大决策主要内容以及完成时限一并向社会公开，接受社会监督。其次，制定重大决策议事规则。前海先后制定出台《中共深圳市前海深港现代服务业合作区工作委员会会议制度》《深圳市前海管理局局长办公会议工作规则》《中共深圳市前海深港现代服务业合作区工作委员会、深圳市前海管理局、前海蛇口自贸片区管理委员会领导办公会议工作规则》等一系列的议事规则，帮助前海管理局提高议事能力和水平，增强议事的规范性。最后，法务审核前置。法务审核前置有利于提高决策水平，有利于保障决策合法性，有助于强化对权力的监督。截至2021年底，前海反馈或审核重大制度意见100余件次，审核各类合同800余份，出具法律意见4000余条，为疫情防控、重大项目建设、重大决策和突发事件应对提供法律支持，全面防控政府法律风险。

（6）法治政府建设报告存在瑕疵。一方面，评估发现前海超前发布年度法治政府建设报告。2021年的法治政府建设年度报告发布日期为2021年12月28日，2020年度依法行政及法治政府工作报告发布日期是2020年12月21日。上述两个年度报告均在本年度结束之前发布，未能涵盖本年度所有时间段。另一方面，法治政府建设报告中存在漏项。中共中央办公厅、国务院办公厅印发的《法治政府建设与责任落实督察工作规定》第25条规定，法治政府建设年度报告主要包括以下内容：①上一年度推进法治政府建设的主要举措和成效；②上一年度推进法治政府建设存在的不足和原因；③上一年度党政主要负责人履行推进法治建设第一责任人职责，加强法治政府建设的有关情况；④下一年度推进法治政府建设的主要安排；⑤其他需要报告的情况。两份报告中未提及上一年度法治政府建设存在的不足和原因，不符合中央关于法治政府建设年度报告的要求。

（7）设定审批的依据存在问题。前海管理局公开的审批制度依据存在过时问题，部分条例已经修改，其所对应的条文发生了变化。例如，国有建设用地供地审核的依据是《土地管理法实施条例》2014年修订版第22条和第29条，最新的版本是2021年修订版，2021年修订之后，对应第29条变成了第17条，而第22条相关内容则删除。再如，中医医疗机构医师执业注册的依据写的是《执业医师法》，但是该法已经被《医师法》（2022年3月）废除了，将已经废止的法律作为审批依据不仅不合适，而且不合法。

（8）政府信息公开指南表述有待完善。在前海管理局政府信息公开指南中指出，"公民、法人或者其他组织认为行政机关在政府信息公开工作中的具体行政行为侵犯其合法权益的，公民、法人和其他组织可以依法申请行政复议或提起行政诉讼"，修改后的《行政诉讼法》删除了"具体行政行为"的表述。政府信息公开指南的表述应当及时随着法律法规的修改而完善，以保障指南的严肃性和合法性，避免错误引导。

3. 司法建设的亮点和不足

（1）畅通在线诉讼服务渠道。司法信息化建设对诉讼服务产生了深刻的影响，打破了诉讼必须在法庭这一固定场域内进行的固有模式，对证据交换和证明、诉讼材料送达、庭审记录等都产生了重要影响。司法信息化建设使得诉讼参与更加便捷、简洁、实用,同时也让民众更容易接近司法。前海法院不断拓宽网上立案范围,在网上立案平台开通执行恢复、财产保全、申请再审等案件的申请途径,让司法诉讼服务插上信息化翅膀,减少诉讼参与人的诉累,节约诉讼成本,不仅让诉讼参与人在每一个案件中都感受到公平正义,而且感受到司法的便捷和高效。2021 年,前海法院网上立案 19,500 件,占立案总数的 90.33%;受理 12368 及诉讼服务热线 52,039 人次。在疫情期间,前海通过完善远程视频跨域授权服务流程,最大限度减轻疫情影响,保障域外当事人诉权。2021 年,前海法院通过跨境视频连线的方式,远程在线确认当事人身份与授权行为 300 人次。

(2)公正高效审理涉外涉港澳台商事案件。前海法院 2021 年共受理涉外涉港澳台商事案件 4851 件(其中新收 3669 件),受理涉外涉港澳台商事案件比 2020 年上升 51.55%,占民商事总案件数的 35.27%。其中,受理涉港商事案件 2928 件,占涉外涉港澳台商事案件总数的 60.36%;涉外商事案件 1460 件,占 30.10%;涉澳商事案件 58 件,占 1.20%;涉台商事案件 405 件,占 8.34%。审结涉外涉港澳台商事案件 3166 件,同比增长 25.83%。2021 年,前海法院涉外涉港澳台商事案件平均审理周期为 7.7 个月,是全国涉外涉港澳台商事案件办理最快的法院。

(3)为香港地区陪审员开辟线上参与渠道。前海法院积极完善"港区陪审"和"港区调解"制度,创新涉港审判工作机制,积极适用香港法或域外法进行审理。前海法院聘请 19 名港籍陪审员,截至 2021 年 12 月,香港地区陪审员参与办理案件 661 件。受疫情影响,香港陪审员前往前海参加诉讼活动困难增加。为此,2022 年 3 月前海法院在"深圳移动微法院"平台为香港地区陪审员开通实名认证的专项通道,实现了香港地区陪审员登录使用"深圳移动微法院"平台即可查阅陪审案件资料和在线参与庭审。另外,前海法院还自行研发"陪审通"小程序,方便香港地区陪审员使用小程序接收案件排期等相关庭审信息。

(4)全力破解执行难题。"切实解决执行难"是党中央作出的重大决策部署,破解执行难题是推进国家国家治理体系和治理能力现代化的重要内容,是提高人民群众获得感的有效途径。前海合作区人民法院通过完善常态化执行机制、强化善意文明执行理念、加强执行款物管理等举措，权力破解执行难题。在执行工作机制方面，前海法院建立健全涵盖执行事务管理的长效机制，制定《前海法院执行员选任、管理规定（试行）》，明确执行员工作职责，修订《深圳前海合作区人民法院财产保全工作规定》等制度，确保高效公正规范文明执行。2021 年，前海法院新收各类执行案件 5035 件，比 2020 年上升 16.31%；办结 4517 件，同比上升 8.50%，结收案比 89.71%。在强化善意文明执行理念方面，前海法院灵活查封诚信企业财产，充分考虑被执行人特殊情况，保障其正常经营。2021 年，前海法院共办结涉诚信企业案件 843 件，涉及诚信企业 116 家，结案标的额 7.07 亿元。在加强执行款物管理方面，前海规范执行款物收付全流程管理，提高执行款物流转效率。2021 年，举办两次执行款集中发放活动，重点针对涉民生、涉中小微企业案件，向 60 名申请执行人发放了约 1.4 亿元执行款，取得良好社会效果。2021 年，前海法院累计完成执行款划款 3188 笔，划款金额总计 9.3 亿元，执行款收付管理进入良性循环。

（5）持续推动仲裁国际化。仲裁国际化是新时期中国涉外法治工作和对外开放战略的重要环节，是增强国际贸易规则话语权的重要途径，是优化国际化营商环境的重要内容。深圳国际仲裁院的仲裁员共 1548 名，覆盖全球 114 个国家和地区，其中中国内地 981 名，中国香港 149 名，中国澳门 18 名，中国台湾 17 名，外国 383 名，境外占 36.6%，超过了《深圳国际仲裁院条例》所规定的 1/3 的比例要求。仲裁员结构国际化程度维持在较高水平，增强了外国与港澳台地区商事主体对在前海投资创业的法治信心。仲裁员的国际化助力仲裁院吸引了大量涉外案件。2021 年，仲裁院受理的近七成的仲裁案件为跨境纠纷，较 2020 年增长 15%，争议金额过亿元案件达 138 宗；案件平均争议金额达人民币 1216.88 万元，较 2020 年增长 47.16%。仲裁院全年受理涉外案件（含涉港澳台案件）总数达 345 宗，争议金额达人民币 197.78 亿元，受案数量和争议金额分别较 2020 年增长 8.15% 和 72.28%。涉外案件平均争议金额达人民币 5732.75 万元，较 2020 年增长了 59.3%。截至 2021 年 12 月 31 日，仲裁、调解服务累计覆盖 136 个国家和地区。

（6）检察院面临人力资源困境。深圳前海蛇口自贸区检察院自成立以来，依法履行法律监督职责，深化检察服务的各项举措，积极探索创新，服务地方经济社会发展。随着深圳前海蛇口自贸区检察院有权办理自贸辖区内刑事案件、探索开展海洋检察和金融类案件管辖工作后，其面临的人力资源困境逐步凸显。目前，检察院有工作人员53人，其中检察官13人、检察行政及辅助人员17人、劳动合同制司法辅助人员及临聘人员23人。上述人员数量不足以应对突然增加的工作量。

（7）司法公开工作有所松懈。项目组对全国13家专门性法院（包括自贸区法院、互联网法院、金融法院、知识产权法院）司法公开情况进行评估，2021年评估中前海合作区人民法院取得了排名第三的好成绩，在2022年评估中，前海合作区人民法院司法公开情况不容乐观。审务信息、审判信息、执行信息、数据信息、司法改革信息存在公开不完整、不规范等问题，部分信息公开不及时，一些信息没有公开，导致司法公开成绩有所下滑。

4. 法治社会的亮点和不足

（1）调解国际化和专业化齐头并进。一方面，前海积极探索与国际接轨的商事调解新机制。设立前海一带一路诉调对接中心、蓝海法律查明和商事调解中心、前海国际商事调解中心等国际调解机构。强化与香港和解中心、香港国际仲裁中心调解会、澳门世界贸易中心仲裁中心等9家知名域外调解组织合作，成立粤港澳商事调解仲裁联盟，开展粤港澳三地专业调解员联合培训和资格互认。成立商事调解协会，推动商事调解规则标准化、国际化和市场化。前海"一带一路"国际商事诉调对接中心聘请超过16名港澳台地区和外籍法律专业人士为调解员，采用"香港地区调解员＋内地调解员"以及"香港地区调解员＋内地调解法官"等联合调解模式。前海国际商事调解中心开展跨境调解，与日内瓦调解中心、瑞中法律协会等开展深度合作；蓝海法律和查明调解中心，积极引进美国等境外调解业务新模式，挂牌运作"商事纠纷中立评估基地"，进一步丰富调解服务形态。另一方面，前海注重发展专业调解，专业的事情交由专业机构和专业人士处理。例如，在资本市场调解业务方面，2021年，深圳证券期货业纠纷调解中心受理案件1382宗，较2020年同比增加365%，其中涉及证券纠纷59宗、基金纠纷22宗、期货纠纷23宗、上市公司纠纷1278宗。该中心办结案件1069宗，较2020年同比增加863%。其中，调解成功414宗，和解金额达人民币2985万元。再如，在展会调解业务方面，仲裁院继续在商务部的支持下，依托与中国对外贸易中心合作创建的广交会"云上调解"系统，持续创新调解模式，采用线上线下融合的形式为第 130 届中国进出口商品交易会（广交会）提供调解服务，调解成功率达 100%，顺利解决中外企业贸易纠纷，进一步扩大仲裁院在国际贸易纠纷解决方面的全球影响力。截至 2021 年，仲裁院协助广交会投诉接待站处理贸易纠纷超过 1300 宗，调解案件的当事人涉及 119 个国家和地区，总体调解成功率达 60%，促使大部分案件海内外当事人现场履行，专业、高效解决贸易纠纷。

（2）深入开展"八五"普法工作。前海管理局以习近平法治思想为指导，从科学把握新发展阶段、深入贯彻新发展理念、率先构建新发展格局的实际出发，有效整合法律服务资源。实施诸如扩大"直播式普法"的覆盖面，开展企业合规建设系列普法活动，组建市场监管普法志愿者队伍等一系列创新举措。前海为企业提供最新的咨询服务，并按需普法、定制普法、精准普法、以案释法，把案件依法处理过程变成普法公开课。同时，前海运用新媒体、短视频等新兴信息传播媒介进行"智慧普法"，扩大"直播式普法"的覆盖面，做好专业资源与企业的有效对接。

（3）高标准建设前海深港国际法务区。2021 年 5 月，中央全面依法治国委员会印发《关于支持深圳建设中国特色社会主义法治先行示范城市的意见》提出，"高标准建设前海深港国际法务区"。国际法务区建设，有利于为中国特色社会主义法治建设打造示范窗口，有助于进一步提升前海深港法律事务合作水平，有益于构建对接港澳、接轨国际的一流法治营商环境。为了推进国际法务区落地，前海专门制定了《关于支持深港国际法务区高端法律服务业集聚的实施办法（试行）》，该办法主要对适用范围、实施主体、支持对象、准入条件，以及深港和国际合作发展支持、鼓励法律服务业集聚发展支持、物业支持的具体标准和条件等进行了规定。2022 年 1 月 4 日，前海深港国际法务区启用，得到法律界高度关注。目前已有司法、仲裁、调解、法律服务等六大类 70 多家机构进驻法务区。

（4）支持市场主体纾困发展，摆脱疫情不利影响。为了保障国民经济和社会健康发展，保障就业、活跃市场，减少疫情造成的经营困难，2021 年 11 月，国务院办公厅下发《关于进一步加大对中小企业纾困帮扶力度的通知》，要求

"进一步加大助企纾困力度，减轻企业负担，帮助渡过难关"。在此基础上，2022年3月，前海出台《关于应对新冠肺炎疫情支持市场主体纾困发展的若干措施》，通过减租金降负担、稳就业稳岗位、用科技促抗疫、减税负降成本、强金融助纾困等多项举措，支持市场主体摆脱疫情不利影响。第四批扶持资金共计565.61万元。其中，支持零售业餐饮业发展扶持企业174家，扶持金额489.79万元；支持鼓励企业稳岗留工扶持企业1家，扶持金额1500元；支持防疫科技研发扶持企业3家，扶持金额75.68万元。

（5）国际仲裁员缺少税收优惠。加快提升前海合作区法律事务对外开放水平，推动粤港澳大湾区国际仲裁中心建设，需要对标国际标准，吸引全球一流仲裁专家积极参与前海国际仲裁。然而，相比中国香港、新加坡等国际仲裁中心，国际仲裁员在中国内地办理仲裁案件没有税收优惠政策配套，个人所得税率远远高于境外，不利于在前海打造具有国际公信力和全球影响力的国际仲裁高地。

（6）疫情导致出入境便利大打折扣。受疫情影响，境内外开展线下活动仍存在一定的限制，为进一步推动国际仲裁交流合作造成一定阻碍。在出入境方面，中国香港、新加坡等地推出了方便境外人士参与仲裁的出入境便利措施，如2020年中国香港推出的"为来港参与仲裁程序的人士提供便利先导计划"等。而境外人士进入中国内地参与仲裁，无法享受类似的便利措施。这也逐渐影响了境外主体对前海深港国际法务区的信任，削弱了前海深港国际法务区对境外法律人才的吸引，降低了前海国际仲裁的全球竞争力。

5. 保障监督的亮点和不足

（1）前海充分发挥党建引领作用。前海主动向社会招聘党建组织员，宣传贯彻党的路线、方针、政策，执行党组织决议决定；推动派驻单位建立健全党组织；协助派驻单位党组织落实"三会一课"制度，规范开展党内政治生活；做好党组织换届，党员教育、管理、监督和服务工作，完善党内党务公开，维护更新党统信息，做好党员组织关系排查、接转和党费收缴，做好党内关爱帮扶，建立完善党组织档案管理等日常工作；协助派驻单位党组织做好发展党员工作，制定和实施发展党员工作计划；做好组织、宣传、凝聚、服务群众工作，增强党组织凝聚力和向心力，充分发挥战斗堡垒作用；配合做好党群服务中心日常管理，组织开展党员志愿服务活动，推进党群共建；做好与上级党组织的沟通联系，帮助解决派驻单位党建工作的具体问题，落实各项任务目标，保障各项工作顺利开展，报送党建工作信息等；完成上级党组织交办的其他任务。

（2）香港法律界深度参与前海法治建设。香港法律界的深度参与，是前海法治建设的鲜明特色。《粤港澳大湾区发展规划纲要》提出，前海要联动香港打造国际法律服务中心和国际商事争议解决中心；《全面深化前海深港现代服务业合作区改革开放方案》提出，前海要提升法律事务对外开放水平，深化联营律师事务所机制改革，鼓励港澳律师事务所到前海设立业务机构。为此，前海积极联动香港，高标准建设前海深港国际法务区。2022年1月，前海深港国际法务区启用，激励大湾区律师到前海执业。一方面，鼓励前海律师事务所聘用大湾区律师，按聘用人数给予相应奖励，聘用达到30人以上的，一次性叠加奖励20万元；另一方面，对于到前海执业的大湾区律师，按其在内地执业业务收入的30%给予扶持，每人每年最高可达10万元。

（3）前海拒腐防贪保廉洁。中共中央、国务院印发《全面深化前海深港现代服务业合作区改革开放方案》，深圳充分发挥监督保障执行、促进完善发展作用，出台了《关于深入推进廉洁前海建设的若干措施》。在该措施的要求和指引下，深圳探索向前海非公企业提供"防贪顾问服务"、探索设立"廉洁工作站"等群众便利化监督平台、构建以信用为基础的市场监管机制等内容都吸收借鉴了国内外廉洁治理的先进经验。在廉洁法治建设方面，《关于深入推进廉洁前海建设的若干措施》提出，将健全公正透明规范的司法机制，严格落实防止干预司法"三个规定"等制度规定，完善司法责任制落实机制，健全司法过错责任追究和司法公开制度。同时，将规范行政执法行为，完善行政执法"双随机、一公开"制度，探索以风险分类和信用分级为基础实施差异化监管。

（4）高质量推动工作的人员配备不足。前海总面积由14.92平方公里扩展至120.56平方公里之后，其所面对的情况越发复杂。对此，法治建设、法律事务以及风险防范等工作难度也同步提高。从各个层面来说，前海管理局部分处室存在小马拉大车的情况。今后要进一步推动高质量发展，推动各项工作，亟需进一步配备高素质的精干力量。

（三）发展展望

前海的发展对提升粤港澳大湾区建设、支持深圳建设中国特色社会主义先行示范区、构建对外开放新格局、增强香港同胞对祖国向心力具有重要意义。近年来,《中共中央 国务院关于支持深圳建设中国特色社会主义先行示范区的意见》《深圳建设中国特色社会主义先行示范区综合改革试点实施方案(2020—2025年)》《全面深化前海深港现代服务业合作区改革开放方案》《关于支持和保障全面深化前海深港现代服务业合作区改革开放的意见》《最高人民法院关于调整深圳前海合作区人民法院管辖涉外、涉港澳台商事案件标准的批复》等一系列文件的出台,为前海的高质量发展画好了蓝图、定好了基调、明确了方向。前海应当在此基础上,严格落实党中央的要求,继续推进与港澳规则衔接、机制对接,建设高水平对外开放门户枢纽;继续开展各项制度创新工作,促使营商环境达到世界一流水平;继续尝试创新合作治理模式,提高应对包括疫情在内的风险能力;继续推动智库建设和法治文化建设,打造中国特色社会主义法治示范区样板。

1. 规则衔接领域进一步发力

规则衔接是粤港澳大湾区建设必须解决的重大课题,前海作为特区中的特区,理应在规则衔接方面精准发力,加强规则衔接研究,引领粤港澳大湾区规则体系一体化建设。一方面,前海应当继续增加规则衔接的理论储备,加强相关领域的制度研究。目前,前海已经发布了包括建设工程管理制度粤港澳规则衔接、大湾区金融规则衔接和标准互认、大湾区规则衔接模式与路径等课题,即将形成一批可复制、可推广的优秀成果。未来前海应持续发力,逐步覆盖交通、通信、信息、支付等领域,为粤港澳大湾区规则体系一体化贡献前海力量。另一方面,前海可加强同其他自贸片区的合作,充分借鉴其他自贸片区已有的经验。例如,横琴合作区计划2022年推出40余项规则衔接事项,3年解决100—120个规则衔接问题。尽管横琴主要解决的是澳门居民在横琴的生活、居住、投资、兴业问题,但在规则衔接的处置方式、技巧、路径、模式等亦可充分借鉴。

2. 深化开展区域一体化建设

2022年4月,《中共中央 国务院关于加快建设全国统一大市场的意见》正式出台,要求"粤港澳大湾区在维护全国统一大市场前提下,优先开展区域市场一体化建设工作,建立健全区域合作机制,积极总结并复制推广典型经验和做法"。未来，前海在深化区域一体化建设方面大有可为。一方面，前海在贸易自由化、投资便利化、金融开放等方面积累了大量制度创新成果，初步形成了以制度创新为核心的前海模式。部分制度创新内容已经在全域、全省甚至全国推广，这就为制度引领奠定了基础。此时，前海应充分用好用足《粤港澳大湾区发展规划纲要》《全面深化前海深港现代服务业合作区改革开放方案》等中央政策，以制度创新为抓手，以区域合作为内容，率先打破粤港澳大湾区区域一体化建设的壁垒，成为粤港澳大湾区一体化建设的破冰者和引领者。另一方面，前海应当利用好"粤港合作联席会议""前海南沙横琴部际联席会议"等机制，加强区域之间的沟通和交流，互通有无，强化合作。尤其是在人才方面，可以探索粤港澳大湾区人才流动制度，通过大湾区范围内实行专业人才"轮岗"，相互了解各自制度的运行特点，完善制度实施细则，让区域一体化建设更好地落地。

3. 进一步提升对外开放水平

《全面深化前海深港现代服务业合作区改革开放方案》提出，"建设高水平对外开放门户枢纽""深化与港澳服务贸易自由化""扩大金融业对外开放""提升法律事务对外开放水平"。目前，前海围绕深改方案，针对进一步提升对外开放水平制定了任务清单，明确了各部门的责任。需要指出的是，提升对外开放水平的同时，要坚持"引进来"和"走出去"相结合。在"引进来"方面，需要前海打造法治化、国际化、便利化的营商环境，为市场主体提供公平、公正的行政执法环境、提供便捷、高效的纠纷解决途径。另一方面，在建设高水平对外开放门户枢纽同时，也要注重企业"走出去"，尤其是要做好法律咨询服务，维护好走出去企业的安全和利益。特别是要发挥好深圳国际仲裁院在"跨境管辖案件、跨境适用法律、跨境执行裁决"等特殊功能，采取多种形式为前海企业"走出去"提供专业、高效、便捷的争议解决服务与保障。

4. 进一步加强前海智库建设

智库是地区高质量发展的智慧源泉，是地区软实力的集中体现，是地方治理决策走向科学化的重要标志。前海历来重视智库的建设与发展，先后成立了"前海社会主义法治示范区研究会""法治前海研究基地""前海国合法律研究院""粤港澳大湾区司法研究院"等高端智库，为前海在规则制定、制度创新、涉外法律服务等多个方面提供智力服务。随着中央对前海发展提出更多的要求、寄予更高的期待，现有的智库已经无法满足前海的发展需求，中国特色新型智库亟需在前海落地。2022年5月，前海制定的《深圳市前海深港现代服务业合作区管理局关于支持中国特色新型智库发展的暂行办法》提出，针对新型智库落户前海提供300万元的经费支持，为前海新型智库的发展提供了资金保障。为了更好地推进智库建设，建议前海引进以下机制。首先，建立决策咨询竞争机制。智库与智库之间可以展开适当的竞争，以提高决策咨询的科学性，保障智库咨询质量。可以按照公平、公正、竞争的原则开展项目咨询，择优选择最佳的咨询结果。其次，建立智库成果评估机制。建议设定多元标准就智库成果价值进行评估，根据评估结果给予对等激励，不断提高智库服务水平。最后，建立智库互动合作机制。每个智库都有自身的特色和优势，都有自己的专业领域和拳头产品，再强大的智库也都有其局限性，建立智库互动合作机制可以充分发挥各自特长，解决重大复杂难题。

5. 进一步提升风险应对能力

当下经济全球化遭遇逆流、世界不稳定因素频繁发生、国内疫情对经济造成诸多不利影响。面对上述风险，前海未来应当进一步提升风险应对能力。首先，发挥党建引领，凝聚共识。在风险防控过程中，需要充分调动各方资源和力量投入其中，这就要求发挥好党建引领功能，打造高效联动、上下贯通、灵活运转的应急指挥体系，对抗各类突发风险。其次，完善应急预案，强化舆论宣传。目前，针对可能在前海出现的各类风险，均应当做好应急预案，同时应加强对应急预案的宣传，一旦出现相关情况，能够做到提前响应。最后，构建智慧城市，提升治理能力。随着"互联网+城市管理"、政务"大数据平台"的深入推进，智慧城市管理呼之欲出。前海在智慧城市建设方面已深耕多年，在社会信用体系建设、防贪拒腐、跨境贸易等多个方面均有应用，未来应当进一步提高智慧城市的应急能力，整合出入境、医疗卫生、消防、公安等关键数据和信息，不断提升风险应对能力。

四、前海法治指数（2022—2023年）

项目组从规则制定、法治政府、司法建设、法治社会、保障监督五个方面对深圳前海法治示范区 2022 年及 2023 年上半年法治建设情况进行了系统评估。评估显示，前海法治示范区的法治建设成绩亮眼，规则制定、政务公开、司法公开等方面走在全国前列；粤港澳规则衔接、深港互联互通、法律事务对外开放等方面成绩斐然。未来，前海法治示范区应当继续深入推进改革创新，补齐短板，争当中国法治建设的"排头兵"和"试验田"。

(一) 评估结果

本次评估参考了法治政府示范创建评估的标准和尺度，并抽取了部分可以外部观察的指标与其他自贸区进行横向对比。在规则制定方面，前海不断完善规则体系，将《全面深化前海深港现代服务业合作区改革开放方案》的要求逐步落实，并加强同港澳联系，推动大湾区规则衔接。在法治政府方面，前海在金融、税务、物流等领域持续发力，深港互联互通迈上了新台阶，法治化营商环境进入新阶段。在司法建设方面，前海推动智慧司法建设，推动法律事务对外开放，积极探索大湾区司法人才交流新模式。在法治社会方面，前海深化公共法律服务平台建设、通过中立评估搭建调解裁决新桥梁，努力营造和谐稳定的社会环境。在保障监督方面，前海成立企业廉洁促进与合规管理联合会，推动企业廉洁与合规建设。此外，为了横向比较前海法治成果，项目组选取了规则制定、政务公开、司法公开三个视角对自贸（片）区进行了横向比较，通过比较不难发现，前海在众多自贸（片）区中先发优势明显，法治建设的重点领域持续领先。

1. 规则制定科学民主规范

自贸区承担着全面深化改革和扩大开放的重任，然而重大改革需于法有据、对外开放需有法可依，故规则体系建设对于自贸区而言至关重要。项目组选择规则制定民主性、规范性、科学性三个指标对自贸片区进行评估，并通过外部观察的形式就各自贸片区规则制定情况进行了考察。评估发现，前海在规则制定公开透明方面依然遥遥领先。首先，在规则制定民主性方面，前海积极公开征求意见采纳情况。对于与公众利益息息相关的规范性文件，前海不仅广泛征求意见，而且还将重点意见采纳情况在网上公开。一方面，积极引导公众参与到规则制定，充分践行全过程人民民主；另一方面，消除了规范性文件中的瑕疵，有效提高了规范性文件的质量。其次，在规则制定规范性方面，前海注重规范性文件清理工作。前海建立了规范性文件定期清理机制，凡是重大法律、行政法规出台或修改后，均对相关规范性文件合法性进行重新审查，一旦发现同法律、行政法规相抵触，即可开展规范性文件修改或废止工作。最后，在规则制定科学性方面，前海注重规则出台同规划相结合。前海严格依照《全面深化前海深港现代服务业合作区改革开放方案》的要求，将规则制定同改革方案相结合。例如，《全面深化前海深港现代服务业合作区改革开放方案》提出："为港澳青年在前海合作区学习、工作、居留、生活、创业、就业等提供便利。"为此，前海出台《深圳市前海深港现代服务业合作区管理局关于支持港澳青年在前海就业创业发展的十二条措施》，扫清了港澳青年在前海就业创业的部分障碍。

2. 政务公开成绩依然亮眼

项目组对自贸片区2023年政务公开情况进行了评估。本次评估选择了决策公开、管理和服务公开、执行和结果公开、平台建设四个指标，评估发现，前海在各个自贸片区政务公开排名中名列前茅，表现依然亮眼。在决策公开层面，前海及时公开专项规划、重大决策以及政策解读，方便社会公众了解前海未来发展重点方向；在管理和服务公开方面，前海认真公开权责清单、政府采购项目、预决算等信息，接受群众监督；在执行和结果公开方面，前海及时公开重大项目和试点创新情况，为其他地区提供参考和借鉴。

3. 司法透明度突飞猛进

中国社会科学院法学研究所国家法治指数研究中心对全国14家专门法院2022年度司法透明度进行了评估，评估结果显示，深圳前海合作区人民法院成绩突飞猛进，从上一年度的第8名进步到本年度的第4名。深圳前海合作区人民法院以公开为抓手，不断提升服务诉讼当事人、服务社会治理、服务监督管理水平。一方面，深圳前海合作区人民法院在门户网站、移动终端手机App、诉讼服务自助终端、微信公众平台等媒介上同步推进司法公开四大平台，让人民群众能够以最便利的方式接近司法；另一方面，深圳前海合作区人民法院打造诉讼事项全流程审判新模式，全面实现了网上立案、电子送达、远程视频委托见证、远程调解、网上评审和网上执行，极大地节约了当事人的时间成本。

(二) 前海法治评估发现的亮点

1. 推动粤港深度合作，推进跨境规则衔接

前海是粤港澳合作桥头堡，是构建对外开放新格局的试验田，是推进粤港澳大湾区建设的先遣队。前海联合香港各部门共同发布政策，推进深港金融互联互通，推动跨境商事法律规则衔接。

（1）推动粤港合作，共同发布政策。为了推动粤港澳大湾区建设，进一步推进规则衔接，前海管理局同香港各部门针对经济发展、知识产权保护等内容联合发文。该举措不仅深化了深港常态化交流合作机制，还增加了深港规则衔接、机制对接的经验。一则，深圳市前海深港现代服务业合作区管理局和香港特别行政区政府财经事务及库务局共同发布《关于支持前海深港风投创投联动发展的十八条措施》，这是深港首次采取联合公告形式对外发布的"政策包"，引发业界热烈反响。二则，深圳市前海深港现代服务业合作区管理局和香港特别行政区政府商务及经济发展局共同制定《关于协同打造前海深港知识产权创新高地的十六条措施》，支持香港知识产权在前海转化运用，打造知识产权跨境服务体系，共建前海深港知识产权创新高地，为粤港澳大湾区经济社会发展提供有力支撑。

（2）推进深港金融互联互通。《全面深化前海深港现代服务业合作区改革开放方案》要求："在与香港金融市场互联互通、人民币跨境使用、外汇管理便利化等领域先行先试。"随后，前海管理局同香港特别行政区政府财经事务及库务局联合发布《关于支持前海深港风投创投联动发展的十八条措施》。随着该措施的落地，香港投资者准入要求降低、投资范围拓宽、投资申办流程简化，投资热情高涨，深港金融互联互通迈上了新台阶。截至2023年4月，前海港资QFLP管理企业79家，① 占全市的90%，基金规模约66亿美元，重点投资半导

---

① QFLP（Qualified Foreign Limited Partner）即合格境外有限合伙人，是指境外机构投资者在通过资格审批和其外汇资金的监管程序后，将境外资本兑换为人民币资金，投资于国内的PE以及VC市场。《中国人民银行、银保监会、证监会、外汇局、广东省人民政府关于金融支持前海深港现代服务业合作区全面深化改革开放的意见》指出："优先支持在香港有限合伙基金制度安排下注册的私募股权基金获得合格境外有限合伙人（QFLP）资质以及直接申请在前海合作区设立合格境外有限合伙人，参与内地私募股权投资，在总量管理的基础上，允许灵活自主配置和更换投资项目，优先支持获得合格境外有限合伙人资质的机构主体运作一年后直接申请合格境内投资者境外投资资质"。

体及电子设备、生物医药、新能源等"20+8"战略新兴产业，有效促进资金跨境流动，支撑实体企业发展。前海已经成为大湾区资金联通最重要的枢纽之一。

（3）推动跨境商事法律规则衔接。《关于支持和保障全面深化前海深港现代服务业合作区改革开放的意见》要求："推进与港澳法律规则衔接、机制对接。"评估发现，近年来，前海利用特区立法权出台前海合作区条例，允许民商事合同当事人一方为在前海注册的港澳台资及外商投资企业协议选择合同适用的法律，突破了《涉外民事关系法律适用法》需合同具有涉外因素方可适用域外法的规定。同时，前海法院通过"港区调解""港区陪审"制度和深圳国际仲裁制度保障落实当事人适用境外法的选择。此外，通过成立粤港澳合伙联营律师事务所、设立域外法查明专业机构和打造"一带一路"法治地图项目为当事人适用境外法提供服务保障和资源支撑。通过上述一系列举措，前海为推动跨境商事法律规则衔接提供可参考、可借鉴、可复制的样本。

2. 保障改革于法有据，引领体制机制创新

创新是引领发展的第一驱动力，紧抓创新就是把握经济发展的命脉，就是谋求社会进步的未来。前海作为改革创新的先行者，不仅"敢为天下先"，而且"善为天下先"。前海依托中央顶层设计的内容和要求，通过规则体系构建及完善，保障重大改革于法有据，引领体制机制创新。

（1）保障改革于法有据。前海作为改革开放"尖兵中的尖兵"，在诸多领域获得顶层设计的支持，并积极将各种中央政策贯彻落地，转化为可行性方案。例如，2023年2月，中国人民银行、银保监会、证监会、外汇局、广东省人民政府发布《关于金融支持前海深港现代服务业合作区全面深化改革开放的意见》提出，允许前海跨境人民币业务开展探索尝试。2023年6月，《关于贯彻落实金融支持前海深港现代服务业合作区全面深化改革开放意见的实施方案》出台，提出六大方面共计115条内容，旨在全面强化前海在金融对外开放和跨境人民币业务等方面的功能，将中央政策贯彻落地的同时，支持香港融入国家金融改革开放新格局，提升香港国际金融中心地位。

（2）完善规则体系，推动制度创新。制度创新是前海模式的核心，亦是前海成为改革开放新高地的关键。前海自贸区成立以来，已经建立了以"三条例

两办法"为核心、布局合理、层次分明的前海规则体系。同时前海将诸多制度创新融入规则体系，巩固制度创新成果。近年来，前海制度创新屡创新高，截至 2023 年 5 月底，前海已累计推出 765 项制度创新成果，其中全国复制推广 76 项。在《国家发展改革委关于推广借鉴深圳综合改革试点首批授权事项典型经验和创新举措的通知》形成的 18 条典型经验和创新举措中，有 7 项创新举措为中央驻深各部门、市直各单位在前海率先试点。

（3）推动前海涉税服务创新。为了打造前海涉税服务业集聚区、支持涉税服务业高质量发展、深化深港澳涉税服务业合作、建设国际化涉税服务专业队伍、营造良好的产业生态环境，前海管理局联合深圳市税务局发布《关于支持前海深港现代服务业合作区涉税服务业创新发展十八条措施》（以下简称"十八条措施"）。评估发现，"十八条措施"通过补贴、奖励等方式，支持涉税服务业高质量发展，打造大湾区涉税服务业发展高地。例如，新设立或新迁入前海的税务师事务所，一次性奖励 15 万元，全国百强所最高奖励 200 万元，百强所分支机构最高奖励 100 万元。

3. 打造法治政府范本，创建一流营商环境

前海作为国家唯一批复的中国特色社会主义法治建设示范区，始终秉承法治就是最好的营商环境的理念，出台行政处罚减免责清单、发挥政府法律顾问作用，不断以更高的标准建设法治政府，创建一流的营商环境。

（1）出台行政处罚减免责清单。《全面深化前海深港现代服务业合作区改革开放方案》要求："打造审慎包容监管环境，促进依法规范发展，健全数字规则，提升监管能力。"前海为了贯彻落实改革开放方案，在金融领域先行先试。2023 年 5 月，深圳市前海地方金融监督管理局制定并公开了行政处罚减免责清单。凡是在清单上的行为，如未经批准擅自设立融资担保公司等行为将减轻处罚。

（2）发挥政府法律顾问作用。积极推行政府法律顾问制度，有利于推进法治政府建设，有益于提升行政决策水平，有助于加强法治工作队伍建设。评估发现，前海管理局充分发挥政府法律顾问作用，全年法律顾问反馈或审核重大制度意见 130 余件次，审核各类合同 1000 余份，出具法律意见 4000 余条，为疫情防控、重大项目建设、重大决策、行政复议诉讼和突发事件应对提供法律支

持，全面防控政府法律风险。

（3）打造前海免税品集散中心。前海推进"保税+免税+跨境电商+一般贸易"联动模式，货物从香港入区保税仓储后再出区供应免税店，同时，支持"过期不能使用或变质以外的免税品"退运，进一步实现综合保税区外免税品监管仓库与区内保税货物监管仓库流转，提高免税货物流通销售效率。2022年由前海综合保税区调拨至海南的免税品占海南离岛免税总量的1/3，2023年1—6月前海综合保税区实现免税品进出口额37.5亿元，其中调拨供应海南离岛免税货物约18亿元。

（4）投资开放程度不断深化。前海开展港澳跨境服务贸易负面清单管理试点，自贸试验片区外资准入负面清单进一步缩减至27条，探索放宽服务业准入，实现试验片区制造业负面清单条目清零。2022年，前海蛇口自由贸易试验片区实际使用外资55.8亿美元，同比增长3.3%，占全市的50.9%。2023年1—6月，前海合作区企业进出口2159.5亿元，其中与中国香港贸易额302.4亿元，同比增长39.8%；前海综合保税区企业进出口1096.7亿元，其中对港贸易额210.4亿元，同比增长达80.7%，香港均为第一大贸易地。

4. 推动司法改革创新，推进司法人才交流

司法改革既离不开中央顶层设计，也离不开基层制度创新。前海在全面准确落实司法责任制，深化司法体制综合配套改革过程中，坚持守正创新，结合自身实际状况，探索司法改革创新路径，开创司法人才交流新模式。

（1）建立执行信息屏蔽制度。所谓"执行信息屏蔽"，是指被执行人的相关案件信息在"中国执行信息公开网"上暂时查询不到。对于在前海信用排名比较靠前的企业，其诚信指数暂时不会有所变动，并不会影响公司参与投标、融资、开设资管基金等正常的经营活动。这种善意灵活的执行措施能帮助他们尽快周转资金并履行法律文书义务，较快地恢复正常经营。前海法院与前海管理局共同建立诚信企业名单，通过对17个二级指标共117个评分子项的分析，评定信用A类企业。这些信用A类企业，都是首次涉诉企业，之前没有不良司法记录。只要是名单中的前海信用A类企业，前海法院在执行过程中都视具体情况采取更加灵活、善意的执行措施，包括暂缓失信信息公开、适当设置执行宽限期、坚持比例原则灵活查封财产、慎用罚款和拘留等强制措施、出具自动

履行生效法律文书证明等,保障这些企业在积极偿还债务的同时能够良好运转、正常经营。截至 2023 年 6 月,前海法院共办结诚信企业案件 3666 件,涉及诚信企业 315 家,结案标的额 52.78 亿元。

(2) 创新"检察 + 公证"监督模式。2023 年 2 月,前海检察院与前海公证处签署了《关于合理推进"检察 + 公证"现代化法律监督模式合作协议》,共同打造专业服务、集约管理、精准监督的现代化法律监督模式。推动"检察 + 公证"有利于进一步提高检察机关的司法公信力和司法效率,有利于主动接受监督,推进司法公开,有利于进一步汇聚法治合力,助力推动前海建设国际一流的法治化营商环境。

(3) 开创司法人才交流新模式。随着前海自贸区扩大开放和深化发展,大湾区融合发展不断深入,对跨境法律服务产生了较大的市场需求。前海法院受理涉外涉港澳台商事案件增长速度较快,特别是涉港案件,占该类案件总数的近七成。为了打造一流法治营商环境,在全国率先建立香港地区陪审员制度、聘任港澳调解员参与调解工作,开展多元化体系化对港澳司法交流活动,不断提升法律事务对外开放水平、跨境商事法律规则衔接水平,探索了一条具有前海特色的湾区法律人才交流融合新路子。截至 2023 年 5 月,前海法院先后选任 32 名港籍陪审员、45 名港澳台和外籍调解员参与涉港澳案件审理和调解工作。其中适用香港法审理案件 118 件,调解涉港澳案件 2448 件,在全国基层法院位居第一。

5. 聚集高端法律机构,提升涉外法律水平

深入推进涉外法律服务是统筹推进国内法治与涉外法治的重要内容,是构建发展新格局、服务高水平对外开放的需要。近年来,前海围绕中心工作,充分发挥自身优势,聚集高端法律服务机构,不断提升涉外法律服务水平,为促进经济社会发展提供法治保障。

(1) 高端法律服务机构云集前海。评估发现,已有多家高端境外律师事务所和顶级国内律所选择在前海布局。前海已经建了集仲裁、调解、律师服务、公证、司法鉴定、法律查明、中立评估等全链条法律服务体系,截至 2023 年 6 月底,已有 175 家法律服务机构集聚前海,粤港澳联营律师事务所 7 家,占比广东省 50%,68 名港澳律师在前海执业,大湾区律师 35 人,较去年分别增长

42%和46%,通过跨境法律服务规则的"软联通",深入推进大湾区深港法律事务合作,前海法律事务对外开放水平得到明显提升。

(2)开展中外律所联营试点。传统模式下,企业、组织和个人在境内产生同时涉及境内、境外的法律服务需求,需要同步委托国内律师事务所及国际律师事务所共同完成。这种模式无疑增加了企业、组织和个人的成本,为了探索涉外法律服务新模式,广东省司法厅制定印发《关于在前海深港现代服务业合作区开展中外律师事务所联营试点实施办法》,前海成为广东获准开展中国律师事务所与外国律师事务所联营试点的唯一地区。在此模式下,企业、组织、个人仅需委托联营所即可以满足上述法律服务需求,不仅更为便利,还可以获得更紧密、更专业的一体化法律服务。

(3)提升法律事务对外开放水平。《关于支持和保障全面深化前海深港现代服务业合作区改革开放的意见》要求:"扎实推进制度改革创新,推动现代服务业创新发展,提升法律事务对外开放水平,增强审判工作在粤港澳大湾区建设中的法治示范功能。"前海依托最高人民法院第一巡回法庭(第一国际商事法庭)和深圳国际仲裁院,以司法终审和一裁终局的"双终局"架构为两支柱,打造稳定、公平、透明、可预期的营商环境,不断提高法律事务对外开放水平。截至2023年2月,前海法院适用域外法审理案件166件,其中适用香港法审理117件(居全国法院第一);深圳国际仲裁院适用域外法案件114宗,含适用香港法65宗,受理案件总争议金额人民币1272亿元,跃居亚洲第一,全球前三;全国16家粤港澳联营律师事务所有8家落户前海。

(4)深圳国际仲裁院成绩显著。评估发现,深圳国际仲裁院取得显著成绩,多项重要指标位居全国第一、亚洲第一,其中,最关键的业务指标受理案件总争议金额人民币1272亿元,跃居亚洲第一、全球前三。深圳国际仲裁院深入推进"六个国际化",香港法律专业人士可以理事、仲裁员、调解员、代理人、专家证人五种身份参与前海国际仲裁。深圳国际仲裁院率先在国内适用联合国国际贸易法委员会仲裁规则,允许当事人在有涉港因素的情况下可以选择香港作为仲裁地进行仲裁。深圳国际仲裁院持续优化招才引智格局,在深圳加快集聚不同法域的世界高端仲裁人才,加快建设国际一流仲裁人才队伍。2022年,深圳国际仲裁院启用新一届仲裁员名册。1547名仲裁员覆盖全球114个国家和地区，境外仲裁员占比 36.78%，国际化程度进一步增强。2022 年深圳国际仲裁院受理涉外案件总争议金额 420 亿元，个案最高争议金额人民币 239.91 亿元，个案争议金额在 10 亿以上的案件数量为 21 个，受理涉外案件覆盖国家和地区累计 138 个，均位居全国第一，案件当事人涉及 38 个国家和地区。

6. 保障优秀人才供给，推动新型智库落地

人才是经济发展的重要财富，是社会进步的重要资源。一方面，前海充分利用粤港澳大湾区的地理优势，加强与港澳专业服务人才资质互认，为港人港企在前海发展提供支持，推动粤港澳大湾区相互融合。另一方面，前海推动新型智库落地，为源源不断提供人才创造条件，推动理论与实践相结合，推进人才与需求相匹配。

（1）加强专业服务资质互认。《粤港澳大湾区发展规划纲要》要求："加强人才国际交流合作，推进职业资格国际互认。"专业服务资质互认有助于推动粤港澳大湾区人才交流，有利于激发粤港澳大湾区人才活力，为人才跨地区、跨行业、跨体制流动提供便利条件。评估发现，目前前海已经实现香港税务、建筑、规划、文旅等 18 类人才通过执业登记或执业备案后即可在前海执业。截至 2023 年 5 月，已有 522 名港澳专业人士完成跨境执业登记或备案，其中涉税领域 69 人，工程建设领域 418 人，文化旅游领域 26 人，医疗服务领域 9 人。在前海港资企业工作的香港居民超过 7500 人。

（2）为港人港企在前海发展提供支持。《粤港澳大湾区发展规划纲要》指出："支持其与香港、澳门建立创新创业交流机制，共享创新创业资源，共同完善创新创业生态，为港澳青年创新创业提供更多机遇和更好条件"。评估发现，前海发布"惠港九件实事"，从住房、创业、服务、就业、平台、科创、金融、落户、民生九个方面，为港人港企在前海发展提供全方位支持，为港澳青年在深圳发展提供便利化条件，旨在增强港人归属感、港企获得感、港机构参与感。聚焦深港合作硬联通、软联通、心联通，前海对港资港企提供优惠政策、建设重大合作平台，举办了粤港澳大湾区的青年创业大赛等项目，建设了 7000 多套人才住房，建设前海深港青年梦工场，提供港人港味港服务，孵化了 700 多个创业团队，香港团队占比在一半以上。

（3）推动前海法治智库落地。《全面深化前海深港现代服务业合作区改革

开放方案》提出:"发展中国特色新型智库,建设粤港澳研究基地"。目前,包括中国社会科学院全面依法治国智库、中山大学粤港澳发展研究院、中信改革研究发展基金会等机构已经落户前海,发挥智库咨政建言、理论创新、对外交流等方面的专业优势。在此基础上,2023 年,深圳国际仲裁院获批设立博士后创新实践基地,成为中国仲裁领域首个博士后基地。该基地的建成有利于落实中央全面依法治国委员会《国际商事仲裁中心建设试点方案》要求,为加快建设面向全球的国际商事法律和争议解决服务中心提供人才和研究支撑。

7. 完善廉政监督体系,推动企业合规管理

完善的廉政监督体系是实现自我净化、自我革命、自我完善的重要制度,是保持廉洁自律、预防腐败、纠正不正之风的重要保障。前海通过一系列举措不断健全行政制约和监督体系,完善企业合规管理,推动前海企业廉洁自律,保障社会风清气廉。

(1) 健全行政权力制约和监督体系。评估发现,前海通过行政诉讼、行政复议、审计、行政督查等一系列举措不断健全行政权力制约机制,完善行政监督体系。在行政诉讼和复议方面,前海深入推进法定机构负责人出庭应诉工作,实现法定机构负责人出庭应诉 100% 全覆盖。2022 年前海管理局行政诉讼数量 1 宗,行政复议案件数量 1 宗,较往年有所下降。在审计方面,前海管理局机构改革专门成立审计与内控处,依法履行审计监督职责,编制实施年度内部审计项目计划,2022 年已完成全部 7 个内部审计项目。在行政督查方面,前海管理局协助市政府完成中央、省、市部署安排的各项工作任务,其中省政府重点工作及民生实事涉前海共主办 2 项、协办 3 项,市政府重点工作及民生实事涉前海主办 5 项、协办 12 项。

(2) 成立前海企业廉洁促进与合规管理联合会。为深入贯彻落实《全面深化前海深港现代服务业合作区改革方案》,前海金融控股有限公司、深圳市机场(集团)有限公司、深圳市前海蛇口自贸投资发展有限公司等单位联合发起设立前海企业廉洁促进与合规管理联合会。联合会现有 53 家会员单位,涵盖了央企、国企、民企、港企各类型企业,覆盖了前海区域内金融业、专业服务业、现代物流业、科技业等各行业代表性企业。联合会的成立,标志着前海在推动企业廉洁与合规建设迈向新阶段、打造新高地上走出了重要一步,具有重要的

示范引领作用。

(三) 评估发现的问题

1. 规则体系建设存在瑕疵

前海坚持立法先行，实行基础性立法、产业性规定和配套性制度三管齐下，打造了"条例+办法+指引"梯次型规则体系。在肯定前海规则体系建设成绩的同时，也要看到规则体系建设依然存在的部分瑕疵。

（1）规则配套有待加强。规则体系的构建需要来自不同部门的配合和衔接，前海在推动深港澳合作过程中，规则配套亟须加强，例如，《深圳经济特区前海蛇口自由贸易试验片区条例》第19条规定："允许符合条件的港澳商事主体在自贸片区进行登记后，依法从事相关经营活动。具体办法由市人民政府另行制定。"至今，深圳市人民政府的具体办法仍未出台，这在一定程度上影响了港澳在前海投资兴业。

（2）部分规范性文件征求意见时间略短。《优化营商环境条例》第62条规定："除依法需要保密外，制定与市场主体生产经营活动密切相关的行政法规、规章、行政规范性文件，应当通过报纸、网络等向社会公开征求意见，并建立健全意见采纳情况反馈机制。向社会公开征求意见的期限一般不少于30日。"评估发现，前海大部分征求意见时间为30日，有部分规范性文件征求意见时间略短，不利于社会公众充分表达意见。前海管理局公开征求《深圳市前海深港现代服务业合作区支持港澳医疗机构集聚发展办法（征求意见稿）》意见，发布日期为2023年7月3日，结束日期为7月12日，征求意见时间为10天。前海管理局公开征求《深圳市前海深港现代服务业合作区管理局关于支持港澳青年在前海就业创业发展的十二条措施（征求意见稿）》意见，发布日期为6月7日，结束日期为6月16日，征求意见时间为10天。

（3）规范性文件公开不及时。规范性文件成文后应当立即公开，对于影响公民、组织、企业的部分规范性文件甚至需要做好预公开。评估发现，部分规范性文件公开不及时，影响了社会公众了解文件内容。例如，《深圳市前海深港现代服务业合作区管理局关于服务深港合作鼓励总部企业发展的实施办法》文件成文日期为2022年12月28日，根据该文件，办法成文日期即生效实施，但发布日期晚于成文日期，发布日期为2023年1月9日。此处并非孤例，《深圳市前海深港现代服务业合作区管理局支持科技创新实施办法（试行）》8月6日生效，公开日期为8月10日，规范性文件公开亦出现不及时现象。

（4）规范性文件清理有遗漏。尽管前海建立了完善的规范性文件清理机制，但依然不能保证所有文件均及时清理。评估发现，部分规范性文件清理存在遗漏，未能及时废止。例如，2023年6月，深圳市前海管理局印发《深圳市前海深港现代服务业合作区香港工程建设领域专业人士执业备案管理办法（修订）》，第20条规定，本办法自印发之日实施，同时《深圳市前海深港现代服务业合作区香港工程建设领域专业人士执业备案管理办法》废止，而在前海门户网站中，该办法依然是现行有效的状态，未被清理。

（5）规范性文件表述错误。评估发现，前海部分规范性文件引用中央文件表述存在瑕疵。例如，《深圳前海深港现代服务业合作区产业投资引导基金管理办法》第1条表述本办法依据时，将其描述为"为贯彻落实《中共中央 国务院关于深化体制机制改革加快实现创新驱动发展战略的若干意见》"。而该文件标题为《中共中央 国务院关于深化体制机制改革加快实施创新驱动发展战略的若干意见》，不是"实现"而是"实施"。

2. 法治政府仍有进步空间

前海诸多改革创新为其他自贸片区提供了可参考、可复制的经验，尤其是在法治政府建设方面取得了不俗的成绩。但也应看到，前海在推进法治政府建设过程中，存在权责清单清理不及时、法治政府建设年报公开过早等问题。

（1）权责清单清理不及时。近年来，中国立法处于加速状态，每年立法机关制定、修改、废止大量的法律、行政法规、部门规章。对此，地方政府应当及时清理权责清单，保障权责清单依据正确。评估发现，前海权责清单清理不及时，存在以下问题。一则，部分法律法规已经修改或废止，却依然是行政审批的依据。例如，在前海权力清单中，设立外籍人员子女学校的审批依据是《中华人民共和国国家教育委员会关于开办外籍人员子女学校的暂行管理办法》，而该办法已经被废止。二则，权力清单依据的法律法规名称不准确。例如，高等学校教师资格认定的依据是《中华人民共和国教师资格条例》，事实上并没有一部名叫《中华人民共和国教师资格条例》的行政法规，该条例的全称是《教师资格条例》，法律法规是严肃的，名称要准确，否则会造成认知错误。三则，部分权力清单的依据已经失效。例如，临时用地审批的法律法规依据是《广东省实施〈中华人民共和国土地管理法〉办法》，而该办法已经失效。

（2）法治政府建设年度报告公开过早。法治政府建设年报是政府法治建设的年度总结，是展示法治建设成果的重要窗口，是未来一年法治发展的年度计划。《法治政府建设与责任落实督察工作规定》要求："每年4月1日之前，地方各级政府和县级以上政府部门的法治政府建设年度报告，除涉及党和国家秘密的，应当通过报刊、网站等新闻媒体向社会公开，接受人民群众监督。"评估发现，前海管理局、前海蛇口自贸片区综合行政执法局法治政府建设年度报告公开略微过早。其中前海蛇口自贸片区综合行政执法局2022年法治政府建设年度报告公开时间是2022年11月25日，此时2022年尚且没有结束，12月一整月的工作亦是2022年的重要组成部分，提前发布法治政府建设年度报告并不符合"年报"的题中应有之义。

3. 部分平台建设有待加强

网上平台是展示前海工作成效的窗口、是传递重要信息的手段、是同社会公众沟通联系的渠道。评估发现，部分平台存在运行不稳定、内容公开不完整、平台之间数据存在壁垒等问题。

（1）前海法院的门户网站不稳定。前海合作区人民法院主要通过门户网站和微信公众号两种渠道实现司法公开。其中，前海合作区人民法院可以通过微信公众号实现网上立案、在线缴费、联系法官等功能，亦可以了解审判流程、典型案例，还可以观看庭审直播、浏览裁判文书。但由于微信公众号存在碎片化问题，会遗漏诸多重要信息，例如缺少执行信息公开、司法数据公开等内容。故司法公开依然应当以门户网站为第一平台。评估发现，前海合作区人民法院门户网站运营不稳定，多次未能有效打开，给人民群众了解前海合作区人民法院带来了不必要的麻烦。

（2）前海法院司法数据公开不完整。尽管前海合作区人民法院在专门法院司法公开评估中取得良好成绩，位列专门法院第4名。但不可否认，前海合作区人民法院在司法公开方面依然存在改进空间。评估发现，前海合作区人民法院未能及时公开工作报告，截至评估结束依然没有公开2022年工作报告；执行信息仅仅公开了2022年情况，缺少2023年信息数据。

（3）前海信用平台数据亟需打通。信用体系构建需要政府、法院、检察院、仲裁等多方参与、共同努力。前海信用作为集中展示前海企业、组织、个人的信用平台，应当尽量汇聚行政执法、司法判决等多方面信息，以方便了解这些企业、组织、个人信用状况。评估发现，目前前海信用服务平台中的数据与其他机构的数据尚存在一定壁垒，信息互通尚且存在障碍，部分行政处罚信息、法院执行信息、信用承接和褒奖信息并没有完全体现在前海信用平台中。

4. 纠纷化解普法存在缺陷

前海构建社会治理新格局、探索纠纷化解新路径方面进行了大量有益探索，但前海在涉外律师数量上依然存在缺口，争议解决规则、普法责任清单制定及公开依然有完善空间。

（1）涉外律师总量依然存在缺口。目前全国能够熟练从事涉外法律服务业务的律师有 7000 余名，其中可以从事"双反双保"业务的律师仅有 500 余名，可以在世界贸易组织（WTO）争端解决机制中独立办案的律师只有 300 余名。具体到深圳，目前涉外律师领军人才共有 499 名，其中真正能够从事涉外法律服务业务的律师仅有 106 名，其数量无法满足实际需求。可以预见，随着前海对外开放之路的拓宽加深，未来会有更多的涉外案件需要涉外律师处理，目前涉外律师的缺口在相当长的时间内依然较大。

（2）争议解决规则仍有完善空间。《深圳国际仲裁院条例》为仲裁院确立了仲裁、调解、谈判促进、专家评审四项职能，并允许仲裁院继续探索新的纠纷解决机制。该条例规定："仲裁院应当根据国家有关法律、法规和本条例的规定，借鉴国际仲裁的先进制度，以尊重当事人意思自治和保障仲裁独立为基本原则，制定仲裁规则、调解规则、谈判促进规则、专家评审规则和其他争议解决规则。"评估发现，深圳国际仲裁院目前仅公布了仲裁规则、调解规则和谈判促进规则，专家评审规则及其他形式的争议解决规则尚未制定。

（3）普法责任清单缺失。普法责任清单的制定和公开有利于强化普法的针对性，有益于推进新时代全民普法，有助于贯彻落实普法责任制。评估发现，前海管理局、前海综合行政执法局未能在网上有效公开普法责任清单，未能有效公开典型案例，没有执法人员应知法律法规清单，相较于广东自贸区南沙片区执法局通过典型案例推动普法，通过公开普法责任清单落实责任，前海在普法方面依然有待提高。

（四）未来展望

2023年6月，《国务院印发关于在有条件的自由贸易试验区和自由贸易港试点对接国际高标准推进制度型开放若干措施的通知》指出，推进高水平对外开放，实施自由贸易试验区提升战略，是贯彻落实习近平新时代中国特色社会主义思想的重大举措，是党的二十大部署的重要任务。前海未来应当积极融入国家战略，更加主动承接依法治国重大改革试点，持续推动顶层设计落地、推进规则衔接、营造一流法治化营商环境、打造国际法律服务中心、推广社会主义法治文化，真正成为中国特色社会主义法治示范区。

1. 顶层设计继续落地

近年来，前海获得了大量的制度红利，包括但不限于《粤港澳大湾区发展规划纲要》《全面深化前海深港现代服务业合作区改革开放方案》《自贸试验区重点工作清单（2023—2025年）》《海关总署支持前海深港现代服务业合作区全面深化改革开放若干措施》《人民银行 银保监会 证监会 外汇局 广东省人民政府关于金融支持前海深港现代服务业合作区全面深化改革开放的意见》。消化上述制度红利，前海不仅需要潜心研究中央顶层设计的制度内容和权责边界，还需要将制度红利与前海实践相结合，并最终转化为切实可行的制度规范。例如，《交通运输部关于创新海事服务支持全面深化前海深港现代服务业合作区改革开放的意见》提出："支持研究制定《深圳经济特区国际船舶条例》""支持深圳市用好经济特区立法权，在授权范围内探索优化海事服务相关法规制度。支持前海合作区根据授权，依法规范开展改革创新工作。"因此，在未来一段时间内，前海仍然需要不断完善规则体系，搭建前海法治规则体系的四梁八柱，将顶层设计中的内容转化为地方性法规、地方政府规章、规范性文件。

2. 持续推进规则衔接

《自贸试验区重点工作清单（2023—2025年）》提道："推进与港澳规则衔接、机制对接，深化与港澳在贸易、投资、金融、法律服务和职业资格互认等领域合作，促进内外贸法规制度衔接。"长期以来，前海努力在生产生活生态各领域与香港进行全方位规则衔接，从政府、市场、社会运作方面与香港进行机制对接，目前已经积累了大量有益经验，取得了令人瞩目的成绩。时至今日，前海面临的内外环境均发生了变化。2023年6月，国务院印发的《关于在有条件的自由贸易试验区和自由贸易港试点对接国际高标准推进制度型开放的若干措施》提出：率先在上海、广东、天津、福建、北京等具备条件的自由贸易试验区和海南自由贸易港，试点对接相关国际高标准经贸规则，稳步扩大制度型开放。前海作为改革先锋，理应充分利用制度红利，除了推动港澳规则衔接、机制对接外，还要对接《全面与进步跨太平洋伙伴关系协定》（CPTPP）规则，构建与国际高标准经贸规则相衔接的制度体系和监管模式。

3. 营造一流法治营商环境

当前，中国对外贸易面临着前所未有的挑战，对此，中央要求自贸区积极开展高水平对外开放探索，不断取得新突破、积累新经验。前海自贸片区肩负着改革创新的重大使命，未来更应当在新的起点上形成更多的引领性、标志性创新成果，打造更多高水平开放平台，壮大现代产业发展新动能，以高水平开放促改革、促发展。对此，未来前海应在以下几个方面发力。在制度完善方面，前海应当积极争取深圳市人大常委会的支持，建立健全产权保护、市场准入、公平竞争、社会信用等重点领域制度，并将相关制度体现在《深圳经济特区前海深港现代服务业合作区投资者保护条例》中。在信用体系建设方面，前海应推进政府、市场、社会协同的诚信体系建设，在市场监管、税收监管、贸易监管、投融资体制、绿色发展等领域，推进以信用体系为基础的市场化改革创新。前海应聚焦知识产权、跨境数据、货物贸易等重点领域，提升服务贸易便利化水平，增加政府透明度，进一步深化改革，着力营造公平透明、可预期的营商环境。

4. 打造国际法律服务中心

当下，前海拥有最高人民法院第一巡回法庭"司法终审"和深圳国际仲裁院"一裁终局"，形成了全国自由贸易试验区中唯一"双终局"框架。同时，深圳知识产权法庭、深圳金融法庭在前海挂牌成立，广州海事法院在前海设立巡回法庭，可以说前海已形成了全国独一无二的集商事、知识产权、海事等门类齐全的专业审判机构布局。前海应当在此基础上大胆创新、引进域外优秀的商事审判、知识产权审判、海事审判的司法理念和制度，并加以改造，形成本土方案，力争将前海打造成为国际法律服务中心、国际商事争议解决中心和知识产权保护高地。

5. 推广社会主义法治文化

中国特色社会主义法治文化是法治国家建设的重要支撑，是中国特色社会主义文化的重要组成部分。法治是前海有别于国内其他功能开发区和自贸试验区的突出特点，也是前海的核心竞争优势和主要驱动力。作为中国特色社会主义法治示范区，同时也是展示中国法治建设成就的重要窗口，前海不但应当完善规则体系、打造一流营商环境、健全司法体制，还应当推广社会主义法治文化。努力将前海打造成中国特色社会主义法治文化的传播交流重要阵地，成为国际社会观察中国法治建设的重要窗口。因此，未来应当进一步引进科研院所和智库，打造法治智库聚集区，将前海法治改革创新提炼成法治理论，讲好前海法治故事，展示中国法治文化。